Investment

투자론

|제2판|

변진호 · 위정범

서문

투자론을 공부하는 학생들이 쉽게 접근할 수 있는 교과서를 만들어보겠다는 생각으로 이 책의 초판을 펴낸 지 여러 해 지났다. 부족한 점들이 있었음에도 이 책을 아끼고 성원해 주신 많은 분들께 감사드린다.

투자론은 강의하거나 학습하기 쉽지 않은 과목이라는 생각이 은연중에 퍼져 있는 것 같으나, 대다수 사람들은 투자하지 않으면서 살아갈 수 없는 것이 현실이다. 농경사회에서는 열심히 일하고 아껴서 곡식을 생산하는 농토와 자재와 땔감을 얻을 수 있는 산지를 축적함으로써 경제적 안정을 이룰 수 있었다. 그러나 산업화된 사회의 사람들은 어떤 기술을 익혀 어느 업종에 종사할지부터 시작해서, 저축한 돈을 어떤 사업이나 지역에 투자할지, 집은 어떻게 장만하고 노후에 주택연금을 이용해야 할지 등등 일상적으로 위험을 염두에 둔 재무적 의사결정을 해야만 한다. 이런 시류의 영향으로 인터넷이나 언론에서 투자와 관련된 전문용어들이 널리 사용되고, 일반투자자들도 투자상품을 이해하기 위해 기본적인 투자론 지식을 갖추려 하고 있다. 그렇지만 수식과 도표로 가득하고 심지어 1,000쪽에 가까운 투자론 책은 독자로 하여금 펼쳐볼 엄두조차 내지 못하게 만들곤 한다.

저자들은 학생이나 일반인이 더 쉽게 투자론을 공부할 수 있도록 핵심적 내용을 접근 가능한 형태로 전달하는 투자론 교재를 집필하려고 계획했다. 대학에서 한 학기에 수업할 수 있고 기본적 재무관리 지식이 있으면 누구나 공부할 수 있는 입문 수준의 교재를 만드는 것을 실천적 목표로 삼았다. 따라서 투자론의 각종 이론을 모두 책에 담는 대신 중요한 이론만 요점을 중심으로 간결하게 설명하였고, 너무 많은 사례나 예제가 오히려 집중적 학습에 방해가 될 수 있다는 점을 고려하여 꼭 필요하다고 판단되는 부분에만 사례와 예제를 사용하였다.

이 책은 한 학기에 학습할 수 있는 내용과 분량으로 만들어졌다. 제2판은 5개 부로 구성되어 14개 장을 포함하며, 초판에 비해 1개 장이 줄었다. 구체적으로 초판의 제2, 3, 4, 5장이 개정판의 제2, 3, 4장으로 재구성되었고, 나머지 장들은 일부 내용의 수정을 거쳤다. 제1부는 금융시장에 대한 기초적인 소개, 제2, 3, 4부는 본격적인 투자이론, 제5부는 파생상품과 국제투자 및 최근 관심이 높은 대체투자를 다루고 있다.

제1부 금융시장의 기능과 환경은 1장에서 투자론의 기초가 되는 금융시장, 금융상품 그리고 금융기관을 소개한다.

제2부는 현대 포트폴리오이론과 자산가격결정모형을 살펴본다. 포트폴리오를 구성하는 과정은 크게 두 단계로 구분될 수 있다. 하나는 단기국채처럼 수익 변동성이나 유동성에서 매우 안전한 자산 그리고 주식이나 회사채처럼 상당한 위험을 수반하는 자산 사이에서 어떻게 자본을 배분할 것인지 결정하는 것이다. 다른 하나는 위험자산들에 대해 어떻게 자금을 배분할지 결정하는 것이다. 구체적으로 2장은 금융상품의 수익률, 기대수익률, 위험의 개념과 측정방법을 설명하고, 투자기회집합의 도출을 논의한다. 3장은 투자의 효용을 도입하고, 최적 포트폴리오의 선택결정을 논의한다. 4장은 투자자들의 개별적 선택이 모인 시장에서 자산의 균형가격이 결정되는 원리를 설명한다.

제3부에서는 자본시장의 속성을 살펴보고, 전통적 투자수단인 주식과 채권을 소개하고 분석한다. 5장은 증권시장의 효율성, 그 검증과정에서 발견된 이례현상들 그리고 투자자의 심리적 측면을 중시하는 행태재무를 설명한다. 6장은 주식의 가치를 평가하고 분석하여, 잘못 평가된 증권을 찾기 위한 체계적 방법인 증권분석을 소개한다. 7장은 채권의 기본적 특성과 가격 및 수익률에 관해 설명한다. 8장은 채권 포트폴리오의 관리를 위해 알아야 할 이자율위험, 채권의 듀레이션과 볼록성 그리고 소극적 투자전략과 적극적 투자전략을 소개한다.

제4부 포트폴리오관리는 투자를 계획하고, 실행하며, 통제하는 과정을 설명한다. 계획단계에서 투자자는 투자목표를 설정하고, 전략을 수립하며, 자금을 배분한다. 다음 단계에서는 자산배분결정에 기초하여 투자를 실행한다. 이때 시장상황을 감안하여 투자시점을 선택하고, 평가오류가 있는 증권을 탐색한다. 또한 포트폴리오는 주기적으로 그 성과에 대해 평가되고, 분석과 수정을 거쳐야 한다. 9장은 포트폴리오의 자산운용, 10장은 성과평가 그리고 11장은 위험관리를 살펴본다.

제5부 투자기회의 확대에서는 수익률 제고와 위험 통제를 강화하기 위해 투자가능 자산군의 확대를 모색한다. 국제투자와 대체투자의 기본적 기능의 하나는 분산투자의 폭을 넓히는 것이고, 파생상품은 투자위험을 관리하기 위한 핵심수단이다. 특히 대체투자

는 근래에 관심이 늘어나고 있고 이미 세계의 기관투자자 포트폴리오에서 상당한 비중을 차지하고 있기 때문에 독립된 장이 할애되었다. 참고로 만약 교강사가 핵심적 투자이론에 더 집중하기를 원한다면 시간절약을 위해 파생상품과 국제투자는 학생들로 하여금 별도 과목을 수강하거나 과제로 학습하도록 할 수 있을 것이다.

이 책은 애초에 변진호, 위정범, 홍정훈 교수 세 사람이 의기투합하여 계획을 세우고 집필을 분담하였다. 다만 홍정훈 교수는 개인적 사정으로 개정작업에는 참여하지 못하여, 이 책은 더 이상 소중한 저자 한 사람의 열정과 통찰력의 혜택을 누릴 수 없게 되었다. 그렇지만 홍 교수의 자취는 이 책의 많은 곳에 남아서 그 가치를 더해주고 있다. 두 저자는 아쉬운 마음으로 그의 노고에 감사드린다. 또한 항상 너그러운 마음으로 강의와 연구에 바쁜 저자들을 지원해 주신 도서출판 청람의 이수영 사장님을 비롯한 관계자들께도 감사의 마음을 전한다.

2022년 1월

변진호 · 위정범

차 례

1부 금융시장의 기능과 환경

1장 금융시장과 투자

1.1 금융시장의 의의와 기능 ······ 3
- 1.1.1 금융시장의 의의 3
- 1.1.2 금융시장의 기능 4

1.2 금융시장의 구분 ······ 6
- 1.2.1 직접금융시장과 간접금융시장 6
- 1.2.2 거래소시장과 장외시장 8
- 1.2.3 금융상품에 따른 금융시장 구분 9
- 1.2.4 발행시장과 유통시장 13

1.3 금융기관의 의의와 구분 ······ 15
- 1.3.1 은행 16
- 1.3.2 보험회사 17
- 1.3.3 증권 관련 금융기관 18
- 1.3.4 기타 금융회사 24

1.4 핀테크 혁신의 현황과 전망 ······ 25

- 연습문제 | 29

2부 포트폴리오이론

2장 투자의 기대수익률과 위험

2.1 자산의 기대수익률 ······ 33
- 2.1.1 수익률 34
- 2.1.2 기대수익률 35

2.2 위험과 표준편차 ······ 37
- 2.2.1 위험의 개념 37
- 2.2.2 위험의 측정 37

2.3 평균-분산모형 ······ 39
- 2.3.1 기대수익률-표준편차 평면 39
- 2.3.2 분산투자와 상관계수 40

2.4 투자가능 포트폴리오 집합의 도출 ······ 44
- 2.4.1 포트폴리오의 기대수익률 45
- 2.4.2 포트폴리오의 표준편차 47

2.4.3 상관계수와 위험분산효과 49
2.4.4 포트폴리오 결합선 50
2.4.5 효율적 프런티어 54

2.5 무위험자산과 자본시장선 ······ 55
2.5.1 무위험자산과 자본배분 55
2.5.2 자본시장선 57

■ 부록 | 61

■ 연습문제 | 62

3장 투자의 효용과 최적 포트폴리오 선택

3.1 위험에 대한 태도와 지배원리 ······ 68
3.1.1 투자자의 위험에 대한 태도 69
3.1.2 지배원리 70

3.2 투자의 효용과 무차별곡선 ······ 72
3.2.1 효용함수 73
3.2.2 투자의 무차별곡선 78
3.2.3 무차별곡선과 투자선택 80

3.3 최적 포트폴리오의 선택 ······ 82

■ 연습문제 | 86

4장 자본자산가격결정모형, 차익거래가격결정이론, 다요인모형

4.1 체계적 위험과 시장 포트폴리오 ······ 91
4.1.1 분산투자와 체계적 위험 91
4.1.2 시장 포트폴리오와 시장모형 93

4.2 자본자산가격결정모형 ······ 96
4.2.1 CAPM의 가정과 자본시장선 96
4.2.2 CAPM의 이해 99
4.2.3 증권시장선 101

4.3 자본자산가격결정모형의 추정과 문제점 ······ 104
4.3.1 베타의 추정과 안정성 104
4.3.2 CAPM의 문제점 106

4.4 자본자산가격결정모형 가정의 완화 ······ 107
4.4.1 대여이자율과 차입이자율의 차이 107
4.4.2 무위험자산이 없는 상황의 제로베타모형 108
4.4.3 거래비용과 이질적 기대 109

4.5 자본자산가격결정모형의 실증분석 ······ 110
4.5.1 시장 포트폴리오 111
4.5.2 베타는 죽었는가? 112

4.6 차익거래가격결정이론 ··· 113
4.6.1 차익거래가격결정이론의 배경과 가정 114
4.6.2 요인과 요인 포트폴리오 115
4.7 다요인모형 ··· 118
4.7.1 파마-프렌치의 3요인 모형 119
4.7.2 행태적 영향과 4요인 모형 120
■ 연습문제 | 123

3부 자본시장, 주식과 채권

5장 효율적 시장과 행태재무
5.1 증권시장의 효율성 ··· 133
5.1.1 효율적 시장가설 134
5.1.2 시장효율성과 투자전략 141
5.1.3 효율적 시장가설의 검증 142
5.2 시장이례현상과 행태재무 ··· 156
5.2.1 이례현상을 보는 관점 156
5.2.2 행태재무 157
5.2.3 다양한 심리적 오류와 행태재무 158
■ 연습문제 | 164

6장 증권분석
6.1 경제분석과 산업분석 ··· 167
6.1.1 경제분석 168
6.1.2 산업분석 172
6.2 기본적 분석과 기술적 분석 ··· 177
6.2.1 주식평가모형 178
6.2.2 재무제표분석 183
6.2.3 가치평가지표 187
6.2.4 가치투자와 성장투자 188
6.2.5 기술적 분석 193
■ 연습문제 | 199

7장 채권수익률과 가격
7.1 채권의 특성과 가격 ··· 202
7.1.1 채권의 특성 202
7.1.2 채권가격 결정과 수익률 210
7.1.3 채권의 위험과 채권가격 218

7.2 채권수익률의 기간구조 ······ 221
7.2.1 기간구조와 수익률곡선 222
7.2.2 기간구조 결정이론 228
■ 연습문제 | 233

8장 채권투자전략

8.1 이자율변화와 듀레이션 ······ 237
8.1.1 이자율위험 237
8.1.2 듀레이션과 볼록성 240

8.2 채권투자전략 ······ 250
8.2.1 채권투자 스타일 250
8.2.2 소극적 채권투자 251
8.2.3 적극적 채권투자전략 256
■ 연습문제 | 263

4부 포트폴리오관리

9장 자산운용

9.1 투자정책 ······ 269
9.1.1 투자의 목표 270
9.1.2 투자의 제약조건 270
9.1.3 투자전략 271

9.2 자산배분 ······ 273
9.2.1 고정가중치 자산배분 273
9.2.2 전략적 자산배분 273
9.2.3 전술적 자산배분 274
9.2.4 보험 자산배분 276

9.3 펀드를 이용한 간접투자 ······ 277
9.3.1 뮤추얼펀드 277
9.3.2 상장지수펀드 279
9.3.3 부동산투자회사 281
■ 연습문제 | 284

10장 성과평가

10.1 보유기간 수익률 ······ 287

10.2 평균수익률의 계산 ······ 289
10.2.1 시간가중 수익률 289
10.2.2 금액가중 수익률 291

10.3 전통적 위험조정 성과평가 ······ 292

10.3.1 자본시장선을 이용한 성과평가 293
10.3.2 증권시장선을 이용한 성과평가 295

10.4 펀드의 성과평가 ······ 298

10.4.1 시장타이밍 298
10.4.2 스타일분석 301
10.4.3 위험조정등급 평가 302

10.5 투자성과의 요인분석 ······ 303

10.5.1 전략적 자산배분 303
10.5.2 전술적 자산배분 304
10.5.3 성과요인분석 사례 304

10.6 포트폴리오 수정 ······ 307

■ 연습문제 | 309

11장 위험관리

11.1 포트폴리오의 위험 ······ 314

11.2 위험의 식별과 측정 ······ 317

11.2.1 위험의 인식과 평가 318
11.2.2 위험의 측정 318

11.3 VaR모형 ······ 320

11.3.1 상대 VaR와 절대 VaR 320
11.3.2 VaR모형의 신뢰수준 322
11.3.3 VaR모형의 목표기간 323
11.3.4 위기상황분석 324
11.3.5 VaR모형의 사후검증 325

11.4 VaR의 추정접근법: 시장위험을 중심으로 ······ 326

11.4.1 VaR의 부분평가접근법 327
11.4.2 VaR의 완전평가접근법 330

11.5 VaR모형의 실무적 고려: 표본기간과 측정주기 ······ 332

11.6 VaR모형의 활용과 한계 ······ 334

11.7 신용위험 ······ 334

11.7.1 신용위험의 측정 335
11.7.2 신용사건의 처리절차와 회수율 336
11.7.3 신용위험의 관리 337

11.8 유동성위험 ······ 338

11.8.1 유동성위험의 측정 339
11.8.2 유동성위험의 관리 340

11.9 운영위험 ······ 340

11.9.1 운영위험의 분류 340
11.9.2 운영위험의 측정과 관리 341

■ 연습문제 | 344

5부 투자기회의 확대

12장 파생상품

12.1 파생상품의 개요 351
12.1.1 파생상품의 의의 351
12.1.2 파생상품의 등장과 확산 배경 353
12.1.3 파생상품의 기능과 역할 355

12.2 파생상품의 종류 및 분류 356
12.2.1 기초자산에 따른 파생상품의 구분 356
12.2.2 계약형태에 따른 구분 357
12.2.3 거래시장에 따른 파생상품의 구분 358

12.3 선도 및 선물 360
12.3.1 선도계약 및 선물계약의 개념 360
12.3.2 선물계약의 손익구조 362

12.4 옵션 363
12.4.1 옵션의 개념 363
12.4.2 옵션의 손익구조 364

12.5 스왑 367

12.6 파생상품으로 인한 대규모 손실 및 실패사례 370
12.6.1 파생상품 손실 및 실패사례 370
12.6.2 글로벌 금융위기와 파생상품 371

■ 연습문제 | 374

13장 국제투자

13.1 국제투자의 이유 380
13.1.1 분산투자효과 확대 380
13.1.2 국제투자를 통한 수익률의 제고 381

13.2 세계의 주식시장 382
13.2.1 주요 국가의 시가총액과 국제분산투자 382
13.2.2 국제투자를 위한 시장 구분 383
13.2.3 국제분산투자와 자국편의현상 386

13.3 국제투자의 위험 387
13.3.1 환위험 388
13.3.2 환위험의 관리 390
13.3.3 국가위험 391

13.4 환위험의 헤지와 이자율평형이론 ····· 393
13.5 국제투자의 실제 ····· 395
■ 연습문제 | 397

14장 대체투자

14.1 대체투자의 개념과 확산 ····· 401
14.1.1 대체투자의 개념 401
14.1.2 대체투자의 확산 402
14.2 대체투자의 특징 ····· 404
14.2.1 대체투자의 위험 406
14.2.2 대체투자와 자산군 분류 407
14.2.3 대체투자의 벤치마크 407
14.3 사모주식펀드 ····· 409
14.4 부동산투자 ····· 410
14.5 사회기반시설(인프라 스트럭처) ····· 411
14.6 헤지펀드 ····· 412
14.7 상품 및 상품선물 ····· 414
■ 연습문제 | 416

■ 찾아보기 ····· 419

1부

금융시장의 기능과 환경

— 1장 금융시장과 투자

제1부는 자금의 수요자와 공급자인 경제주체들의 만남이 일어나는 금융시장을 이해하고 이들이 다양한 금융수단을 통해 자금의 순환을 일으키고 있음을 설명한다. 금융시장의 의미와 기능을 설명하고 여러 형태의 시장을 확인해 본다. 또한 금융시장에서 활용되는 금융상품 및 시장에서 활동하는 금융기관의 기능과 역할을 설명한다.

경제활동에서 금융시장(financial market)은 우리 몸을 순환하는 혈관과 같은 역할을 한다. 금융시장은 사업자금이 필요한 경제주체인 기업 등에게 자금을 공급하고 여유자금을 보유한 가계 등에게 자금운용의 수단을 제공하여 자금이 적절히 순환하게 만드는 경제활동의 중심이라고 할 수 있다. 이러한 자금의 순환활동이 벌어지는 물리적 혹은 추상적 공간이 금융시장이다. 금융시장에서는 금융상품 또는 금융자산이라고 불리는 금융수단(financial instruments)을 매개로 하여 자금의 순환이 이루어진다. 이러한 금융수단은 투자자에게 투자의 대상이며, 투자자는 금융시장에서 어떠한 금융상품을 어떤 가격에 어느 정도의 수량만큼 투자할 것인가를 결정한다. 제1장에서 금융시장의 의미와 역할에 대해 살펴보고 우리나라의 금융시장 현황에 대해 알아본다.

1장 금융시장과 투자

1.1 금융시장의 의의와 기능

1.1.1 금융시장의 의의

국민경제를 구성하는 경제주체는 크게 가계, 기업 및 정부로 구성된다. 경제주체들은 각자의 경제활동을 수행하기 위해 필요한 자금을 차입하거나 또는 남는 자금을 미래 소비를 위하여 저축하기도 한다. 일반적으로 각 경제주체 가운데 기업은 사업활동을 위한 자금을 필요로 하며 가계는 대체로 소비보다 소득이 크기 때문에 남는 자금을 금융시장에 공급하게 된다. 이에 따라 가계를 흑자경제주체 그리고 기업을 적자경제주체라고 말하기도 한다. 한편 정부는 자금의 수입과 지출인 세입과 세출이 일치하는 균형재정을 추구하지만 대부분 국가에서 세입보다 세출이 많아서 시장에서 필요한 자금을 조달하여 적자를 충당한다. 이같이 기업과 정부는 가계로부터 자금을 차입하여 경제활동을 수행한다. 자금의 차입과 대여는 동시에 발생하는 양면성이 있고 이러한 금융(finance)거래는 금융상품을 매개로 하여 이루어진다. 금융상품은 금융시장에서 거래되며, 대표적인 금융상품으로는 주식, 채권, 예금과 대출 등을 들 수 있다.

금융시장에는 금융거래가 원활히 이루어지기 위해 여러 종류의 금융기관이 활동하고 있는데 금융기관의 역할과 개입 정도에 따라 금융을 직접금융과 간접금융으로 구분한다. **간접금융(indirect financing)**은 금융거래가 성사되도록 금융기관이 위험을 부담하면서 적극적으로 중개활동을 하는 금융방식을 의미하며, **직접금융(direct financing)**은

그림 1-1 금융시장과 자금흐름

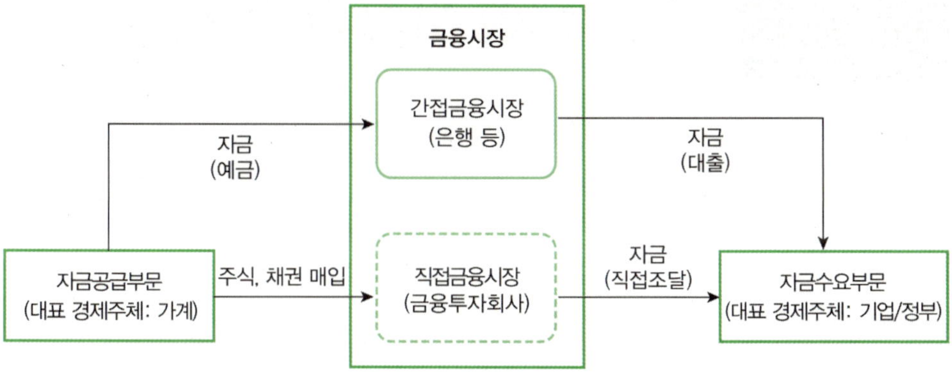

자금공급자와 자금수요자가 직접 위험을 부담하는 금융방식을 의미한다. **간접금융시장**에서 가장 대표적인 금융기관은 은행인데 은행은 자금의 공급자인 예금자로부터 예금을 받아 수요자인 차입자에게 대출을 하는 금융중개를 통해 금융거래를 성사시킨다. 한편 중개기관인 은행은 대출과 관련된 여러 가지 위험을 예금자를 대신하여 부담한다. 즉 예금자는 은행에 예금한 자금을 어느 기업이 차입하여 사용하는지 알 필요가 없다. **직접금융시장**에서 자금공급자인 투자자는 자금수요자인 기업이나 정부가 발행한 주식이나 채권 등의 유가증권을 직접 매수함으로써 자금을 공급하는데 금융투자회사 또는 증권회사 등은 이러한 유가증권의 거래가 원활히 이루어지도록 지원한다. 여기에서 거래에 따르는 위험은 최종투자자가 직접 부담하며 금융투자회사는 전문적인 지식과 거래서비스를 제공하지만 은행과 달리 위험을 부담하지는 않는다.

이와 같이 금융은 자금공급자와 자금수요자를 직접적 그리고 간접적으로 연결하는 역할을 함으로써 국민경제의 성장과 복지 증진에 핵심적인 역할을 한다.

1.1.2 금융시장의 기능

시장이 생겨난 가장 기본적인 이유는 아마도 거래상대방에 대한 탐색비용이나 상품의 가치를 평가하는 정보비용 등의 거래비용을 줄이는 데 있을 것이다. 거래 당사자들이 시장이라는 장소에 모여 거래를 하게 되면 운반비와 시간 등 거래와 관련된 탐색비용을 크게 줄일 수 있다. 이렇게 생겨난 시장은 자원의 효율적 배분에 핵심적인 역할을 한다. 대체로 시장에서 시장참가자는 이용가능한 모든 정보를 이용하여 상품의 적절한 가격이 무엇인가를 찾아내고 그 가격에 상품을 판매하거나 구매한다. 이러한 활동을 통해 시장에서는 희소한 자원인 상품에 대해 그 가치에 합당한 가격이 결정되고 자원이 효율적으로 배분된다.

금융시장이라고 일컬어지는 시장의 범위는 매우 넓다. 금융시장에는 증권거래소와 같은 물리적이며 구체적으로 존재하는 시장뿐만 아니라 금융거래가 이루어지는 모든 물리적 및 추상적 장소가 포함된다. 예를 들어 온라인상에서 형성되는 금융시장도 존재한다. 이렇듯 금융시장이란 금융상품이 거래되는 장소 또는 메커니즘이라고 할 수 있다. 21세기에 들어서면서 추상적 시장의 비중은 점차 확대되고 있는데, 특히 정보통신기술의 혁신적 발전으로 이러한 시장은 더욱 중요해지고 있다. 일반적인 시장의 경우와 마찬가지로 금융시장의 기능 가운데 하나는 거래비용(transaction costs)의 절감이다. 뉴욕증권거래소나 시카고상품거래소와 같은 미국의 주요 거래소들은 이미 19세기 중후반에 설립되었는데 당시 거래비용의 절감은 거래소 설립의 주요 동기가 되었다.

금융시장은 자금을 보유한 자금공급자인 투자자가 큰 어려움 없이 자금을 제공할 수 있도록 유동성(liquidity)을 제공한다. 유동성은 투자자가 보유한 금융상품을 얼마나 쉽게 현금화할 수 있는지를 보여주는 척도이다. 만일 금융시장이 발달하지 않으면 자금이 필요한 기업은 자금을 얻기 위해서 높은 수준의 이자를 지불하거나 불리한 조건으로 유가증권을 발행해야만 하고 자금공급자는 투자한 자금을 회수하여 현금화하는 데 어려움을 겪을 수 있다.

무엇보다 금융시장의 가장 중요한 기능은 자금의 수요와 공급을 통해서 희소자원인 자금이 효율적인 배분(efficient allocation)의 과정을 거쳐서 순환하도록 하는 것이다. 금융시장에서 시장참가자들은 경쟁적으로 이용가능한 모든 정보를 이용하여 기업이 발행한 금융상품의 가치를 평가한다. 정보가 가격에 즉각적으로 반영되는 정보효율적 시장이라면 시장에서 평가된 가치와 금융상품의 본질 가치는 동일하게 된다. 금융시장에서는 금융상품의 가격을 통해 시장 전체에 정보가 진달되는데 이렇게 전달된 정보는 자원배분에 반영이 된다. 즉 금융시장은 경제 및 기업에 관한 정보를 생산하고 이를 전달하는 기능을 수행하는데 이를 통해 자원의 효율적 배분이 이루어지도록 한다. 따라서 효율적인 금융시장의 존재 여부는 경제성장과도 긴밀한 관련이 있다고 할 수 있다.

1.2 금융시장의 구분

1.2.1 직접금융시장과 간접금융시장

금융시장을 구분하는 기준은 여러 가지가 있다. 우선 앞에서 설명한 바와 같이 금융시장은 직접금융시장과 간접금융시장으로 구분할 수 있다. 직접금융시장은 자금공급자인 투자자들이 자금수요자가 발행한 증권을 매개로 직접 자금을 공여하는 금융시장이다. 이에 비해 간접금융시장은 자금공급자가 수요자에게 직접 자금을 공여하지 않고 중개기관을 통해 간접적으로 공여하는 시장이다.

간접금융시장에서 금융중개기관은 핵심적인 역할을 수행한다. 통상적으로 자금의 수요자는 기업이며 자금의 공급자는 가계인데, 이들이 원하는 자금의 특성은 서로 상이하다. 금융중개기관은 이들 사이에서 가격변동, 유동성, 파산 등과 관련된 위험을 대신 부담하여 이러한 차이를 메꾸어주는 역할을 한다. 일반적으로 예금자는 기업정보에 밝지 못하며 어떤 기업이 우량한지 또는 어떤 기업이 부실한지 판단할 수 있는 전문성이 부족하다. 기업의 신용도 평가에 전문성을 가지고 있는 은행 등 중개기관은 자금공급자인 예금자로부터 예금을 받아 일정한 수익을 제공해주기로 약정하는 대신 기업의 신용도를 고려하여 대출을 실시한다. 여기서 금융중개기관은 대출기업의 신용도 하락이나 파산이라는 사건이 발생하더라도 예금자에게는 약정된 원리금을 만기에 지급한다. 차입자의 신용도가 하락하거나 파산하는 위험을 신용위험(credit risk)이라고 하는데 금융중개기관은 예금자를 대신하여 이러한 위험을 부담하는 것이다.

또한 미래의 소비를 위하여 저축하는 예금자는 미래 불확실성 때문에 유동성을 확보하기 위해 자금을 단기로 운용하기를 원한다. 반면 설비투자를 위한 자금이 필요한 기업은 자금을 장기로 차입하기를 원한다. 이같이 중개기관은 자금운용과 차입의 만기불일치에 따른 유동성위험(liquidity risk)을 대신 부담하는 만기중개서비스를 제공한다. 한편 기업이 발행하는 주식이나 채권에 직접 투자하는 투자자는 시장가격변화에 따라 손실이 발생할 위험, 즉 가격변동위험 또는 시장위험(market risk)을 부담해야 한다. 그러나 금융시장의 변동성에 대한 대처수단이 부족한 많은 투자자들은 이러한 위험을 회피하고자 한다. 위험관리에 전문성을 가지고 있는 중개기관은 시장위험을 회피하고자 하는 자금공급자를 대신하여 이를 부담한다.

직접금융시장은 자금의 수요자인 기업 및 정부가 주식 및 채권과 그 밖의 유가증권을 발행하여 자금공급자로부터 직접 자금을 조달하는 금융시장으로, 간접금융시장에서처럼 중개기관이 신용위험, 유동성위험 및 시장위험을 자금공급자를 대신하여 부담하는 역할을 수행하지 않는다. 전통적으로 중개기관은 간접금융시장에서 자금공급자를 대신하여 여러 위험을 부담하는 금융기관을 지칭하였으나, 광의의 중개기관은 직접 위험을 부담하지는 않고 금융거래를 원활히 성사시키기 위해 활동하는 금융기관도 포함한다. 직접금융시장에서 금융기관은 정보의 제공을 통한 증권의 효율적인 가격결정과 거래비용 감소를 통해 금융거래를 활성화시키는 역할을 담당한다. 자금의 공급자인 투자자들은 주식과 채권 등의 유가증권에 직접 투자함으로써 시장위험과 신용위험을 직접 부담해야 한다.

1970년대 이전까지 금융거래는 간접금융을 중심으로 이루어졌으며 상대적으로 은행의 중요성이 높았다. 그러나 변동환율제가 도입되고 파생금융상품이 소개되기 시작한 1970년대를 지나 1980년대에 들어서면서 금융시장이 급속히 성장하였는데 금융거래도 직접금융의 비중이 확대되기 시작하였다. 이에 따라 증권 관련 업무를 수행하는 투자은행과 자산운용 관련 금융기관의 성장이 두드러지기 시작하였다. 이러한 직접금융이 확대되는 현상은 금융의 탈중개화(disintermediation) 또는 금융의 증권화(securitization)라고 일컬어진다.

금융의 탈중개화 진전으로 기업의 자금조달은 은행대출보다 주식이나 채권발행을 통해 이루어지는 비중이 커졌으며 가계의 저축도 은행예금의 비중은 축소되고 주식이나 채권 또는 뮤추얼펀드 등 이와 관련된 금융상품의 비중이 확대되었다. 이는 금융시장의 발전으로 주식이나 채권 등 유가증권의 유동성이 높아졌고 다양한 위험관리수단의 개발로 신용위험과 시장위험의 관리가 보다 용이해졌기 때문이다. 다만 한국 기업의 채권발행은 대기업이 전체의 대부분을 차지하고 있어서 중소기업의 자금조달은 여전히 은행대출에 크게 의존하고 있는 실정이다.

1.2.2 거래소시장과 장외시장

주식과 채권 및 일부 파생상품과 같은 유가증권의 거래는 거래소에서 이루어지거나 또는 거래소 밖의 장외시장(over-the-counter market: OTC market)에서 이루어진다. 거래소는 거래비용을 절감하고 거래편의를 제고하기 위해 증권거래에 참여하는 시장참가자들이 거래가 이루어지는 물리적인 장소를 마련하고 여기에 모여 거래를 하면서 설립되었다. 정보통신수단이 발전하지 못했던 시기에는 이렇게 한 장소에 모여 거래를 하는 것이 여러 가지 면에서 효율적이었다. 주식과 같이 불특정 다수의 투자자가 소규모로 거래를 하는 경우 거래가 원활히 성사되게 하기 위해서는 거래방식을 표준화하여야 하며 시장을 조직화하는 것이 필요하다. 따라서 거래소시장(exchange market)은 조직화되어 있으며 거래규칙이 표준화되어 있다.

이에 비해 장외시장은 거래당사자 간에 금융거래가 직접적으로 이루어지는 시장으로 비조직적이고 추상적인 시장이다. 그러나 정보통신기술의 발전으로 NASDAQ과 같이 조직화된 대규모 장외시장도 존재한다. 장외시장은 특정한 물리적 장소가 있는 것은 아니며 거래조건을 거래당사자 간의 필요에 의해 자유롭게 결정할 수 있다. 장외시장에서의 거래는 대개 대규모인 경우가 많으며 시장참가자들도 개인보다는 기업이나 금융기관 등이다. 다수의 소액거래자가 참가하는 주식시장의 경우 거래소를 중심으로 발전해왔으며 금융기관이 주요 참가자인 채권시장과 외환시장은 장외시장을 중심으로 발전해왔다. 이렇듯 장외시장은 거래소 밖의 금융시장을 의미하는 용어로 사용되고 있으나 정보통신기술의 발전에 따라 장외시장과 거래소의 구분이 모호해지고 있다. 예를 들어, 미국에서 뉴욕증권거래소(New York Stock Exchange: NYSE)와 쌍벽을 이루는 NASDAQ은 조직화되어 있기는 하지만 물리적인 거래장소가 없는 장외시장이다. 우리나라의 경우 2005년 1월 27일 기존의 한국증권거래소, 한국선물거래소, 코스닥증권시장이 한국거래소(Korea Exchange: KRX)로 통합되기 이전까지 코스닥증권시장(KOSDAQ)은 장외시장으로 존재해왔다. 2000년대 이후 정보통신기술의 비약적 발전에 따라 인터넷상에서의 증권거래도 크게 증가하였으며 은행이나 보험회사 등의 기관투자자들의 대규모 거래는 장외시장에서 이루어지는 경우가 빈번하다. 기업이 발생하는 회사채, 단기금융상품인 콜, CD, CP 등과 파생금융상품도 대부분 장외시장에서 거래되고 있다.

1.2.3 금융상품에 따른 금융시장 구분

금융시장은 거래되는 금융상품의 종류에 따라 구분될 수 있다. 여기에서는 직접금융과 관련된 상품들을 중심으로 금융상품과 이에 따른 금융시장의 종류를 살펴본다. 기업이 금융시장에서 자금을 조달하는 이유는 크게 두 가지로 나누어 볼 수 있다. 첫 번째는 설비투자와 같이 생산활동을 위해 필요한 장기적인 투자를 위한 것이다. 이 경우 투자에 따른 자금회수기간 역시 장기일 것이기 때문에 기업은 자금을 장기로 조달하려 할 것이다. 이러한 자금조달수단이 바로 주식과 채권이며 이들이 거래되는 시장을 각각 주식시장과 채권시장이라고 한다. 주식과 채권은 각각 자기자본과 타인자본의 조달수단이므로 주식시장과 채권시장을 합쳐 자본시장이라고 한다. **자본시장(capital market)**은 주식과 채권 등의 유가증권이 거래되는 시장으로 **증권시장(securities market)**이라고도 한다. 주식의 경우 거래소에 상장되어 거래되는 것이 보편적이나 채권은 주로 장외시장에서 거래된다.

두 번째는 금융기관이나 기업은 일시적인 자금 부족상태를 해결하기 위해 단기로 자금을 조달하기도 하는데 단기자금조달을 위한 금융상품을 단기금융상품이라고 한다. **단기금융상품**에는 기업어음(commercial paper: CP), 양도성예금증서(certificate of deposit: CD), 환매채(repurchase agreement: RP 또는 Repo) 등이 있는데 이러한 상품이 거래되는 금융시장을 **단기금융시장** 또는 **자금시장(money market)**이라고 한다. 단기금융시장에는 금융기관 간 단기자금거래가 이루어지는 시장인 콜시장도 포함된다. 단기금융상품은 주로 장외시장에서 거래된다.

한편 금융시장에서의 변동성이 확대됨에 따라 이를 관리하기 위한 수단으로 주식이나 채권 또는 외환 등과 관련된 다양한 파생상품이 개발되었는데 이러한 파생상품이 거래되는 시장을 **파생금융상품시장(financial derivatives market)**이라고 한다. 파생금융상품 가운데 주가지수 관련 상품은 거래소에 상장되어 거래되는 경우도 있으나 대부분의 파생금융상품은 장외시장에서 거래된다. 마지막으로 외국 통화가 거래되는 외환시장이 있는데 외환 역시 주로 장외시장에서 거래된다.

다음은 우리나라의 상품별 금융시장에 대한 설명이다.

단기금융시장

단기금융시장이란 단기자금의 수요자와 공급자 간 수급불균형을 조절하기 위하여 통상 만기 1년 미만의 단기금융자산이 거래되는 시장으로 **자금시장(money market)**이라고 불리기도 한다. 단기금융시장은 주식과 채권이 거래되는 자본시장에 비해 유동성이 높고 신용위험이 작아 통화신용정책의 효과를 전파시키는 역할을 한다.

단기금융시장에서 거래되는 대표적인 상품은 콜자금(call money)으로 콜시장은 금융기관 간 초단기자금을 거래하는 시장으로 통상 만기가 1일~1주일이며 2주일을 넘어가는 경우가 드물다. 환매조건부채권(RP)이란 채권매매당사자 간에 일정기간 후 채권매매당시의 가격에 소정의 이자를 더한 가격으로 다시 사거나 팔 것을 약정하고 거래하는 것을 말한다. 이 시장에서는 환매를 조건으로 통상 단기간에 걸쳐 채권의 매매가 이루어짐으로써 금융기관들이 포트폴리오의 변화 없이 상대적으로 저렴하게 단기자금을 조달하거나 운용할 수 있는 시장이다. 우리나라의 RP시장은 공개시장조작의 일환으로 한국은행과 기관 간에 이루어지는 RP시장, 금융기관 간 주로 단기자금 거래를 위한 RP시장 및 금융기관과 일반고객 간에 이루어지는 대고객 RP시장으로 구분된다.

다음으로 기업어음(CP)시장은 신용상태가 양호한 기업이 단기자금을 조달할 목적으로 상거래와 관계없이 자기신용으로 발행한 만기 1년 이내의 융통어음이 할인 · 매입되거나 매출되는 시장으로 우량 대기업 및 후술되는 여신전문금융기금의 주요 단기자금조달시장이다. 그러나 기업어음은 유가증권인 동시에 어음법상의 어음이라는 이중적 지위를 갖고 있어 여러 가지 문제가 야기되었다. 이에 정부는 2013년 1월부터 기업어음시장을 대체하는 목적으로 선진적인 전자단기사채(전단채)제도를 도입하여 시행 중이다. 이밖에 은행이 발행하는 양도성 정기예금증서(CD)가 거래되는 CD시장도 중요한 단기금융시장이다. CD는 통상 3개월 내지 6개월 만기이며, 만기 전 상환이 어렵다는 정기예금의 단점을 극복하기 위해 시장에서 매각할 수 있도록 만든 일종의 정기예금상품이다. 그러나 통상 거래단위가 커서 가계보다 금융기관과 기관투자가들이 주로 이용한다.

한편 실적배당형 단기금융상품으로 MMF, CMA, MMDA 등이 있다. MMF(money market fund)는 투자자들의 일시적인 여유자금을 CP, CD, 콜 등 단기금융상품에 집중투자하여 여기서 얻는 수익을 되돌려주는 실적배당상품으로 1996년 허용되었다. 펀드판매는 판매회사인 은행이나 증권사, 펀드자금의 운용은 자산운용사, 운용지시의 실행 및 관리는 수탁회사가 수행한다. CMA(cash management account)는 종합자산관리계좌로 종합금융회사가 고객으로부터 예탁받은 자금을 운용하고 그 수익을 고객에게 지급하는 금융상품으로 수시입출금이 가능하다. 예금자보호가 되는 종합금융회사 CMA와 2005년부터 시행된 금융서비스로 예금자보호가 되지 않는 증권사 CMA가 혼용되고 있다. MMDA(money market deposit account)는 시장금리부 수시입출식예금으로 은행들이 MMF에 대응하기 위해 도입한 상품이다. MMF와 CMA에 비해 수익률이 다소 낮지만 확정금리를 지급하며 예금자보호도 가능하다.

자본시장

자본시장(capital market)은 기업의 시설자금이나 장기운전자금 조달을 목적으로 발행되는 주식(stock)과 채권(bond)이 거래되는 시장이다. 주식시장은 기업의 주식이 발행되는 발행시장(primary market)과 이들이 유통되는 유통시장(secondary market)으로 구분된다. 주식의 발행은 주식회사가 설립자본금을 조달하거나 자본금을 증액할 때 이루어지는데, 자본금 증액을 위한 주식발행에는 금전의 출자를 받아 자본금을 증가시키는 유상증자가 있고, 그 밖에 금전의 출자가 없는 무상증자, 주식배당 및 전환사채의 주식전환 등이 있다. 한편 유통시장은 일단 발행된 주식이 투자자들 간에 매매되고 유통되는 시장이다.

또 다른 중요한 자본시장인 채권시장 역시 발행시장과 유통시장으로 구분된다. 우선 발행시장은 기업은 물론이고 국가, 공공단체 및 금융기관 등이 경영상의 이유 또는 정책수행을 목적으로 비교적 장기로 채권을 발행하는 시장이다. 여기서 발행된 채권이 투자자들 사이에서 매매거래되는 시장이 채권의 유통시장이다.

외환시장

외환시장(foreign exchange market: FX market)은 외환이 거래되는 시장, 즉 외환의 수요자와 공급자가 만나서 거래하는 시장으로 외환의 가격, 즉 환율이 결정되는 장외시장이다. 여기서 외환은 외국의 통화를 의미하는데 외환은 투자의 대상일 뿐만 아니라 국제거래에서 사용되는 지급결제수단이라는 특징이 있다. 외환시장의 주요 참가자로는 수출업과 수입업을 영위하는 기업, 해외소비와 송금 등을 필요로 하는 개인 및 외국환업무를 영위할 수 있도록 법으로 인가를 받은 외국환은행들이 있다. 외국환업무란 대외지급수단의 매매, 발행, 우리나라와 외국 간 송금 및 추심 그리고 이에 부수하는 업무를 말한다. 외환시장은 거래당사자에 따라 외국환은행과 일반고객 간에 거래가 이루어지는 대고객시장과 외국환은행 간에 이루어지는 은행간시장으로 구분되는데 일반적으로 외환시장이라고 하면 은행간시장을 의미한다.

파생금융상품시장

고정환율제가 붕괴된 1970년대 초반 이래 단기금융시장이나 자본시장의 범주에 포함되지 않는 복합형 금융상품시장이 등장하였는데, **파생금융상품시장(financial derivatives market)**이 바로 그것이다. 파생금융상품이란 이름은 일정한 상품으로부터 파생된 금융상품이라는 데서 붙여진 것인데, 여기에는 선물계약(futures contracts)과 선도계약(forward contracts), 옵션(option) 및 스왑(swap) 등이 포함된다. 파생상품은 기초가 되는 다른 상품의 가치에 따라 그 가치가 결정되는데 여기서 기초가 되는 상품을 기초자산(underlying assets)이라고 한다. 파생상품은 기본적으로 자산가격의 변동으로 인한 위험을 제거하기 위해 고안된 것으로 그 역사는 매우 오래되었다. 이미 17세기에 일본에서는 쌀을 기초자산으로 하여 선물거래를 하였다는 기록이 있으며 유럽과 미국에서도 오래전부터 다양한 농축산물 등을 기초자산으로 하는 파생상품거래를 해왔다. 파생상품 가운데 기초자산이 금융상품인 파생상품을 파생금융상품이라고 하는데 파생금융상품의 역사는 상대적으로 짧은 편이다. 이는 주식을 제외하고는 1970년대 이전까지는 금융상품의 가격변동이 크지 않았기 때문이다. 그러나 1970년대 들어 변동환율제의 도입과 두 차례에 걸친 석유파동으로 금융시장에서의 변동성이 확대되면서 파생금융상품시장도 크게 성장하기 시작하였다.

파생금융상품 가운데 우선 선도계약은, 예컨대 3개월 후에 일정한 금융상품(주식이나 국채)을 일정한 가격으로 사거나 파는 계약을 오늘 체결하는 것이다. 거래시점이 계약체결시점보다 미래에 있어서 선도라는 이름이 사용된다. 선물은 선도계약과 유사한 내용의 계약을 체결한 후, 다음 날에 거래당사자 간에 계약가치의 변화를 정산하는 계약을 말한다. 선도계약이 금융기관과 개인 또는 기업 간에 장외에서 이루어지는 데 반해, 선물은 거래소에서 거래가 이루어진다는 점에서 차이가 있다. 선도 및 선물은 만기일에 기초자산의 가격이 변화함에 따라 손실이 발생하거나 이익이 발생할 수도 있다.

옵션은 기초자산을 미리 정해진 가격, 즉 행사가격으로 사거나 팔 수 있는 권리이다. 기초자산을 살 수 있는 권리를 콜옵션(call option)이라 하며, 팔 수 있는 권리를 풋옵션(put option)이라 한다. 콜옵션을 보유한 투자자는 만기일에 기초자산의 가격이 행사가격보다 낮게 형성되어 있다면 권리를 행사할 필요가 없으며 기초자산의 가격이 행사가격보다 높아지는 경우에만 권리를 행사하여 이익을 취할 수 있다. 즉 옵션은 선물과는 달리 이익의 기회는 그대로 유지하면서 손실가능성을 제거할 수 있다. 다만 옵션을 보유하기 위해서는 비용을 지불하여야 하는데 이를 옵션프리미엄(option premium)이라고 한다. 한편 스왑은 일정기간에 걸쳐 기초자산으로부터의 현금흐름을 다른 기초자산으로부터의 현금흐름과 교환하는 약정이다. 스왑 가운데 가장 널리 이용되는 것이 금리스왑인데 이는 미래 일정기간을 대상으로 변동금리와 고정금리 지급을 서로 교환하는 것을 말한다. 스왑은 선물계약의 포트폴리오로 이해될 수 있다.

이들 중 선물은 거래소의 파생금융상품시장 즉 장내시장에서 거래되지만, 선도와 스왑 등은 금융기관 간 또는 금융기관과 고객 간에 금융기관 창구 즉 장외시장에서 거래된다. 이들은 계약내용에 따라 다양한 종류가 가능한데, 주목할 점은 단기상품과 장기상품을 연결하는 기능을 수행함으로써 위험관리를 위한 헤지(hedge)수단으로 사용될 수 있다는 것이다.

1.2.4 발행시장과 유통시장

발행시장과 유통시장은 직접금융과 관련된 시장이다. 기업과 정부는 유가증권인 주식과 채권(회사채나 국채)을 발행하여 자금을 조달하고, 이렇게 발행된 주식이나 채권은 거래소나 장외시장에서 투자자들 간에 거래된다. 기업이나 정부 등에 의해 처음으로 유가증권이 발행되어 투자자들에게 매각되는 시장을 발행시장이라고 하며 일단 발행된 증권이 투자자 사이에서 거래되는 시장을 유통시장이라고 한다. 따라서 유통시장은 거래소 및 장외에서 상시적으로 개설되는 시장인 데 비해 발행시장은 거래소 및 장외에서 증권이 처음 발행되는 시점에만 개설되는 시장이라고 할 수 있다.

그림 1-2 유가증권의 발행시장과 유통시장

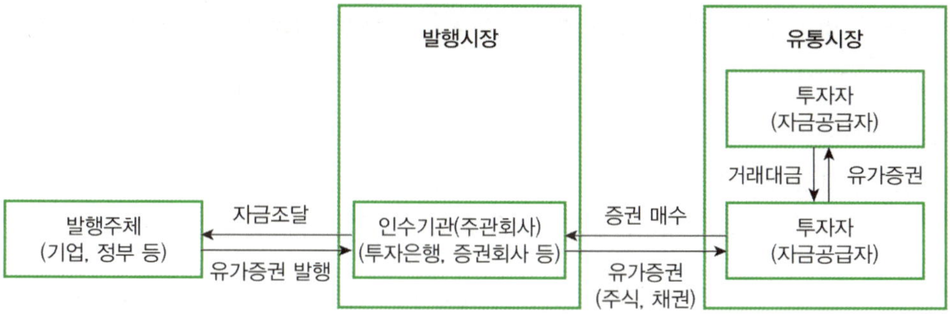

발행시장의 기능을 살펴보면 우선 증권발행의 주체인 기업과 정부는 발행시장을 통해 광범위한 투자자들로부터 대규모의 자금을 일시에 조달할 수 있는 자금조달기능이 있다. 그리고 조달된 자금을 자금수요자인 기업과 정부에 집중시켜 주는 자본집중의 기능이 있다. 발행시장은 신주의 발행을 통해 기업의 소유를 분산시키는 소유분산기능을 수행하기도 하며, 중앙은행과 정부는 국채 등을 발행하여 경기를 부양하거나 물가를 안정시키는 등의 경제 안정기능을 수행한다. 한편 발행시장은 자금의 공급자인 투자자에게 새로운 투자수단을 제공해주는 역할을 한다.

발행시장은 증권발행자와 투자자가 핵심적인 구성요소이나 자금수요자와 공급자 간의 자금흐름을 원활하게 연결시켜주는 인수기관도 중요한 역할을 한다. 인수기관의 역할은 투자은행 또는 증권회사가 담당한다. 인수기관은 발행되는 증권을 인수하여 투자자에게 매각하는 업무를 수행하는 금융기관으로 증권시장에 관한 전문성을 바탕으로 증권가격, 증권의 종류, 발행시기 등의 사항을 결정하는 데 조언하고 발행에 따른 위험을 부담한다. 발행자는 인수기관 없이 스스로 발행과 관련된 사무를 처리하고 위험을 부담하면서 증권을 발행할 수 있는데 이를 직접발행이라 하며 인수기관의 도움을 받아 증권을 발행하는 것을 간접발행이라고 한다. 대부분의 증권은 간접발행방식으로 발행된다.

유통시장은 이미 발행된 유가증권이 투자자 상호 간에 거래되는 시장으로 투자자들에게 투자자금을 회수할 수 있는 수단을 제공한다. 잘 발달된 유통시장은 증권의 유동성을 높여 증권투자를 확대하는 역할을 한다. 증권투자의 확대는 다시 기업자금조달을 원활히 하여 국민경제 성장의 기반을 조성한다. 유통시장은 증권에 대한 가격발견이라는 매우 중요한 역할을 수행한다. 효율적인 유통시장에서 증권의 가격은 발행자와 관련된 모든 정보가 반영되어 내재가치에 일치되도록 결정되며 이러한 가격은 국민경제에서 희소한 자원을 효율적으로 배분되도록 한다. 또한 유통시장에서의 증권가격은 발행시장에서 신규로 발행되는 증권의 가격을 결정하는 지침이 되기도 한다.

표 1-1 금융시장의 구분

기준	구분
금융기관의 중개, 개입 여부	간접금융시장과 직접금융시장
장내외 여부	거래소시장(장내시장)과 장외시장
거래 금융상품별	단기금융시장, 자본시장, 외환시장 및 파생금융상품시장
증권의 유통단계별	발행시장과 유통시장

1.3 금융기관의 의의와 구분

금융시장에서는 금융상품의 가치가 평가되고 이에 따라 자금의 배분이 이루어진다. 금융기관은 금융시장의 이러한 기능이 효과적으로 수행될 수 있도록 자금공급자와 자금수요자를 연결해주는 역할을 한다. 금융산업은 은행, 증권 및 보험의 3대 권역을 중심으로 발전해왔다. 국가에 따라 각 권역별로 배타적인 업무영역을 인정하는 **전업주의**를 채택하거나 또는 권역 간 겸영을 허용하는 **겸업주의**를 선택해왔다. 그러나 국가별로 금융산업 경쟁력 강화 노력이 지속되면서 금융산업 내에서의 겸업을 광범위하게 허용하는 것이 추세이다. 우리나라에서도 겸업이 점차 확대 허용되고는 있으나 아직 권역별 울타리는 지켜지고 있다. 한편 금융기관은 그 기능과 역할에 따라 구분된 은행권, 증권권 및 보험권의 3대 권역 외에 여신전문금융기관과 지역금융기관을 포함하는 기타 금융기관 등 네 가지로 구분할 수 있다. 여기서는 이들 금융기관의 의의와 기능에 대해 살펴보기로 한다.

1.3.1 은행

은행은 예금자로부터의 수신을 기반으로 차입자에 대한 여신을 실시하며 지급결제서비스를 제공하는 금융기관이다. 은행은 여수신업무를 수행하면서 예금자와 차입자 간의 만기불일치를 조정하는 만기중개기능, 예금자를 대신하여 차입자를 감시하는 위탁감시기능, 예금자의 시장위험을 경감시켜주는 시장위험 중개기능과 소액예금을 거액 대출로 전환하는 액면조정기능 등을 수행한다.

우리나라에서 은행은 「은행법」에 의거하여 설립되고 영업하는 금융기관으로 단기예금, 대출 및 지급결제업무를 고유업무로 하고 있다. 이같이 예금을 기반으로 하는 대출업무를 주업무로 하는 은행을 **상업은행(commercial bank)**이라 하는데 우리나라에서는 일반은행이라고 하기도 한다. 이에 비해 뒤에 설명되는 **투자은행**은 여수신업무는 취급하지 않으며 주로 자본시장에서 증권의 발행과 유통 및 기업재무와 관련된 서비스를 제공한다.

은행법에 의하면 일반은행의 업무는 고유업무 외에도 은행업무를 영위하는 데 수반되는 부수업무와 겸영업무로 구분할 수 있는데 고유업무는 크게 예금, 대출, 내국환, 외국환으로 구분할 수 있으며 이 외에도 은행은 지급보증 및 유가증권의 투자 등의 업무를 영위한다. 예금은 은행자금조달의 가장 중요한 수단으로 일반개인, 기업, 공공기관 등 불특정 다수로부터 예탁받아 은행이 관리하고 운용하는 자금으로 지급결제 및 일시적 보관을 목적으로 하는 요구불예금과 이자수입을 목적으로 하는 저축성예금으로 구분된다. 대출은 은행의 주요 자금운용수단으로 대출대상은 기업, 가계 및 공공기관 등이다. 이외에도 은행은 조달된 자금을 유가증권투자에도 운용하는데 금융의 증권화가 진전되면서 유가증권투자의 비중이 확대되고 있다.

2020년 총자산규모 300조원이 넘는 은행 순위는 신한은행, KB국민은행, KEB하나은행, 우리은행, IBK기업은행, NH농협은행의 순서이다. 또한 디지털서비스 중심의 사회변화 국면에서 젊은 세대에게 인기를 끌면서 개인 신용대출 위주의 틈새시장을 공략하고 비대면 금융서비스에 대한 수요가 확대되면서 인터넷 전문은행이 성장하고 있다. 기존의 금융규제에서 비교적 자유로운 인터넷 전문은행으로는 케이뱅크와 카카오뱅크가 있다.

우리나라에는 은행을 중심으로 하는 신한금융지주, KB금융지주, NH농협금융지주,

하나금융지주, 우리금융지주 등 대표적인 5대 금융지주회사가 존재한다. 신한금융그룹의 계열회사는 신한은행, 신한카드, 신한금융투자, 신한생명, 신한라이프, 신한캐피탈, 신한자산운용, 신한저축은행 등을 포함한다. 재일교포 5천명의 개인주주가 지분 17%와 국민연금공단이 10%의 지분을 소유하고 있다. KB금융그룹은 KB국민은행, KB증권, KB손해보험, KB국민카드, 푸르덴셜생명, KB자산운용, KB캐피탈, KB생명보험, KB저축은행 등을 계열사로 두고 있다.

1.3.2 보험회사

보험은 개인이나 기업 등이 사전에 보험회사에 일정한 보험료를 지급하고 각종 위험으로 인해 발생하는 손실에 대해 보험회사로부터 보호를 약속받는 계약을 일컫는다. 보험은 위험으로 인해 손실이 발생했을 경우 개인이나 기업이 이를 원활하고 신속하게 복구함으로써 경제적 안정을 유지하게 하는 기능을 수행한다.

우리나라 「보험업법」은 보험업을 "사람의 생사에 관하여 약정한 급여의 제공을 약속하거나 우연한 사고로 인하여 발생하는 손해의 보상을 약속하고 금전을 수수하는 것 등을 업으로 행하는 것"이라고 정의하고 보험업을 생명보험업, 손해보험업 및 제3보험업으로 구분하고 있다. 생명보험업은 사람의 생존 또는 사망에 관하여 약정한 급여의 제공을 약속하고 금전을 수수하는 것을 업으로 행하는 것을 의미하며 손해보험업은 질병 · 상해 및 간병을 제외한 우연한 사고로 인하여 발생하는 손해의 보상을 약속하고 금전을 수수하는 것을 업으로 행하는 것을 뜻한다. 한편 제3보험업이라 함은 사람의 질병 · 상해 또는 이로 인한 간병에 관하여 약정한 급여를 제공하거나 손해의 보상을 약속하고 금전을 수수하는 것을 업으로 행하는 것을 의미한다.

보험회사는 이들 업을 수행하는 금융기관으로 생명보험회사와 손해보험회사로 구분된다. 손해보험은 각종 사고발생에 따른 재산상의 손실위험에 대처하기 위한 상호 보장적 성격의 사회제도로 장기저축기능과 상호 보장기능이 혼재되어 있는 생명보험과는 성격이 다르므로 보험회사는 원칙적으로 생명보험업과 손해보험업을 한 회사 내에서 겸영하지 못하도록 법률로 규정하고 있다. 기본적으로 생명보험회사는 사망, 질병, 노후 등에 대비하여 보험의 인수, 운영을 주된 업무로 하는 금융기관으로 생명보험업을 수행하며 손해보험회사는 화재, 자동차사고, 해상사고 등에 대비하여 보험의 인수, 운영을 고유업무로 하는 금융기관으로 손해보험업과 제3보험업을 수행한다. 2020년 금융소비자연맹이 매긴 좋은 손해보험사 종합순위는 삼성화재해상, DB손해, 현대해상화재, AIG손해, NH농협손해, KB손해의 순서이며, 생명보험사 종합순위는 푸르덴셜생명, 삼성생명, 교보생명, 신한라이프, 라이나생명, AIA생명의 순서이다.

보험회사의 주요 수입은 보험료이며 주요 지출항목은 지급보험금이다. 보험회사는 보험료를 받아 보험금지급에 대비하여 이를 운용하는데 보험회사는 주로 유가증권 및 고정자산투자와 대출을 운용수단으로 하고 있다. 보험회사가 투자하는 증권은 형태별로 주식, 국 · 공채, 특수채, 회사채, 수익증권, 해외유가증권, 기타 유가증권, 지분법 적용 투자주식 및 출자금 등으로 분류된다.

1.3.3 증권 관련 금융기관

자본시장에서 가장 중요한 금융기관은 투자은행이다. 기업은 경영활동에 필요한 자금을 은행에서 대출을 통해 조달하기도 하지만 단기금융시장, 주식시장 및 채권시장 등 직접금융시장에서 증권을 발행하여 조달하기도 한다. 기업자금조달에서 증권을 매개로 하는 직접금융의 비중은 1980년대 이후 지속적으로 확대되어왔다. 직접금융시장에서 핵심적인 역할을 하는 금융회사가 바로 투자은행이다. 여기서는 투자은행에 대해 상세히 살펴보고 우리나라의 주요 증권 관련 금융기관인 금융투자회사(또는 증권회사), 자산운용회사, 투자자문회사 등에 대해 알아본다.

투자은행

투자은행(investment bank: IB)은 단기금융시장과 자본시장 그리고 증권산업에서 가장 주요한 금융회사 가운데 하나로 기업과 가계 그리고 정부 사이에서 부채 및 자본과 관련된 유가증권을 통한 자금흐름을 촉진한다. 투자은행은 주로 기업 및 정부의 유가증권 발행을 통한 금융시장에서의 자금조달을 지원하고 인수합병 등 기업의 재무전략에 대한 조언을 해주는 금융회사로서 상업은행과는 달리 여수신업무를 취급하지 않는다. 미국의 경우 1999년 「그램–리치–블라일리법(Gramm-Leach-Bliley Act)」이 제정될 때까지 투자은행은 상업은행과 엄격히 분리되어왔다. 그러나 유럽의 경우에는 역사적으로 상업은행과 투자은행은 분리되지 않는다.

투자은행은 기업과 투자자 사이에서 직접금융을 담당하며 주로 시장조성업무, 금융자문업무, 직접투자업무 등을 수행한다. 즉 투자은행은 증권인수(underwriting), 증권발행에 수반되는 초기업무, 분배업무 등 자본시장 형성업무를 수행하며, 기업구조조정에 대한 자문, 증권발행기업의 재무관리 대행, 인수 · 합병(morgor and acquisition: M&A) 주선 등 금융자문업무(financial advisory)를 수행한다. 나아가 투자은행은 자기자본을 직접 투자하거나 사모펀드(private equity fund: PEF)를 활용하여 자본이득을 목표로 장기투자를 수행한다. 이같이 투자은행은 직접금융시장에서 업무를 수행한다는 점에서 기업과 투자자 사이의 간접금융업무를 담당하는 상업은행과 구분된다.

투자은행의 증권인수업무는 투자은행의 대표적인 업무 가운데 하나로 자금조달을 위해 주식 및 채권 등을 발행하는 기업의 유가증권을 시장에 매각하는 업무이다. 투자은행은 발행기업이 발행한 주식, 채권 또는 단기금융상품 등의 유가증권을 인수하여 이를 투자자에게 매각하는 인수업무를 수행하는 과정에서 시장의 정보불균형을 완화시키는 역할을 한다. 즉 투자은행은 발행되는 증권의 인수과정에서 기업가치, 곧 발행증권의 가치를 평가하고 이에 관한 정보를 시장에 전달하는 역할을 한다. 최근 금융기술의 발전으로 파생상품과 결합된 새로운 형태의 유가증권을 발행자와 투자자의 수요에 맞추어 설계하는 유가증권 설계업무가 투자은행의 주요 업무 가운데 하나로 부상하였으며 이에 따라 투자은행의 인수대상이 되는 유가증권의 범위가 확대되었다.

투자은행은 기업의 M&A 및 기업구조조정에서 자문서비스를 제공하는 역할을 수행한다. 투자은행은 기업의 구조조정이나 M&A에서 기업가치 평가작업을 수행하고, 이 과정에서 기업가치 평가방법을 제공하는 등 인수기업은 물론 피인수기업에 대하여 전반적인 자문서비스를 제공한다. 또한 투자은행은 기업구조조정이나 M&A에서 필요한 자금의 조달을 주선해주는 역할도 한다. 1980년대 미국에서 M&A가 널리 유행하고 있을 때 투자은행은 기업이 LBO와 MBO 등 최적의 M&A전략을 신택하도록 자문서비스를 제공하였을 뿐만 아니라 정크본드(junk bond) 등 M&A에 필요한 자금을 조달하는 수단을 제공하였다. 한편 투자은행은 피인수기업에 대해서는 적대적 인수합병에 대항할 수 있는 다양한 전략을 소개하였다. 투자은행은 기업구조조정과 M&A에서 기업구조조정과 M&A

영역은 투자은행의 전문적인 노하우, 관련 기업과의 네트워크, 인적자원 등에 따라서 성패가 좌우되는 고수익분야로 알려져 있다. 최근 들어 대형 투자은행은 자금규모의 우위를 내세워 구조조정시장에서 직접 위험을 부담하고 해당 기업에 투자하는 투자자로서의 기능을 담당하기도 한다.

투자은행의 업무영역은 주로 주식 및 채권 등 유가증권증권발행과 관련된 직접금융서비스 제공 등으로 시작되었으나 업무영역이 지속적으로 확대되어 현재 투자은행의 업무범위에는 증권서비스업무, 파생상품업무, 투자신탁업무, 파생상품업무, 국제금융업무, 자기거래업무 등이 포함된다. 금융시장 발전과 더불어 금융의 증권화 또는 직접금융화가 진전되면서 투자은행의 업무영역은 기업을 대상으로 하는 금융서비스에서 개인을 대상으로 하는 자산관리서비스로 확대되고 있다.

증권서비스업무는 주식 및 채권 등 유가증권이 거래소 및 장외의 유통시장에서 원활히 거래될 수 있도록 하는 서비스이다. 이를 위해 투자은행은 기업에 대한 평가를 하고 이와 관련된 정보를 시장에 전달한다. 또한 투자은행은 유가증권의 시장이 형성되도록 시장조성(market making)서비스를 제공하고 있다. 특히 1990년 이후 장외파생금융상품시장이 급속히 성장하면서 투자은행의 파생상품 관련 업무는 보다 중요해졌다.

자산관리 및 프라이빗 뱅킹(private banking)은 투자은행이 최근 들어 관심을 갖기 시작한 분야로 이는 주로 개인고객의 자산을 관리해주는 업무이다. 투자은행은 자신이 보유하고 있는 네트워크와 정보를 이용하여 고객의 자산을 보다 효율적으로 관리해주고 이를 통해 수익성을 제고하며 고객에게 최적의 포트폴리오를 구성하도록 조언하고 적합한 금융상품을 추천한다. 이들은 투자대상이 되는 새로운 상품을 발굴하기도 하는데 최근에는 투자대상이 주식 및 채권 등 전통적인 금융상품에서 벗어나 부동산, 천연자원 및 농산물과 같은 대체투자(alternative investments)상품으로 확대되고 있다. 투자은행은 이와 같은 업무에서 조달된 자금을 이용하여 자본이득을 목적으로 직접 자기자본을 투자하는 자기거래업무(principal transaction)를 수행하기도 한다.

투자은행은 기업의 직접 자금조달을 중개하고 다양한 투자자의 수요를 충족시키는 역할을 통해 시장조성에 기여한다. 즉 벤처기업과 같은 높은 투자위험을 지닌 기업의 자금조달을 가능하게 해주고 투자자에게 위험자산 투자기회를 제공하여, 결과적으로 증권시장이 활발히 조성되게 함으로써 기업의 성장 및 자본시장 발전에 기여하게 된다. 또한 투자은행은 다양한 금융상품을 개발하여 금융시장의 증권화(또는 직접금융화)를 주도한다. 투자자의 다양한 수요를 반영할 수 있는 신금융상품을 개발하고, 금융상품의 표준화를 통해 거래량 증대에 기여하고 있다. 투자은행은 기업구조조정시장의 발전에도 공헌하는데, 공급자와 수요자를 연결하여 구조조정시장이 보다 원활하게 조성되도록 한다. 투자은행은 구조조정 대상기업에 대한 가치를 정확하게 평가하여 시장에 제공할 뿐만 아니라, 자신이 구축하고 있는 다양한 네트워크를 통해 투자자와 공급자를 연결해주는 기능을 수행한다.

미국에서 투자은행이 급속히 성장하게 된 계기는 1933년 대공황 직후 「글래스-스티걸법(Glass-Steagall Act)」이 제정되면서부터이다. 이 법이 제정되면서 기존의 은행은 상업은행과 투자은행이라는 독자적인 업무영역을 가진 금융기관으로 구분되었다. 즉 초기 투자은행은 증권의 인수와 중개를 주로 담당함으로써 예금과 대출업무 위주의 상업은행과 차별화되었다. 그러나 1999년 이종 금융기관 간의 합병을 허용한 「금융서비스현대화법(Financial Services Modernization Act: FSMA)」이 제정된 이후 상업은행과 겸업 금융기관들이 출현하기 시작하였다.

한편 유럽의 경우는 투자은행과 상업은행 등 서로 다른 금융업무를 하나의 기관이 수행하는 겸업주의 금융(universal banking)체제를 채택해오고 있다. 2008년 9월 글로벌 금융위기 와중에서 리먼 브라더스(Lehman Brothers)가 파산하면서 이들 투자은행에 대한 규제 강화 논의가 지속되고 있다. 특히 바젤위원회 등에서는 투자은행의 트레이딩계정에서의 손실이 전체 투자은행의 파산위험성을 높이는 것을 방지하기 위해 자기매매에 대해서는 추가적인 자본을 적립하도록 하는 안을 시행하고 있다. 또한 파산 시 세계 금융시스템에 영향을 미치는 금융회사를 지정하고 이들에 대해서는 추가적인 자본규제를 실시하는 안을 마련하고 있다. 이에 따라 일부 글로벌 투자은행은 상대적으로 수익성이 낮은 부문을 과감히 정리하는 움직임을 보이고 있다. 특히 유럽의 겸업은행 가운데 일부는 투자은행부문의 비중을 축소하고 있다. 전반적으로 금융위기 이후 글로벌 투자은행의 위상은 약화되고 있는 것으로 평가된다.

2020년 한국의 증권회사의 매출액 기준 순위는 미래에셋증권, NH투자증권, 한국투자증권, 메리츠종금, KB증권, 삼성증권, 키움증권의 순서이다. 「자본시장통합법」이 시행되면서 법적으로는 금융투자회사이나 아직 증권사라는 명칭이 대중적으로 사용되고 있다.

뮤추얼펀드

투자은행과 더불어 직접금융시장에서 핵심적인 역할을 하는 것이 **뮤추얼펀드(mutual fund)**이다. 직접금융시장에서는 투자자는 주식 및 채권 등 유가증권에 투자하여 기업 및 정부 등에 자금을 공급하는데 뮤추얼펀드는 투자자를 대리하여 유가증권에 투자하는 역할을 한다. 즉 뮤추얼펀드란 투자자들에게 자금을 모아 투자회사를 설립한 후 주식이나 채권 등의 다양한 상품에 투자하여 이익이 발생하면, 투자금액의 비율에 따라 이익을 배부하는 금융기관을 지칭하는 용어이다. 뮤추얼펀드에서의 이익은 일반 주식투자와 마찬가지로서 투자한 투자대상의 주가상승으로 인한 자본이익과 더불어 지급된 배당을 포함한다. 투자 수익에 따른 이익에 대한 배당을 받는 형태이므로 뮤추얼펀드에 투자한 투자자는 곧 주주로서의 역할을 담당한다. 따라서 투자원금에 대한 별도의 보장이 있을 수 없으며, 100% 실적배당상품으로 원금을 크게 손해볼 수도 있다. 원금손실의 위험이 존재하는 만큼, 뮤추얼펀드 가입자인 투자자들은 임원 선임권 등을 부여받아 펀드의 운용을 감시하고 운용회사 변경을 요청할 수 있는 등의 주주로서의 권리를 행사할 수 있다. 뮤추얼펀드를 모집한 모집기관과 별도로 모집한 자금을 운용하는 '전문자산운용회사'가 존재한다. 투자회사는 형식상의 회사일 뿐 설립, 청산, 배당지급 등의 업무만을 담당하는 일반사무회사와 자산운용 등의 핵심역할은 자산운용회사에서 담당하게 된다.

뮤추얼펀드의 종류로는 환매가능 여부에 따라 개방형(open-end type)과 폐쇄형(closed-end type)으로 구분할 수 있다. 개방형 뮤추얼펀드와 폐쇄형 뮤추얼펀드의 가장 큰 차이는 펀드 구성일부터 만기일까지 추가투자 혹은 환매가 가능한지 여부이다. 개방형 뮤추얼펀드는 투자자가 원하면 언제든지 해당 주식의 환매를 청구하여 즉시 현금화할 수 있는 형태이다. 따라서 신규로 주식을 발행하거나 반대로 매입하여 자본금을 조정할 수 있다. 폐쇄형 뮤추얼펀드의 경우에는 만기일까지 추가투자 또는 환매가 불가능한 펀드의 형태이다. 그러나 자산운용회사에서 뮤추얼펀드를 거래소에 상장하는 경우에는 만기일 이전에도 시장매매를 통해 투자금과 이익을 획득할 수 있다.

뮤추얼펀드 자체는 형식상의 투자회사(paper company) 형태이고, 자산의 운용 등의 업무는 외부에 위탁하고 있기 때문에 펀드자산으로부터 각종 수수료 등의 비용이 발생한다. 가장 기본적인 비용으로는 판매수수료(front-end load), 환매수수료(back-end load), 운용수수료 등이 있으며 이는 자산운용사 등의 수입원이 된다.

펀드를 관리하는 업무를 실제로 실행하는 금융회사는 자산운용사(asset management firm)이다. 자산운용사는 고객의 자산을 위탁받아 운용 및 관리를 하며, 직접 상품판매를 하지 못하기 때문에 은행, 증권사, 보험회사 등에 위탁한다. 「자본시장통합법」에서 집합투자업을 하는 금융투자회사이다. 국내 증권사의 숫자가 50개 내외가 있는 반면에 자산운용사는 300여 개이다. 국내 증권회사와 자산운용사의 정보는 '금융투자협회'를 통해 공시되고 있다. 자산운용사의 순위는 수탁고(운용자산)를 기준으로 매길 수 있으며, 2020년의 순위는 삼성자산운용, 미래에셋자산운용, 한화자산운용, KB자산운용, 한국투자신탁운용, NH-Amundi자산운용, 키움투자자산운용의 순서이다.

자본시장법과 우리나라의 증권 관련 금융기관

우리나라의 증권산업은 주요 선진국에 비해서는 물론 국내 다른 금융산업에 비해서도 상대적으로 낙후되어 있다. 이에 정부는 자본시장의 획기적인 발전을 위하여 2007년 8월 「자본시장과 금융투자업에 관한 법률(자본시장법)」을 제정하였다. 이 법률은 우리나라 자본시장과 증권산업을 규율하는 제도적 틀을 근본적으로 재설계하여 자본시장과 증권산업의 경쟁력을 제고하고 선진화하기 위하여 제정되었다. 특히 우리나라에서 아직 미약한 투자은행을 육성하기 위하여 이 법에서는 과거의 증권회사를 금융투자회사로 새로이 정의하고 업무영역을 크게 확대하였다. 여기서 금융투자회사는 투자매매업, 투자중개업, 집합투자업, 투자자문업, 투자일임업 및 신탁업을 영위하는 회사를 의미한다. 금융투자회사는 앞에 언급된 업무에 대해 자유로운 겸영이 허용되었다.

자본시장법에 의하면 금융투자회사의 업무는 투자매매업, 투자중개업, 집합투자업, 투자자문업, 투자일임업, 신탁업 등 여섯 가지로 구분되며, 금융투자회사는 이 가운데 어느 하나 또는 그 이상의 업무를 수행하는 회사로 정의된다. 자본시장법은 금융투자회사가 이러한 기본 업무 외에 금융투자회사의 건전성과 투자자보호에 문제가 없는 한 모든 부수업무의 영위를 허용하고 있다. 따라서 금융투자회사는 법률규정에서 특별히 제한하는 업무가 아니라면 원칙적으로 모든 업무의 영위가 가능하다. 다만 감독당국은 부수업무가 금융투자회사의 건전성, 투자자보호, 시장질서에 문제를 야기하는 경우 부수업무를 제한하거나 시정을 요구할 수 있다. 금융투자업 인가 · 등록을 받기 위해서는 시행령에서 정하는 자기자본을 갖추어야 하는데, 인가 · 등록 단위별 자기자본요건은 위험도와 투자자보호의 필요성에 따라 차등화되어 있다. 즉 위험이 많이 수반되는 사업에 진입하기 위해 필요한 자기자본규모는 위험이 낮은 사업에 필요한 자기자본규모보다 크게 설정되어 있다.

한편 자본시장법에서는 금융투자업 간 겸영을 허용하고 있다. 이에 따라 금융투자회사는 6개 금융투자업을 모두 겸영할 수 있다. 또한 과거 「증권거래법」 등과는 달리 각 사업에 대한 정의가 포괄적으로 내려져 있어 금융투자업의 범위 자체가 광역화되어 있다. 금융투자업 간의 겸영은 회사와 투자자 사이의 이해상충 문제를 야기할 수 있는데, 이해상충에 대한 규제는 자본시장법의 규제 중 가장 핵심적 규제이다. 금융투자업자는 투자자의 이익을 희생하거나 자신이나 제3자의 이익을 위해 의도적인 불공정거래를 할 수 있는데, 금융투자업자가 무과실을 입증하지 못하는 경우 금융투자업자는 투자자에게 손해를 배상할 책임이 있다. 이해상충의 방지는 바로 「자본시장법」에서 강조하고 있는 투자자보호 문제와 본질적으로 동일한 것이다.

자본시장법은 증권거래법상의 증권회사에 비해 금융투자회사의 업무범위를 크게 확대하고 있으며, 이는 중장기적으로 투자은행이 성장할 수 있는 기반이 마련된 것으로 볼 수 있다. 자본시장법 제정 이후 증권회사 간 인수 · 합병이 일어나는 등 변화가 일어나고 있다. 2016년 미래에셋증권이 대우증권과 합병하였고 현대증권과 케이비투자증권이 KB증권으로 합병하였다. 대형 증권사들이 인수합병과 증자를 통해 세계적인 초대형 투자은행으로 발돋움하는 시도를 하고 있다.

1.3.4 기타 금융회사

금융산업은 앞서 설명한 대로 은행, 보험 및 증권의 3대 축으로 구성되어 있으나 금융시장에는 이들이 충족시키지 못하는 수요가 존재한다. 이러한 수요를 충족시키기 위해 다양한 금융기관이 금융시장에서 활동하고 있는데 여기에는 비은행금융기관과 여신전문금융기관 그리고 그 밖에 대부업, 신용정보기관 및 신용보증기관 등이 포함된다. 이들은 여유자산을 유가증권투자 등에 운용하거나 또는 채권을 발행하여 자금조달을 하는 등 증권시장과 직간접적으로 관련을 맺고 있다.

비은행금융기관은 은행과 같이 예금을 수취하여 대출을 하지만 지급결제망에 직접 참여하지는 못하는 소규모의 금융기관을 지칭한다. 여기에는 보통 지역서민금융기관이 포함된다. 우리나라의 경우 상호저축은행, 농협과 같은 상호금융기관, 신용협동조합 및 새마을금고 등이 이에 포함된다. 여신전문금융기관은 예금을 제외하고 차입, 회사채 및 기업어음 등의 방법으로 자금을 조달하여 여신업무를 수행하는 금융기관을 통칭한다. 비은행금융기관과 여신전문금융기관의 가장 큰 차이는 전자가 수신업무를 통해 자금을 조달하는 반면 후자는 수신업무를 취급하지 못한다는 것이다. 이에 따르면 넓은 의미에서는 은행, 증권, 보험과 비은행금융기관을 제외한 모든 금융기관이 이에 포함되나 통상적으로 신용카드, 리스, 할부금융 등을 취급하는 금융기관을 의미한다. 여신전문금융기관은 주로 단기금융시장과 자본시장을 통해 자금을 조달하며 이에 따라 발행시장에서 중요한 위치를 차지하고 있다.

표 1-2 금융기관의 구분

구분	금융기관
은행(상업은행)	일반은행, 특수은행 등
보험	생명보험, 손해보험
증권	투자은행, 뮤추얼펀드, 우리나라의 금융투자회사
기타	여신전문금융기관, 지역금융기관 등

1.4 핀테크 혁신의 현황과 전망

핀테크(FinTech)는 금융(finance)과 기술(technology)의 결합으로 전통적인 금융회사와 금융산업이 아닌 기술혁신을 기반으로 하는 금융 관련 신기술기업과 신산업을 의미한다. 2017년 4월 국내 최초로 인터넷 전문은행인 케이뱅크가 영업을 개시하였으며 같은 해에 SNS를 기반으로 하던 카카오에서 카카오뱅크를 시작하였다. 단순히 전통적인 은행을 대체하는 인터넷뱅킹 이외에도 핀테크의 혁신범위는 광범위하고 복잡하다. 그동안 전통적인 금융기관이 자본의 중개자 역할을 해왔지만, 이제 인터넷 네트워크를 통해

P2P(peer-to-peer)시장에서 수요자와 공급자를 직접 연결해주고 있으며 크라우드펀딩은 자본조달을 직접적으로 할 수 있는 기반을 마련해주고 있다. 이러한 구조적 변화에 맞추어 은행이 중개자로서 각각 거래자들의 위험을 평가해주던 기능도 빅데이터, 인공지능(AI) 등의 기술을 기반으로 한 기업을 통해 제시되고 있다.

[표 1-3]은 업종 및 업무분야별 핀테크의 도입사례를 요약하여 보여주고 있다. 우선 은행업에서 금융중개기능의 대안으로 중개인을 통하지 않고 직접 거래하는 것을 의미하는 P2P의 등장을 들 수 있다. 또한 금융기관에서는 지금까지 고객의 계좌정보, 거래정보, 재무정보, 외부에서 입수한 신용정보 등을 이용하여 신용을 평가했다. 그러므로 일부 영세업자나 신용도를 객관적으로 제시할 수 없는 개인의 경우에는 은행을 통해 대출이 불가능하기도 했다. 그러나 네트워크가 발전하고 다양한 출처의 데이터를 활용하여 데이터분석이 가능하게 됨에 따라 신용평가를 저비용으로 신뢰성 있게 하는 것이 현실화되고 있다. 은행의 결제기능 역시 핀테크에서 다양한 기술적 대안이 등장하여 대체되고 있다. 가장 직관적으로는 스마트폰에 전자화폐의 기능을 설치해 사용하는 모바일 전자화폐시장을 예로 들 수 있다. 은행은 거래수수료가 은행수입의 큰 원천이었기 때문에 이와 같은 모바일 페이의 성장은 수익성 하락으로 이어질 수밖에 없다. 또한 비트코인으로 대표되는 암호화폐 역시 은행의 결제기능을 대체할 것으로 예상된다.

보험업에서는 보험(insurance)과 기술(technology)을 합쳐 **인슈어테크(InsurTech)**라는 새로운 핀테크 용어가 등장하였다. 국내에서는 AI를 활용한 챗봇서비스에서부터 사

표 1-3 **업종별 핀테크 도입 사례**

업종	업무분야	FinTech 도입사례
은행	예금/대출	P2P 대출, 신용평가
	지급/결제	전자머니, 모바일 결제
보험	데이터 수집/분석	텔레매틱스 보험
	보험상품	P2P 보험
자산관리	투자신탁	AI 투자신탁
	투자자문	로보 어드바이저, 카피 트레이드
증권	시장분석	알고리즘 거래, 데이터분석 · 시장예측
	개인투자자를 위한 서비스	증권 마케팅, 투자자 교육

용자의 데이터를 확보해 보험료를 깎아주는 시스템을 도입하는 등 아직 초기단계에 머무르고 있다. 자동차 보험업계에서는 원격통신(telecommunication)과 정보과학(informatics)을 결합한 합성어로 자동차와 무선통신이 결합된 서비스를 뜻하는 **텔레매틱스(Telematics)**를 활용하려고 시도하고 있다. 자동차에 디바이스를 장착하여 운행정보를 포함한 각종 작동내역을 서버에 보내서 정보를 공유하기 위해서 자동차회사들과 협업하며 기술개발을 진행하고 있다. 은행업계와 마찬가지로 보험업에서도 위험을 분산시키는 중개자로서의 보험사를 통하지 않고 동일한 위험을 가진 당사자들끼리 직접 모여서 위험을 분산시키는 P2P 보험이 등장하게 되었다. P2P 보험을 통해서 기존의 리스크가 측정이 어렵고 수요자가 적은 보험상품을 제시할 수 있다. 이러한 맞춤형 보험계약에서 개별 수요자들의 위험은 SNS를 포함한 다양한 데이터를 기반으로 계산해야 하기 때문에 핀테크에서 기술의 중요성은 더욱 높아지게 된다.

증권회사 및 투자자들은 시장을 이길 수 있는 주식투자전략을 AI를 이용해 찾아낼 수 있는지에 큰 관심을 가지고 있다. 이러한 목표를 가지고 알고리즘 거래시스템이 등장하였다. 알고리즘에 AI와 딥러닝기술을 적용한 상품이 다양하게 개발되고 있어 투자자들의 선택의 폭을 넓히고 있다. 이러한 시도가 장기적으로 이어지면 더 선진화된 알고리즘 거래시스템 개발은 물론, 증권업계 핀테크 혁신에도 기여할 것이다.

투자 이야기 블랙-숄즈 모델

1973년은 금융산업의 역사상 매우 중요한 해이다. 브레튼우즈(Bretton Woods)체제로 불리는 미국달러를 기축통화로 하는 국제통화체제가 무너지면서 주요국 통화의 교환 환율이 완전히 변동제가 된 것이 1973년이다. 또한 같은 해에 일어난 제4차 중동전쟁을 계기로 오일쇼크가 일어나 세계경제에 지대한 영향을 미쳤다. 세계경제는 급변하고, 휘청거리는 시장을 극복하기 위해 이노베이션이 요구되고 있었다. 그때 등장한 것이 **파생금융상품(financial derivatives)**이다. IMM(International Monetary Market)이라는 세계에서 최초로 금융파생상품을 거래하는 거래소가 시카고에 만들어진 것도 1973년이다.

파생상품에는 매우 두드러진 큰 특징이 있다. 그것은 이론과 실무가 일체가 되어 발전해왔다는 점이다. 통상적인 비즈니스에서는 우선 실무가 선행되고 이론은 그 후에 발전하기 일쑤이다. 파생상품도 처음에는 그랬지만, 이론이 새로운 파생상품을 만들어내고 파생상품의 급성장이 이론의 발전을 촉진하는 식으로 전개된다. 파생상품의 이론적 발전의 역사 속에서 가장 주목할 만한 것이 역시 1973년에 발표된 **블랙-숄즈 모델**(BS모델)이다.

피셔 블랙(Fischer Sheffey Black)은 하버드대 출신의 수학자로 학계와 업계를 오가는 이른바 '회전문'의 선구적 존재이다. 과묵하고 학자의 풍모이지만 겉보기와는 달리 변덕이 심하고 색다른 인물이었다. 학생 시위에 참가했다가 체포되어 한때 하버드에서 추방당하기도 했다. 또 경제나 금융에 대해서는 제대로 배운 것조차 없었다. 그런 그가 아서 D. 리틀(Arthur D. Little)이라는 컨설팅 회사에서 데이터 해석과 수치분석 일을 하고 있을 때, MIT 슬론 스쿨(Sloan School)의 부교수였던 마이런 숄즈(Myron S. Scholes)와 알게 되고, 공동으로 옵션의 가격이론을 연구하게 된다. 이렇게 블랙-숄즈 모델이 태어난 것이다.

블랙-숄즈 모델은 발표된 이후, 너무 현실을 단순화하고 정확성이 떨어진다는 비판을 받아왔다. 실제 블랙-숄즈 모델의 결점이나 한계는 지금은 넓게 인식되고 있으며, 특히 복잡한 옵션을 계산하는 경우에는 오차가 커지거나, 애초에 계산을 할 수 없거나 하는 문제가 있다. 그러므로 보다 고도화되고 복잡한 파생상품들을 취급하는 금융기관에서는 블랙-숄즈 모델에 더해서 다른 다양한 이론 모델을 병용하고 있다. 그럼에도 불구하고 블랙-숄즈 모델은 옵션을 취급하는 사람들에게 있어서의 공통 언어이며, 말하자면 인프라와 같은 역할을 하고 있다. 왜 많은 비판을 받는 블랙-숄즈 모델이 이렇게 계속 사용되고 있는가? 그 최대의 이유는 간단하고 사용하기 편리한 모델이기 때문이다. 이에 반해 블랙-숄즈 모델의 결점을 보완할 수 있도록 태어난 복잡한 이론 모델은, 때때로 계산이 어렵고 직감적으로도 이해하기 어려운 것이 많다. 블랙-숄즈 모델은 표준적인 모델로서 부동의 지위를 쌓아 올린 것이다. 그것은 블랙-숄즈 모델이 완전한 이론 모델이라고 생각되기 때문이 아니라, 사람들이 간편함이나 알기 쉬움을 우선으로 한 결과이다.

블랙은 그 후에 유진 파마(Eugene Francis Fama)와 함께 시카고대학과 MIT에서 교편을 잡고, 대형 투자은행 골드만삭스에 입사했다. 그래서 현실의 시장과 정면으로 마주 보게 된다. 그는 다음과 같은 말을 남겼다.

"찰스 강변에서 보는 것보다 허드슨 강변에서 보면 시장의 효율성은 상당히 떨어진다."

찰스강은 보스턴으로 흐르는 강으로 그 양안에 블랙이 재직한 하버드대학과 MIT가 있다. 요컨대 학계의 상징이다. 한편 허드슨강은 뉴욕, 즉 월스트리트의 서쪽을 흐르는 강으로 이곳은 자본시장의 상징이다. 즉, 블랙의 말은 현실은 이론대로 되지 않는다는 의미일 것이다.

미국의 금융기관은 이론가를 채용하고, 그 이론을 트레이딩기법의 개발이나 리스크관리에 도입해 나간다. 이론가는 현실의 시장에서 일하는 것으로 새로운 원리를 깨닫게 된다. 그것이 미국 금융이 이노베이션을 추진하는 원동력 중 하나일 것이다. 그 선두에 있던 블랙은 안타깝게도 골드만 삭스 재직 중인 1995년에 57세 나이로 숨졌다. 숄즈 역시 MIT와 시카고대학 등에서 교편을 잡은 뒤 업계에 발을 들여놓게 된다. 그리고 블랙이 숨진 지 2년 후인 1997년에 숄즈는 블랙과도 친분이 깊었던 머튼(Robert Cox Merton)과 노벨 경제학상을 공동 수상했다.

1장 연습문제

01 경제의 자금흐름에서 금융기관이 하는 역할은 무엇인가?

02 직접금융시장에서 금융기관은 어떠한 기능을 수행하는가?

03 금융시장과 관련된 다음 설명으로 잘못된 것은?

① 단기금융시장은 만기 1년 이하의 단기금융상품이 거래되는 시장이다.
② 한국거래소의 유가증권시장과 코스닥시장의 거래시간은 같다.
③ 주식시장은 발행시장과 유통시장으로 구분할 수 있다.
④ 기업공개 및 유상증자를 통해 증권이 공급되는 시장은 유통시장이다.

04 주식과 채권에 대한 설명 중 가장 잘못된 것은?

① 채권은 회사 해산 시에 주주에 우선하여 변제받을 권리가 있고 주식은 채권자보다 후순위로 잔여재산을 배분받는다.
② 채권은 타인자본조달, 주식은 자기자본조달로 자금을 조달한다.
③ 주식은 원리금의 상환청구권, 배당금청구권을 가지고 채권은 경영참여권을 가진다.
④ 채권은 확정된 이자를 받고 주식은 성과에 따라 배당금이 달라질 수 있다.

05 자본시장이 직접금융시장에 속하는 이유를 설명하시오.

06 은행과 신용카드회사의 자금조달방식의 차이에 대해 설명하시오.

07 한국거래소는 발행시장인가 또는 유통시장인가? 장외시장은?

08 미국의 투자은행과 한국의 증권회사의 유사점과 차이점에 대해 설명하시오.

09 여신전문금융기관과 일반은행 가운데 어느 곳에 대한 규제가 더 강할 것으로 판단되는가? 그 이유는 무엇인가?

❙ 연습문제 풀이 ❙

01 금융시장은 사업 자금이 필요한 경제주체인 기업 등에게 자금을 공급하고 여유자금을 보유한 가계 등에게 자금 운용의 수단을 제공하여 자금이 적절히 순환하게 만드는 경제활동의 중심이라고 할 수 있다. 이러한 활동이 벌어지는 물리적 혹은 추상적 공간이 금융시장이다.

03 ④

05 자본시장은 기업의 시설자금이나 장기운전자금 조달을 목적으로 발행되는 주식과 채권이 거래되는 시장이다. 자본시장은 증권이 발행되는 발행시장과 이들이 투자자들 사이에서 거래되는 유통시장으로 구분된다. 자본시장에서 기업이 필요한 자금을 투자자들에게 직접 증권을 발행하여 조달하기 때문에 직접금융시장이다.

07 주식은 한국거래소에 상장되어 거래된다. 거래소에 상장이 된다는 것은 주식이 거래소에서 유통될 수 있는 자격을 가졌다는 것을 의미하며 주식의 발행은 기업과 투자자 사이에서 이루어진다. 상장된 주식은 투자자들 사이에서 자유롭게 한국거래소에서 매매, 즉 유통될 수 있다. 한편 상장되지 않은 주식은 장외시장에서 유통된다. 한편 투자자들의 투자는 최초의 증권발행시장에서 이루어질 수도 있으나, 일반적으로 대다수의 거래는 발행된 증권이 매매되는 유통시장에서 많이 이루어지게 된다.

09 여신전문금융기관은 예금을 제외하고 차입, 회사채 및 기업어음 등의 방법으로 자금을 조달하여 여신업무를 수행하는 금융기관을 통칭한다. 수신업무를 취급하지 못하며 통상적으로 신용카드, 리스, 할부금융 등을 취급하는 금융기관을 의미한다. 여신전문금융기관은 주로 단기금융시장과 자본시장을 통해 자금을 조달한다. 한편 일반은행은 일반개인의 예금 등 수신업무를 수행하기 때문에 더 강한 규제의 대상이 된다.

2부 포트폴리오 이론

- 2장 투자의 기대수익률과 위험
- 3장 투자의 효용과 최적 포트폴리오 선택
- 4장 자본자산가격결정모형, 차익거래가격결정이론, 다요인모형

제2부는 현대 포트폴리오이론과 이에 기초한 자산가격의 결정이론을 살펴본다. **포트폴리오(portfolio)**는 원래 '서류를 모아 둔 폴더 또는 서류가방'이라는 뜻을 갖고 있다. 투자에서 포트폴리오는 하나 또는 복수의 자산으로 이루어지고, 다른 자산들로부터 구분되어 관리되는 자산의 집합을 의미한다.

투자자는 다양한 자산들에 자금을 배분함으로써 포트폴리오를 만든다. 제2장은 투자자가 선택할 수 있는 포트폴리오의 집합을 도출한다. 단일 위험자산의 기대수익률과 위험을 측정하고, 나아가서 여러 자산을 포함하는 포트폴리오의 기대수익률과 위험의 측정 그리고 포트폴리오의 위험에 핵심적 영향을 주는 상관계수를 살펴본다. 제3장은 투자가능 포트폴리오의 집합 안에서 투자자가 자신에게 가장 적합한 포트폴리오를 선택하는 과정을 설명한다. 제4장은 시장참여자들의 수요과 공급이 모여서 자본시장의 균형을 이루고, 자산의 시장가격이 결정되는 원리를 설명한다.

2장 투자의 기대수익률과 위험

2.1 자산의 기대수익률

내일의 주가는 얼마일까? 만약 우리가 내일 신문을 지금 볼 수 있다면 주가를 미리 알 수 있고 이를 이용하여 짧은 시간 내에 큰 부자가 될 것이다. 그러나 미리 내일 신문을 보거나 주가를 정확하게 알 수는 없으며, 이와 같이 장래에 어떤 일이 발생할지 확정적으로 알려지지 않은 상황을 불확실성(uncertainty)이라 한다.

불확실성하에서 투자결정은 어떻게 이루어져야 하는가? 우리는 금융자산이나 실물자산 투자를 하면서 얼마의 이익을 얻게 될 것인지를 생각한다. 예를 들어, 은행에 예금을 하면서 이자율이 얼마인지 알아보는 것과 같다. 그러나 투자는 100% 확실한 수익률을 보장해주지 않기 때문에 기대되는 수익률을 추정할 수밖에 없으며, 이것이 **기대수익률 (expected rate of return)**이다.

우리는 수익에 관한 기대를 구체화하기 위해, 미래에 실현될 수 있는 상태들을 예측해 보고 각 상태별로 주가가 얼마가 될 것인지 예상하여 주가의 평균이나 범위를 추정해볼 수 있다. 일반적으로 기대수익은 발생가능한 주가의 평균 그리고 실제 수익이 기대수익으로부터 벗어날 수 있는 정도를 나타내는 산포도(dispersion)인 표준편차를 이용하여 추성된다.

2.1.1 수익률

수익률이란 어떤 자산을 일정기간 동안 보유할 경우 얻게 되는 수익의 투자원금에 대한 비율이다. 어떤 자산을 t시점에서 $t+1$시점까지 1기간 동안 보유하는 경우 가격변동에 따른 수익률 R_{t+1}은 다음과 같다.

$$R_{t+1} = \frac{P_{t+1} - P_t}{P_t} \quad [2\text{–}1]$$

여기서, P_t: 자산의 t시점에서의 가격
P_{t+1}: $t+1$시점에서의 가격

시점 t에서는 미리 P_{t+1}를 알 수 없고, 따라서 R_{t+1}은 가격이 알려지는 $t+1$시점이 되어야 계산될 수 있다.

자산에 대한 배당이나 이자가 지급되는 경우 수익률은 다음 변형된 수식으로 계산된다.

$$R_{t+1} = \frac{P_{t+1} + C_{t+1} - P_t}{P_t} \quad [2\text{–}2]$$

여기에서 C_{t+1}은 투자기간 중에 발생하는 현금소득을 뜻하는 경상소득(current income)이며, 전형적으로 배당이나 이자를 포함한다.

예제 2-1 투자수익률

A주식회사의 주가는 현재 10,000원이다. 1년 후에 이 회사의 주가는 12,000이 될 것으로 예상되며, 현재 주가기준으로 배당수익률은 10%이다. 이 주식에 투자하는 경우 수익률은 어떻게 되는가?

| 풀이 |

배당수익률은 주식의 시가(market value) 대비 배당금의 비율이다. 따라서 이 회사의 배당금은 1,000원이며, 수익률은 다음과 같이 계산된다.

$$R_{t+1} = \frac{12,000 + 1,000 - 10,000}{10,000} = 0.30 = 30\%$$

2.1.2 기대수익률

주식이나 채권 또는 다른 자산의 수익률은 앞에 설명한 방법으로 계산될 수 있다. 그런데 수익률을 계산하는 데 있어서 문제는 미래의 자산가격이 얼마가 될지 모른다는 것이다. 우리는 미래 자산가격의 확률분포를 가정하고, 이를 바탕으로 수익률의 기대값을 계산할 수 있으며 이를 **기대수익률**이라고 한다.

예제 2-2 기대수익률

예를 들어 A회사의 현재 주가는 10,000원이고, 1년 후 주가는 [표 2-1]과 같이 경제상태에 따라 결정된다고 가정하자. 확률은 각각의 경제상태가 발생할 확률, 수익률은 해당 경제상태가 발생하는 경우 A회사 주식의 수익률이다. 배당은 없다고 가정한다. 경제상태별 수익률은 다음과 같이 계산된다. A회사 주식의 기대수익률은 얼마인가?

표 2-1 경제상태별 확률 및 주가수익률

경제상태	확률	주가(원)	수익률(%)
호경기	1/6	14,000	40
보통	3/6	13,000	30
불경기	2/6	8,000	-20

호경기: $R = \frac{14,000 - 10,000}{10,000} = 0.40 = 40\%$

보통: $R = \frac{13,000 - 10,000}{10,000} = 0.30 = 30\%$

불경기: $R = \frac{8,000 - 10,000}{10,000} = -0.20 = -20\%$

풀이

A회사 주식의 기대수익률은 경제상태 수익률의 가중평균이다.

$$\text{A회사 주식의 기대수익률} = \frac{1}{6} \times 0.40 + \frac{3}{6} \times 0.30 + \frac{2}{6} \times (-0.20) = 0.15 = 15\%$$

한편 A회사의 1년 후 기대주가도 같은 방법으로 계산할 수 있다.

$$\text{A회사 기대주가} = \frac{1}{6} \times 14,000 + \frac{3}{6} \times 13,000 + \frac{2}{6} \times 8,000 = 11,500$$

따라서 A회사 주식의 기대수익률은 다음과 같은 방법으로도 구할 수 있다.

A회사 주식의 기대수익률 $= \dfrac{11,500-10,000}{10,000} = 0.15 = 15\%$

앞의 예를 일반화시켜 자산의 기대수익률을 구하는 방법을 알아보자. 우선 t시점의 주가를 P_t라고 하고 $t+1$시점에서 경제상태 s가 발생하는 경우의 주가를 $P_{s,t+1}$이라고 하자. 그러면 s상태에서의 수익률은 $R_{s,t+1}$으로 표시될 수 있다. 그리고 s상태가 발생할 확률을 p_s, 발생가능한 상태의 수는 모두 S가지이다. 이 경우 $t+1$시점의 각 상태별 발생 확률, 주가 및 수익률은 다음과 같이 정리될 수 있다.

표 2-2 자산수익률의 확률분포

경제상태	확률	주가	수익률
1	p_1	$P_{1,t+1}$	$R_{1,t+1}$
2	p_2	$P_{2,t+1}$	$R_{2,t+1}$
3	p_3	$P_{3,t+1}$	$R_{3,t+1}$
⋮	⋮	⋮	⋮
s	p_s	$P_{s,t+1}$	$R_{s,t+1}$
⋮	⋮	⋮	⋮
S	p_S	$P_{S,t+1}$	$R_{S,t+1}$

따라서 1기간 동안의 기대수익률은 각 경제상태별 수익률의 가중평균이 된다. $t+1$시점의 기대수익률을 $E(R_{t+1})$이라고 하면, 기대수익률은 다음과 같이 계산된다.

$$E(R_{t+1}) = p_1 \times R_{1,t+1} + p_2 \times R_{2,t+1} + \cdots + p_S \times R_{S,t+1} = \sum_{s=1}^{S} p_s \times R_{s,t+1} \quad [2\text{-}3]$$

2.2 위험과 표준편차

2.2.1 위험의 개념

주식과 채권 또는 그 밖의 자산을 평가하는 데 있어서 또 하나의 중요한 잣대는 위험이다. 일반적으로 위험(risk)은 어떤 자산의 가치가 우리의 기대와는 다른 값을 가질 가능성으로 정의된다. 즉 투자자가 기대하는 수익과는 다른 수익이 실현될 가능성을 의미한다. 이는 사람들이 일상에서 사용하는 위험이라는 용어의 뜻, 즉 기대보다 낮은 수익이 실현될 가능성과는 약간 다르다. 이 책에서 위험은 손실을 입을 가능성뿐 아니라 기대되지 않은 이익을 볼 가능성도 포함하는 것으로 정의되기 때문이다.

그러나 이 책의 위험에 대한 정의는 실용적 관점에서 일반적인 통념과 크게 다르지 않다. 금융시장에서 주식을 비롯한 여러 자산들의 수익률은 빈번히 정규분포를 따른다고 가정된다. 실제로는 많은 자산의 수익률은 정규분포보다 꼬리부분이 두터운 분포를 갖거나 비대칭적인 분포를 따르는 것으로 알려져 있다. 그럼에도 불구하고 투자의 수익률이 정규분포를 따른다는 가정을 하는 것은 이 가정이 가져다주는 편리함의 이득이 더 복잡한 분포를 가정함으로써 얻을 수 있는 정교함의 이득보다 큰 경우가 빈번하기 때문이다. 예를 들어 자산의 수익률이 정규분포를 따르면 평균과 표준편차만으로 분포의 형태를 정확히 알 수 있다. 정규분포의 좌우 대칭성도 편리한 성질이다.

금융시장에서는 위험을 의미하는 리스크(risk) 외에 변동성(volatility) 또는 불확실성(uncertainty)이라는 용어가 같은 의미로 사용되기도 한다. 간혹 불확실성과 위험을 구분하는 경우도 있으나 위험, 변동성 그리고 불확실성은 동일한 의미를 갖는 용어들로 간주해도 무방하다.

2.2.2 위험의 측정

위험은 실제 수익률이 기대수익률을 벗어나는 정도와 가능성을 측정하여 평가된다. 위험의 척도는 여러 가지가 있을 수 있으나 표준편차가 가장 널리 이용된다. 표준편차는 확률분포가 평균을 중심으로 얼마나 넓게 흩어져 있는가를 측정한다. 앞서 우리는 금융시장에서 여러 자산의 수익률이 정규분포를 따른다고 가정한다고 하였는데, 특히 정규분포 같이 평균을 중심으로 좌우 대칭을 이루고 있는 경우에 표준편차는 산포도(dispersion)의 편리한 척도이다. 표준편차는 분산(variance)의 제곱근이며, 분산은 편차(실제 수익률이 기대수익률을 벗어나는 수치)의 제곱의 기대치로 정의된다. 이를 수식으로 표현하면 다음과 같다.

$$\begin{aligned} \mathrm{Var}(R) &= E(R-E(R))^2 \\ &= p_1 \times (R_1 - E(R))^2 + p_2 \times (R_2 - E(R))^2 + \cdots + p_S \times (R_S - E(R))^2 \\ &= \sum_{s=1}^{S} p_s \times (R_s - E(R))^2 \end{aligned} \qquad [2\text{–}4]$$

$\mathrm{Var}(R)$은 σ_R^2으로 표기되기도 하며, 따라서 표준편차는 σ_R로 표기될 수 있다.

$$\sigma_R = \sqrt{\sigma_R^2} = \sqrt{\mathrm{Var}(R)} \qquad [2\text{–}5]$$

예제 2-3 투자의 위험

[예제 2–2]를 다시 살펴보자. A회사 주식의 기대수익률은 15%로 계산되었다. 따라서 각 경제상태별 편차와 편차의 제곱은 다음 표와 같이 계산된다. 계산의 편의상 수익률은 퍼센트가 아닌 일반숫자로 표기되어 있다. A회사 주식의 표준편차를 구하시오.

경제상태	확률	수익률	편차	편차의 제곱
호경기	1/6	0.40	(0.40–0.15) = 0.25	$(0.40-0.15)^2 = 0.0625$
보통	3/6	0.30	(0.30–0.15) = 0.15	$(0.30-0.15)^2 = 0.0225$
불경기	2/6	–0.20	(–0.20–0.15) = –0.35	$(-0.20-0.15)^2 = 0.1225$

| 풀이 |

A회사 주식의 수익률 분산은 다음과 같이 계산된다.

$$\begin{aligned} \mathrm{Var}(R) &= \frac{1}{6}\times(0.40-0.15)^2+\frac{3}{6}\times(0.30-0.15)^2+\frac{2}{6}\times(-0.20-0.15)^2 \\ &= \frac{1}{6}\times 0.0625+\frac{3}{6}\times 0.0225+\frac{2}{6}\times 0.1225 \\ &= 0.0625 \end{aligned}$$

따라서 표준편차는 다음과 같다.

$$\sigma_R = \sqrt{\mathrm{Var}(R)} = \sqrt{0.0625} = 0.25$$

2.3 평균-분산모형

일반적으로 투자자는 더 높은 기대수익률과 더 낮은 위험을 원한다. 해리 마코위츠(Harry Markowitz)는 투자자는 기대수익률과 위험만을 고려하여 투자를 결정하며 위험은 표준편차로 측정될 수 있다고 가정하고, 복잡한 투자문제를 쉽게 설명할 수 있는 틀을 만들었다. 정규분포는 평균(기대수익률)과 표준편차(위험)에 의해 완전히 묘사되기 때문에, 만약 투자의 수익률이 정규분포를 따른다면 이 가정은 전혀 문제를 일으키지 않는다. 정규분포가 아닌 경우에도 현실을 편리하고 효과적으로 분석하여 유용한 시사점을 제공할 수 있다. 투자결정의 핵심은 가장 적합한 기대수익-표준편차의 조합을 찾는 것이기 때문이다.

2.3.1 기대수익률–표준편차 평면

어떤 자산의 의미 있는 속성이 기대수익률과 위험이면, 우리는 간략하게 그 자산을 기대수익률과 표준편차(분산의 제곱근)의 2차원 평면 위의 한 점으로 나타낼 수 있다. [그림 2-1]은 자산의 기대수익률–표준편차를 나타내는 좌표평면을 공식적으로 표현한다. 수직축은 기대수익률, 수평축은 표준편차를 나타낸다. 예를 들어 앞의 [예제 2-2, 2-3]에서 계산된 A주식을 기대수익률($E(R)$)–표준편차(σ) 평면에 표시해보자.

▌그림 2-1 ▌기대수익률-표준편차 평면

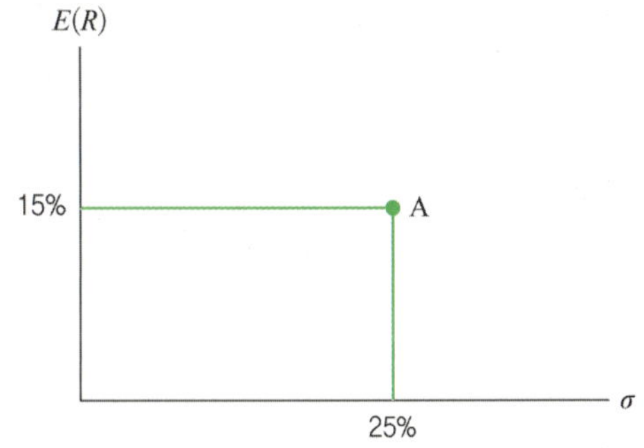

2.3.2 분산투자와 상관계수

이제까지 논의에 의하면 투자자들이 자산을 평가하는 데 사용되는 기준은 기대수익률과 위험이다. 투자자는 단일 자산보다 여러 자산으로 이루어진 포트폴리오를 구성함으로써 목표로 하는 기대수익률은 유지하면서 위험수준을 낮추거나 또는 위험수준은 그대로 유지하면서 더 높은 기대수익률을 달성하는 등 더 유리한 투자기회에 접근할 수 있다. 포트폴리오를 만들어서 투자할 때 추가로 고려해야 할 것은 자산수익률들 사이의 상호관계이다. 다음 사례를 살펴보자.

예제 2-4 포트폴리오의 기대수익률과 위험

A회사는 우산을 만들어 팔고 있으며 B회사는 햇볕 가리개용 모자를 만들어 판매한다. 두 회사는 올해 여름을 대비하여 각각 우산과 모자 생산을 준비하고 있다. 만일 올해 여름에 비가 오는 날이 많으면 A회사의 주식수익률은 30%가 될 것이나 맑은 날이 많으면 수익률은 10%가 될 것으로 예상된다. 반대로 B회사는 맑은 날이 많으면 주식수익률은 20%가 되겠지만 비 오는 날이 많으면 수익률은 0%가 될 것으로 보인다. 올해 여름에 맑은 날이 많을 확률과 비 오는 날이 많을 확률은 각각 50%이다. 다음 표에는 두 회사 주식의 기대수익률과 위험이 계산되어 있다. 두 주식에 각각 50%씩 투자한 포트폴리오의 기대수익률과 위험을 계산해보시오.

회사	비 오는 날이 많은 경우의 수익률	맑은 날이 많은 경우의 수익률	기대수익률	표준편차
A	20%	0%	10%	10%
B	0%	20%	10%	10%

풀이

위 표에서 보는 바와 같이 두 회사 주식의 기대수익률과 위험은 각각 10%이며 동일하다. 따라서 투자자들은 A회사에 투자하거나 B회사에 투자하거나 사전적으로는 차이를 느끼지 않는다. 이때 어떤 투자자가 두 회사 가운데 하나만 고르는 것이 아니라 두 회사에 각각 50%씩 투자한다면, 투자의 기대수익률은 다음과 같이 계산될 수 있다.

비 오는 날이 많은 경우의 수익률: $\frac{1}{2}\times 0.2+\frac{1}{2}\times 0=0.1=10\%$

맑은 날이 많은 경우의 수익률: $\frac{1}{2}\times 0+\frac{1}{2}\times 0.2=0.1=10\%$

따라서 두 회사에 각각 자금의 50%씩을 투자하는 경우, 이 포트폴리오(P)의 수익률은 비 오는 날이 많거나 맑은 날이 많거나 상관없이 항상 10%이다. 다음과 같이 P의 기대수익률은 10%, 수익률의 분산은 0%이다.

기대수익률: $E(R_P)=\frac{1}{2}\times 0.1+\frac{1}{2}\times 0.1=0.1$

분산: $\mathrm{Var}(R_P)=\frac{1}{2}\times(0.1-0.1)^2+\frac{1}{2}\times(0.1-0.1)^2=0$

포트폴리오의 분산 또는 표준편차가 0이라는 것은 날씨와 상관없이 수익률이 일정하게 유지된다는 뜻이다. 이때 투자자는 위험을 완전히 제거함으로써 확정된 수익을 얻을 수 있다.

이 포트폴리오는 기대수익률–표준편차 평면에서 다음과 같이 표시된다.

그림 2-2 포트폴리오의 기대수익률–표준편차

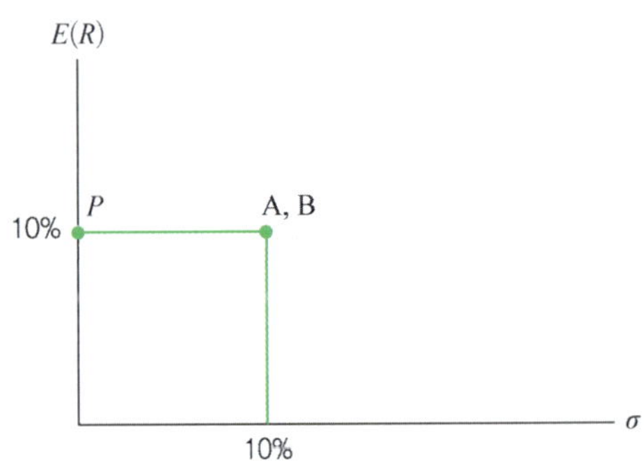

[예제 2-4]에서 위험이 완전히 제거될 수 있는 이유는 두 회사의 수익이 완전히 반대 양상을 보이면서 움직이기 때문이다. 그러나 이런 경우는 극단적인 사례로 현실에서는

찾아보기 어렵다. 직관적으로 독자는 주가 움직임의 유사성이 상대적으로 낮은 종목들을 잘 선택하여 골고루 투자하면 기대수익률을 유지하면서 위험을 낮추거나 또는 위험수준을 유지하면서 기대수익률을 높일 수 있을 것이라고 예상할 것이다. 이렇게 서로 유사성이 낮은 자산들을 골라서 나누어 투자하는 것을 **분산투자(diversification)**라고 한다. 현실적으로는 많은 자산들의 가격이나 수익률은 서로 비슷하게 움직이며 말 그대로 반대로 움직이는 자산들을 찾는 것은 거의 불가능하다.

분산투자를 실행하려면 자산들의 가격 움직임의 유사성을 분석해야 한다. 이러한 분석에 사용되는 대표적인 척도가 공분산 또는 상관계수이다. **공분산(covariance)**은 두 변수가 각각의 기대값을 중심으로 비슷하게 변화하는 정도, 즉 두 변수의 편차가 비슷하게 변화하는 정도를 나타낸다. 두 변수 X와 Y의 공분산은 $\mathrm{Cov}(X, Y)$로 표시되며, 두 변수의 편차의 곱에 대한 기대값으로 정의된다. 따라서 자산 i의 수익률 R_i와 자산 j의 수익률 R_j의 공분산은 다음과 같다.

$$\sigma_{ij} = \mathrm{Cov}(R_i, R_j) = E[(R_i - E(R_i))(R_j - E(R_j))] \qquad [2\text{–}6]$$

공분산은 두 변수가 같은 방향으로 변동하는 경향이 강할수록 크고, 반대 방향으로 움직이는 경향이 강할수록 작다. 한편 두 변수가 이런 상관관계(correlation)를 갖지 않으면 공분산은 0이다.

예제 2-5 공분산

[예제 2-4]에 제시된 두 주식의 공분산을 구해보시오.

| 풀이 |

$$\mathrm{Cov}(R_A, R_B) = \frac{1}{2} \times (0.2-0.1)(0-0.1) + \frac{1}{2} \times (0-0.1)(0.2-0.1) = -0.01$$

공분산이 음수이므로 두 회사 주식이 서로 반대 방향으로 움직이는 경향이 있음을 의미한다. A회사의 수익이 높은 경우 B회사의 수익은 낮고 A회사의 수익이 낮은 경우 B회사의 수익은 높기 때문이다.

공분산은 두 변수의 상관관계를 측정할 수 있으나 변수들의 단순한 크기에 의해서도 영향을 받는다는 단점을 갖고 있다. 예를 들어, 변수 X와 Y가 각각 어떤 사람의 센티미터(cm)와 그램(g)으로 표시된 키와 몸무게이고, 변수 X'와 Y'는 각각 미터(m)와 킬로그램(kg)로 표시된 키와 몸무게라고 하자. 이때 X와 Y의 상관관계는 X'와 Y'의 상관관계와 동일해야 할 것이나, 공분산은 표시 단위에 따라 다르다. 즉 X'와 Y'의 공분산은 X와 Y의 공분산보다 100,000배 크다. 따라서 변수들의 단순한 크기에는 영향받지 않으면서 순수하게 상관관계만을 측정하는 수단이 필요하다. 상관계수(correlation coefficient)는 이런 목적으로 고안된 척도이다. 상관계수는 공분산을 두 변수의 표준편차로 나눈 값이며, 통상적으로 그리스문자 ρ로 표시된다. 따라서 자산 i의 수익률 R_i와 자산 j의 수익률 R_j의 상관계수는 다음과 같다.

$$\rho_{ij} = \frac{\mathrm{Cov}(R_i, R_j)}{\sqrt{\mathrm{Var}(R_i) \times \mathrm{Var}(R_j)}} = \frac{\sigma_{ij}}{\sigma_i \sigma_j} \qquad [2\text{–}7]$$

여기서, ρ_{ij}: 증권 i와 j 사이의 상관계수
σ_{ij}: 증권 i와 j의 공분산
σ_i : 증권 i의 표준편차
σ_j : 증권 j의 표준편차

예제 2-6 상관계수

[예제 2-4]의 두 주식의 수익률 상관계수를 구해보시오.

| 풀이 |

$$\rho_{AB} = \frac{\mathrm{Cov}(R_A, R_B)}{\sigma_A \sigma_B} = \frac{-0.01}{0.1 \times 0.1} = -1$$

두 주식의 상관계수는 –1이다. 두 변수의 상관계수가 –1이면 음(–)의 완전상관관계를 갖고 있다고 한다. 두 자산의 상관계수가 –1이면 이들을 적절히 결합한 특정 포트폴리오는 위험을 완전히 제거할 수 있으며, 이 점은 뒷부분에서 상세히 설명된다.

상관계수의 값은 $-1 \leq \rho_{ij} \leq 1$의 범위 안에 존재하며, 더 세분하여 그 의미를 살펴볼 수

있다. 첫째, 상관계수 $\rho_{ij} > 0$이면 증권 i와 j의 수익률은 서로 같은 방향으로 움직이는 경향이 있다. 이 경우에 양(+)의 상관관계가 존재한다고 한다. 특히 [그림 2-3]의 패널 (A)는 $\rho_{ij} = 1$, 즉 양의 완전상관관계를 예시하며, 이때 두 변수는 선형으로 움직인다. 둘째, 패널 (B)와 같이 $\rho_{ij} = 0$이면 두 증권 사이에 상관관계는 전혀 없다. 마지막으로 $\rho_{ij} < 0$이면 두 증권의 수익률은 서로 반대 방향으로 움직이는 경향이 있으며, 음(-)의 상관관계를 의미한다. 특히 패널 (C)처럼 $\rho_{ij} = -1$이면 음(-)의 완전상관관계가 존재하며, 이때 두 변수는 서로 반대 방향으로 선형으로 움직인다.

그림 2-3 | 두 증권의 상관계수

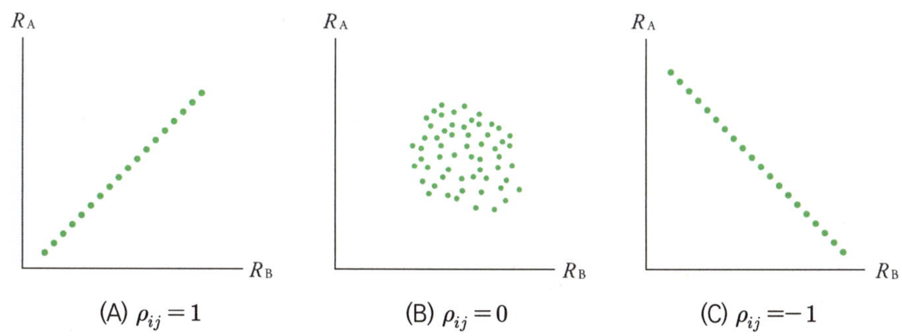

그러나 실제 주식시장에서 수익률의 상관계수는 대부분 0.7에서 1 사이에 있는 것으로 알려져 있다. 이는 분산투자를 통해 포트폴리오의 위험을 완전히 제거할 수는 없으나 어느 정도 줄일 수 있음을 의미한다.

2.4 투자가능 포트폴리오 집합의 도출

일반적으로 여러 종목의 투자가능자산이 존재하고 이들 사이의 상관관계도 다양한 양상을 보일 때, 투자자는 잠재적으로 어떤 포트폴리오를 선택할 수 있을까? 이제 투자가능 포트폴리오의 집합을 찾아내어 기대수익률-표준편차 평면 위에 표시해보자.

2.4.1 포트폴리오의 기대수익률

포트폴리오의 기대수익률은 단일 자산의 기대수익률과 같은 방법으로 계산된다. 즉 어떤 자산 또는 포트폴리오의 기대수익률은 미래의 실현될 가능성이 있는 모든 상태에 걸쳐 수익률을 가중평균한 값이다. 이때 가중치는 각 상태의 확률이다. 따라서 어떤 자산 i의 기대수익률은 미래의 실현가능한 상태의 수가 S개이면 다음과 같다.

$$E(R_i) = \sum_{s=1}^{S} p_s R_{i,s} \qquad [2\text{–}8]$$

여기서, $E(R_i)$: 자산 i의 기대수익률

p_s: 상태 s의 확률

$R_{i,s}$: 자산 i의 상태 s에서의 수익률

예를 들어 두 주식 A와 B가 [표 2–3]과 같은 확률분포를 따른다고 가정하자. 주식 A는 [예제 2–2]에 제시된 주식이며, 그 수익률은 호경기이면 40%, 보통이면 30%, 불경기이면 –20%이다. 또한 주식 B의 수익률은 호경기이면 30%, 보통이면 10%, 불경기이면 –3%인 것으로 가정한다. 각각의 기대수익률은 [식 2–8]을 이용하면 다음과 같다.

$$E(R_A) = \sum_{s=1}^{3} p_s R_{A,s} = 1/6 \times 40\% + 3/6 \times 30\% + 2/6 \times (-20\%) = 15\%$$

$$E(R_B) = \sum_{s=1}^{3} p_s R_{B,s} = 1/6 \times 30\% + 3/6 \times 10\% + 2/6 \times (-3\%) = 9\%$$

표 2–3 | 자산의 기대수익률

자산	수익률			
	호경기(확률)	보통(확률)	불경기(확률)	기대수익률
A	40%(1/6)	30%(3/6)	–20%(2/6)	15%
B	30%(1/6)	10%(3/6)	–3%(2/6)	9%

복수의 증권으로 구성된 포트폴리오의 기대수익률도 비슷한 방법으로 계산된다. 예를

들어 포트폴리오 P는 N개의 자산으로 이루어져 있고 각각의 투자비중은 $w_i(i=1, 2, \cdots, N)$라고 하자. 어떤 상태에서 포트폴리오의 수익률은 모든 구성 자산수익률의 가중평균이며, 이때 가중치는 포트폴리오의 자산별 투자비중이다. 따라서 상태 s에서 포트폴리오의 수익률은 다음과 같다.

$$R_{P,s} = \sum_{i=1}^{N} w_i \times R_{i,s} \qquad [2\text{–}9]$$

예를 들어 아래 [표 2–4]와 같이 [표 2–3]의 두 주식 A와 B로 이루어진 포트폴리오를 생각해보자. 이 포트폴리오의 현재가치는 1,000만원이며, 이 가운데 600만원은 주식 A, 400만원은 주식 B에 투자되어 있다.

이 포트폴리오의 기대수익률은 다음과 같이 계산될 수 있다. 먼저 [식 2–9]를 이용하여 경제상태별 수익률이 계산된다. 포트폴리오 P의 경제상태별 수익률은 호경기이면 $R_P = 0.6 \times 40\% + 0.4 \times 30\% = 36\%$, 보통이면 $R_P = 0.6 \times 30\% + 0.4 \times 10\% = 22\%$, 불경기이면 $R_P = 0.6 \times (-20\%) + 0.4 \times (-3\%) = -13.2\%$이다. 이는 [표 2–4]의 넷째 행의 경제상태별 수익률 항목들에 표시되어 있다. 다음에는 [식 2–8]을 이용하여 포트폴리오의 경제상태별 수익률을 가중평균함으로써 기대수익률이 계산된다. 따라서 포트폴리오 P의 기대수익률은 $E(R_P) = 1/6 \times 36\% + 3/6 \times 22\% + 2/6 \times (-13.2\%) = 11.28\%$이다. 이는 [표 2–4]의 넷째 행의 기대수익률 항목이다.

표 2–4 포트폴리오의 기대수익률

자산	투자금액	투자비중	수익률			
			호경기(확률)	보통(확률)	불경기(확률)	기대수익률
A	600만원	0.6	40%(1/6)	30%(3/6)	−20%(2/6)	15%
B	400만원	0.4	30%(1/6)	10%(3/6)	−3%(2/6)	9%
P	1,000만원	1.0	36%(1/6)	22%(3/6)	−13.2%(2/6)	12.6%

포트폴리오의 기대수익률은 구성 증권들의 기대수익률이 이미 알려져 있을 때 더 간단하게 계산될 수 있다. 포트폴리오 P에 포함된 증권의 수를 N이라고 하자. 그러면 P의

기대수익률은 구성 증권들의 기대수익률의 가중평균이며, 이때 가중치는 각 증권의 투자비중이다. 즉 다음 수식이 성립한다.

$$E(R_P) = \sum_{i=1}^{N} w_i \times E(R_i)^{1} \qquad [2\text{–}10]$$

여기서, w_i: 증권 i의 포트폴리오 P에서의 투자비중
$E(R_i)$: 증권 i의 기대수익률

예를 들어 [표 2–4]에서 주식 A의 기대수익률은 15%, 주식 B의 기대수익률은 9%이다. 따라서 포트폴리오 P의 기대수익률은 [식 2–10]에 의해 0.6×15%+0.4×9%=12.6%이다. 이는 [식 2–9]를 이용하여 계산한 결과와 동일하다.

2.4.2 포트폴리오의 표준편차

포트폴리오의 표준편차는 기대수익률과는 달리 일반적으로 개별 증권들의 표준편차의 가중평균으로 계산될 수 없다. 앞에서 설명된 분산투자의 효과 때문에 포트폴리오의 표준편차는 구성 증권들의 표준편차의 가중평균보다 작거나 같기 때문이다.

공식적으로 N개의 자산으로 구성된 포트폴리오의 분산은 [식 2–6]을 일반화한 다음 수식으로 계산된다.[2]

$$\begin{aligned} \sigma_P^2 &= \mathrm{Var}(R_P) \qquad [2\text{–}11] \\ &= \sum_{i=1}^{N} w_i^{?}\, Var(R_i) + \sum_{i \neq j}^{N} w_i w_j \mathrm{Cov}(R_i, R_j) \\ &= \sum_{i=1}^{N} w_i^2 \sigma_i^2 + \sum_{i \neq j}^{N} w_i w_j \sigma_{ij} \end{aligned}$$

1 이는 다음과 같이 증명될 수 있다. 예를 들어 [식 2–10]으로부터 $E(R_P) = E(w_i R_i + w_j R_j)$이다. w_i는 상수이므로 기대값의 성질을 이용하여 괄호를 정리하면, $E(R_P) = w_i \times E(R_i) + w_j \times E(R_j)$이다.

2 포트폴리오의 분산을 계산하는 다른 방법은 각 상태별 포트폴리오 수익률의 편차의 제곱에 상태의 확률을 곱한 값을 모든 상태에 대해 합산하는 것이다.

여기서, w_i : 증권 i의 투자비중

σ_i^2 : 증권 i의 분산

σ_{ij}: 증권 i와 j 사이의 공분산

따라서 [식 2-11]은 포트폴리오의 위험은 개별 증권의 위험, 증권별 투자비중, 증권들의 공분산에 의존한다는 것을 보여준다. 공분산과 상관계수의 관계를 보여주는 [식 2-7]을 이용하면 [식 2-11]은 다음과 같이 변형된다.

$$\sigma_P^2 = \sum_{i=1}^{N} w_i^2\sigma_i^2 + \sum_{i \neq j}^{N} w_i w_j \rho_{ij}\sigma_i\sigma_j = \sum_{i=1}^{N} w_i^2\sigma_i^2 + 2\sum_{i>j}^{N} w_i w_j \rho_{ij}\sigma_i\sigma_j \qquad [2\text{–}12]$$

따라서 포트폴리오의 위험은 개별 증권의 투자비중, 각 증권의 위험 그리고 증권들의 상관계수에 의해 결정된다. 또한 포트폴리오의 표준편차는 분산의 제곱근이다.

$$\sigma_P = \sqrt{\sum_{i=1}^{N} w_i^2\sigma_i^2 + 2\sum_{i>j}^{N} w_i w_j \rho_{ij}\sigma_i\sigma_j} \qquad [2\text{–}13]$$

예를 들어 [표 2-3]의 자산 A와 B의 공분산과 표준편차를 구해 상관계수를 계산하고, 포트폴리오의 표준편차를 구할 수 있다. 먼저 상관계수를 계산하기 위한 [식 2-7]의 분자인 공분산은 다음과 같다.

$$\begin{aligned}\sigma_{ij} &= 1/6 \times [(0.4-0.15)(0.3-0.09)] + 3/6 \times [(0.3-0.15)(0.1-0.09)] \\ &\quad + 2/6 \times [(-0.2-0.15)(-0.03-0.09)] \\ &= 0.0357\end{aligned}$$

따라서 두 자산의 상관계수는 $\rho_{ij} = \dfrac{0.0235}{0.25 \times 0.1105} = 0.85$이고 포트폴리오의 표준편차는 [표 2-5]처럼 $\sigma_P = \sqrt{0.6^2 \times 0.25^2 + 0.4^2 \times 0.1105^2 + 2 \times 0.6 \times 0.4 \times 0.85 \times 0.25 \times 0.1105}$ $= 0.1890$이다.

표 2-5 ▌포트폴리오의 표준편차

자산	투자금액	투자비중	수익률				
			호경기(확률)	보통(확률)	불경기(확률)	기대수익률	표준편차
A	600만원	0.6	40%(1/6)	30%(3/6)	−20%(2/6)	15%	25%
B	400만원	0.4	30%(1/6)	10%(3/6)	−3%(2/6)	9%	11.05%
P	1,000만원	1.0	36%(1/6)	22%(3/6)	−13.2%(2/6)	12.6%	18.9%

2.4.3 상관계수와 위험분산효과

포트폴리오의 위험분산효과를 고려하여 투자자가 선택할 수 있는 포트폴리오, 즉 기대수익률−표준편차의 조합은 어떤 것들이 있는지 알아보자. 단순화를 위해 두 증권 A와 B로 이루어진 포트폴리오를 가정하자. 여러 증권으로 만들어진 포트폴리오의 경우에도 동일한 법칙이 적용된다. 포트폴리오의 위험분산효과는 증권들의 상관계수에 의해 결정된다. 이는 다음과 같이 세 경우로 구분될 수 있다.

먼저 포트폴리오의 모든 자산들이 양(+)의 완전상관관계를 갖는 경우를 고려한다. 이때 모든 i와 j에 대해 $\rho_{ij} = 1$이므로 [식 2−12]에 의해 포트폴리오의 분산은 다음과 같다.

$$\begin{aligned}\sigma_p^2 &= w_1^2\sigma_1^2 + \dots + w_N^2\sigma_N^2 + 2w_1w_2\rho_{12}\sigma_1\sigma_2 + \dots + 2w_{N-1}w_N\rho_{N-1,N}\sigma_{N-1}\sigma_N \\ &= w_1^2\sigma_1^2 + \dots + w_N^2\sigma_N^2 + 2w_1w_2\sigma_1\sigma_2 + \dots + 2w_{N-1}w_N\sigma_{N-1}\sigma_N \\ &= (w_1\sigma_1 + \dots + w_N\sigma_N)^2\end{aligned}$$

따라서 포트폴리오의 표준편차는 자산들의 표준편차의 가중평균이다. 가중치는 각 증권의 투자비중이다. 즉 위험분산효과는 없다.

$$\sigma_P = \sum_{i=1}^{N} w_i\sigma_i \qquad [2-14]$$

다음으로 모든 자산들이 양(+)의 완전상관관계를 갖는 경우를 제외한 나머지 모든 경우를 고려한다. 이때에는 적어도 일부 i와 j에 대해 $-1 \le \rho_{ij} < 1$이므로 포트폴리오의 분산은 다음과 같다.

$$\begin{aligned}\sigma_p^2 &= w_1^2\sigma_1^2 + \dots + w_N^2\sigma_N^2 + 2w_1w_2\rho_{12}\sigma_1\sigma_2 + \dots + 2w_{N-1}w_N\rho_{N-1,N}\sigma_{N-1}\sigma_N \\ &< w_1^2\sigma_1^2 + \dots + w_N^2\sigma_N^2 + 2w_1w_2\sigma_1\sigma_2 + \dots + 2w_{N-1}w_N\sigma_{N-1}\sigma_N \\ &= (w_1\sigma_1 + \dots + w_N\sigma_N)^2\end{aligned}$$

따라서 포트폴리오의 표준편차는 자산들의 표준편차의 가중평균보다 작으며, 그 차이만큼 위험분산효과가 존재한다.

$$\sigma_P < \sum_{i=1}^{N} w_i\sigma_i \qquad [2\text{–}15]$$

2.4.4 포트폴리오 결합선

[식 2–10]과 [식 2–13]은 포트폴리오의 기대수익률과 위험은 구성 자산들의 수익분포가 정해진 상태에서는 투자비중에 의해 결정된다는 것을 보여준다. 따라서 투자자는 자산들의 투자비중을 선택함으로써 자신이 원하는 기대수익률–표준편차를 가진 포트폴리오를 만들 수 있다.

예를 들어 두 증권 A와 B로 이루어진 포트폴리오를 생각해보자. 증권 A의 기대수익률은 3%, 표준편차는 4%로 가정한다. 증권 B의 기대수익률은 6%, 표준편차는 12%이다. [표 2–6]은 포트폴리오의 기대수익률과 표준편차가 어떻게 자산들의 상관계수와 투자비중에 의해 영향받는지 예시한다.

첫째, 패널 (A)와 같이 두 증권의 상관계수가 $\rho_{AB} = 1$인 경우를 생각해보자. A와 B의 투자비중을 차례대로 0:1, 0.25:0.75, 0.5:0.5, 0.75:0.25, 1:0으로 변화시킨다. 각 경우에 포트폴리오의 기대수익률은 두 증권 기대수익률의 가중평균이고, 포트폴리오의 표준편차도 두 표준편차의 가중평균이다. 상대적으로 낮은 기대수익률과 낮은 표준편차를 가진 A의 투자비중이 늘면(즉 B의 투자비중이 줄면), 포트폴리오의 기대수익률은 비례적으로 감소하고 표준편차도 비례적으로 감소한다.

둘째, 패널 (B)와 같이 상관계수가 $\rho_{AB} = 0$인 경우를 생각해보자. 포트폴리오의 기대수익률은 다른 경우들과 동일하게 두 증권 기대수익률의 가중평균이다. 위험분산효과가 존재하기 때문에, 포트폴리오의 표준편차는 두 표준편차의 가중평균보다 작다. 또한 포트폴리오의 표준편차는 A의 투자비중이 늘면, 처음에는 감소하다가 다시 증가하며 0이 되지는 않는다(상세한 내용은 [예제 2-7] 참고).

셋째, 패널 (C)와 같이 상관계수 $\rho_{AB} = -1$인 경우를 살펴보자. 여전히 포트폴리오의 기대수익률은 다른 경우들과 동일하고 위험분산효과도 존재한다. 포트폴리오의 표준편차는 A의 투자비중이 늘면 감소하다가 증가한다. 특히 A에 0.75 그리고 B에 0.25 투자된 포트폴리오는 최소 표준편차 0을 달성하며, 이때 포트폴리오의 수익률은 3.75%로 확정된다.

표 2-6 포트폴리오의 기대수익률과 표준편차

투자비중		(A) $\rho_{AB}=+1$		(B) $\rho_{AB}=0$		(C) $\rho_{AB}=-1$	
w_A	w_B	$E(R_P)$	σ_P	$E(R_P)$	σ_P	$E(R_P)$	σ_P
0	1	6.00%	12.00%	6.00%	12.00%	6.00%	12.00%
0.25	0.75	5.25%	10.00%	5.25%	9.06%	5.25%	8.00%
0.5	0.5	4.50%	8.00%	4.50%	6.32%	4.50%	4.00%
0.75	0.25	3.75%	6.00%	3.75%	4.24%	3.75%	0.00%
1	0	3.00%	4.00%	3.00%	4.00%	3.00%	4.00%

포트폴리오 안의 증권들의 투자비중이 변할 때, 기대수익률-표준편차가 변화하는 경로를 나타내는 곡선을 **포트폴리오 결합선(portfolio combination line)**이라 한다. [그림 2-4]는 [표 2-6]에서 구해진 증권 A와 B의 포트폴리오 결합선을 나타낸다. 여기에서 직선 AB는 [표 2-6]의 패널 (A)와 같이 두 증권 A와 B가 양의 완전상관관계를 갖는 경우의 포트폴리오 결합선이다. 곡선 ADB는 패널 (B)와 같이 A와 B가 상관관계를 갖지 않는 경우($\rho_{AB} = 0$)의 포트폴리오 결합선이다. 꺾은선 ACB는 패널 (C)처럼 A와 B가 음의 완전상관관계($\rho_{AB} = -1$)를 갖는 경우의 포트폴리오 결합선이다.

일반적으로 증권들은 불완전 상관관계$(-1 < \rho_{AB} < 1)$를 갖기 때문에, 포트폴리오 결합선은 곡선 ADB와 비슷한 형태를 보인다. 포트폴리오의 표준편차는 D에서 최소화된다. 이는 어떤 포트폴리오 결합선에서 위험이 가장 작은 **최소분산 포트폴리오(minimum variance portfolio: MVP)**로 불린다.[3]

| 그림 2-4 | 포트폴리오 결합선

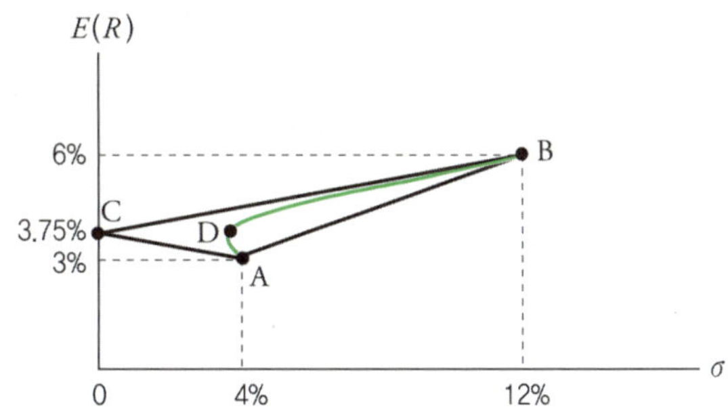

예제 2-7 포트폴리오 결합선

[표 2-6]의 패널 (B)에 제시된 두 증권 A와 B의 포트폴리오 결합선을 그려보시오. A증권을 팔고 그 수입으로 B증권을 사거나, B증권을 팔고 그 수입으로 A증권을 사는 경우도 포함해서 고려하시오.

| 풀이 |

어떤 자산을 파는 것은 그것에 대한 투자비중이 음수라는 뜻이고, 그 수입으로 다른 증권을 사면 이 자산의 투자비중은 1보다 크며, 두 자산의 투자비중 합은 1이 된다. 포트폴리오 결합선은 모든 가능한 투자비중의 조합을 대상으로 포트폴리오의 기대수익률과 표준편차를 계산한 결과를 나타낸다.

w_A	w_B	$E(R_p)$	σ_P
−0.5	1.5	7.50%	18.11%
−0.4	1.4	7.20%	16.88%
−0.3	1.3	6.90%	15.65%
−0.2	1.2	6.60%	14.42%

3 참고로 두 증권 A와 B의 포트폴리오 결합선에서, 최소분산 포트폴리오의 증권 B의 투자비중은 $w_B^D = \frac{\sigma_A^2 - \sigma_{AB}}{\sigma_A^2 + \sigma_B^2 - 2\sigma_{AB}} = \frac{\sigma_A^2 - \sigma_A\sigma_B\rho_{AB}}{\sigma_A^2 + \sigma_B^2 - 2\sigma_A\sigma_B\rho_{AB}}$ 이다.

-0.1	1.1	6.30%	13.21%
0	1	6.00%	12.00%
0.1	0.9	5.70%	10.81%
0.2	0.8	5.40%	9.63%
0.3	0.7	5.10%	8.49%
0.4	0.6	4.80%	7.38%
0.5	0.5	4.50%	6.32%
0.6	0.4	4.20%	5.37%
0.7	0.3	3.90%	4.56%
0.8	0.2	3.60%	4.00%
0.9	0.1	3.30%	3.79%
1	0	3.00%	4.00%
1.1	-0.1	2.70%	4.56%
1.2	-0.2	2.40%	5.37%
1.3	-0.3	2.10%	6.32%
1.4	-0.4	1.80%	7.38%
1.5	-0.5	1.50%	8.49%

이 포트폴리오 결합선의 그림은 다음과 같다.

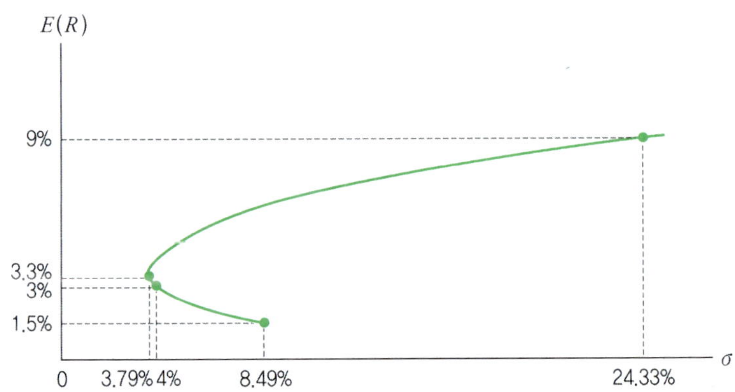

2.4.5 효율적 프런티어

자본시장에는 수많은 자산이 존재하기 때문에 그들을 사용하여 만들 수 있는 포트폴리오도 무수히 많다. 이제 투자자가 위험자산들을 이용하여 만들 수 있는 포트폴리오의 집합을 알아보자.

다수의 자산이 존재하는 일반적 상황을 보기 위해, 예를 들어 위험자산 A, B, C, D, E가 존재한다고 가정하자. 그리고 이들의 상관계수들 가운데 적어도 하나는 -1이 아니라고 가정한다. 다섯 종목의 위험자산에 의해 만들어지는 포트폴리오 결합선은 앞의 두 위험자산의 포트폴리오 결합선을 귀납적으로 확장함으로써 [그림 2-5]의 곡선 AE로 나타낼 수 있다. 궁극적으로 매우 많은 위험자산들이 존재하는 경우에도, 포트폴리오 결합선은 여전히 비슷한 형태의 곡선으로 나타난다. 이 포트폴리오 결합선과 그 내부는 투자자에 의해 실현될 수 있는 기대수익률-표준편차 조합의 집합이며, **투자기회집합(investment opportunity set)**으로 불린다.

나아가서 투자기회집합 전체가 아닌 그 경계선에 위치하는 포트폴리오들만이 투자자의 관심대상이 된다. 왜냐하면 투자기회집합 내부의 어떤 점에 대해서도 이것보다 높은 기대수익률과 동일한 표준편차를 가진 포트폴리오가 경계선 위에 존재하기 때문이다. 예를 들어 포트폴리오 a_2의 경우에는 더 높은 기대수익률과 동일한 표준편차를 갖는

그림 2-5 효율적 프런티어

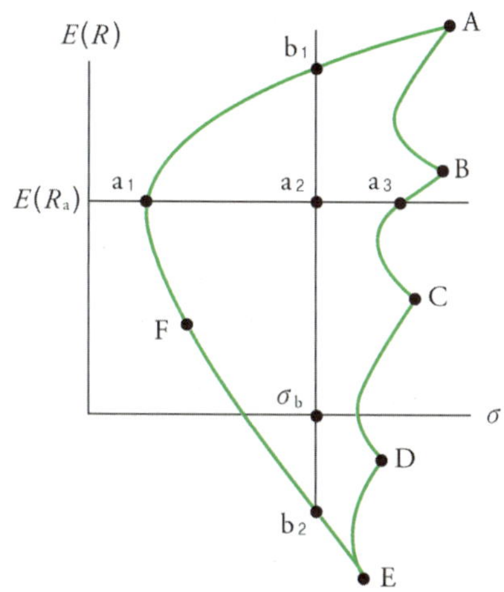

포트폴리오 b_1 또는 더 낮은 표준편차와 동일한 기대수익률을 갖는 포트폴리오 a_1이 투자기회집합에 존재하기 때문이다. 이 때문에 곡선 AE는 **효율적 프런티어(efficient frontier)**로 불린다. 나아가서 곡선 AE의 일부도 배제될 수 있다. 곡선 a_1E의 임의의 점에 대해, 더 높은 기대수익률과 같은 표준편차를 갖는 점을 곡선 Aa_1에서 찾을 수 있기 때문이다. 결국 곡선 Aa_1만이 고려대상으로 남는다. 때로는 곡선 Aa_1만이 효율적 프런티어로 간주된다.

2.5 무위험자산과 자본시장선

2.5.1 무위험자산과 자본배분

시장에는 위험자산뿐 아니라 무위험자산도 존재한다. **위험자산(risky asset)**은 투자위험을 수반하는 자산이며, 거의 모든 자산이 해당된다. **무위험자산(risk-free asset)**은 수익의 불확실성이 없는 자산이다. 무위험자산에 투자하는 경우 투자종료시점에 얻는 수익을 투자시점에 이미 정확히 알 수 있다. 실제로는 완전한 무위험자산은 존재하기 어려우며, 실무적으로는 매우 낮은 위험을 갖는 중앙정부가 발행하는 국채 같은 대용자산(proxy asset)이 이용된다. 특히 자국의 통화로 표시된 국채가 무위험자산으로 인정되는데 국가는 조세부과와 중앙은행을 통한 통화발행 등으로 자금을 조달하여 약정된 원리금을 상환할 수 있기 때문이다. 무위험자산의 수익률은 **무위험수익률(risk-free rate)**로 불린다.

포트폴리오를 구성하는 과정에서 투자자는 무위험자산과 위험자산의 투자비중을 선택하는 **자본배분(capital allocation)**을 결정하게 된다. 무위험자산과 위험자산에 대해 자본배분된 포트폴리오들을 살펴보기 위해 무위험자산을 F, 그 수익률을 R_f로 표시하자. 여기에서 무위험자산의 표준편차는 0임에 유의하자. 위험자산은 i로 표시하고, 기대수익률은 $E(R_i)$, 표준편차는 σ_i로 나타낸다.

포트폴리오 P는 무위험자산 F에 투자비중 w_f, 위험자산 i에 투자비중 $1-w_f$를 배분한다. 이 포트폴리오의 기대수익률은 [식 2-10]을 이용하면 다음과 같다.

$$E(R_p) = w_f R_f + (1 - w_f)E(R_i)$$

또한 표준편차는 [식 2-13]에 의해 다음과 같다.

$$\sigma_p = (1 - w_f)\sigma_i$$

무위험자산 F와 위험자산 i의 포트폴리오 결합선은, 앞의 두 수식을 결합함으로써 다음과 같이 도출된다.

$$E(R_p) = R_f + \frac{E(R_i) - R_f}{\sigma_i}\sigma_P \qquad [2\text{–}16]$$

이 수식을 기대수익률-표준편차 평면에 표시한 [그림 2-6]의 직선은 **자본배분선(capital allocation line: CAL)**으로 불린다. 다시 말해 자본배분선은 무위험자산과 어떤 위험자산 사이에 자금을 배분함으로써 만들 수 있는 포트폴리오 결합선이다. 예를 들어 무위험수익률은 5%, 위험자산의 기대수익률은 10%이고 표준편차는 20%로 가정하자. 이 경우에 자본배분선은 $E(R_P) = 5\% + \frac{10\% - 5\%}{20\%}\sigma_P = 5 + 0.2\sigma_p$이다.

그림 2-6 자본배분선

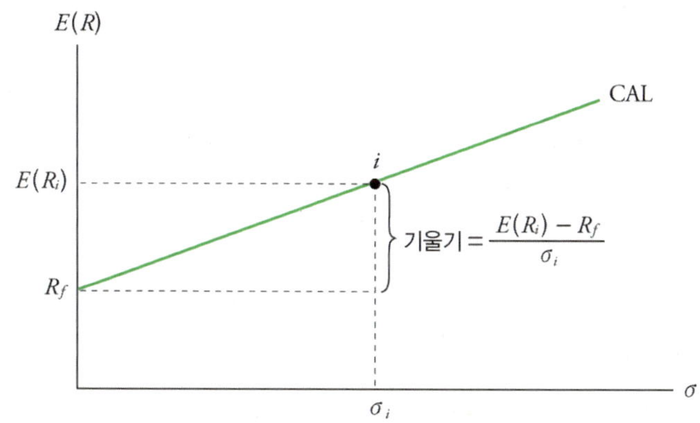

자본배분선 위의 한 점은 무위험자산과 위험자산을 특정한 투자비중에 의해 결합한 포트폴리오를 나타낸다. 예를 들어 [그림 2-7]의 포트폴리오 L은 자금을 무위험자산에 0.5, 위험자산 i에 0.5의 비율로 배분한 포트폴리오이다. 이런 포트폴리오는 자금의 일부를 무위험자산에 투자(즉 무위험수익률로 대여)하기 때문에, **대여 포트폴리오(lending portfolio)**로 불린다. 선분 $R_f i$의 모든 점은 각각 대여 포트폴리오이다. 한편 포트폴리오 B는 무위험자산에 $-0.5(w_f = -0.5)$, 위험자산 i에 1.5의 비율로 배분하는 포트폴리오이다. 이 포트폴리오는 초기자금의 0.5에 해당하는 금액을 무위험수익률로 차입하고, 이 차입금과 초기자금을 합한 금액을 위험자산에 투자하는 포트폴리오이다. 자금을 차입하는 포트폴리오이므로 **차입 포트폴리오(borrowing portfolio)**로 불린다. 반직선 iB의 모든 포트폴리오는 차입 포트폴리오이다.

그림 2-7 대여 포트폴리오와 차입 포트폴리오

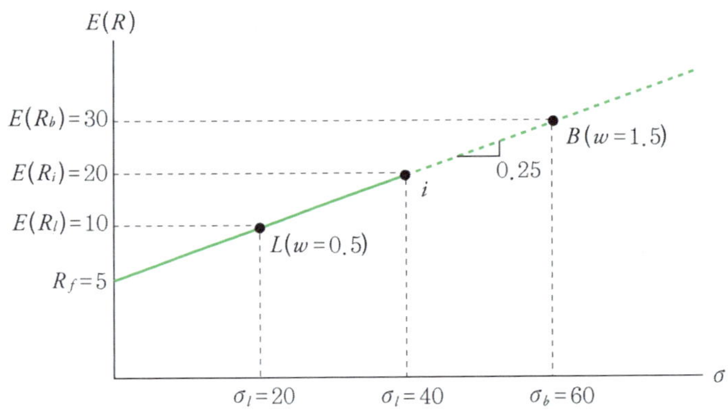

2.5.2 자본시장선

무위험자산이 존재하면 당연히 투자가능집합은 위험자산의 효율적 프런티어보다 넓어지고, 투자자는 이전보다 더 효율적인 투자기회를 선택할 수 있을 것이다. 여기에서 더 효율적이라는 표현은 위험수준은 같으면서 기대수익률이 더 높거나, 기대수익률은 같으면서 위험수준은 더 낮거나 또는 기대수익률은 더 높고 위험수준은 더 낮은 투자기회를 뜻한다. 무위험자산을 거래할 수 있다는 가능성이 어떻게 투자가능집합을 효율적 프런티어로부터 더 확대할 수 있는지 살펴보자.

[그림 2-8]은 무위험자산 그리고 위험자산의 효율적 프런티어를 기대수익률-표준편차 평면에 나타낸다. 직선 R_fT는 무위험수익률 R_f로부터 효율적 프런티어에 대해 그린 접선이다. 이 때문에 접점 T는 **접점 포트폴리오(tangency portfolio)**로 불린다. 이제 무위험자산을 포함하는 확장된 투자기회집합은 직선 R_fT와 그 하부에 있는 점들이다. 왜냐하면 이 영역의 한 점은 각각 무위험자산 그리고 투자기회집합 안의 위험자산을 특정 비율로 결합함으로써 만들어지는 포트폴리오이기 때문이다.

또한 직선 R_fT의 아래에 있는 어떤 점(예를 들어 a)에 대해서도 더 효율적인 투자기회가 존재한다. 예를 들어 더 높은 기대수익률과 더 낮은 위험을 갖는 점(예를 들어 a′)이 R_fT에 있다. 따라서 투자자는 궁극적으로 직선 R_fT에 위치하는 포트폴리오를 선택하게 될 것이다. 이 자본배분선은 **자본시장선(capital market line: CML)**으로 불린다. 자본시장선은 무위험자산까지 고려하여 확장된 투자가능집합의 경계선이다. 또한 자본시장선에 존재하는 모든 포트폴리오는 투자가능집합 안의 어떤 포트폴리오에 비해서도 덜 효율적이지 않다.

그림 2-8 자본시장선

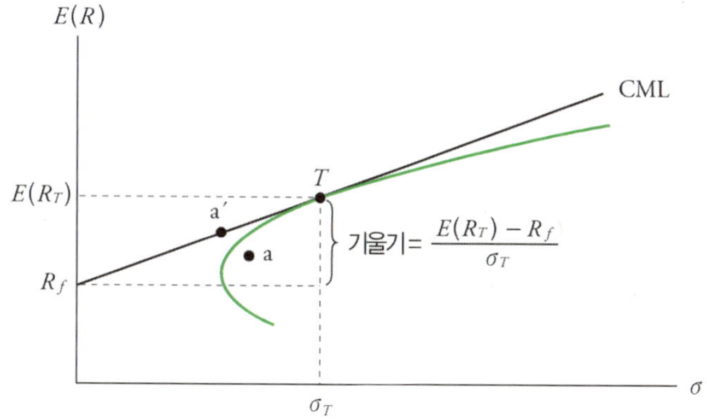

예제 2-8 자본시장선

무위험수익률은 4%임을 가정하고, [예제 2-7]에서 도출된 효율적 프런티어를 사용하여 자본시장선을 그려보시오.

| 풀이 |

자본시장선의 그림은 다음과 같다.

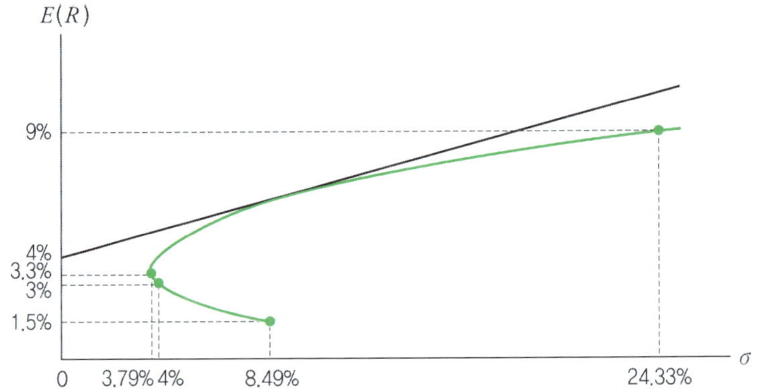

이 장에서는 투자자가 선택할 수 있는 투자기회들이 어떤 포트폴리오들인지 살펴보았으며, 이 투자가능집합은 자본시장선으로 표시된다는 것을 알았다. 다음 장에서는 투자가능집합 안의 어떤 포트폴리오가 투자자에 의해 실제로 선택될 것인지 알아본다.

투자 이야기 정규분포와 블랙스완

블랙 먼데이(Black Monday)로 불리는 1987년 10월 19일 미국의 주식시장은 다우존스산업평균(Dow Jones Industrial Average) 기준으로 하루 만에 22.6% 폭락했다. 주식수익률이 정규분포를 따른다면, 이런 사건은 6×10^{97}년에 한 번 일어날 확률을 갖고 있다. 우주의 나이가 1.4×10^{10}년 정도로 추정되므로 이는 극히 놀라운 사건이다. 주식시장이 우주 개벽 이후의 세월을 끝없이 반복했다고 해도 그런 일은 거의 절대 일어나지 않을 사건이다. 일어날 확률이 거의 없는 사건을 의미하는 용어인 블랙스완(black swan)의 예라고 할 수 있다.

나심 니콜라스 탈레브(Nassim Nicholas Taleb)는 레바논에서 태어나 프랑스와 미국에서 교육을 받은 후, 수많은 금융기관에서 주로 파생상품 거래를 했던 인물이다. 탈레브의 〈블랙스완(*The Black Swan*)〉이 출간된 것은 2007년이다. 블랙스완이란 '검은 고니'를 말한다. 사람들은 오랫동안 고니에게는 백색 스완(백조)밖에 없다고 생각해 왔지만, 실제로는 검은 스완이 있다는 것이 나중에 밝혀졌다. 인간은 자신이 경험하지 않은 것은 존재하지 않는다고 생각하기 쉽지만, 지금까지 본 적이 없다고 해서 블랙스완이 없다는 것을 증명할 수는 없다. 즉 과거에 일어난 적이 없는 이상 상황이 실제로 발생할 수 있다. 탈레브의 블랙스완은 그런 의미이다.

블랙스완은 통계학적 용어로는 두터운 꼬리(fat tail)로 표현될 수 있다. 정규분포가 자연 또는 사회현상을 연구하는 데 편리하고 유용하게 사용되지만, 실제 분포는 정규분포보다 두터운 꼬리, 즉 평균으로부터 멀리 떨어져 있는 극단적 값이 실현된 확률은 더 높다는 의미이다.

금융상품이 두터운 꼬리를 갖는 현실을 반영하기 위해서 다양한 노력이 이루어져왔다. 그 가운데 하나는 정규분포를 하나의 특수한 경우로 포함하는 일반화된 파레토분포(generalized Pareto distribution)이다. 이런 분포에서 그리스 문자 ξ(ksi(크사이) 혹은 xi(자이))는 꼬리의 두께를 나타내는 모수(parameter)이다. 정규분포는 $\xi=0$인 특수한 경우이다. $\xi>0$이면 더 두터운 꼬리를 갖는 분포를 뜻하며, $t-$분포를 예로 들 수 있다. $\xi<0$이면 정규분포보다 덜 두터운 꼬리를 갖는다.

2장 부 록

확률변수들의 기대값과 분산에 관한 중요 공식

다음에서 a, b, c는 각각 상수이고, X, Y, Z는 각각 확률변수이다.

$$E(a) = a$$

$$E(aX) = aE(X)$$

$$E(aX + bY) = aE(X) + bE(Y)$$

$$\mathrm{Var}(a) = 0$$

$$\mathrm{Var}(aX) = a^2\mathrm{Var}(X)$$

$$\mathrm{Var}(aX + bY) = a^2\mathrm{Var}(X) + b^2\mathrm{Var}(Y) + 2ab\mathrm{Cov}(X, Y)$$

$$\mathrm{Cov}(a, X) = 0$$

$$\mathrm{Cov}(aX, Y) = a\mathrm{Cov}(X, Y)$$

$$\mathrm{Cov}(aX, bY) = ab\mathrm{Cov}(X, Y)$$

$$\mathrm{Cov}(aX, bY + cZ) = ab\mathrm{Cov}(X, Y) + ac\mathrm{Cov}(X, Z)$$

2장 연습문제

01 주사위를 던져서 나오는 값의 기대치와 분산을 계산하시오.

02 두 개의 동일한 주사위가 있다. 두 주사위를 던질 때, 각 주사위값의 공분산과 상관계수를 계산하시오.

03 주사위를 던져서 나오는 값의 1천 배의 돈을 받는 게임이 있다. 이 게임에 참여하기 위해서는 3,500원의 참가비를 내야 한다. 위험회피자는 이 게임에 참여할 것인가? 그 이유는 무엇인가?

※ [4~5] **다음과 같은 투자안이 있다. 이를 바탕으로 다음 질문에 답하시오.**

투자안	경제상태별 수익률		
	호경기(확률: 1/4)	보통(확률: 1/2)	불경기(확률: 1/4)
투자안 A	25%	15%	5%
투자안 B	30%	15%	0%
투자안 C	10%	10%	10%

04 각 투자안의 기대수익률과 위험을 계산하시오.

05 투자안 A와 투자안 C, 투자안 B와 투자안 C 각 쌍의 상관계수를 구하고, 상관계수가 그 값을 갖는 이유를 설명하시오.

※ [6~9] **두 주식의 1년 후 경제상태별 가격이 다음과 같이 전망되고 있다. 단, 무위험자산인 1년 만기 국채의 수익률은 10%이고, 두 주식의 현재가격은 각각 10만원이다.**

주식	경제상태별 주가		
	호경기(확률: 0.2)	보통(확률: 0.5)	불경기(확률: 0.3)
주식 A	15만원	12만원	8만원
주식 B	16만원	12만원	6만5천원

06 각 주식의 기대수익률과 위험 및 상관계수를 구하시오.

07 국채와 각 주식의 상관계수를 구하시오.

08 두 주식을 이용하여 분산투자를 하려 한다. 이 두 주식을 이용하는 경우 분산투자효과를 얼마나 누릴 수 있는가? 그 이유는 무엇인가?

09 국채와 주식 A 또는 국채와 주식 B에 나누어 투자하는 경우 분산투자효과를 누릴 수 있는가? 그 이유는 무엇인가?

10. 주식 S_1, S_2, S_3, S_4의 기대수익률과 표준편차는 다음과 같다. 기대수익률–위험 평면에 이 주식들을 표시하시오.

주식	기대수익률	표준편차
S_1	12%	20%
S_2	10%	15%
S_3	10%	12%
S_4	7%	12%

11. 포트폴리오는 무엇인가? 그리고 포트폴리오의 기대수익률과 위험의 계산방법을 두 증권의 예를 들어 설명하시오.

12. 마코위츠가 포트폴리오이론에서 주장하는 바는 무엇인가?

① 체계적 위험의 감소
② 분산투자를 통한 포트폴리오의 위험감소
③ 비체계적 위험의 인식
④ 포트폴리오의 적극적 운용을 통한 수익률 증대

※ [13~17] **다음의 물음에 답하시오. 아래 표는 A, B, 그리고 C 주식의 기대수익률과 표준편차를 나타낸다.**

주식	기대수익률(%)	표준편차(%)
A	4	2
B	7	3
C	10	6

13 주식 A와 B에 투자금의 절반씩 투자한 포트폴리오의 기대수익률은 무엇인가? 또한 주식 B와 C에 투자금의 절반씩 투자한 포트폴리오와 주식 B와 C에 투자금의 절반씩 투자한 포트폴리오의 기대수익률을 각각 구하시오.

14 만약 다음과 같이 투자비중을 변경하면, 각 포트폴리오의 기대수익률은 무엇인가?

포트폴리오	투자비중
A와 B	모든 포트폴리오에서 75%와 25%로 변경
B와 C	
A와 C	

15 A와 B의 공분산은 0.0006, B와 C의 공분산은 0, A와 C의 공분산은 −0.0012임을 가정하시오. 이 경우, 75:25의 투자비중을 가진 세 포트폴리오의 표준편차를 각각 계산하시오.

16 주식들의 상관계수들을 계산하시오.

17 주식 B와 C로 이루어진 포트폴리오들 가운데 최소분산 포트폴리오 D를 구하시오. 단, 상관계수는 0이라고 가정하시오.

18 포트폴리오 결합선은 무엇인가? 어떤 포트폴리오가 두 자산으로 이루어져 있다고 가정하고, 이 두 자산의 상관계수가 −1, 0 그리고 1인 경우, 각각의 포트폴리오 결합선은 어떻게 변하는지 설명하시오.

19 주식 A의 기대수익률은 16%, 표준편차는 28% 그리고 현재 무위험수익률은 5%라고 가정하자. 자본배분선의 기울기는 무엇인가?

① 0.39 ② 0.57
③ 0.63 ④ 0.85

20 자본배분선 그리고 자본배분선의 대여 포트폴리오와 차입 포트폴리오를 설명하시오.

21 주식 A의 기대수익률은 18%, 분산은 10.24^2%이라고 가정하자. 무위험수익률은 6%이다. 1억원의 자본을 보유한 투자자가 2,000만원을 무위험수익률로 차입하고 주식 A에

1.2억원을 투자할 경우, 기대수익률과 위험을 계산하시오.

22 자산들의 효율적인 결합을 통해 달성할 수 있는 기대수익률과 위험의 조합을 나타내는 그림은 무엇인가?

① 상관계수
② 자본시장선
③ 투자기회집합
④ 기대수익률－표준편차 평면

23 자산 A의 표준편차는 자산 B보다 크고, 둘의 상관계수는 1이다. 이 두 자산으로 이루어진 포트폴리오에 관한 맞는 설명은?

① 포트폴리오의 표준편차는 자산들의 투자비중과는 무관하다.
② 포트폴리오의 표준편차는 A의 표준편차보다 크다.
③ 포트폴리오의 표준편차는 A의 표준편차보다 작거나 같다.
④ 포트폴리오의 표준편차는 A의 표준편차와 B의 표준편차의 합과 같다.

24 Markowitz의 포트폴리오이론에 관한 맞는 설명은?

① 투자자의 위험에 대한 태도는 분산투자와 무관하다.
② 효율적 시장에서는 여러 산업에 걸쳐 분산투자하는 방법으로 위험을 낮출 수 없다.
③ 효율적 시장에서는 다양한 지역에 걸쳐 분산투자하는 방법으로 위험을 낮출 수 없다.
④ 분산투자의 효과를 명확하게 제시한다.

25 투자수익률의 확률분포와 관련하여 맞는 설명은?

① 정규분포는 충분히 정확하지 않으므로 가급적 사용하지 않는 것이 바람직하다.
② 어떤 확률분포를 사용할 것인지의 결정은 분석의 목적을 고려해야 한다.
③ 두터운 꼬리 문제를 제외하면, 정규분포는 모든 투자의 분석에 적합하다.
④ 기존에 알려진 확률분포들은 신뢰할 수 없으므로 반드시 무작위적 시뮬레이션에 의해 확률분포를 평가해야 한다.

❙ 연습문제 풀이 ❙

01 기대치: $1\times\frac{1}{6}+2\times\frac{1}{6}+3\times\frac{1}{6}+4\times\frac{1}{6}+5\times\frac{1}{6}+6\times\frac{1}{6}=\frac{21}{6}=\frac{7}{2}$

분산: $\left[\left(1-\frac{7}{2}\right)^2+\left(2-\frac{7}{2}\right)^2+\left(3-\frac{7}{2}\right)^2+\left(4-\frac{7}{2}\right)^2+\left(5-\frac{7}{2}\right)^2+\left(6-\frac{7}{2}\right)^2\right]\times\frac{1}{6}=2.917$

03 기대수익 $=1{,}000\times\frac{7}{2}-3{,}500=0$. 이 게임의 기대수익은 0이나, 위험을 수반한다. 따라서 위험회피자는 이 게임에 참여하지 않는다.

05 상관계수의 계산을 위해 공분산을 계산하면 다음과 같다.

$\sigma_{AC}=0.25[(0.25-0.15)(0.1-0.1)]+0.5[(0.3-0.15)(0.1-0.1)]+0.25[(0.05-0.15)(0.1-0.1)]=0$

공분산이 0이기 때문에 상관계수를 계산해도 $\rho_{AB}=0$이다.

$\sigma_{BC}=0.25[(0.30-0.15)(0.1-0.1)]+0.5[(0.15-0.15)(0.1-0.1)]+0.25[(0-0.15)(0.1-0.1)]=0$

분산이 0이기 때문에 상관계수를 계산해도 $\rho_{BC}=0$이다.

이는 주식의 각 쌍에서, 주식들의 공변동은 선형 연관성을 전혀 갖고 있지 않기 때문이다.

07 국채수익률의 변동은 없으므로 두 국채와 주식의 상관계수는 각각 0이다.

09 국채와 각 주식 사이의 상관계수는 각각 0이기 때문에 분산투자효과를 누릴 수 있다.

11 포트폴리오는 하나 또는 복수의 자산으로 이루어지고, 다른 자산들로부터 구분되어 관리되는 단위이다. 포트폴리오의 기대수익률은 각 증권 기대수익률의 가중평균이며, 이때 가중치는 각 증권의 포트폴리오 내 투자비중이다. 포트폴리오의 표준편차는 각 증권의 표준편차의 가중평균보다 작거나 같다. 예를 들어 두 증권 A와 B로 구성된 포트폴리오를 가정하자. 이 포트폴리오의 표준편차는 $\sigma_p=\sqrt{w_A^2\sigma_A^2+w_B^2\sigma_B^2+2w_Aw_B\sigma_{AB}}\le w_A\sigma_A+w_B\sigma_B$이다. 여기에서 σ_p는 포트폴리오 표준편차, w_A와 σ_A는 각각 자산 A의 투자비중과 표준편차, w_B와 σ_B는 각각 자산 B의 투자비중과 표준편차 그리고 σ_{AB}는 두 증권의 공분산이다.

13 A와 B의 포트폴리오: $(0.5\times4\%)+(0.5\times7\%)=5.5\%$
B와 C의 포트폴리오: $(0.5\times7\%)+(0.5\times10\%)=8.5\%$
A와 C의 포트폴리오: $(0.5\times4\%)+(0.5\times10\%)=7\%$

15 A와 B의 포트폴리오: $\sqrt{(0.75^2\cdot0.02^2)+(0.25^2\cdot0.03^2)+2(0.75)(0.25)(0.0006)}=2.3\%$
B와 C의 포트폴리오: $\sqrt{(0.75^2\cdot0.03^2)+(0.25^2\cdot0.06^2)+2(0.75)(0.25)(0)}=2.7\%$
A와 C의 포트폴리오: $\sqrt{(0.75^2\cdot0.02^2)+(0.25^2\cdot0.06^2)+2(0.75)(0.25)(-0.0012)}=0$

17 B와 C의 최소분산 포트폴리오에서 증권 C의 투자비중은 $w_C^D=\frac{\sigma_B^2-\sigma_{BC}}{\sigma_B^2+\sigma_C^2-2\sigma_{BC}}$이다. $\sigma_{BC}=0$이므로 $w_C^D=\frac{(0.03)^2}{(0.03)^2+(0.06)^2}=0.2$이다. 즉 최소분산 포트폴리오의 w_B와 w_C는 각각 80%와 20%이다.

19 ① 자본배분선의 기울기는 $\frac{E(R_i)-R_f}{\sigma_i}=\frac{16\%-5\%}{28\%}=0.392$이다.

21 무위험수익률로 2,000만원을 차입하여 주식 A에 투자하는 경우, 포트폴리오의 기대수익률은

$E(R_P) = w_A E(R_A) + (1 - w_A)E(R_f) = 1.2 \times 18\% + (-0.2) \times 6\% = 20.4\%$이다.

또한 표준편차는 $\sigma_p = w_A \sigma_A = 1.2 \times 3.2\% = 3.84\%$이다.

23 ③

25 ②

3장 투자의 효용과 최적 포트폴리오 선택

투자자는 기대수익과 위험을 고려하여 포트폴리오를 선택함으로써 기대효용을 극대화할 수 있다. 이 장은 최적 포트폴리오의 선택과정을 살펴본다.

3.1 위험에 대한 태도와 지배원리

서양의 속담에 "공짜 점심(free lunch)은 없다"는 말이 있다. 이는 무언가를 얻으려면 대가를 지불해야 한다는 뜻이다. 금융시장에서는 투자의 수익과 위험의 관계를 표현하는 말로 자주 쓰이며, 수익을 얻기 위해서는 위험을 부담해야 한다는 뜻이다. 실제로 투자자가 시장에서 발견할 수 있는 자산은 기대수익률이 높으면 위험도 높고 반대로 위험이 낮으면 기대수익률도 낮은 것들이다. 기대수익률은 더 높고 위험은 더 낮은 자산이 일시적으로 존재할 가능성은 있으나, 이런 자산은 수요가 증가하여 가격과 기대수익률이 변하게 마련이다.

이와 같이 투자의 수익과 위험은 서로 상반(trade-off)관계에 있다. 이때의 수익률은 실제 투자결과로 얻어지는 실현수익률(realized return)이 아니라 투자결정시점에 예상되는 기대수익률(expected return)이다. 투자의 실행 후 실제로 얻어지는 수익률인 실현수익률은 일반적으로 사전에 투자자가 예상했던 기대수익률과는 다르다. 다만 오랫동안 실현수익률을 관찰하면 그 평균은 기대수익률에 접근할 것이다. 예를 들어 복권의 실현수입은 아주 적거나 많을 것이고, 기대수입은 이들을 평균한 값이다.

3.1.1 투자자의 위험에 대한 태도

지금까지 우리는 투자자들은 높은 기대수익률을 원하지만 위험은 싫어한다는 전제를 당연하게 받아들였다. 이제 경제주체의 위험과 관련된 선호(preferences)를 본격적으로 논의해보자. 일반적으로 투자자의 위험에 대한 태도는 **위험선호형(risk loving)**, **위험중립형(risk neutral)**, **위험회피형(risk aversc)**의 세 가지로 구분된다. 위험선호형 투자자는 다른 조건이 동일하다면 위험이 더 큰 자산을 선택하는 투자자이고, 위험중립형 투자자는 위험의 크기에 의해 영향받지 않으며, 위험회피형은 위험이 더 작은 자산을 선호한다.

예제 3-1 위험에 대한 태도

위험에 대한 사람들의 태도를 알아보기 위해, 동전 던지기를 생각해보자. 소정이는 졸업 후 바라던 회사에 취업했다. 연봉 5,000만원을 약속받은 그녀는 첫 출근날 다음과 같은 제의를 받는다. 만약 그녀가 플랜 (A)를 선택하면 연봉 5,000만원을 확정적으로 받고, 만약 플랜 (B)를 선택하면 동전 던지기를 해서 앞면이 나오면 연봉 8,000만원, 뒷면이 나오면 연봉 2,000만원을 받는다는 것이다. 소정은 어느 플랜을 선택해야 할까?

| 풀이 |

플랜 (A)의 기대수입은 5,000만원, 표준편차로 측정된 위험은 0이다. 플랜 (B)는 다음과 같이 5,000만원의 기대수입과 3,000만원의 표준편차를 갖고 있다.

$$\text{기대수입} = \frac{1}{2}\times 5{,}000 + \frac{1}{2}\times(-5{,}000) = 5{,}000$$

$$\text{표준편차} = \sqrt{\frac{1}{2}\times(8{,}000-5{,}000)^2 + \frac{1}{2}\times(2{,}000-5{,}000)^2} = 3{,}000$$

대다수 사람들은 이런 상황에서 플랜 (A)를 선택할 것이다. 플랜 (B)를 선택하는 경우 운이 없으면 연봉 2,000만원으로 한 해를 지내야 하기 때문이다. 이 실험에서 보는 것처럼, 대다수 사람들은 기대수익이 동일하다면 낮은 위험을 선호하는 위험회피형이다. 위험중립형은 플랜 (A)와 플랜 (B) 사이에서 차이를 느끼지 않는다. 즉 무차별(indifferent)하다. 위험선호형은 플랜 (B)를 선택할 것이지만, 실제로 이런 반응은 거의 관찰되지 않는다.

일반적으로 금융시장의 참여자들은 위험회피적이라고 간주된다. 운이 없으면 상당한 어려움을 감수해야 하는 상황에서 거래에 참여하는 투자자는 위험회피적 투자자라고 간주해도 큰 무리가 없을 것이다.

3.1.2 지배원리

이제 투자자가 위험회피적이라는 가정이 현실과 크게 다르지 않다는 데 기초하여, 투자선택행위를 이해하는 데 도움을 줄 수 있는 이론을 발전시켜보자. 먼저 **지배원리(dominance principle)**는 여러 투자기회들 중에서 명백하게 하나가 다른 선택보다 우월하다고 판단할 수 있도록 해주는 법칙이다. 이는 어떤 투자기회가 다른 투자기회보다 더 높은 기대수익률과 더 높지 않은 위험을 갖고 있거나 또는 더 낮은 위험과 더 낮지 않은 기대수익률을 갖고 있으면, 앞의 투자기회는 뒤의 투자기회를 지배 또는 압도한다는 것을 의미한다.

예를 들어 [그림 3-1]은 A자산이 B자산보다 높은 기대수익률과 같은 표준편차를 갖기 때문에, A가 B를 지배하는 상황을 나타낸다. 위험회피적인 투자자는 두 자산 가운데 A를 선호할 것이다. 궁극적으로는 A자산에 대한 수요는 증가하고 B자산에 대한 수요는 감소하여 그들의 가격은 조정을 받게 되고, 이런 과정은 한 자산이 다른 자산을 지배하는 상황이 해소될 때까지 지속될 것이다. 시장에서의 자산가격 결정과정은 제5, 6장 등에서 더 자세히 논의된다.

그림 3-1 지배원리 1

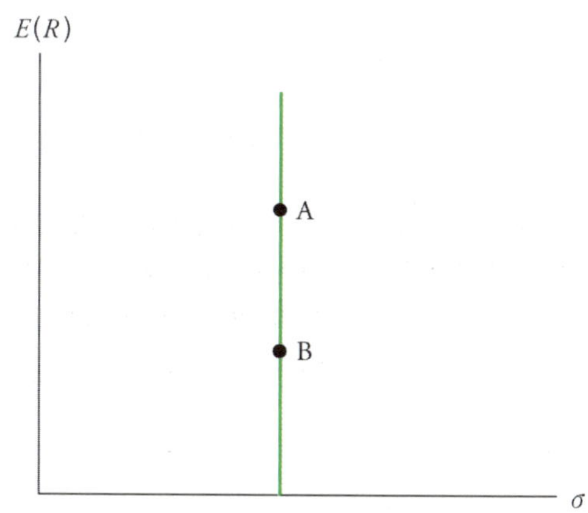

한편 [그림 3-2]와 같이 기대수익률은 동일하지만 위험이 서로 다른 자산들에도 지배원리가 적용될 수 있다. 자산 A와 B는 같은 기대수익률을 갖고 있으나, A의 표준편차가

B의 표준편차보다 작기 때문에 위험회피적 투자자들은 A를 선호할 것이다. 이 경우에도 두 자산에 대한 수요가 변화하여 그 가격들이 조정을 받을 것이다.

따라서 투자자는 평소에 지배원리로는 우열을 판단할 수 없는 투자기회들을 접하게 될 것이다. [그림 3-3]은 서로 지배관계에 있지 않은 두 자산을 나타낸다. A자산의 기대수익률과 위험은 B자산의 기대수익률과 위험보다 각각 더 크다. A는 B보다 더 높은 기대수익률을 갖고 있으나 표준편차도 더 높다. 즉 투자자는 수익과 위험의 상반관계에 직면한다.

그림 3-2 | 지배원리 2

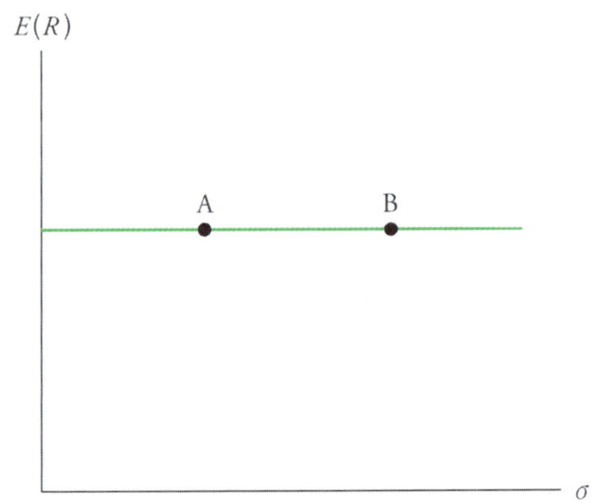

그림 3-3 | 수익과 위험의 상반관계

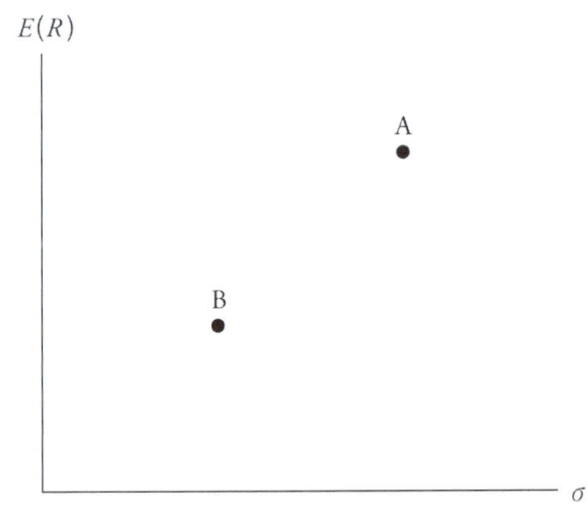

이런 상황에서 투자자는 어떤 선택을 할까? 투자자는 A자산의 B자산보다 높은 기대수익률이 더 큰 위험을 보상할 수 있을 정도로 충분한지 여부를 판단하려 할 것이다. 그러나 이에 대한 대답은 사람에 따라 다를 수 있다. 위험회피적 투자자들 가운데에서도 위험에 대해 더 또는 덜 회피적일 수 있기 때문이다. 예를 들어 벤처기업을 일으켜 성공한 젊은 사업가라면 이제 은퇴를 하여 안정된 삶을 추구하는 투자자들보다 공격적으로 여유자산을 운용하려 할 것이다. 즉 이들은 모두 위험회피적이지만 위험허용(risk tolerance) 수준은 서로 다르다. 위험허용수준이 더 높은 벤처사업가는 A자산을 선호하는 경향을 보일 것이고 낮은 위험수준을 선호하는 은퇴자는 B자산을 선호할 것이다. 따라서 A와 B의 비교에 대해 지배원리는 일반적인 답을 주지 않는다.

3.2 투자의 효용과 무차별곡선

투자결정의 핵심은 투자자에게 가장 적합한 기대수익-위험의 조합을 찾는 것이다. [그림 3-4]는 기대수익률-표준편차 평면이다. 투자의 수익과 안정성을 함께 추구하는 전형적인 위험회피형 투자자가 [그림 3-4]에서 포트폴리오 P와 다른 포트폴리오들을 비교한다고 가정하자. 지배원리에 따르면 그는 포트폴리오 P를 기준으로 왼쪽 윗부분에 위치한 포트폴리오인 P_2를 더 선호할 것이다. 반대로 포트폴리오 P의 오른쪽 아랫부분에 위치한 포트폴리오 P_4는 덜 선호된다. 그러나 일반적인 경우에 투자의 우열은 지배원리만으로 판단될 수 없다. 예를 들어 포트폴리오 P와 P_1를 고려하면, 어떤 투자자가 P와 P_1 가운데 어느 것을 더 선호할지 명확하지 않다.

이때 투자자의 선택을 이해하려면 그의 선호에 관한 더 상세한 정보가 필요하다. 효용함수는 투자자의 성향을 반영하여 어떤 자산 또는 기대수익-위험의 조합이 투자자에게 제공하는 가치를 알려준다.

그림 3-4 투자기회의 비교

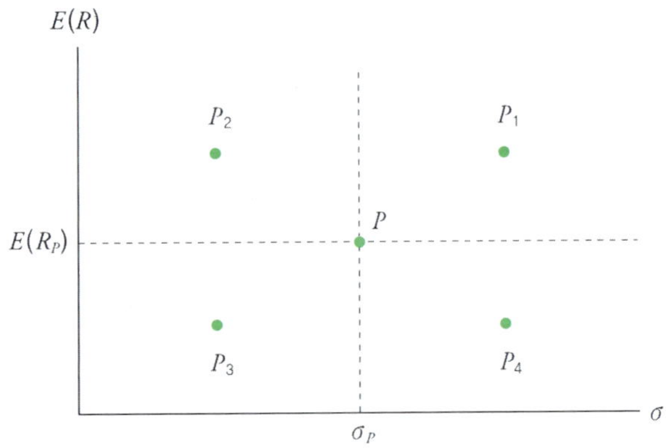

3.2.1 효용함수

"인생에서 무엇을 원하는가?"라는 질문에 대해 많은 사람들은 '행복'이라고 대답한다. 그러나 행복이 구체적으로 무엇인지에 관해, 사람들은 서로 다른 견해를 갖고 있다. 이와 같이 행복은 매우 추상적인 개념이며 구체적으로 묘사되기 어렵다. 경제학은 이런 추상적이고 사람마다 다른 견해를 갖고 있는 행복을 효용(utility)이라는 용어로 표현한다.

투자는 결국 효용을 극대화하기 위한 수단이다. 공식적으로 투자자의 효용이 기대수익과 위험에 의존하는 양상은 효용함수로 묘사될 수 있다. [식 3-1]은 단순한 전형적 효용함수를 나타낸다.

$$U = U(W) \quad [3-1]$$

여기에서 W는 투자자가 보유한 재산 또는 부(wealth)를 의미한다. 당연하게 투자자의 부가 클수록 효용함수값은 증가해야 한다. 더 일반적으로 투자자의 부가 크면 효용은 증가하거나 적어도 같아야 한다. 왜냐하면 투자자는 더 큰 부를 보유하면 더 많은 소비를 할 수 있기 때문이다. 만약 부가 오히려 행복을 저해하면, 투자자는 단순히 부를 포기하거나 남에게 줄 수 있다. 수학적으로 투자자의 부가 많을수록 효용이 증가하는 관계는 다음 수식으로 표현된다.

$$U'(W) = \partial U / \partial W > 0 \qquad [3\text{-}2]$$

또한 효용함수는 투자자의 위험에 대한 태도를 반영한다. [그림 3-5]는 어떻게 효용함수의 형태가 투자자의 위험에 대한 태도에 의존하는지 보여준다. 결론부터 말하면 패널 (A)는 위험회피형, 패널 (B)는 위험중립형, 패널 (C)는 위험선호형 투자자의 효용함수를 각각 표현한다.

그림 3-5 | 투자자의 위험에 대한 태도와 효용함수

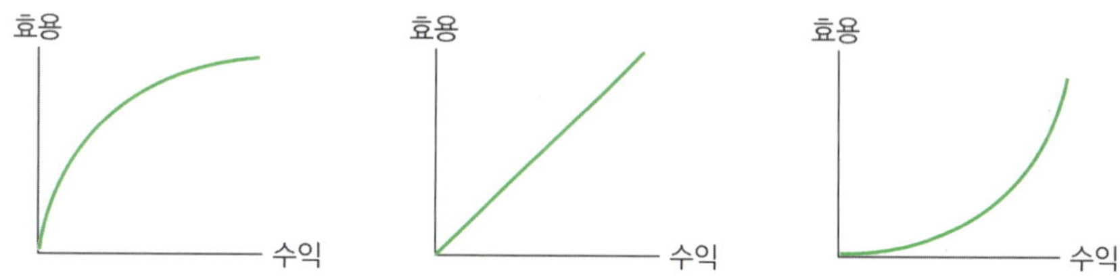

(A) 위험회피형 (B) 위험중립형 (C) 위험선호형

[그림 3-5]의 패널 (A)와 같이 원점에 대해 오목한(concave) 효용함수가 위험회피형 투자자의 선호체계를 표현하는 함수가 될 수 있는 이유는 다음과 같다. 예를 들어 어떤 투자자가 [표 3-1]과 같은 효용함수를 갖고 있다고 가정해보자. 이 효용함수는 투자자의 미래 수익 또는 부가 1이면 효용은 0, 수익이 2이면 효용은 0.69, 수익이 3이면 효용은 1.10임을 나타낸다. 한계효용은 수익이 1단위 증가할 때 따라서 증가하는 효용의 크기를 의미한다.

표 3-1 | 위험회피형 투자자의 효용함수의 예

수익	효용	한계효용
1	0	
2	0.69	0.69
3	1.10	0.41
4	1.39	0.29
5	1.61	0.22
⋮	⋮	⋮
100	4.61	

이 투자자가 확정된 2의 수익을 제공하는 무위험자산에 투자하는 경우와 확률 1/2로 1의 수익 그리고 확률 1/2로 3의 수익을 제공할 것으로 예상되는 위험자산에 투자하는 경우를 비교해보자. 먼저 2의 확정적인 수익을 제공하는 무위험투자의 효용은 $U(2) = 0.69$이다. 위험자산에 투자하는 경우, 투자자의 효용은 불확실성에 노출되어 있으므로 투자효용의 기대값인 **기대효용(expected utility)**으로 측정되어야 한다. 이 기대효용은 $\frac{1}{2}\times U(1)+\frac{1}{2}\times U(3)=\frac{1}{2}\times 0+\frac{1}{2}\times 1.10=0.55$이다. 위험자산의 기대수익도 무위험자산과 같은 $\frac{1}{2}\times 1+\frac{1}{2}\times 3=2$이므로 이 투자자는 동일한 기대수익을 가져다주는 투자들 중에서 상대적으로 낮은 위험을 가진 자산으로부터 더 높은 효용을 얻는다는 것을 알 수 있다. 일반적으로 원점에 대해 오목한 효용함수는 위험회피형 투자자의 선호체계를 표현할 수 있는 수학적 도구가 될 수 있다.

한편 위험중립형 투자자의 효용함수는 [그림 3-5] 패널 (B)와 같이 투자수익 또는 부에 대해 선형(linear)함수이다. 마지막으로 위험선호형 투자자의 효용함수는 [그림 3-5] 패널 (C)와 같이 원점에 대해서 볼록한(convex) 형태이다.

수학적으로 효용함수의 오목한 형태는 다음과 같이 제2차 편도함수가 음수라는 조건에 상응한다.

$$U''(W) = \partial^2 U/\partial W^2 < 0 \qquad [3\text{–}3]$$

참고로 오목한 효용함수는 [표 3-1]과 같이 한계효용이 점차로 감소하는 **한계효용 체감(diminishing marginal utility)**이라는 매우 중요한 특성을 포함한다. 한계효용은 경제주체가 추가적인 1단위의 소비 또는 재산으로부터 얻는 효용이다. 만약 투자자가 부유할수록 추가적으로 벌어들이는 1원의 효용이 작으면, 투자의 한계효용은 체감한다고 할 수 있다. 예를 들어 10억원은 가난한 사람의 경우에는 삶의 질을 바꿀 수 있을 정도로 큰 금액이다. 그러나 이 사람이 큰 재산을 모은 후 10억원을 더 버는 것은 삶에 큰 변화를 가져오지 않는 상대적으로 작은 영향을 미치는 추가적 수입이다.

실무에서 빈번히 사용되는 오목한 효용함수의 예는 다음과 같은 로그함수가 있다.

$$U(W) = \ln(W) \quad [3\text{–}4]$$

실제로 [표 3-1]은 이 효용함수에 의해 만들어졌다. [표 3-1]에서 보는 것처럼 투자자의 부가 증가하면 효용도 증가하므로 [식 3-2]가 의미하는 효용함수의 단조 증가성을 충족한다. 또한 부가 1단위씩 더 증가할 때 효용의 증가분, 즉 한계효용은 점점 감소하는 오목한 형태를 갖고 있기 때문에 [식 3-3]을 충족하면서 위험회피적 태도를 나타낼 수 있다. [그림 3-6]은 이 효용함수를 그래프로 표현한다.

그림 3-6 위험회피형 효용함수의 예

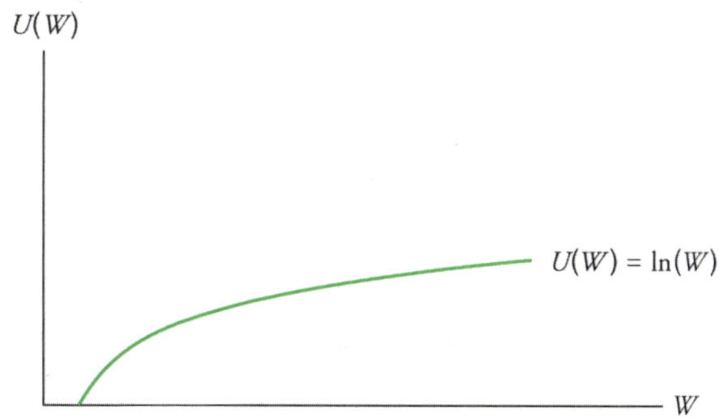

또한 실무에서는 위험자산의 효용을 평가하기 위해 [식 3-1]과 같은 형태의 효용함수 대신 더 편리하게 위험자산의 측정된 기대수익률과 위험으로부터 바로 기대효용을 계산하는 방법이 사용되기도 한다. 예를 들어 [식 3-5]의 효용함수 u는 위험자산의 기대수익률과 표준편차로부터 기대효용을 계산할 수 있는 함수이다. 즉 우리에게 익숙한 기대수익률-표준편차 평면 위의 점으로 표시되는 자산의 투자효용을 알려준다.

$$u = E(R) - \frac{1}{2}A \cdot \sigma^2 \quad [3\text{–}5]$$

여기에서 A는 투자자의 위험회피(risk aversion)성향을 나타내는 계수이다. 투자자의 위험회피도가 높을수록, 즉 위험수용도가 낮을수록 위험회피계수는 더 크다.

예를 들어 세 종목의 주식 S_1, S_2 그리고 S_3의 기대수익률과 표준편차가 [표 3-2]와 같다고 가정하자. 이때 위험회피계수 $A = 1$을 가정하면, 이 주식들의 투자효용은 아래 표의 마지막 열과 같다.

표 3-2 효용함수의 예($A = 1$)

주식	기대수익률(%)	표준편차(%)	효용
S_1	10	2	8
S_2	13	3	8.5
S_3	16	4	8

예제 3-2 투자의 효용함수

투자의 효용함수는 무엇을 말하는가?

풀이

어떤 투자의 경제적 가치가 투자자의 행복에 얼마나 기여하는지를 표현하는 수식이 투자의 효용함수이다. 평균-분산모형에서 투자의 효용은 기대수익과 위험(표준편차)에 의존한다.

예제 3-3 투자의 기대효용

[표 3-2]에서 위험회피계수 $A = 2$를 가정하여, 자산들의 기대효용을 계산하시오.

풀이

[식 3-5]에 $A = 2$를 대입하면, $u = E(R) - \sigma^2$이다. 따라서 주식 S_1의 기대효용은 $u_1 = 10 - \frac{1}{2}(2) \times 2^2 = 6$, 주식 S_2의 기대효용은 $u_2 = 13 - \frac{1}{2}(2) \times 3^2 = 4$, 주식 S_3의 기대효용은 $u_3 = 16 - \frac{1}{2}(2) \times 4^2 = 0$이다.

3.2.2 투자의 무차별곡선

투자의 **무차별곡선(indifference curve)**은 무차별한(동일한) 수준의 효용을 제공하는 기대수익률−표준편차의 조합들을 연결한 곡선으로 자산의 기대수익률과 표준편차에 의해 결정되는 효용함수값을 기대수익률−표준편차 평면에 표현하기 위한 수단이다.

[그림 3−7]은 위험회피형 투자자의 전형적인 무차별곡선들을 나타낸다. 여기에서 포트폴리오 P와 O는 동일한 무차별곡선 I_1에 포함되어 있으므로 투자자는 포트폴리오 P와 O로부터 각각 같은 효용을 얻는다. 즉 포트폴리오 P와 O는 무차별하다. 또한 지배원리에 의해 포트폴리오 Q는 명백하게 P보다 낮은 효용을 제공한다. 따라서 무차별 곡선 I_1에 포함된 모든 점들은 무차별곡선 I_2에 포함된 어떤 점보다 선호된다. 즉 어떤 무차별곡선을 기준으로, 왼쪽 윗부분에 존재하는 무차별곡선은 더 높은 효용을 제공하는 기대수익−표준편차의 조합들이다.

그림 3−7 위험회피형 투자자의 무차별곡선

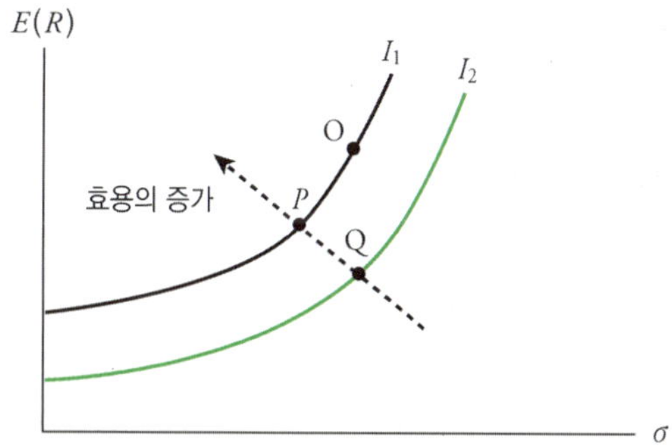

또한 무차별곡선의 기울기는 투자자의 위험에 대한 태도에 관해 더 상세한 정보를 제공한다. [그림 3−8]의 투자자 A와 B는 모두 위험회피형 투자자이다. 그러나 이들의 위험에 대한 태도는 미세하게 다르다. 투자자 A의 무차별곡선에서 동일한 효용을 제공하는 두 포트폴리오 P와 P_A를 생각해보자. P_A는 P에 비해 위험은 $\sigma_{P_A}-\sigma_P$만큼 그리고 기대수익은 $E(R_{P_A})-E(R_P)$만큼 더 높다. 즉 투자의 표준편차 1단위 증가의 대가로 A는 $\frac{E(R_{P_A})-E(R_P)}{\sigma_{P_A}-\sigma_P}$만큼의 추가적 기대수익을 요구한다. 비슷하게 P와 P_B는 각각 투자자 B에게 동일한 효용을 제공한다. 여기에서 투자자 B는 표준편차 1단위 증가의 대가로 $\frac{E(R_{P_B})-E(R_P)}{\sigma_{P_B}-\sigma_P}$만큼의 기대수익 상승을 요구한다. $\frac{E(R_{P_A})-E(R_P)}{\sigma_{P_A}-\sigma_P} > \frac{E(R_{P_B})-E(R_P)}{\sigma_{P_B}-\sigma_P}$이기 때문에 A는 B보다 동일한 위험상승에 대한 보상으로서 더 많은 추가적 기대수익을 요구한다. 따라서 투자자 A는 B보다 더 높은 위험회피도(risk aversion)를 갖고 있다. 또는 투자자 A의 위험수용도(risk tolerance)는 투자자 B보다 낮다.

▌그림 3-8 ▌무차별곡선의 기울기와 위험회피도

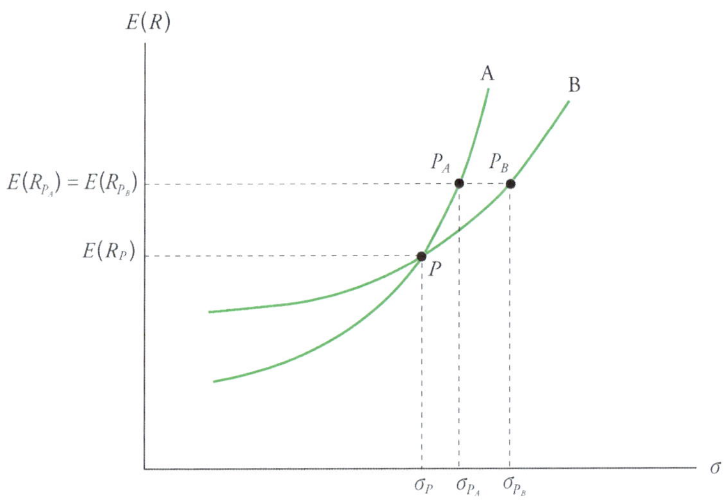

예제 3-4 투자의 무차별곡선

[표 3-2]의 주식 S_1을 포함하는 무차별곡선을 그려보시오. 먼저 투자자의 위험회피계수가 $A=1$인 경우를 가정하고 무차별곡선을 그리고, 다음에는 위험회피계수 $A=2$를 가정하고 무차별곡선을 그려보시오.

▌풀이▌

주식 S_1의 기대효용을 계산하면 다음과 같다.

주식	기대수익률(%)	표준편차(%)	기대효용($A=1$)	기대휴용($A=2$)
S_1	10	2	8	6

이 주식을 포함하는 무차별곡선들은 다음과 같다. 그림과 같이 투자자의 위험회피계수가 더 클수록 무차별곡선의 기울기는 상승한다. 이는 위험회피성향이 더 높으면, 동일한 위험에 대해 더 많은 보상을 원하기 때문이다.

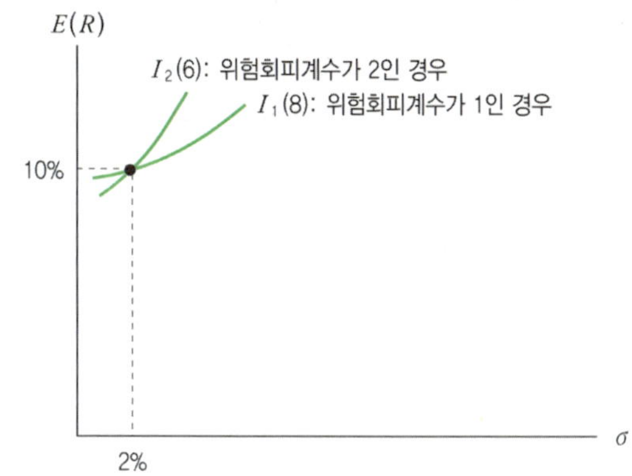

3.2.3 무차별곡선과 투자선택

이제 평균-표준편차 평면의 무차별곡선을 이용하여 투자선택과정을 살펴보자. [표 3-3]의 세 주식을 고려해보자. 먼저 이 주식들에 대한 투자자의 상대적 선호는 효용함수 없이 지배원리만으로 결정될 수 없음을 알 수 있다. 따라서 투자선택은 효용함수를 표현하는 무차별곡선에 의해 분석될 수 있다.

두 투자자 A와 B가 있다고 가정하자. 위험회피계수가 상대적으로 높은($A = 2$) 보수적 투자자를 A, 상대적으로 낮은 위험회피계수($A = 1$)를 가진 적극적 투자자를 B라고 표시하자. 이들이 각각 세 주식으로부터 얻을 수 있는 효용은 다음과 같다.

표 3-3 ▌ 위험회피계수와 기대효용

주식	기대수익률(%)	표준편차(%)	A의 효용	B의 효용
S_1	10	2	6	8
S_2	13	3	4	8.5
S_3	16	4	0	8

[그림 3-9]는 두 투자자의 무차별곡선들을 기대수익률-표준편차 평면에 표시한다. 투자자 A는 주식 S_1, S_2, S_3 순으로 선호한다. 따라서 A의 무차별곡선들 중에서 주식 S_1은 가장 높은 효용수준의 곡선에 있고, S_2는 그 다음, 마지막으로 S_3은 가장 낮은 효용수준의 무차별곡선에 있다. 대조적으로 투자자 B는 주식 S_2를 선호하고, S_1과 S_3에 대해 무차별하다. 따라서 주식 S_2는 높은 위치의 무차별곡선에 있고, S_1과 S_3은 상대적으로 낮은 위치의 동일한 무차별곡선에 있다.

그림 3-9 무차별곡선에 의한 투자선택

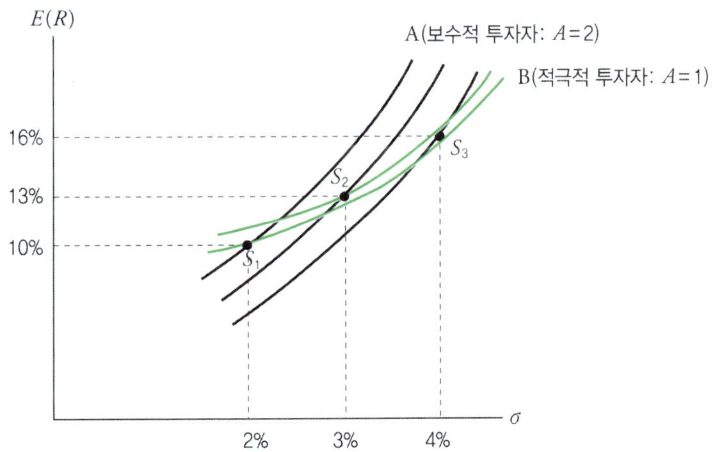

예제 3-5 무차별곡선의 특성

한 투자자의 무차별곡선들은 결코 서로 교차하지 않는다. 그림을 이용하여 그 이유를 설명해보시오.

풀이

이 명제는 만약 한 투자자의 무차별곡선들이 교차하면 모순이 존재함을 보임으로써 증명될 수 있다. 다음 그림처럼 어떤 투자자의 무차별곡선 I_1과 I_2가 P에서 교차한다고 가정해보자. 이때 P_1와 P는 동일한 무차별곡선에 있으므로 같은 기대효용을 갖는다. 또한 P_2와 P는 동일한 무차별곡선에 있으므로 같은 기대효용을 갖는다. 따라서 P_1, P 그리고 P_2는 같은 기대효용을 갖는다. 그러나 P_1는 P_2와 동일한 기대수익률 그러나 더 작은 위험을 갖고 있으므로 지배원리에 의해 P_1는 P_2보다 높은 기대효용을 가져야 한다. 따라서 모순이 존재한다. 결국 한 투자자의 무차별곡선이 서로 교차하는 것은 있을 수 없다.

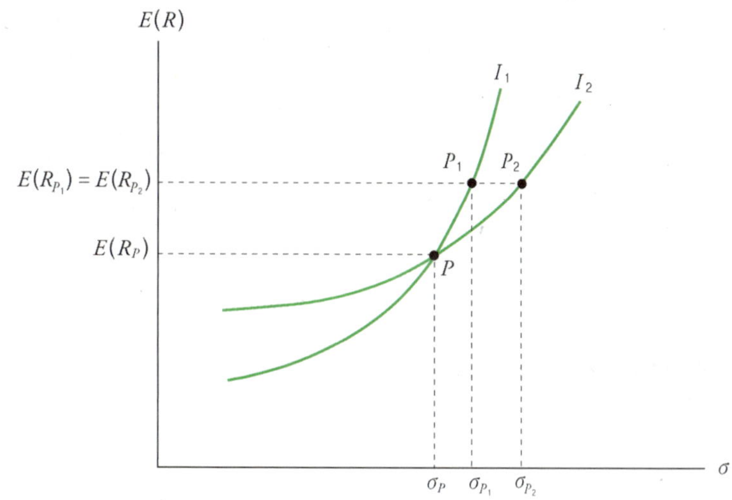

3.3 최적 포트폴리오의 선택

제2장은 자본시장선(CML)이 무위험자산과 위험자산들을 모두 포함하는 확장된 효율적 프런티어(efficient frontier) 역할을 하고, 투자자는 궁극적으로 자본시장선의 한 점을 선택한다는 것을 설명했다. 최적 포트폴리오의 선택과정에서 접점 포트폴리오 T는 투자자의 선호와 무관하게 정해진다. 다음으로 투자자는 자신의 효용에 기초하여, 무위험자산과 접점 포트폴리오를 연결하는 자본시장선에서 자본배분을 선택한다. 따라서 투자자의 최적 포트폴리오에서 무위험자산을 제외하고 나머지 위험자산들만을 고려하면, 항상 접점 포트폴리오 T와 동일한 구성을 가진 포트폴리오를 갖는다. 즉 투자자는 자신의 선호에 무관하게 항상 동일한 자산별 투자비중을 가진 위험자산 포트폴리오 T에 투자한다.

모든 투자자가 동일하게 위험자산의 포트폴리오로 포트폴리오 T를 선택하므로 결국 시장의 위험자산에 대한 전체적 수요도 포트폴리오 T와 일치한다. 따라서 자산의 수요와 공급이 일치하는 상태인 균형(equilibrium)에서 시장에 존재하는 모든 위험자산의 구성은 포트폴리오 T와 같다. 결국 접점 포트폴리오 T는 시장 포트폴리오(market portfolio)로 불린다.

이는 [그림 3-10]과 같이 지배원리에 의해 설명될 수 있다. 여기에서 무위험자산과 효율적 프런티어에 있는 위험 포트폴리오의 결합을 나타내는 직선인 **자본배분선(capital allocation line: CAL)**이 무수히 많이 존재한다. 그러나 예를 들어 무위험자산과 포트폴리오 A를 결합한 자본배분선인 CAL(A)는 무위험자산과 포트폴리오 B의 결합인 CAL(B)에 의해 지배당한다. 이것은 CAL(B)가 CAL(A)보다 같은 위험수준에서 더 높은 기대수익률을 제공하기 때문이다. 비슷하게 더 가파른 기울기를 가진 자본배분선은 동일한 위험수준에서 더 높은 기대수익률을 제공하는 자본배분을 나타낸다. 포트폴리오 M은 효율적 프런티어에 접하는 자본배분을 나타내는 경우로, 이 경우에 자본배분선은 자본시장선이 된다. 즉 가장 높은 기울기를 갖는 자본배분선이 자본시장선이다. 자본시장선과 효율적 투자선의 접점을 **시장 포트폴리오(market portfolio)**라고 한다.

그림 3-10 자본시장선과 지배원리

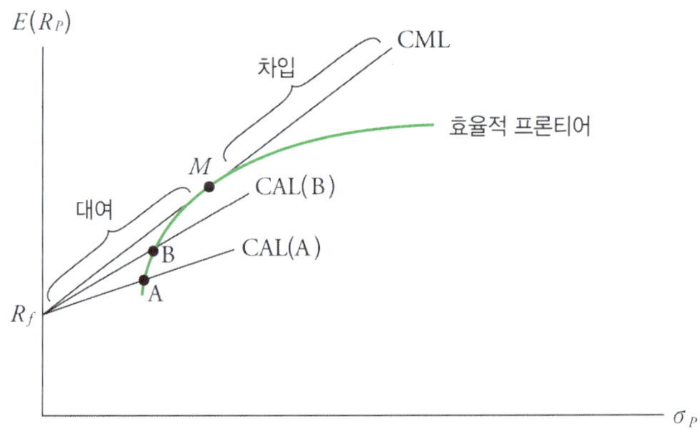

투자자는 자신의 위험선호도와 관계없이 가장 효율적인 자본배분선인 자본시장선상에서 투자자를 선택하게 된다. 투자자가 자본시장선을 따라 차입(borrowing)과 대여(lending)가 가능하다고 가정하면, 자본시장선 가운데 포트폴리오 M의 아래(왼쪽)에 있는 부분은 투자자가 위험자산인 M에 자금의 일부를 투자하고 나머지는 무위험자산에 투자하는 것(무위험수익률로 대여)을 의미한다. 한편 M의 위(오른쪽)에 있는 부분은 무위험수익률로 자금을 빌려서 위험자산 M에 추가로 투자하는 것을 의미한다. 투자자는 자본시장선상의 어느 점을 선택할 것인지 결정하게 된다.

다시 말해 투자자는 먼저 위험자산의 최적 포트폴리오로 시장 포트폴리오 M을 선택하고, 다음으로 자신의 위험회피도를 고려하여 무위험자산과 시장 포트폴리오에 대해 자본배분한다. 토빈(Tobin, 1958)은 **분리정리(separation theorem)**는 투자결정과정이 이렇게 두 단계로 나누어질 수 있음을 가리킨다.

자본시장선 위에서 특정한 포트폴리오가 선택되는 과정은 무차별곡선에 의해 설명될 수 있다. [그림 3-11]은 상대적으로 높은 위험회피도를 가진 투자자 A의 무차별곡선들, 덜 위험회피적인 투자자 B의 무차별곡선들, 자본시장선을 나타낸다. 여기에서 투자자는 각각 자본시장선 위에 있으면서 가장 높은 무차별곡선에 도달하는 점을 최적 포트폴리오로 선택한다. 그림에서 투자자 A의 최적 선택은 무위험자산과 접점 포트폴리오 T 사이에서 자본을 배분하는 대여 포트폴리오 L이다. 투자자 B는 차입한 자금을 초기 투자금액에 더함으로써 T에 투자하는 차입 포트폴리오 B를 선택한다.

그림 3-11 최적 포트폴리오의 선택

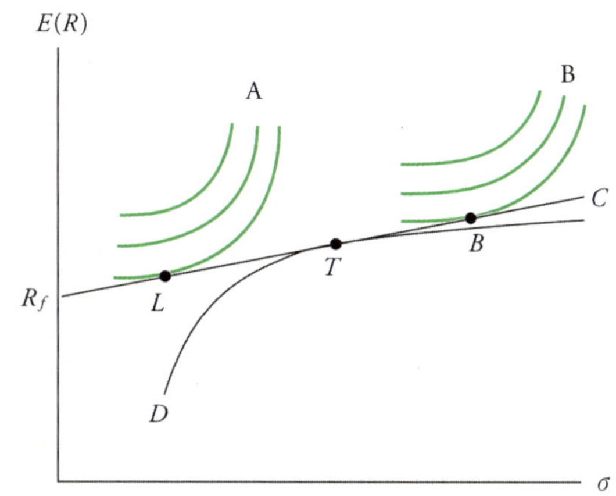

투자 이야기 인덱스펀드(Index Fund) 혁명

토빈(Tobin)의 분리정리는 투자자는 최적 포트폴리오를 달성하기 위해 무위험자산과 시장 포트폴리오(통상적으로 주가지수를 추종하는 지수펀드로 구현됨) 사이의 비중만 결정하면 된다는 것이다. 이 이론은 펀드매니저의 전문적 능력을 앞세우고 그에 따른 높은 운용수수료를 받는 것을 당연하게 생각했던 당시의 자산운용업계에 상당한 충격을 주었다. 펀드매니저의 일은 단순히 주가지수를 추종하는 것으로 충분하며, 따라서 많은 수수료를 받아야 할 이유가 사라지기 때문이다.

실제로 존 보글(John C. Bogle)은 자산운용사 뱅가드(Vanguard)를 설립하고, 1975년에 최초로 인덱스펀드를 출시하였다. 인덱스펀드의 성공으로 뱅가드는 세계 최대규모의 운용사로 성장하였다. 소극적으로 지수를 추종하는 전략과 대비되는 액티브(active) 포트폴리오 운용을 추구하는 펀드매니저들은 왜 자신의 투자기법이 지수펀드보다 뛰어난지 설명해야 했고, 실제로 더 높은 수수료를 정당화할 수 있는 뛰어난 성과를 내야만 생존할 수 있게 되었다. 역설적으로 액티브펀드를 부정하는 인덱스펀드 혁명이 일어났기 때문에 액티브펀드 매니저들이 단련되고 이에 따라 자산운용기법이 더 발전했다고 할 수 있을 것이다.

펀드업계의 양대 패밀리는 보스턴의 피델리티 인베스트먼트(Fidelity Investment)와 필라델피아의 뱅가드 그룹(Vanguard Group)이다. 1980년대 펀드업계의 상징이며 피델리티의 주력 펀드인 마젤란펀드의 매니저 피터 린치(Peter Lynch)의 은퇴 이후, 뱅가드의 회장 존 보글은 2000년 초에 피델리티를 앞질렀다. 인덱스펀드를 소개한 보글은 "주가는 그때 당시의 모든 시장정보를 반영해 형성되므로 독자적으로 주가를 예측해 매매하려는 것은 무모하다"고 주장한다. 뱅가드는 광고도 거의 하지 않는데, 최대한의 이익을 투자자에게 돌린다는 보글의 철학 때문이다.

물론 지금도 액티브펀드는 없어지지 않았다. 그러나 인덱스펀드 혁명 후의 액티브펀드 매니저는 이전처럼 그저 막연하게 운용하거나 포트폴리오이론을 탁상공론으로 치부하는 것이 불가능하게 되었다. 자신의 투자기법이 왜 인덱스펀드보다 뛰어난지, 왜 높은 수수료를 수취하고 있는지를 합리적으로 설명하지 못하면 자신의 존재의미를 나타낼 수 없게 된 것이다.

3장 연 습 문 제

※ [1~2] 제2장의 연습문제 4번에 제시되었던 다음 세 개의 투자안에 관한 질문에 답하시오.

투자안	경제상태별 수익률		
	호경기(확률: 1/4)	보통(확률: 1/2)	불경기(확률: 1/4)
투자안 A	25%	15%	5%
투자안 B	30%	15%	0%
투자안 C	10%	10%	10%

01 투자안 A와 투자안 B의 지배관계에 대해 설명하시오.

02 투자안 A와 투자안 C의 지배관계에 대해 설명하시오.

03 다음 보기 중 가장 효율적인 주식은 무엇인가?

주식	수익률	표준편차
S_1	8%	10%
S_2	9%	9%
S_3	9%	10%
S_4	10%	9%

① S_1 ② S_2 ③ S_3 ④ S_4

04 주식 S_1, S_2, S_3, S_4의 기대수익률과 표준편차는 다음과 같다. 기대수익률-위험 평면에 이 주식들을 표시하고, 지배원리에 의해 우열을 판단하시오.

주식	기대수익률	표준편차
S_1	15%	25%
S_2	20%	25%
S_3	25%	20%
S_4	25%	15%

05 투자자의 위험에 대한 태도를 세 형태로 분류하시오.

06 일반적으로 거의 모든 경제주체는 위험회피형이다. 다만, 일시적으로 위험중립적 또는 위험선호적으로 행동할 가능성은 있다. 예를 들어 [예제 3-1]에서 연봉의 단위를 천만원 대신 천억원으로 바꾸어 문제를 다시 생각해보자.

07 다음은 위험에 대한 투자자의 태도에 관한 설명이다. 옳지 않은 것은?

① 위험에 대한 투자자의 태도에 따라 효용함수는 다르게 나타난다.
② 위험회피형 투자자의 효용함수는 (원점을 향해) 오목한 형태를 가진다.
③ 이성적인 투자자는 위험중립적인 태도를 갖는다.
④ 위험선호형 투자자는 동일한 기대수익을 가져오는 투자안 중 위험이 큰 투자안을 선택한다.

08 다음 위험회피형 투자자에 대한 설명 가운데 옳지 않은 것은 무엇인가?

① 위험회피형 투자자라고 해서 무위험자산만을 선호하는 것은 아니다.
② 위험회피형 투자자의 효용함수는 원점에 대하여 볼록하다.
③ 위험회피형 투자자는 양(+)의 위험보상을 제공하는 위험자산에 투자한다.
④ 위험회피형 투자자의 선호는 양(+)의 기울기를 갖는 무차별곡선에 의해 표현된다.

09 위험중립형 투자자에 관한 설명으로 옳은 것은?

① 수익이 불확실할수록 기대효용이 증가한다.
② 모든 자산에 대하여 무위험수익률과 같은 크기의 기대수익률을 요구한다.
③ 위험이 클수록 기대효용이 작아진다.
④ 한계효용이 체감한다.

10 투자의 한계효용 체감 법칙을 설명하시오.

11 투자의 한계효용 체감 법칙을 따르는 효용함수의 수학적 특성을 설명하시오.

12 어떤 투자의 경제적 가치가 투자자의 행복에 얼마나 기여하는지 표현하는 수식(㉠)은 무엇인가? 그리고 동일한 수준의 행복을 제공하는 기대수익률-위험의 조합들을 나타내는 그래프(㉡)는 무엇인가?

① ㉠ 무차별곡선; ㉡ 효용함수 ② ㉠ 무차별곡선; ㉡ 효율적 프런티어

③ ㉠ 효용함수; ㉡ 효율적 프런티어　　④ ㉠ 효용함수; ㉡ 무차별곡선

13 위험회피형 투자자의 위험회피계수와 무차별곡선 기울기의 관계를 설명하시오.

14 평균-분산모형의 지배원리의 한계를 설명하고, 이 문제의 해결방법을 제시하시오.

15 어떤 투자안의 상태(A, B, C)별 확률, 현금흐름, 효용이 다음과 같다. 기대효용을 계산하시오.

상태	A	B	C
확률	0.3	0.4	0.3
현금흐름	100	400	700
효용	20	73	105

① 61.2　　② 66.7
③ 72.4　　④ 78.3

※ [16~18] **다음 자료에 기초하여 물음에 답하시오.**

투자자의 효용함수는 $U = E(R) - \frac{1}{2}A\sigma^2$**이라고 가정하시오.**

주식	기대수익률	표준편차
S_1	8%	15%
S_2	9%	16%
S_3	10%	22%
S_4	11%	24%

16 투자자의 위험회피계수가 $A = -2$이면, 어떤 주식을 가장 선호하겠는가?

① 주식 S_1　　② 주식 S_2
③ 주식 S_3　　④ 주식 S_4

17 투자자의 위험회피계수가 $A = 2$이면, 어떤 주식을 가장 선호하겠는가?

① 주식 S_1　　② 주식 S_2
③ 주식 S_3　　④ 주식 S_4

18 투자자가 위험중립형이면, 어떤 주식을 가장 선호하겠는가?

① 주식 S_1　　② 주식 S_2

③ 주식 S_3　　④ 주식 S_4

19 투자자가 위험자산에만 투자할 때에 비교하여, 무위험자산에도 투자할 수 있을 때 최적 포트폴리오는 어떻게 다른지 설명하시오.

20 토빈의 분리정리를 설명하시오.

연습문제 풀이

01 주식 A와 B는 같은 기대수익을 갖고 있고 주식 A는 더 낮은 위험을 갖고 있으므로 주식 A가 B를 지배한다.

03 ④ 지배원리에 의해 가장 효율적인 증권은 주식 S_4이다.

05 투자자의 위험에 대한 태도는 크게 위험회피형, 위험중립형, 위험선호형으로 구분된다. 첫째, 위험회피형 투자자는 위험을 싫어한다. 즉 만약 다른 조건들이 동일하면, 투자의 위험이 클수록 투자자의 효용은 감소한다. 또는 이런 투자자로 하여금 위험을 수용하도록 만들려면, 더 높은 기대수익을 제공해야 한다. 둘째, 위험중립형 투자자의 효용은 위험에 의해 영향받지 않는다. 다시 말해, 이런 투자자는 단지 투자의 기대수익률에 대해서만 관심을 갖는다. 셋째, 위험선호형 투자자는 만약 다른 조건들이 동일하면, 더 큰 위험을 가진 투자를 선호한다. 따라서 이런 투자자의 효용은 기대수익과 위험 모두의 증가함수이다.

07 ③

09 ②

11 투자자의 효용은 당연하게 투자자의 부가 증가할수록 상승한다. 따라서 $U'(W) = dU/dW > 0$이 성립해야 한다. 여기에서 U는 효용함수, W는 투자자의 부이다. 추가하여 투자의 한계효용 체감 법칙은 $U''(W) = d^2U/dW^2 < 0$으로 표현된다.

13 위험회피형 투자자의 위험회피계수가 높을수록 위험증가를 상쇄하는 데 필요한 추가적 기대수익 요구는 높다. 따라서 무차별곡선의 기울기는 더 가파르다. 즉 기울기(절대값)는 증가한다.

15 ② 투자안 A의 기대효용 $= U(100) \times 0.3 + U(400) \times 0.4 + U(700) \times 0.3$

$= 20 \times 0.3 + 73 \times 0.4 + 105 \times 0.3 = 66.7$

17 ② 각 주식의 효용은 다음과 같으므로 투자자는 가장 높은 효용을 가진 A를 선택할 것이다.

주식	$A=2$
S_1	0.0575
S_2	0.0644
S_3	0.0516
S_4	0.0524

19 위험자산만으로 구성된 포트폴리오에서, 최적 포트폴리오는 무차별곡선이 효율적 프런티어에 접하는 점이다. 한편 위험자산과 무위험자산을 모두 포함하는 포트폴리오에서, 최적 포트폴리오는 무차별곡선이 접점 포트폴리오를 포함하는 자본배분선에 접하는 점이다. 그러나 두 경우 모두에서 위험자산들 사이의 상대적 투자비중은 동일하고, 특히 접점 포트폴리오의 구성비율과 일치한다.

4장 자본자산가격결정모형, 차익거래가격결정이론, 다요인모형

투자자는 투자의 위험이 클수록 더 높은 수익률을 요구하고, 위험에 합당한 수익률을 제공하지 못하는 자산은 시장에서 자연스럽게 가격조정을 받는다. 따라서 투자에 요구되는 기대수익률은 위험이 클수록 증가하는 함수로 표현할 수 있으며, **요구수익률(required return)**로 불린다.[1]

만약 어떤 투자상품의 내포된 위험에 비해 그 기대수익률이 높다면, 우리는 이 투자로부터 '정상적'인 수익률을 초과하는 이익을 기대하게 된다. 즉 순편익을 제공하는 투자기회를 갖는다. 따라서 어떤 투자기회의 가치를 판단하려면, 우선 내포된 위험에 합당한 정상적 기대수익률을 추정하는 것이 매우 중요하다. 이 장에서는 투자의 정상적 기대수익률 또는 요구수익률을 추정하는 도구인 자산가격결정모형(asset pricing model)으로 자본자산가격결정모형과 차익거래가격결정이론을 학습한다.

4.1 체계적 위험과 시장 포트폴리오

4.1.1 분산투자와 체계적 위험

우리는 제2장에서 분산투자를 통해 투자의 위험을 감소시킬 수 있음을 보았다. 이는 투자의 위험을 반영한 요구수익률을 결정하는 데 어려움을 초래한다. 왜냐하면 어떤 자

1 요구수익률은 필요수익률로 표현되기도 한다.

산의 요구수익률에 반영되어야 할 위험이 이 자산이 어떻게 다른 자산들과 포트폴리오를 이루고 있는지에 따라 달라지기 때문이다.

[그림 4-1]은 포트폴리오의 분산투자효과를 나타낸다. 이 그래프는 투자의 표준편차는 포트폴리오가 더 광범위한 자산들에 분산될수록 감소한다는 것을 보여준다. 그러나 포트폴리오가 더 광범위하게 분산될수록, 새로운 자산이 포트폴리오에 추가되면서 발생하는 한계적 위험감소효과는 작아진다. 궁극적으로 자산들의 상관계수가 모두 −1일 가능성은 거의 없으므로 포트폴리오의 표준편차는 0보다 큰 어떤 수준 이하로 내려가지 않는다.

이때 분산투자에 의해 사라지는 위험은 분산가능위험(diversifiable risk), 분산투자에 의해 제거되지 않고 남는 위험은 분산불가능위험(undiversifiable risk)이라고 불린다. 분산가능위험은 일부 자산만 노출된 위험으로, 포트폴리오 안에서 그 자산의 투자비중이 작아질수록 영향이 감소하여 궁극적으로는 사라진다. 대조적으로 분산불가능위험은 모든 자산이 노출된 위험이다. 이 위험은 모든 자산에 대해 영향을 미치기 때문에 각 자산의 투자비중이 하락해도 없어지지 않는다. 모든 자산에 영향을 미치는 위험요인은 전체 시장에 영향을 미치는 거시적 위험일 것이므로, 분산불가능위험은 **시장위험(market risk)** 또는 **체계적 위험(systematic risk)**으로도 불린다. 한편 분산가능위험은 자산의 **특유위험(specific risk)** 또는 **비체계적 위험(unsystematic risk)**으로도 불린다.

그림 4-1 ▌분산투자와 체계적 위험

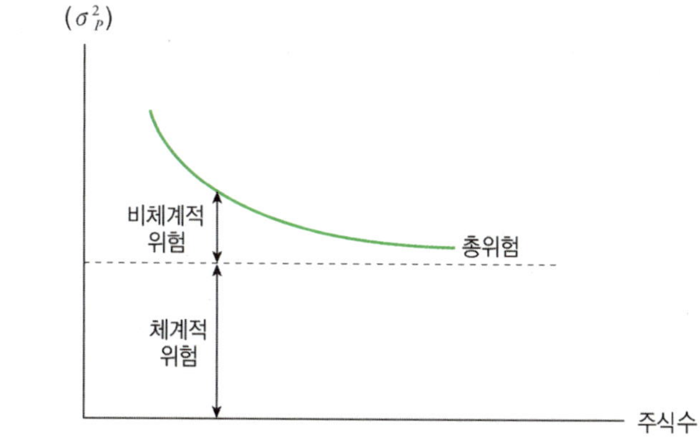

결국 위험은 체계적 위험과 비체계적 위험으로 구분될 수 있다. 체계적 위험은 시장의 움직임과 관련되어 있기 때문에 개별 기업이 피할 수 없는 위험이다. 비체계적 위험은 시장의 움직임과 관계없이 개별 자산의 특성으로 인해 발생하는 위험으로 해당 자산만 관련된 고유위험이다.

4.1.2 시장 포트폴리오와 시장모형

시장 포트폴리오(market portfolio)는 모든 위험자산을 포함하기 때문에 완전히 분산된 포트폴리오라고 할 수 있다. 이는 모든 위험자산의 특유위험 혹은 비체계적 위험이 분산되어 사라진다는 뜻이다. 따라서 시장 포트폴리오에는 거시경제적인 움직임에 의한 영향을 뜻하는 체계적 위험만 남는다.

모든 개별 자산은 M으로 표시되는 시장 포트폴리오의 일부이다. 따라서 자산 i의 기간 t의 수익률($R_{i,t}$)은 시장 포트폴리오의 기간 t의 수익률($R_{M,t}$)의 함수임을 의미하는 시장모형으로 표현될 수 있다.

$$R_{i,t} = \alpha_i + \beta_i R_{M,t} + \epsilon_{i,t} \qquad [4\text{–}1]$$

여기에서 α_i와 β_i는 자산 i 고유의 상수, ϵ_i는 R_i의 변동 가운데 R_M의 움직임에 설명되지 않는 확률적인 오차(error)항이며 자산 i의 특유위험을 나타낸다.

따라서 자산 i 수익률의 분산은 다음과 같다.

$$\begin{aligned}
\sigma_i^2 &= \mathrm{Var}(R_{i,t}) \qquad [4\text{–}2]\\
&= \mathrm{Var}(\alpha_i + \beta_i R_{M,t} + \epsilon_{i,t})\\
&= \mathrm{Var}(\alpha_i) + \mathrm{Var}(\beta_i R_{M,t}) + \mathrm{Var}(\epsilon_{i,t})\\
&= 0 + \mathrm{Var}(\beta_i R_{M,t}) + \mathrm{Var}(\epsilon_{i,t})\\
&= \beta_i^2 \mathrm{Var}(R_{M,t}) + \mathrm{Var}(\epsilon_{i,t})\\
&= \beta_i^2 \sigma_M^2 + \sigma_{\epsilon_i}^2
\end{aligned}$$

자산 i 수익률의 분산 가운데 $\beta_i^2\sigma_M^2$는 시장수익률의 분산에서 비롯된 부분으로, 해당 자산의 체계적 위험을 나타낸다. 모든 자산의 체계적 위험에서 σ_M^2은 공통이고, β_i는 해당 자산 특유의 거시경제적 변화에 대한 민감도를 나타낸다. 결국 자산 i의 체계적 위험은 이 민감도에 의해 측정될 수 있으며, 베타(beta)라는 이름으로 불린다. 또한 σ_ϵ^2은 시장 포트폴리오와 관련 없는 자산 i 수익률의 잔차 분산으로 비체계적 위험을 나타낸다. 어떤 자산의 베타는 회귀분석(regression analysis)을 통해 해당 자산과 시장 포트폴리오의 공분산을 시장 포트폴리오의 분산으로 나눈 비율로 추정될 수 있다.

$$\beta_i = \frac{\sigma_{iM}}{\sigma_M^2} \qquad [4\text{–}3]$$

이제 개별 자산의 위험을 포트폴리오 위험으로 확대해보자. 포트폴리오 수익률의 분산은 [식 2-11]을 이용하여 다음과 같이 표현될 수 있다.

$$\begin{aligned}
\sigma_P^2 &= \mathrm{Var}(R_P) \\
&= \mathrm{Var}\Big(\sum_{i=1}^{N} w_i(\alpha_i + \beta_i R_M + \epsilon_i)\Big) \\
&= \sum_{i=1}^{N} \mathrm{Var}(w_i(\alpha_i + \beta_i R_M + \epsilon_i)) + \sum_{i\neq j}^{N} \mathrm{Cov}(w_i(\alpha_i + \beta_i R_M + \epsilon_i), w_j(\alpha_j + \beta_j R_M + \epsilon_j)) \\
&= \sum_{i=1}^{N} w_i^2\beta_i^2 \mathrm{Var}(R_M) + \sum_{i=1}^{N} w_i^2\beta_i^2 \mathrm{Var}(\epsilon_i) + \sum_{i\neq j}^{N} w_i w_j \beta_i \beta_j \mathrm{Var}(R_M) \\
&= \Big(\sum_{i=1}^{N} w_i \beta_i \sigma_M\Big)^2 + \sum_{i=1}^{N} w_i^2 \beta_i^2 \sigma_\epsilon^2
\end{aligned}$$

포트폴리오 P가 충분히 분산투자되어 있으면 N이 매우 클 것이므로 각각의 $w_i \to 0$이고 $\sum_{i=1}^{N} w_i^2 \simeq 0$이다. 따라서 다음 수식이 도출된다.

$$\sigma_P = \sum_{i=1}^{N} w_i \beta_i \sigma_M \qquad [4\text{–}4]$$

결국 포트폴리오의 위험으로 체계적 위험만 남게 되고, 이는 포트폴리오를 구성하는 자산들의 투자비중과 각 자산의 체계적 위험에 의해 결정된다. 포트폴리오의 베타 β_p는 개별 주식의 베타(β_i)의 가중평균이다.

$$\beta_P = \sum_{i=1}^{N} w_i \beta_i \qquad [4\text{–}5]$$

잘 분산된 포트폴리오에서는 별도의 비용을 들이지 않아도 비체계적 위험은 소멸하므로 시장의 거래에서 투자자들은 굳이 비체계적 위험까지 가격에 반영하지 않을 것이다. 즉 투자의 체계적 위험만 보상받을 수 있다. 자산의 정상적 기대수익률 또는 요구수익률은 체계적 위험만을 반영하고, 비체계적 위험은 고려하지 않는다.

예제 4-1 위험의 분해

주식 A($\beta_A = 1.4$)와 B($\beta_B = 0.6$)에 투자금액의 75%와 25%를 각각 투자한 포트폴리오 수익률의 표준편차가 4%이다. 시장 포트폴리오 수익률의 표준편차는 2%로 알려져 있다. 이 포트폴리오의 총위험에 대한 체계적 위험의 비율은 얼마인가?

| 풀이 |

포트폴리오 베타(β_p) = (1.4)(0.75) + (0.6)(0.25) = 1.2

포트폴리오의 체계적 위험($\beta_p^2\sigma_M^2$) = $(1.2)^2(0.02)^2$ = 0.000567

포트폴리오의 총위험(σ_p^2) = $(0.04)^2$ = 0.0016

따라서 체계적 위험/총위험 = (0.000567/0.0016) = 0.3544 = 35.44%

4.2 자본자산가격결정모형

자본자산가격결정모형(capital asset pricing model: CAPM)은 증권의 정상적 기대수익률과 위험의 관계를 나타내는 균형모형이다. 이때 위험은 분산불가능한 체계적 위험을 뜻하며 베타로 측정된다. CAPM에 따르면 어떤 자산의 기대수익률은 베타가 높을수록 증가한다.

4.2.1 CAPM의 가정과 자본시장선

샤프(Sharpe, 1964), 린트너(Lintner, 1965), 모신(Mossin, 1966) 등에 의해 개발된 CAPM은 투자이론의 고전으로 '증권의 정상적 기대수익률은 체계적 위험의 함수'라는 원리를 말한다. 이 책에서는 복잡한 수학적인 도출 대신 개념적으로 CAPM에 접근하려 한다. 그러나 모든 모형이 그렇듯이 CAPM도 실제 현실에서는 한계를 갖는 모형이라는 점도 기억되어야 한다. 우선 CAPM은 자산수익률이 정규분포를 따른다고 가정한다. 또한 다음과 같이 **완전 자본시장(perfect capital market)**이라는 비현실적인 가정을 담고 있다. CAPM은 마코위츠(Markowitz)의 포트폴리오모형을 기반으로 하여 다음 가정들을 포함한다.

① 모든 투자자는 효율적 프런티어(efficient frontier)의 접점을 추구한다.
② 투자자는 무위험이자율(risk-free rate)로 자금을 빌리거나 빌려줄 수 있다.
③ 모든 투자자는 동질적인 기대(homogeneous expectation)를 한다.
④ 모든 투자자는 1기간의 투자기간을 가진다.
⑤ 모든 투자는 무한히 분할될 수 있다. 즉, 자산이나 포트폴리오의 대단히 작은 일부분을 매매할 수 있다.
⑥ 세금이나 거래비용(transaction cost)은 존재하지 않는다.
⑦ 인플레이션이 없거나 혹은 이자율이나 인플레이션의 변동은 완전히 예상될 수 있다.
⑧ 자본시장은 균형상태이다. 즉 투자자는 위험을 적절하게 고려하여 투자결정을 한다.

CAPM의 거의 모든 가정이 현실적이지 않지만 우리는 두 가지 사항을 기억해야 한다. 첫째, 이런 가정을 완화하더라도 모형이 크게 영향받지 않는다는 점이다. 즉 가정 완화로 인해 모형의 의미와 결론이 크게 훼손되지 않는다. 둘째, 모형은 가정에 의해 평가되는 것이 아니라 실제 현상을 얼마나 잘 설명하느냐로 평가되어야 하는데, CAPM은 위험과 수익률의 관계를 설명하는 모형으로서 대단히 유용하다. 따라서 가정의 비현실성에도 불구하고 CAPM은 실무에서 널리 사용되고 있는 중요한 모형이다.

CAPM을 이해하기 위해 앞 장들에서 학습한 자본시장선을 더 자세히 살펴볼 필요가 있다. 자본시장선은 무위험자산과 효율적 프런티어 위에 있는 시장 포트폴리오 M을 결합한 자본배분선이다.

자본시장선에 있는 포트폴리오의 기대수익률과 표준편차를 구해보자. 먼저 포트폴리오의 기대수익률은 무위험수익률과 시장 포트폴리오 M 수익률의 가중평균이다. 여기에서, w_f는 무위험자산의 투자비중이다.

$$E(R_P) = w_f(R_f) + (1 - w_f)(R_M) \qquad [4\text{–}6]$$

이 포트폴리오의 분산은 $\sigma_P^2 = w_f^2\sigma_f^2 + (1-w_f)^2\sigma_M^2 + 2w_f(1-w_f)\rho_{f,M}\sigma_f\sigma_M = (1-w_f)^2\sigma_M^2$이다. 이 수식의 뒷부분은 무위험수익률의 표준편차인 σ_f 그리고 무위험수익률과 시장 포트폴리오 M 수익률의 상관계수인 $\rho_{f,M}$은 모두 0인 데 기인한다. 따라서 포트폴리오의 표준편차는 다음과 같다.

$$\sigma_p = (1 - w_f)\sigma_M \qquad [4\text{–}7]$$

즉 무위험자산을 포함하는 포트폴리오의 표준편차는 위험자산 포트폴리오의 표준편차와 그 비중의 곱이다.

이제 [식 4–6]에 [식 4–7]을 대입함으로써 자본시장선을 나타내는 수식을 얻을 수 있다.

$$\begin{aligned} E(R_p) &= w_f R_f + (1-w_f)E(R_M) + (R_f - R_f) \\ &= R_f - (1-w_f)R_f + (1-w_f)E(R_M) \\ &= R_f + (1-w_f)\left[E(R_M) - R_f\right] \\ &= R_f + (1-w_f)\sigma_M\left[\frac{E(R_M)-R_f}{\sigma_M}\right] \\ &= R_f + \sigma_P\left[\frac{E(R_M)-R_f}{\sigma_M}\right] \end{aligned} \quad [4\text{–}8]$$

이 수식의 위험과 수익률의 관계는 자본시장선에 있는 모든 포트폴리오에서 성립한다.

자본시장선은 투자자는 두 가지 요소로부터 투자수익을 기대할 수 있음을 의미한다. 우선 투자자는 자금을 지금 사용하지 않고 미래에 사용하기 위해 투자하는 대가로 무위험수익률(R_f)을 기대할 수 있다. 또한 위험자산에 투자한 자금에 대해서는 위험을 감수하는 대가로 추가적 수익률인 $\sigma_P\left[\frac{E(R_M)-R_f}{\sigma_M}\right]$을 기대할 수 있다. 이 추가적 수익률은 위험프리미엄(risk premium)으로 불린다. 여기에서 자본시장선의 기울기이기도 한 $\frac{E(R_M)-R_f}{\sigma_M}$은 체계적 위험 1단위당 기대되는 위험프리미엄으로 해석될 수 있다. 따라서 포트폴리오 P의 위험프리미엄인 $\sigma_P\left[\frac{E(R_M)-R_f}{\sigma_M}\right]$은 체계적 위험 σ_P와 $\frac{E(R_M)-R_f}{\sigma_M}$의 곱이라는 점도 쉽게 납득될 수 있다. 자본시장선에 내포된 투자의 위험과 기대수익률의 관계는 [그림 4-2]로 표현된다.

그림 4-2 자본시장선에 내포된 위험과 기대수익률의 관계

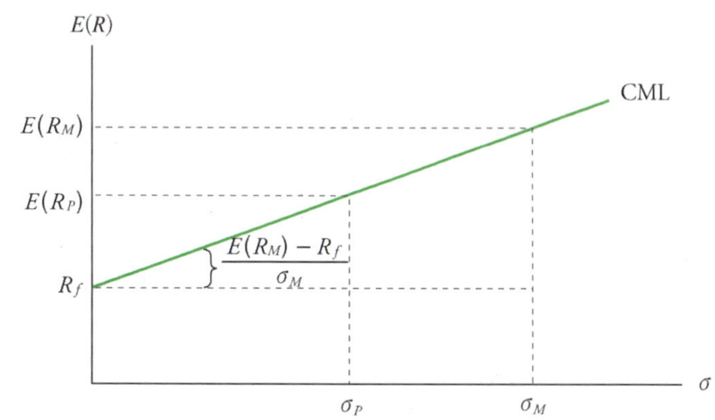

예제 4-2 자본시장선의 기울기

포트폴리오 M의 기대수익률이 13%이고 표준편차는 20%이다. 무위험수익률이 5%이면 자본시장선의 기울기는 얼마인가?

풀이

자본시장선의 기울기는 위험 1단위에 대한 위험프리미엄으로 $\frac{E(R_M)-R_f}{\sigma_M}$이다. 따라서 (0.13 − 0.05) / 0.20 = 0.40이다. 이는 포트폴리오 위험의 증가에 대해서 시장에서 40%의 수익률을 요구한다는 것을 의미한다.

4.2.2 CAPM의 이해

자본자산가격결정모형(CAPM)은 자산의 체계적 위험과 기대수익률 사이의 관계를 직선인 1차함수로 표현한다. 자본시장선 위에 있는, 즉 체계적 위험만을 포함하는 포트폴리오의 위험과 기대수익률의 관계는 [식 4-8]에 의해 표현된다.

그러면 자본시장선에 있지 않은 비체계적 위험이 완전히 제거되지 않은 자산이나 포트폴리오의 위험과 기대수익률의 관계는 어떨까? 우리는 시장의 거래에서 자산의 위험 가운데 체계적 위험만 보상되고 비체계적 위험은 보상되지 않을 것이라는 점을 앞 절에서 본 바 있다. 따라서 자산의 체계적 위험만을 별도로 측정하여 그에 대한 위험프리미엄을 계산하고, 무위험수익률을 추가함으로써 적정수준의 기대수익률을 도출할 수 있다.

이를 위해 자본시장선(CML)에 위치하는 자산의 적정 기대수익률을 보여주는 [식 4-8]을 임의의 자산 i에 관한 수식으로 변환하려 한다. 이때 어떤 자산의 위험(σ_i)은 비체계적 위험까지 포함하기 때문에, 자산 i의 체계적 위험만 수식에 포함하도록 조정해야 한다. 다소 복잡한 계산과정을 거쳐 체계적 위험은 자산수익률의 표준편차(σ_i)에 시장 포트폴리오와 자산 사이의 상관계수($\rho_{i,M}$)를 곱한 $\sigma_i \times \rho_{i,M}$임을 보일 수 있다. 따라서 [식 4-8]은 다음과 같이 변형된다.

$$E(R_i) = R_f + (\sigma_i \cdot \rho_{i,M})\left[\frac{E(R_M) - R_f}{\sigma_M}\right] \quad [4\text{–}9]$$

$$= R_f + \left(\frac{\sigma_i \cdot \rho_{i,M}}{\sigma_M}\right)[E(R_M) - R_f]$$

$$= R_f + \left(\frac{Cov(R_i, R_M)}{\sigma_M^2}\right)[E(R_M) - R_f]$$

$$= R_f + \beta_i[E(R_M) - R_f]$$

[식 4–9]는 자본시장선 위에 있는 자산뿐 아니라 자본시장선에 있지 않은 자산에도 일반적으로 적용되는 체계적 위험과 기대수익률의 관계를 나타내며, 자본자산가격결정모형(CAPM)의 결론을 보여준다. 어떤 자산 또는 포트폴리오의 적정 기대수익률은 무위험수익률에 위험프리미엄을 더한 값이며, 이 위험프리미엄은 해당 자산의 체계적 위험을 나타내는 β_i와 시장 포트폴리오의 위험프리미엄(market risk premium)인 $E(R_M) - R_f$의 곱임을 의미한다. 특히 시장 포트폴리오 M의 자기 자신에 대한 민감도는 1이므로 그 체계적 위험은 $\beta_M = 1$이고, 시장 위험프리미엄인 $E(R_M) - R_f$은 체계적 위험 1단위에 대한 위험프리미엄임을 알 수 있다.

위 [식 4–9]는 다음과 같이 변형된다.

$$\frac{E(R_i) - R_f}{\beta_i} = E(R_M) - R_f \quad [4\text{–}10]$$

이 식은 자산 i에서 체계적 위험의 단위당 위험프리미엄은 시장 포트폴리오의 위험프리미엄과 같음을 의미한다. i는 임의의 자산을 나타내므로 시장의 균형에서 모든 자산의 체계적 위험의 단위당 위험프리미엄(가격)은 동일하다는 결론을 얻을 수 있다. 이는 균형에서 어떤 사물은 어디에서나 동일한 가격으로 거래된다는 일물일가(一物一價)의 법칙이 체계적 위험에 대해서도 적용됨을 의미하며, 제6절에서 학습할 차익거래가격결정이론의 출발점이 된다.

4.2.3 증권시장선

CAPM을 요약하는 [식 4-9]는 증권시장선(security market line: SML)이라는 직선으로 그려질 수 있다. 증권시장선은 어떤 자산의 체계적 위험이 측정되면, 시장의 균형에서 그 체계적 위험에 상응하는 적정 기대수익률을 보여주는 그래프이다. 이 그래프의 수직축은 자산의 기대수익률을 나타내고, 수평축은 표준편차로 측정된 총위험이 아닌 베타로 측정된 체계적 위험을 나타낸다. 자본시장선의 수식은 완전히 분산된 포트폴리오에 적용되는 데 비해, 증권시장선은 모든 개별 자산과 포트폴리오에 적용될 수 있다.

그림 4-3 증권시장선

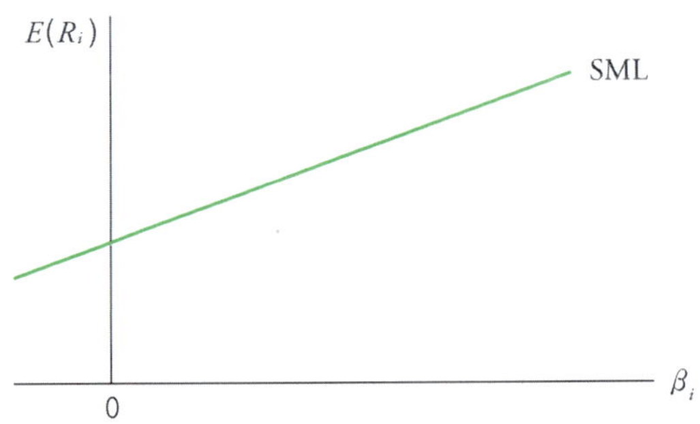

이제 기대수익률(혹은 요구수익률)의 계산 예를 살펴보자. 다음과 같이 여러 주식의 베타를 이미 구했다고 가정하자.

주식명	베타
A	0.70
B	1.00
C	1.10
D	1.30
E	-0.20

시장의 무위험수익률이 5%이고 시장 포트폴리오의 기대수익률이 9%라고 가정하면, 시장 위험프리미엄은 시장의 기대수익률과 무위험수익률의 차이인 4%이다. CAPM을

이용하면 이 주식들의 요구수익률을 구할 수 있다.

주식명	베타	기대수익률(요구수익률)
A	0.70	0.05 + 0.70(0.09 − 0.05) = 0.078 = 7.8%
B	1.00	0.05 + 1.00(0.09 − 0.05) = 0.090 = 9.0%
C	1.10	0.05 + 1.10(0.09 − 0.05) = 0.094 = 9.4%
D	1.30	0.05 + 1.30(0.09 − 0.05) = 0.102 = 10.2%
E	−0.20	0.05 + (−0.20)(0.09 − 0.05) = 0.042 = 4.2%

주식 A의 베타는 0.70으로 시장 포트폴리오의 베타 1보다 낮다. 따라서 위험프리미엄도 2.8%로 시장의 위험프리미엄인 4%보다 낮으며, 기대수익률은 7.8%가 된다. 주식 B는 시장과 같은 크기의 체계적 위험을 의미하는 1의 베타를 갖고 있고, 기대수익률은 시장의 기대수익률과 동일하다. 주식 C와 D는 시장보다 높은 체계적 위험에 노출되어 있으며, 시장의 기대수익률 9%보다 높은 기대수익률을 갖는다. 주식 E의 베타는 음(−)의 값을 갖는다고 가정되었는데, 이는 실제로는 매우 드문 경우이며 기대수익률은 무위험수익률 5%보다 낮은 4.2%이다. 베타가 음수라는 것은 이 자산의 수익률이 시장과 음(−)의 상관관계를 갖고 있음을 의미한다. 즉 시장의 움직임과는 반대 방향으로 변동하는 수익률을 갖는 자산을 의미한다. 참고로 이런 자산도 위험자산이므로 총위험은 상당히 높은 값을 가질 수 있다.

자본자산가격결정모형은 자본시장의 균형에서 모든 투자는 증권시장선 위에 있다는 것을 의미한다. 따라서 모든 자산은 모형에서 산출된 기대수익률에 맞도록 가격이 형성된다. 만약 어떤 자산의 기대수익률이 증권시장선이 나타내는 수준보다 높으면, 그 체계적 위험에 상응하는 요구수익률보다 높은 기대수익률을 보이고 있음을 의미한다. 자산수익의 확률분포가 고정된 상황에서, 기대수익률이 더 높다는 것은 현재의 자산가격이 더 낮다는 것을 의미하므로 이 자산은 저평가된(underpriced) 것이다. 반대로 기대수익률이 증권시장선이 제시하는 기대수익률보다 낮으면, 그 자산은 고평가된(overpriced) 것이다. [그림 4-4]는 자산의 체계적 위험과 균형가격의 관계를 보여준다.

그림 4-4 증권시장선과 기대수익률

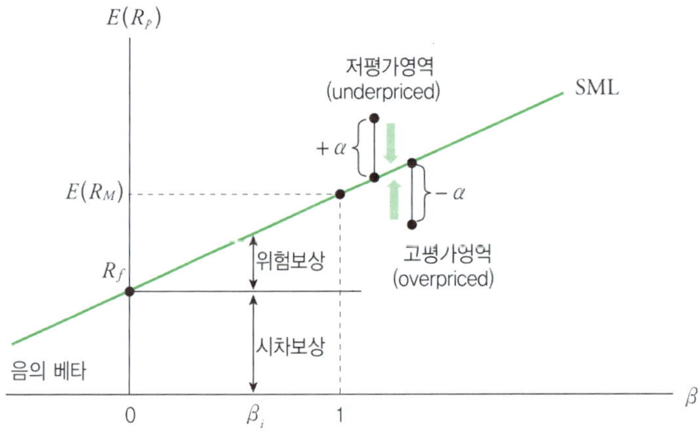

이 그림에서 알파(α)는 증권가격이 균형수준으로부터 어느 정도 벗어나 있는지를 나타내는 척도이다. 알파가 0이면 시장에서 증권의 기대수익률이 증권시장선이 의미하는 수준이고, 그 가격은 균형수준과 같음을 의미한다. 만약 알파가 양수(+)이면, 그 자산은 증권시장선보다 높은 곳에 위치하며 저평가된 상태이다. 반대로 알파가 음수(−)인 자산은 증권시장선의 아래에 있고 고평가된 상태이다.

고평가와 저평가에 대해 조금 더 살펴보자. 주어진 베타에 대해 증권시장선은 균형에서 요구되는 기대수익률을 나타낸다. 예를 들어 주식 C의 베타가 1.10이고 CAPM으로 계산된 요구수익률이 9.4%라고 하자. 그런데 시장에서 C주식의 주당 가격은 현재 30달러이고 1년 후에는 33달러가 될 것으로 기대된다고 하자. 배당이 없다고 가정하면 1년 동안의 기대수익률은 10%이다. 이는 증권시장선이 가리키는 기대수익률보다 0.6%만큼 높은 수준이다. 위험에 비해 높은 기대수익률을 갖는 주식은 시장에서 적정수준보다 낮게 가격이 형성된 '저평가'상태를 의미한다. 저평가된 주식에 대해서는 수요가 늘어날 것이고 따라서 주가는 상승할 것이다. 그렇다면 주가가 얼마가 되어야 균형가격일까? 내년의 가격이 33달러로 추정되는 상태에서, 현재 주가가 30.16달러이면 기대수익률은 (33−30.16)/30.16=9.4%가 된다. 즉 시장의 기대수익률은 이론적 기대수익률인 9.4%와 같아진다. 반대로 체계적 위험(베타)에 비해 기대수익률이 낮은 경우는 시장에서 가격이 고평가된 것이므로 주가는 하락하고 기대수익률은 균형수준까지 상승하게 된다.

예제 4-3 기대수익률의 계산

K주식의 베타는 1.30이고, 시장 포트폴리오의 기대수익률은 15%이다. 그리고 무위험수익률이 8%일 때 이 주식의 기대수익률은 얼마인가?

| 풀이 |

CAPM을 이용하여 기대수익률을 계산한다.

$$E(R_k) = R_f + \beta_k[E(R_M) - R_f]$$
$$= 0.08 + (1.30)[0.15 - 0.08] = 0.171 = 17.1\%$$

4.3 자본자산가격결정모형의 추정과 문제점

4.3.1 베타의 추정과 안정성

CAPM에서 자산의 베타(β_i)는 시장 전체의 변동에 대한 민감도로 위험의 상대적 척도이다. 베타는 개별 자산과 시장 포트폴리오의 상관관계를 반영한다. 정의에 따라 시장 포트폴리오의 베타는 1이며, 일반적인 자산은 1을 포함하여 어떤 베타값도 가질 수 있다. 만약 어떤 자산의 베타가 1보다 크면 그 수익률은 시장과 같은 방향으로 더 민감하게 움직인다는 것을 의미한다. 베타가 1보다 작은 양수(+)이면, 그 자산의 수익률은 시장과 같은 방향으로 그러나 덜 민감하게 움직이는 경향을 갖는다. 만약 베타가 음수(−)이면, 해당 자산의 수익률은 시장과는 반대 방향으로 움직이는 경향이 있음을 뜻한다. 또한 베타의 절대값이 클수록 자산수익률의 변동성은 시장보다 더 크고, 베타의 절대값이 작을수록 변동성은 더 작다. 예를 들어 어떤 자산이 1.25의 베타를 갖고 있으면 시장의 평균보다 25% 더 많은 체계적 위험을 갖고 있으며 공격적 주식으로 간주될 수 있다. 한편 베타가 1보다 작으면 방어적 주식이라고 한다. 예를 들어 베타가 0.80이면 시장보다 20% 만큼 덜 위험하다고 할 수 있다.

베타는 회귀분석(regression analysis)이라는 통계적 기법에 의해 시장모형을 나타내는 [식 4-1]의 β_i계수로서 추정될 수 있다. 추정된 α_i계수($\hat{\alpha}_i$)와 β_i계수($\hat{\beta}_i$)를 포함하는 다음 수식은 증권특성선(characteristic line)으로 불린다.

$$R_{i,t} = \hat{\alpha}_i + \hat{\beta}_i R_{M,t} \qquad [4\text{–}11]$$

[그림 4-5]는 증권특성선을 나타낸다. 이 직선은 실제로 관찰된 값들을 나타내는 좌표평면상의 점들을 종합적으로 대표하는 추정의 결과이다.

그림 4-5 ▌ 증권특성선

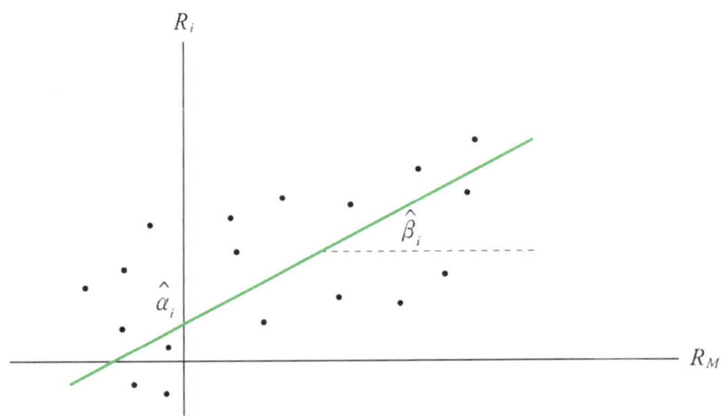

체계적 위험의 척도인 베타는 CAPM에서 기대수익률을 예측하기 위한 주요 변수이나, 추정과정은 여러 가지 현실적인 어려움을 포함한다. 먼저 시장 포트폴리오는 이론적으로 전 세계의 주식과 채권, 부동산, 수집품 등 시장성 있는 위험자산을 모두 포함하나, 이는 현실적으로 추적불가능하다. 대용치(proxy)는 어떤 변수를 현실적인 근사값으로 추정하는 도구를 의미하며, 일반적으로 시장 포트폴리오의 대용치로는 주로 주가지수(S&P 500, KOSPI 등)가 사용된다.

또한 추정을 위한 자료의 기간을 의미하는 표본기간을 정해야 한다. 만약 표본기간이 상대적으로 짧으면 표본의 크기가 작아 추정의 신뢰성이 낮고, 너무 길면 먼 과거의 자료가 사용되어 추정치가 최근의 상황을 잘 반영하지 못할 수 있다. 그러나 어떤 경우에도 과거 자료에 기초하여 추정된 베타로 미래의 기대수익률을 추정한다는 한계에 부딪친다. 과거의 자료를 사용하여 미래의 베타를 추정할 수 있는가 하는 문제는 매우 중요하다. 이론적으로 CAPM은 단일 기간 모형이기 때문에 베타의 안정성은 크게 문제되지 않으나, 현실적으로 베타는 표본에 따라 그 추정치가 달라진다. 결국 베타의 안정성에 관해 많은 연구가 이루어졌다.

연구자들은 베타가 개별 주식의 경우에는 안정적이지 못하나 포트폴리오에서는 비교적 안정적이라는 결과를 제시한다. 다시 말해, 포트폴리오에 속하는 증권의 수가 증가하면 베타의 안정성도 상승하는 경향이 있다. 일반적으로 포트폴리오가 50개 종목 이상으로 분산되고 표본기간이 길수록 베타는 더 안정적이다. 또한 베타는 평균인 1을 향해 수렴하는 경향이 있다. 즉 높은 값의 베타를 가진 포트폴리오는 시간이 지나면서 베타가 하락하고, 낮은 값의 베타를 가진 포트폴리오는 시간이 지나면서 베타가 상승하는 경향을 보인다. 실무에서는 베타의 이런 특성을 고려하여 전기의 추정된 베타와 1을 적당한 가중치에 의해 평균하는 수정베타를 사용하는 경우도 있다.

4.3.2 CAPM의 문제점

CAPM은 그 유용성에도 불구하고 몇 가지 개념적인 문제를 갖고 있다. 첫째, 모형에서 제시되는 모든 변수와 추정치는 사전적(ex-ante)인 것이기 때문에 관찰불가능하다. 즉 위험프리미엄과 베타 그리고 모형에 의해 산출되는 기대수익률은 모두 미래에 대한 예측이므로 직접적으로 검증될 수 없다. 둘째, 위험프리미엄과 베타는 시간이 지나면서 변화한다. 그러나 실무에서 위험프리미엄과 베타는 과거 자료에 의해 계산되기 때문에, CAPM을 이용하는 것은 이들이 미래에도 일정하게 유지된다는 암묵적인 가정을 하는 결과가 된다. 셋째, 앞에서 지적한 대로 진정한 시장 포트폴리오는 관찰불가능하다. 시장 포트폴리오의 대용치로 사용되는 주가지수는 부동산, 사적인 기업, 인적자원 등과 같은 자산을 포함하지 않기 때문에 오류를 수반할 수 있다. 시장 포트폴리오의 정확한 자료가 없다는 사실 때문에 CAPM의 검증이 근본적으로 불가능하다는 점도 지적된다.

4.4 자본자산가격결정모형 가정의 완화

앞에서 우리는 CAPM의 가정들을 살펴보았다. 이 가운데 중요한 몇 가지 가정은 현실에서 충족되지 않으면 모형의 유용성을 약화시킬 우려가 있다. 이제 이 가정들을 보다 현실적으로 완화함으로써 CAPM의 결론에 어떤 영향을 미치는지 살펴본다. 우선 결론부터 말하면 CAPM 가정의 완화가 모형의 유용성을 크게 훼손하지는 않는다.

4.4.1 대여이자율과 차입이자율의 차이

CAPM 가정의 하나는 투자자는 무위험이자율로 자유롭게 자금을 빌리거나 빌려줄 수 있다는 것이다. 그러나 현실적으로 무위험이자율로 빌려주는 것은 정부 채권을 매입하는 것으로 가능하지만, 개인이 이런 이자율로 자금을 빌리는 것은 불가능하다. 예를 들어 만약 미국 단기국채 이자율이 4%라면 대부분의 시장 참여자들은 자금을 빌릴 때 최소 6%의 이자율을 지불해야 할 것이다. 현실적으로 대다수 투자자들의 차입이자율은 대여이자율보다 높다.

대여이자율과 차입이자율이 다를 경우, [그림 4-6]은 무위험자산과 효율적 프런티어의 포트폴리오 F를 결합한 투자기회집합을 보여준다. 이때 투자자는 무위험이자율로 대여할 수 있으므로 R_f와 F를 연결하는 선분은 투자기회집합에 포함된다. 한편 차입이자율이 R_b이면 투자자는 이 이자율로 자금을 조달하고, 효율적 프런티어와의 접점인 포트폴리오 K에 투자할 수 있다. 즉 직선 KG를 따라 투자기회를 확대할 수 있다. 이때 자본시장선(CML)은 R_f-F K G를 연결하는 굽은 형태를 갖는다. 차입이자율이 무위험이자율보다 높기 때문에 $K-G$를 연결한 선은 R_f-F를 연결한 선보다 완만한 기울기를 갖는다.

그림 4-6 대여이자율보다 차입이자율이 높은 경우의 투자

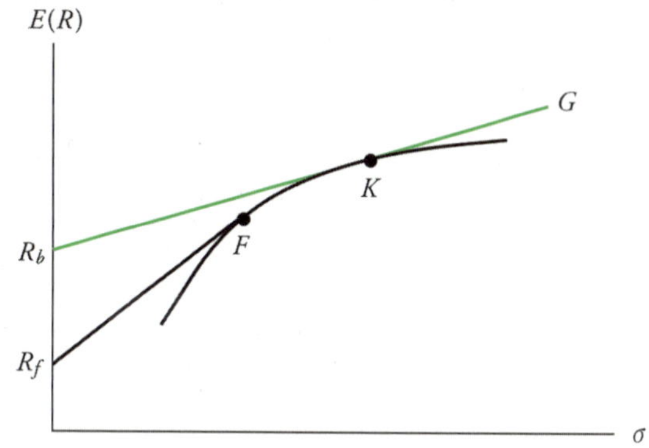

굽은 자본시장선(kinked CML)으로는 CAPM을 도출할 수 없지만, 이하에서 설명하는 제로베타 포트폴리오를 통해 CAPM과 비슷한 형태의 균형을 도출할 수 있다.

4.4.2 무위험자산이 없는 상황의 제로베타모형

시장 포트폴리오가 그 수익률수준에서 가장 낮은 위험을 갖는 투자가능한 포트폴리오라는 의미에서 효율적이라면, 무위험자산이 없어도 CAPM의 대안적 모형을 만들 수 있다. 블랙(Black, 1972)은 시장 포트폴리오에서 효율적 프런티어의 접선을 그렸을 때, 이 접선의 절편과 동일한 기대수익률을 갖는 효율적 프런티어상의 포트폴리오가 시장 포트폴리오와 0의 공분산을 갖는다는 것을 발견했다. [그림 4-7]의 Z로 표시되는 이 포트폴리오는 무위험자산과 같이 0의 베타를 가지며, 제로베타 포트폴리오(zero-beta portfolio)로 불린다.

균형에서 제로베타 포트폴리오는 무위험자산의 대안으로 사용될 수 있다. 즉 제로베타 CAPM은 자산의 기대수익률을 다음과 같이 시장포트폴리오 M과 제로베타 포트폴리오 Z의 기대수익률의 선형함수로 표현한다.

$$E(R_i) = E(R_Z) + \beta_i[E(R_M) - E(R_Z)] \qquad [4\text{-}12]$$

그림 4-7 제로베타 CAPM과 증권시장선

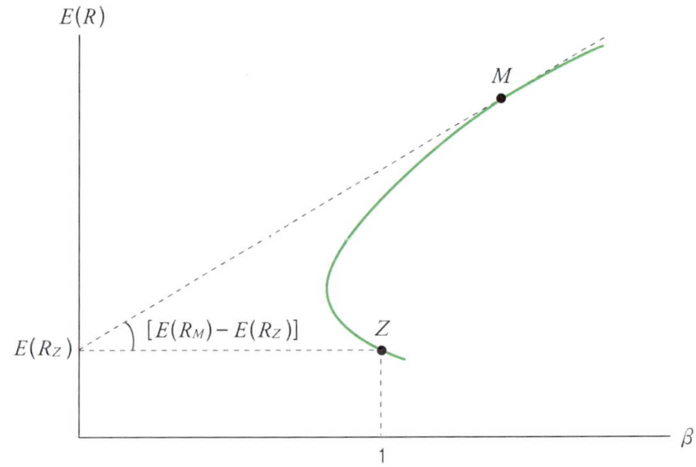

제로베타 CAPM에서 자산의 위험프리미엄은 시장 위험프리미엄인 $E(R_M)-E(R_Z)$과 베타(β_i)의 함수이다. 제로베타 CAPM은 무위험자산이 존재하지 않는 경우에도, 위험과 기대수익률 사이에 양(+)의 함수관계가 성립함을 보여준다. 따라서 전통적 CAPM은 제로베타 CAPM의 특별한 경우라고 할 수 있다.

4.4.3 거래비용과 이질적 기대

어떤 자산의 기대수익률과 체계적 위험의 조합이 정확히 증권시장선에 놓이지 않았을 때, 이 자산의 가격은 균형가격에서 이탈한 가격오류를 보인다. 투자자는 이런 자산을 사거나 팔아서 이익을 취할 수 있다. 그러나 CAPM의 거래비용이 존재하지 않는다는 가정과는 달리, 현실에서는 거래비용이 잠재적 이익을 초과할 수 있다. 이 경우에 투자자는 가격오류를 수정할 수 없고, 따라서 자산은 증권시장선 근처에 위치할 것이다. 결국 CAPM은 하나의 선이 아니라 폭을 가진 영역(band)에 의해 표현되고, 그 폭은 거래비용의 크기에 따라 달라진다. 즉 거래비용이 존재하면 동일한 베타를 갖고 있으나 기대수익률이 다른 자산들이 존재할 수 있다. 또한 세금이 존재하는 경우에도 CAPM은 선으로 표현되지 않는다. 만약 모든 투자자에게 동일한 세율이 적용된다면 증권시장선은 세율만큼 이동할 것이나, 현실적으로 투자자마다 부담하는 세율이 다르기 때문에 증권시장선은 영역으로 표현된다.

CAPM의 동질적(homogeneous) 기대의 가정은 모든 투자자가 자산들의 위험과 수익률에 대해 동일한 기대를 갖는다는 것이다. 만약 투자자들이 상이한 기대를 갖고 있으면, 투자자마다 자신만의 자본시장선과 증권시장선을 가질 것이다. 이 선들은 불규칙한 형태의 영역을 형성할 것이며, 그 폭은 기대의 이질성에 의해 결정될 것이다. 만일 투자자들이 유사한 정보와 배경을 갖고 있으면, 영역의 폭은 감소할 것이다.

따라서 거래비용이 있거나 투자자들이 이질적 기대를 갖는 경우에 CAPM은 직선 대신 어느 정도 폭을 갖는 영역으로 표현되어 선형관계는 성립하지 않는다. 그러나 이런 경우에도 위험과 기대수익률 사이에 존재하는 양(+)의 상관관계는 유지될 수 있다.

4.5 자본자산가격결정모형의 실증분석

CAPM의 결론은 두 개의 문장으로 요약될 수 있다.

① 자산의 수익률과 위험은 양(+)의 관계를 갖는다. 즉 어떤 자산의 위험이 크면 더 높은 수익률을 낼 수 있어야 한다.

② 자산의 가격과 관련 있는 위험은 시장 포트폴리오의 위험과 연계된 부분에 의해 측정된다.

CAPM이 제시된 이후 이 이론의 현실 적합성을 검증하기 위한 많은 실증분석이 이루어졌다. 이런 연구들의 결과를 요약하면 아래와 같다.[2]

① 증권시장선은 직선에 가깝다. 즉 기대수익률과 위험은 우상향하는 직선을 따라 상반관계(trade-off)를 보여준다.

② 증권시장선의 절편은 일반적으로 무위험수익률보다 높다. 이는 제로베타모형을 지지하거나 차입이자율이 대여이자율보다 높음을 시사한다.

---

2 Elton, Gruber, Brown and Goetzmann, *Modern Portfolio Theory and Investment Analysis*, 8th edition, Wiley(2009)를 참조할 것.

③ 증권시장선의 기울기는 이론상의 예상보다 완만하다.

④ 실증분석결과가 단순하지는 않으나, 투자자는 체계적 위험에 대해서만 보상받는다.

CAPM을 검증하면서 직면하는 가장 큰 문제점은 이론은 사전적(ex-ante)으로 예측된 위험과 기대수익률의 관계를 다루는 반면, 실증적 검증은 사후적(ex-post)으로 관찰된 수익률과 위험의 관계를 측정한다는 것이다. 즉 CAPM은 미래를 예측하는 모형이나, 우리는 투자자의 기대는 결코 알 수 없고 다만 사후적으로 관찰된 자료에 기초하여 추정할 수 있을 뿐이다. 예를 들어 베타는 과거 자료에 의해 추정된다. 결국 CAPM은 실제적으로는 한 번도 검증된 바 없고, 앞으로도 검증될 수 없을 것이다. 특히 롤(Roll, 1977)은 모든 위험자산을 포함하는 시장 포트폴리오는 측정불가능하기 때문에 CAPM의 검증은 불가능하다고 주장하였다.[3] 그럼에도 불구하고 CAPM은 자산의 위험과 수익률의 관계를 비교적 잘 보여주는 도구이기 때문에 여전히 널리 사용되고 있다.

4.5.1 시장 포트폴리오

시장의 균형에서 모든 위험자산은 시장 포트폴리오에 포함된다. 따라서 시장 포트폴리오는 모든 위험자산을 각각의 시장가치비중만큼 포함하는 포트폴리오이다. 만일 어떤 자산이 시장 포트폴리오에 포함되지 않으면, 이 자산의 가격은 자산이 매력적인 투자기회가 될 때까지 하락할 것이다. 결국 투자자들은 그 자산을 매입하게 될 것이고, 결국 이 자산은 시장 포트폴리오에 포함된다. 시장 포트폴리오는 최대의 위험분산효과를 누리면서 체계적 위험만을 포함하므로 가장 효율적인 위험 포트폴리오이다. 따라서 투자자는 무위험자산에 모든 재산을 투자하지 않는 한 어느 정도의 금액을 시장 포트폴리오에 투자하려 한다. 다시 말해 모든 투자자는 동일한 위험 포트폴리오를 보유하게 된다.

모든 위험자산을 포함하는 시장 포트폴리오는 이론적으로는 생각할 수 있으나 실제로 측정할 수는 없다. 결국 시장 포트폴리오를 근사적으로 나타내는 대용치로서 주가지수가 사용되는 경우가 많다. 그러나 자본시장이 가장 발달한 미국의 경우에도, 주가지수를

3 Roll, Richard, "A Critique of the Asset Pricing Theory's Tests Part I: On Past and Potential Testability of the Theory," *Journal of Financial Economics* 4(1977), pp.129-176.

추종하는 투자는 전체 위험자산의 20% 미만을 포함하는 것으로 알려져 있다. 롤(Roll)은 시장 포트폴리오의 대용치를 사용하면 벤치마크 오류(benchmark error)라는 잘못을 범하게 된다고 주장했다. 그 이유는 첫째, 시장 포트폴리오 대신 주가지수 같은 대용치를 사용하여 계산된 베타는 체계적 위험을 부적절하게 계산하기 때문이다. 둘째, 무위험수익률에서 그린 효율적 프런티어에 대한 접선은 정확히 시장 포트폴리오를 포함하지 않기 때문이다.

4.5.2 베타는 죽었는가?

롤(Roll)의 비판은 CAPM에 관한 논쟁의 시작에 불과하다. CAPM의 적절성은 뒤에 이어진 실증연구들에 의해서도 비판되고 있다. 대표적으로 파마와 프렌치(Fama and French, 1992; 1993)의 연구가 있다.[4] 파마와 프렌치는 자산의 베타가 수익률을 설명하는 유일한 위험요인이라는 CAPM의 예측과는 배치되는 결과를 발표하였다. 파마와 프렌치의 연구결과는 당시 많은 논란을 일으켰으며, 신문에는 "베타는 죽었다(Beta Is Dead)"라는 제목으로 발표되기도 했다. 파마와 프렌치의 연구는 두 가지 문제를 중점적으로 지적한다. 첫째, 평균수익률과 베타의 관계는 1941년에서 1990년까지의 기간에는 미약하게 존재하고, 1963년에서 1990년의 기간에는 드러나지 않는다. 둘째, 증권의 평균수익률은 베타 외의 변수인 기업규모(size), 주가이익비율(price-earnings ratio: PER) 그리고 장부가-시가(book-value/market-value: BE/ME)비율 등과 선형관계를 보인다. 이들의 연구에 의해 CAPM은 심각한 도전을 받았다. CAPM은 주식의 기대수익률이 오직 베타와 관련된다고 주장하므로 기업규모나 BE/ME 같은 다른 요인과는 관련이 없어야 하기 때문이다.

한편 CAPM을 옹호하며 이들의 결론을 반박하는 학자들의 견해는 다음과 같이 요약된다. 첫째, 50년의 연구기간이 긴 것처럼 보이지만, CAPM을 검증할 수 있을 만큼 충분히 길지 않다는 점이다. 둘째, 베타 외의 다른 요인의 설명력은 연구기간 동안 생존한 기

4 Fama, E. and K. French, "The Cross-section of Expected Stock Returns," *Journal of Finance* 47(1992), pp.427-465.
Fama, E. and K. French, "Common Risk Factors in the Returns on Stocks and Bonds," *Journal of Financial Economics* 33(1993), pp.3-56.

업들을 대상으로 하는 분석에서 발견되었고 중간에 소멸한 기업은 표본에서 제외되었으므로, 이들의 발견은 사후적으로 발생한 통계적인 오류일 수 있다. 위험한 기업은 일반적으로 높은 기대수익률을 가지며 동시에 중간에 소멸할 가능성도 크다. 따라서 위험이 큰 소규모 또는 높은 BE/ME를 갖는 기업 가운데 상당 수는 소멸하고 생존한 나머지는 높은 수익률을 보인다. 이렇게 편의된(biased) 표본에 기초하면, 소규모 또는 높은 BE/ME를 갖는 기업이 높은 수익률을 낸다는 잘못된 결론을 얻을 수 있다는 것이다. 셋째, 자료를 정확하게 처리하지 못하면 그 결과는 오류를 포함할 수 있다. 혹은 실제로는 존재하지 않으나 특정 표본에서는 마치 존재하는 것처럼 보이는 단순한 허구적 관련성(spurious result)일 가능성도 있다. 이 밖에 베타의 추정방법, 연구기간의 차이, 월간 자료와 연간 자료의 사용 등 연구방법론에 대한 비판이 있다.

결국 CAPM은 실증분석의 대상이 될 수 없다는 롤(Roll)의 비판으로부터 자유롭지 못하고, 기대수익률에 영향을 주는 위험은 베타라는 단일요인만으로 측정될 수 없다는 견해에 의해 도전을 받고 있다. 그러나 CAPM은 여전히 자산의 위험과 기대수익률(또는 가격)의 관계를 명시적으로 제시하는 유용한 이론이며, CAPM에 대한 연구와 비판이 제기되면서 현대 투자이론은 더욱 정교해져 가고 있다. 제5장에서 우리는 위험과 기대수익률의 상반관계에 기초하여 시장의 효율성에 대한 논의를 보게 될 것이다.

4.6 차익거래가격결정이론

우리가 앞에서 학습한 CAPM은 자본시장의 균형에서 위험과 기대수익률의 관계를 직접적으로 연결해주는 이론이다. 이제 CAPM에서 고려되는 단일 위험요인인 베타를 복수의 위험요인으로 확장하는 투자이론을 살펴보자. CAPM의 가장 대표적인 대안적 모형인 로스(Ross, 1976)[5]의 **차익거래가격결정이론(arbitrage pricing theory: APT)**을 먼저 학습하고, 다른 다요인모형(multifactor model)들도 살펴보자.

---

5 Stephen Ross, "Returns, Risk and Arbitrage"의 연구는 Friend and Bicksler의 저서 *Risk and Return in Finance*(Cambridge, MA: Ballinger, 1976)에 포함되어 있다.

CAPM의 대안의 하나인 차익거래가격결정이론(APT)은 CAPM의 엄격한 가정들을 완화한다는 점에서 더 일반적 이론으로 간주될 수 있다. APT 역시 위험과 기대수익률의 관계를 보여주나, CAPM과는 다른 가정과 과정을 통해 도출된다. CAPM과의 가장 큰 차이점은 시장 포트폴리오에 의존하지 않는다는 것과 단일 위험요인이 아닌 복수의 위험요인을 고려한다는 것이다.

4.6.1 차익거래가격결정이론의 배경과 가정

일부 연구들은 어떤 투자전략을 사용하면 베타에 의해 완전히 설명되지 않는 수준의 수익률을 기대할 수 있다는 결과를 얻었다. 예를 들어 반즈(Banz, 1981)는 시가총액이 작은 소규모 기업의 주식 포트폴리오가 대규모 기업의 주식 포트폴리오보다 베타에 대해 조정된 후에도 높은 성과를 얻는다고 보고했다. 바수(Basu, 1977)는 낮은 P/E비율을 갖는 주식이 높은 P/E비율의 주식보다 우월한 성과를 얻음을 주장했다. 파마와 프렌치(Fama and French, 1992)는 높은 장부가–시가(BE/ME)비율을 갖는 '가치주(value stock)'가 '성장주(growth stock)'보다 더 큰 위험조정수익률을 얻는다는 것을 밝혔다.

결국 CAPM과 같은 단일요인모형(single–factor model)으로 위험을 측정하는 방법이 잘못되었다는 생각으로, 복수요인의 위험을 포함하는 모형을 고려하게 되었다. 로스(Ross, 1976)는 다음 세 가지 가정을 가지고 차익거래가격결정이론(APT)을 만들었다.

① 자본시장은 완전히 경쟁적이다.
② 투자자는 항상 확실성하에서 낮은 부(wealth)에 비해 높은 부를 선호한다.
③ 자산의 수익률은 K개의 위험요인집합의 선형함수로 표현될 수 있으며, 모든 비체계적 위험은 분산되어 사라진다.

APT는 CAPM이 포함하는 다음 가정들을 필요로 하지 않는다.

① 투자자는 기대수익률과 분산을 기반으로 포트폴리오를 선택한다.
② 수익률분포는 정규분포를 보인다.
③ 시장 포트폴리오는 모든 위험자산을 포함하고 평균–분산 효율적이다.

CAPM은 자산수익률은 정규분포를 따르고, 투자자의 효용함수는 평균-분산의 2차함수임을 가정한다. 이에 비해 APT는 아래와 같이 차익거래와 복수요인의 가정을 필요로 할 뿐이다. 전체적으로 APT는 CAPM에 비해 단순하면서 더 폭넓게 자산가격을 설명할 수 있다는 장점을 갖고 있다.

APT는 동일한 자산이 다른 가격으로 거래될 수 없다는 **일물일가의 법칙(law of one price)**에 기초한다. 만약 어떤 자산이 여러 가지 가격으로 거래된다면, 투자자들은 이 자산을 싼 가격에 사서 비싼 가격에 팔려 할 것이다. 즉 "투자하지 않고도(즉 제로 투자) 이익을 얻는 거래" 또는 "위험을 감내하지 않고도 이익을 얻는 거래"를 의미하는 **차익거래(arbitrage)**의 기회가 존재한다. 그러나 차익거래의 기회는 시장참가자들이 그 기회를 이용하려고 시도하면 자산가격의 변동으로 결국 사라진다.

또한 APT는 자산의 기대수익률이 몇 개의 요인(factor)과 선형관계를 갖는다고 가정한다. 투자자는 자산이 이 요인들에 대해 어느 정도로 민감하게 반응하는지에 관해 예측한다(CAPM은 APT의 특별한 경우로서 시장 전체라는 단일요인만을 포함하는 모형으로 이해될 수 있으며, 자산의 시장에 대한 민감도는 베타이다.). 일물일가의 법칙에 따라 투자자는 요인들에 의해 동일한 영향을 받는 자산은 같은 기대수익률을 갖게 될 것이라고 믿는다. 만약 일물일가의 법칙이 지켜지지 않으면, 투자자는 위험을 수반하지 않는 이익(risk-free profit)을 얻기 위해 자산을 매매한다. 궁극적으로 균형에서는 차익거래의 기회가 사라진다. CAPM은 전체 시장의 많은 투자자들의 총체적인 수요과 공급이 균형을 가져온다고 설명하나, APT는 상대적으로 적은 투자자라도 불균형을 인지하면 차익거래를 시도함으로써 균형을 회복할 수 있다고 본다.

4.6.2 요인과 요인 포트폴리오

요인(factor)모형은 많은 증권에 영향을 미치는 주요 경제요인들로 증권가격의 움직임을 설명하는 모형이다. 즉 위험요인이 수익률에 영향을 미친다고 본다. 이런 위험요인은 기업고유의 특성이 아니라 전체적인 경제적 움직임을 뜻하며, 세 가지 속성을 갖는다.[6]

6 Michael Berry, Edwin Burmeister, and Marjorie McElroy, "Sorting Out Risks using Known APT Factors," *Financial Analysts Journal*(1988), pp.29-42.

① 각각의 위험요인은 많은 증권의 수익률에 영향을 미쳐야 한다. 즉 기업특유의 사건은 APT의 위험요인이 될 수 없다.

② 위험요인은 자산의 기대수익률에 영향을 미친다. 이는 위험요인이 영이 아닌(non-zero) 가격을 갖는다는 것이다.

③ 사전적으로 위험요인의 크기는 시장에서 예측될 수 없어야 한다. 예를 들어 인플레이션은 최소한 어느 정도 예측이 가능하기 때문에 APT의 위험요인이 되지 않는다. 기대 인플레이션과 실제 인플레이션의 차이인 예측되지 않은 인플레이션(unexpected inflation)은 APT의 위험요인이 될 수 있다.

요인 포트폴리오(factor portfolio)는 증권의 수익률에 영향을 주는 요인들 중에서 특정 요인의 영향을 받으나, 나머지 요인들의 영향은 받지 않는 포트폴리오를 말한다. 단일요인 모형인 CAPM의 시장 포트폴리오를 APT의 요인 포트폴리오와 비교해보자. 시장 포트폴리오의 베타는 1이고 모든 위험자산이 시가총액비중만큼 포함되어 있다. 또한 개별 자산의 위험프리미엄을 구하기 위해서 시장 포트폴리오의 위험프리미엄에 개별 자산의 베타(시장 포트폴리오의 수익률에 대한 민감도)를 곱한다. APT의 요인 포트폴리오는 공통 요인들 중에서 하나의 특정 요인에 대해서는 민감도(베타)가 1이고, 그 외의 다른 요인에는 민감도가 0인 포트폴리오이다. 따라서 요인 포트폴리오 k는 요인 k에 대한 민감도는 1이지만 나머지 다른 모든 요인에 대한 민감도는 0이다. 자산 i는 요인 포트폴리오 k에 대해 특유의 민감도($b_{i,k}$)를 가진다. 참고로 어떤 요인 포트폴리오는 단 하나만 존재하는 것이 아니고, 증권이나 투자비중을 바꿈으로써 다양하게 만들어질 수 있다.

APT에서 어떤 자산의 기대수익률은 다음 수식과 같다.

$$E(R_i) = \lambda_0 + \lambda_1 b_{i,1} + \lambda_2 b_{i,2} + \cdots + \lambda_k b_{i,k} \qquad [4\text{–}13]$$

여기서, λ_0: 체계적 위험이 없는 자산의 기대수익률
λ_k: k번째 위험요인의 위험프리미엄
$b_{i,k}$: 자산 i의 위험요인 k에 대한 민감도

위험요인에 대한 시장의 가격인 요인 위험프리미엄을 알고, 어떤 증권의 요인 변화에

대한 민감도를 측정하면 이 증권의 기대수익률을 추정할 수 있다.

아래 표는 CAPM과 APT의 특성을 비교하여 정리한다.

표 4-1 CAPM과 APT의 비교

구분	CAPM	APT
수식의 형태	선형관계	선형관계
위험요인의 수	1	$K(\geq 1)$
요인 위험프리미엄	$E(R_M) - R_f$	λ_k
위험요인에 대한 민감도	β_i	$b_{i,k}$
제로베타수익률	R_f	λ_0

APT는 이론적으로는 정교하나, 현실에서 구체적으로 요인들이 무엇인지 말하지 않는다. 따라서 각 요인의 위험프리미엄도 알 수 없다. 결국 APT를 사용하는 분석가가 요인들을 선택해야 한다. 따라서 투자자는 모든 관련된 체계적 위험이 포함되었는지 확신할 수 없다. 그러나 어떤 위험에 특별히 영향받는 산업이나 기업에게는 유용할 수 있다. 예를 들어 석유가격에 의해 큰 영향을 받는 항공회사나 운송회사 같은 기업을 생각해보자. 일반적으로 이들의 가치는 원유가격변동에 대해 음(−)의 상관관계를 가질 것이다. 투자자는 APT모형에 유가변동률을 요인으로 포함시킴으로써 더 유용한 가격결정모형을 만들 수 있을 것이다.

APT모형에서 사용될 수 있는 요인이 무엇인지는 정확하게 이론적으로 밝히기 어렵다. 요인의 수, 요인의 정체, 그리고 요인의 위험프리미엄 등은 모두 실증연구에 의해 밝혀져야 할 것들이다. 롤과 로스(Roll and Ross, 1980)는 초기 실증연구에서 3개 내지 5개의 요인이 증권의 수익률에 영향을 준다고 제시하였다.[7] 이들이 제안한 체계적 위험요인은 다음과 같이 정리될 수 있다. 이런 요인들은 자산가치평가모형의 구성요소와 관련 있다. 앞의 3개는 기업의 현금흐름에 영향을 주고 뒤 2개는 할인율에 영향을 준다.

① 기대 인플레이션의 변화

7 Roll, R. and R. Ross, "An Empirical Investigation of the Arbitrage Pricing Theory," *Journal of Finance* 35(December 1980), pp.1073–1103.

② 인플레이션의 예기치 않은 변화

③ 산업생산의 예기치 않은 변화

④ 채무불이행위험 프리미엄의 예기치 않은 변화

⑤ 이자율 기간구조의 예기치 않은 변화

APT모형에 따르면 체계적 위험요인들에 대해 각 증권의 민감도 및 투자자의 위험선호도가 다르다. 투자자는 위험요인별로 자신이 원하는 노출을 갖는 포트폴리오를 구성할 수 있다.

예제 4-4 APT모형

찬규는 CAPM의 시장위험(F_1)에 추가하여, 예기치 않은 인플레이션(F_2)과 채무불이행위험에 따른 이자율 차이(F_3)를 포함하여 3개 요인으로 APT모형을 만들었다. 따라서 요인들의 위험프리미엄은 시장위험프리미엄(λ_1), 전문가의 예측 인플레이션율과 실제 인플레이션율의 차이인 예기치 않은 인플레이션율(λ_2), 고위험 채권과 저위험 채권의 이자율 차이인 위험이자율 스프레드(λ_3)이다. 요인들의 위험프리미엄을 각각 5%, 2%, 4%, 무위험수익률은 6%라고 가정하자. 어느 회사 주식의 요인들에 대한 민감도가 b_1=1.2, b_2=−2, b_3=0.3이라면, 이 주식의 기대수익률은 얼마인가?

| 풀이 |

APT모형을 이용하여 기대수익률을 구해보자.

$$
\begin{aligned}
E(R_i) &= 0.06 + 0.05(1.2) + 0.02(-2) + 0.04(0.3) \\
&= 0.06 + 0.06 - 0.04 + 0.012 \\
&= 0.092 = 9.2\%
\end{aligned}
$$

4.7 다요인모형

다양한 실증분석의 결과는 어떤 주식의 평균수익률이 기업의 특성과 체계적으로 관련되어 있음을 보여준다. 이런 기업 특성은 기업규모, 주가이익(P/E)비율, 현금흐름-주가

(C/P)비율, 장부가–시가(BE/ME)비율, 과거 매출액증가율, 과거 장기수익률, 과거 단기수익률 등을 포함한다. 이러한 수익률 패턴은 전통적인 단일요인 CAPM으로는 설명될 수 없기 때문에 이례현상(anomaly)으로도 불리나, 대부분의 평균수익률 이례현상은 **다요인모형(multifactor model)**을 사용하면 사라진다. APT모형도 여러 가지 위험요인을 고려한다는 점에서 다요인모형으로 간주된다. 초기의 APT모형이 거시경제적 변수의 예기치 않은 변화에 주로 관심을 두었다면, 파마와 프렌치(Fama and French)를 시작으로 하는 최근의 다요인모형은 실증분석의 결과로 밝혀진 이례현상의 요인을 중시한다.

4.7.1 파마–프렌치의 3요인 모형

파마–프렌치(Fama–French)의 **3요인 모형(three–factor model)**은 어떤 자산(포트폴리오)의 기대수익률과 무위험수익률의 차이인 $E(R_i)-R_f$를 수익률의 3가지 위험요인에 대한 민감도에 의해 설명한다. 이 위험프리미엄들은 ① 무위험수익률을 초과하는 시장의 전반적인 수익률 $E(R_M)-R_f$, ② 소형주 포트폴리오의 수익률과 대형주 포트폴리오의 수익률 차이(small minus big: SMB), ③ 높은 장부가–시가비율을 가진 포트폴리오 수익률과 낮은 장부가–시가비율의 포트폴리오 수익률의 차이(high minus low: HML)이다. 다요인모형에서 요인 민감도 혹은 체계적 위험은 아래의 회귀모형으로 추정된다.

$$R_i - R_f = a_i + b_{1,i}(R_M - R_f) + b_{2,i}SMB + b_{3,i}HML + \epsilon_i \qquad [4\text{–}14]$$

실증분석 결과는 3요인 모형이 CAPM보다 우수함을 시사한다. 그러나 CAPM에서 제기된 민감도 척도인 베타의 안정성 문제가 SMB와 HML의 민감도에서도 여전히 존재한다. 또한 CAPM과 마찬가지로 3요인 모형도 평균수익률의 변동에 대한 설명력이 크지 않다. 따라서 비록 이론과 증거가 모두 위험과 수익률의 양(+)의 관계를 확증한다고 해도, CAPM이든 다요인모형이든 투자지를 위한 정밀한 도구로 사용하는 데는 모두 한계를 갖는다. 즉 전통적인 CAPM이 겪고 있는 모형의 문제점은 다요인모형이나 APT에서도 여전히 나타나고 있다.

4.7.2 행태적 영향과 4요인 모형

전통적인 모형이 기대수익률과 위험의 관계를 적절하게 표현하는 데 한계를 갖기 때문에, 행태적(behavioral) 요인에 대한 고려가 시작되었다.[8] 특히 많은 투자자들이 동일한 시점에 유사한 행태적 오류를 범하는 모습을 보이기 때문에, 자산의 가격은 전통적인 자산가격결정이론으로는 설명하기 어려울 가능성이 있다.

투자자의 **행태적 위험요인(behavioral risk factor)**은 손실의 실현을 꺼리는 성향, 자신에 대한 과잉확신, 모멘텀(momentum) 등을 포함한다. 이 가운데 모멘텀은 과거에 높은(낮은) 수익률을 보였던 주식은 미래에도 높은(낮은) 수익률을 지속할 것이라는 믿음을 말한다. 이때 과거와 미래의 기간은 몇 개월 단위의 비교적 단기이다. 연구들은 주가가 상승하면 더 많은 순진한 투자자들이 주가가 계속 상승하리라고 생각하는 경향이 있음을 보여준다. 이런 현상에 근거한 모멘텀 투자전략은 집단심리가 작용할 때 더욱 확산되는 경향이 있다는 점에 착안한다. 1990년대 후반에 있었던 IT기업 주식들의 극단적인 상승 버블이 이러한 경향의 예가 될 수 있을 것이다.

3요인 모형이 투자자의 행동에서 유발되는 모멘텀현상을 이례현상에서 제거하지 못하였기 때문에, 모멘텀현상을 포함한 4요인 모형이 제안되었다. 모멘텀요인을 파마-프렌치의 3요인 모형에 추가하면 다음과 같은 4요인 모형(four-factor model)이 된다.

$$R_i - R_f = a_i + b_{1,i}(R_M - R_f) + b_{2,i}SMB + b_{3,i}HML + b_{4,i}UMD + \epsilon_i \quad [4\text{–}15]$$

이 모형은 네 번째 요인 프리미엄으로 높은 과거 수익률을 가진 포트폴리오의 수익률과 낮은 과거 수익률을 가진 포트폴리오의 수익률 차이(up minus down: UMD)를 포함한다. 일반적인 실증분석에서 이 차이는 과거 12개월 동안 가장 높은 성과를 보인 포트폴리오 수익률과 가장 낮은 성과를 보인 포트폴리오의 수익률의 차이를 말한다. 모멘텀 이례현상을 포함하는 4요인 모형은 다요인모형의 유용성을 높였다는 평가를 받고 있다.

그러나 우리나라의 다요인모형에 관한 연구결과는 해외의 결과와 항상 일치하는 것은

8 우리는 투자자의 이성적 결정을 가정하곤 하지만, 인간의 행태적 오류(behavioral bias)에 대한 고려는 매우 중요하다. 행태재무(behavioral finance)에 대한 설명은 제5장에서 보다 상세하게 다룰 예정이다.

아니다. 예를 들어 윤상용 · 구본일 · 엄영호 · 한재훈(2009)의 연구에 의하면, 국내 주식시장에서 주식수익률과 장부가–시가비율의 관계는 통계적으로 유의하지 않고, 그 모방 포트폴리오인 HML의 위험프리미엄도 유의적이지 않다. 대신에 주식거래의 회전율(turnover)을 이용하여 유동성위험(liquidity risk)을 반영하는 요인 포트폴리오(non-popular minus popular: NMP)를 포함하는 3요인 모형이 우월한 실증적 근거를 갖고 있음을 보였다.[9] 또한 각국의 문화적 차이에 따라 모멘텀현상의 존재나 강도가 다르다고 주장하는 연구에 따르면,[10] 일본과 우리나라를 포함한 동아시아에서는 모멘텀요인의 유용성이 낮아 보인다. 이러한 현상은 다요인모형에 포함되는 요인의 종류가 이론보다 실증연구에 바탕을 두기 때문이며, 다요인모형을 이용할 때 주의를 기울여야 할 것을 요구한다.

9 윤상용 · 구본일 · 엄영호 · 한재훈, "한국 주식시장에서 유동성 요인을 포함한 3요인 모형의 설명력에 관한 연구," 재무연구 22권 1호(2009), pp.1–44.

10 Chui, A., Sheridan Titman, and J. Wei, "Individualism and Momentum around the World," *Journal of Finance*(Feb. 2010), pp.361–392.

투자 이야기 원숭이의 다트 던지기?

1973년에는 금융 역사에서 투자 관련 책 가운데 명저로 꼽히는 버턴 말킬(Burton G. Malkiel)의 〈랜덤워크 투자수업(*A Random Walk Down Wall Street*)〉이 출간되었다. 충격적인 것은 벽에 월스트리트저널의 주식 섹션을 붙이고 그것을 겨냥해 원숭이에게 다트를 던지게 하고, 다트가 꽂힌 곳의 종목으로 포트폴리오를 구성한다는 내용이다. 그 종목을 선택한 것의 효과는 점괘와도 비슷한 것인데, 인간 펀드매니저가 운용하는 액티브펀드가 결국 이 원숭이의 다트 던지기 펀드와 본질적으로 다르지 않다는 것이다.

고학력의 높은 월급을 받는 펀드매니저를 다트를 던질 수 있는 원숭이에 비유했으니 당연히 반향은 컸다. 그런데 다양한 실증연구의 결과는 대체로 말킬의 비유를 뒷받침하는 것이다. 펀드매니저의 평균적인 성적은 조사하는 시장이나 시기에 따라 결과는 다소 다르지만 대체로 시장평균을 약간 밑돈다. 밑도는 이유는 펀드매니저가 자주 사고팔기 때문에 그만큼의 거래비용이 늘어나는 것으로 생각된다. 물론 그중에는 훌륭한 성적을 거두는 사람도 있지만, 아주 못한 사람도 있다. 그리고 그 성적의 분포는 정규분포에 가까운 형태로 적당히 흩어져 있다. 그것은 랜덤워크이론이 예측하는 결과에 매우 가깝다. 시장 포트폴리오가 가장 효율적인 포트폴리오라는 이론과도 일치한다. 펀드매니저가 높은 수수료를 받기 때문에 일반투자자의 손에 돌아가는 몫은 더 줄어든다. 그렇다면 그렇게 비싼 수수료를 요구하지 않을 원숭이의 다트 던지기에 모든 것을 맡기는 것이 합리적이지 않을까?

물론 다트 던지기를 하는 원숭이에게 수수료를 내려는 투자자는 없을 테니까 더 현실적인 답변으로는 "비싼 수수료를 내고 액티브펀드를 구입하는 것보다 수수료가 싼 인덱스펀드를 구입하는 것이 합리적이다"가 될 것이다. 말킬의 책에 이은 투자 관련 명저로 찰스 엘리스(Charles Ellis)의 〈패자의 게임에서 승자가 되는 법(*Winning the Loser's Game*)〉을 꼽는 사람이 적지 않다. 엘리스의 주장도 말킬과 상통한다. 낙관적인 생각에 매매를 반복하면 투자의 기대수익률은 줄어든다. 그것은 경험을 쌓은 펀드매니저라도 다르지 않다. 투자는 얼마나 잘 맞히느냐보다 어떻게 실수를 최소화하느냐 하는 게임이다. 그것이 엘리스가 말하는 패자의 게임이라는 것이다. 그러니 높은 수수료를 뗀데다 펀드매니저의 실수가 겹치는 액티브펀드보다 인덱스펀드에 투자하는 것이 좋다는 주장이다. 둘 다 랜덤워크이론이나 효율적인 포트폴리오의 생각에 근거해 인덱스펀드의 유리함을 주장한 것이다.

그들의 주장을 모두 받아들일 수는 없겠지만, "이렇게 하면 번다"라든지 "나는 이렇게 벌었다"라는 식으로 주장한 책이 아니라, "시세는 예측할 수 없고 그것은 펀드매니저에게도 마찬가지다"라는 것이 투자의 꿈을 뒤흔드는 결론이지만 어느 정도 투자의 본질에 가까운 내용을 담고 있다고 할 수 있다.

4장 연습문제

01 분산투자에 의해 얻어지는 위험감소효과의 크기는 포트폴리오를 구성하는 주식들 사이의 상관계수 ρ에 의존한다. 다음 보기에서 (가) 위험감소효과가 없는 경우와 (나) 상대적으로 가장 큰 경우를 바르게 지적한 것은 무엇인가?

	(가)	(나)
①	$\rho=1$	$\rho=-1$
②	$\rho=-1$	$\rho=0$
③	$\rho=0$	$\rho=-1$
④	$\rho=0$	$\rho=+1$

02 단일 증권의 위험(표준편차)이 일반적으로 시장 포트폴리오의 위험(표준편차)보다 큰 이유는?

① 수익률이 높아서 ② 분산불가능위험이 커서
③ 위험분산이 이루어지지 않아서 ④ 분산가능위험이 없어서

03 포트폴리오 위험에 대하여 잘못 설명한 것은?

① 포트폴리오의 구성 종목 수가 많으면 항상 위험은 작다.
② 포트폴리오에 편입된 개별 자산이 전체 위험에 공헌하는 정도는 각 자산의 투자비율 및 각 수익률과 전체 포트폴리오 수익률의 상관계수에 의해 결정된다.
③ 포트폴리오의 위험은 일반적으로 종목 수가 증가하면 처음에는 빠르게, 나중에는 천천히 감소한다.
④ 효율적 포트폴리오의 위험프리미엄은 위험에 비례한다.

04 당신은 강일전자(베타=2.1)에 150,000원, 동일화학(베타=0.403)에 25,000원 그리고 명일제약(베타=−0.08)에 20,000원을 투자하려고 한다. 이 투자 포트폴리오의 베타는 얼마인가?

05 다음 중 비체계적 위험은 무엇인가?

① 분산불가능위험

② 기업특유의 위험
③ 시장위험
④ 거시경제적인 변화에 의한 모든 위험자산의 변동성

06 균형 자본시장에서 투자자산의 기대수익률과 위험의 관계를 직선으로 나타낸 것은 무엇인가?

① 증권특성선 ② 증권시장선
③ 자본배분선 ④ 자본시장선

07 다음 중 β계수에 관한 설명으로 옳지 않은 것은?

① β가 0인 증권의 기대수익률은 0이다.
② 해당 자산과 시장의 공분산을 시장의 분산으로 나눈 값이다.
③ β가 1일 경우 종합주가지수가 1% 변동하면 이 주식의 수익률도 똑같이 1% 변동한다.
④ $\beta > 1$이면 공격적 증권이고, $\beta < 1$이면 방어적 증권이다.

08 시장의 기대수익률은 11%, 무위험수익률은 5%, 한일기업의 베타는 0.9이다. 한일기업의 요구수익률은 얼마인가?

09 무위험수익률은 5%, 시장 포트폴리오의 기대수익률은 15%이다. 이 정보를 이용하여 증권시장선(SML)을 그리시오.

※ [10~11] 대한산업은 지난 12개월 동안 다음과 같은 결과를 얻었다.

월	대한산업 주식(%)	주가지수(%)	월	대한산업 주식(%)	주가지수(%)
1	18	11	7	8	10
2	13	10	8	11	18
3	−11	−9	9	−5	−9
4	18	16	10	19	15
5	21	24	11	20	25
6	−6	−9	12	−5	−10

10 베타를 계산하시오.

11 만일 이번 달 시장의 월수익률이 12%이고 대한산업은 11%이었다면, 대한산업의 성과는 어떻게 평가받을 수 있는가? 단, 무위험수익률은 5%이다.

※ [12~14] **주어진 다음 정보만을 바탕으로 질문에 답하시오.**

구분	기대수익률(%)	표준편차(%)	베타
주식 A	12	20	1.3
주식 B	9	15	0.7
시장지수	10	12	
무위험수익률	5		

12 증권시장선(SML)을 그리고 주식 A와 주식 B의 위치를 표시하시오.

13 주식 A와 주식 B의 알파를 계산하시오.

14 무위험수익률이 7%로 증가한다면 어느 주식이 더 높은 기대수익률을 갖는가?

15 시장 포트폴리오의 기대수익률은 12%이고, 베타가 1.5인 주식의 기대수익률은 16%이다. 주식시장이 현재 균형상태를 유지한다고 가정하자. 투자자들이 물가상승을 예상하여 이자율이 2% 포인트 상승한다면, 이 주식의 기대수익률은 얼마인가? (힌트: SML의 기울기는 변하지 않는다).

16 기말의 가치가 50,000원이 될 확률과 150,000원이 될 확률이 각각 1/2인 위험투자안이 있다. 시장의 무위험수익률은 5%이다. 어느 투자자가 이 투자안이 갖고 있는 위험에 대한 대가로 10%의 수익률을 요구한다면, 이 사람이 평가하는 투자안의 가치는 얼마인가?

17 무위험수익률은 10%이고 시장수익률은 14%이다. 다음 주식의 기대수익률을 계산하고, 증권시장선에 그리시오.

주식	베타	기대수익률
한라	0.85	
백두	1.25	
천하	−0.20	

18 다음 중 그 설명이 타당하지 않은 것을 고르시오.

① 시장 포트폴리오를 구성하는 위험자산의 투자비중은 투자자의 위험선호체계에 의하여 달라진다.
② 시장 포트폴리오는 무위험자산을 배제한다.
③ 시장 포트폴리오는 효율적으로 분산된 포트폴리오이다.
④ 시장 포트폴리오는 지수펀드와 비슷한 구조이다.

19 만약 증권시장선이 아래 그림과 같이 A에서 B로 이동하였다면, 가능한 이유는 무엇인가?

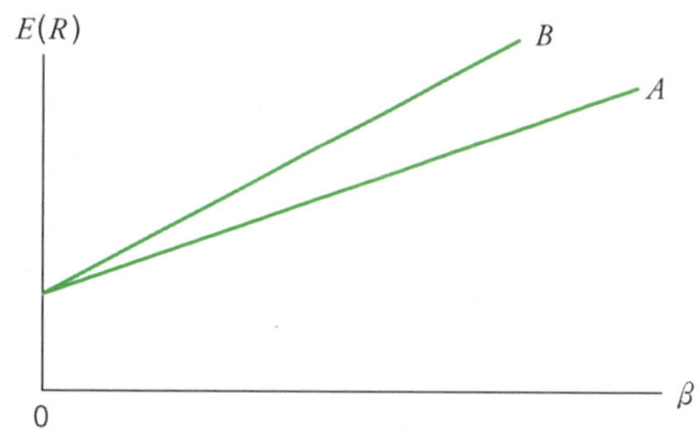

① 투자자들이 위험중립적으로 변했기 때문이다.
② 인플레이션이 발생하였기 때문이다.
③ 투자자들이 위험회피형으로 변했기 때문이다.
④ 무위험수익률이 하락하였기 때문이다.

20 다음 중 CAPM에 대한 설명으로 잘못된 것은?

① 진정한 의미의 CAPM 검증을 위해서는 시장 포트폴리오가 효율적 포트폴리오인지 검증되어야 한다.
② CAPM은 과거의 투자수익률과 베타계수의 관계를 의미하고 따라서 과거의 자료를 이용하여 검증할 수 있다는 장점을 가지고 있다.
③ CAPM의 검증결과는 시장 포트폴리오를 어떻게 정의하는지에 의해 달라질 수 있다.
④ 무위험자산이 존재하지 않더라도 제로베타 포트폴리오를 이용하여 CAPM과 유사한 결론을 얻을 수 있다.

21 차익거래에 관한 설명으로 옳지 않은 것은?

① 일물일가의 법칙(law of one price)이 충족되지 않을 때 차익거래가 발생한다.

② 차익거래를 행하기 위하여 구성한 포트폴리오의 기대수익률은 자본시장의 평균수익률과 같아야 한다.
③ 아무런 제약 없이 차익거래가 이루어질 수 있는 시장에서, 개별 자산의 기대수익률은 공통요인에 대한 그 자산의 민감도와 선형적 관계를 갖는다.
④ 차익거래가 활발하게 이루어지면, 동일한 기대수익률과 위험을 갖는 두 자산은 동일한 가격으로 거래되어야 한다.

22 차익거래가격결정이론(APT)에 관한 설명 중 옳지 않은 것은?

① 차익거래는 위험수용 없이 이익을 얻을 수 있는 거래를 말한다.
② 위험요인은 자산의 기대수익률에 영향을 미친다.
③ 기업특유요인을 증권의 가격결정에 반영하는 모형이다.
④ 요인 포트폴리오는 해당 요인에 대해서 1의 민감도를 갖는다.

23 APT와 CAPM에 관한 설명 중 틀린 것은?

① 두 모형 모두 위험프리미엄을 추정한다.
② APT의 가정은 CAPM보다 더 비현실적이다.
③ CAPM은 APT의 특수한 형태로 간주될 수 있다.
④ APT의 문제점은 체계적 위험요인을 특정하지 않는다는 것이다.

24 다음 중 파마-프렌치(Fama-French)의 3요인 모형에 포함되지 않는 것은?

① 시장 베타
② 소형주 포트폴리오 수익률과 대형주 포트폴리오 수익률의 차이
③ 높은 장부가-시가 포트폴리오 수익률과 낮은 장부가-시가 포트폴리오 수익률의 차이
④ 행태적 요인

연습문제 풀이

01 ① 분산투자효과는 상관계수가 1일 때 나타나지 않으며, −1일 때 최대가 된다.

03 ①

05 ② 분산불가능위험, 시장위험, 거시경제적인 변화에 의한 모든 위험자산의 변동성은 체계적 위험과 같은 의미이기 때문이다.

07 ①

09 증권시장선은 아래와 같다.

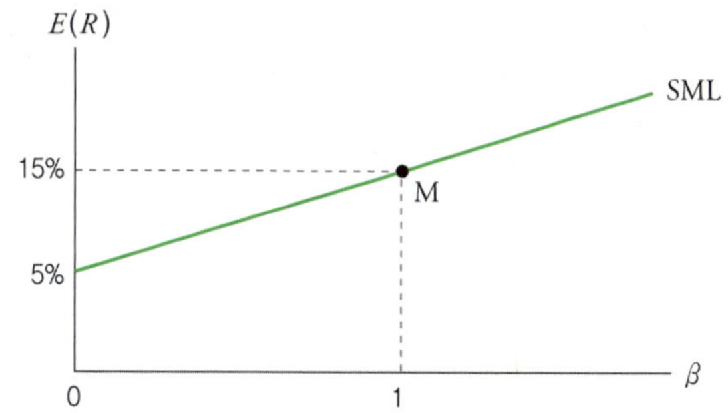

11 시장 포트폴리오의 체계적 위험에 대한 보상(트레이너비율, 제11장 참고)은 $\frac{R_M - R_f}{\beta_M} = \frac{12\% - R_f}{1}$ 이고, 대한산업 주식의 체계적 위험에 대한 보상은 $\frac{R_{대한} - R_f}{\beta_{대한}} = \frac{11\% - R_f}{0.83}$ 이다.

대한산업 주식은 시장 포트폴리오보다 높은 트레이너비율을 가지므로 좋은 성과를 낸 것으로 평가될 수 있다.

13 주식 A의 알파: 12%−11.5%=0.5%
주식 B의 알파: 9%−8.5%=0.5%

15 여기에서 현재 무위험수익률이 주어져 있지 않으므로 먼저 무위험수익률 R_f를 계산한다. 16%= R_f + (12%−R_f)×1.5이므로 R_f=4%이다. 이때 기대 물가상승률이 2% 증가하면, 무위험수익률도 같은 크기만큼 상승한다. 따라서 새로운 기대수익률은 6%+(14%−6%)1.5=18%이다.

17 한라, 백두, 천하의 기대수익률을 계산하면 다음과 같다.
한라: 10%+(14%−10%)0.85=13.4%
백두: 10%+(14%−10%)1.25=15.0%
천하: 10%+(14%−10%)(−0.20)=9.2%
이를 증권시장선에서 나타내면 다음과 같다.

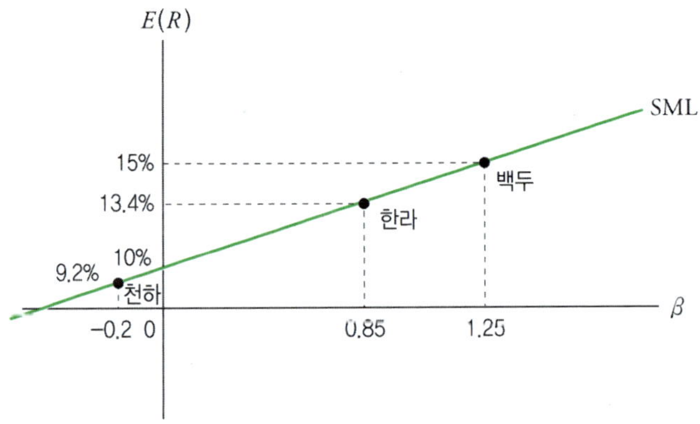

19 ③ 투자자들이 위험회피형으로 변했기 때문에 기울기가 상승했다.

21 ②

23 ②

3부

자본시장, 주식과 채권

- 5장 효율적 시장과 형태재무
- 6장 증권분석
- 7장 채권수익률과 가격
- 8장 채권투자전략

효율적 자본시장(efficient capital market)은 증권의 시장가격이 모든 관련 정보를 빠르고 적절하게 반영하는 시장이다. 만약 시장이 효율적이라면 투자자는 위험에 상응하는 수익을 초과하는 비정상수익률을 얻기 어렵다. 반대로 만약 시장이 비효율적이라면 위험조정수익률을 초과하는 투자전략을 추구할 수 있을 것이다. 제5장은 증권시장의 효율성에 관한 이론과 실증적 결과들을 소개한다. 또한 효율적 시장가설의 검증과정에서 발견된 이례현상과 투자자의 심리적 측면을 강조하는 **행태재무(behavioral finance)**를 설명한다. 제6장은 증권의 가치를 평가하고 분석하여, 잘못 평가된 증권을 찾기 위한 체계적 방법인 **증권분석(security analysis)**을 소개한다.

한편 **채권(bond)**은 정해진 현금흐름을 정해진 기간 동안 지급할 것을 약속하는 대표적인 유가증권으로, 채무자인 기업이나 정부에게는 자금조달수단이고 채권자에게는 투자상품이다. 제7장은 **확정소득증권(fixed income security)**인 채권의 기본적 특성과 가격, 수익률을 설명한다. 제8장은 채권 포트폴리오의 관리를 위해 고려해야 하는 이자율위험, 듀레이션과 볼록성, 소극적 및 적극적 투자전략을 소개한다.

5장 효율적 시장과 행태재무

효율적 시장(efficient market)은 새로운 뉴스가 시장에 도착하면 증권의 시장가격에 빠른 조정이 일어나고, 현재의 시장가격에 증권에 관한 모든 이용가능한 정보가 반영되는 시장이다. 지난 수십 년간 재무금융분야의 학자들 사이에 있었던 중요한 논란 중 하나는 자본시장이 과연 효율적이냐 아니냐에 관한 것이었다. 왜 이러한 연구가 중요하였을까? 그것은 시장이 효율적이라면 우리는 투자를 통해서 위험에 상응하는 수익률을 초과하여 수익을 얻을 것이라고 기대하기 어렵고, 시장이 비효율적이라면 위험에 비해 높은 비정상 수익률을 얻을 기회가 있다는 것을 의미하기 때문이다. 따라서 투자론을 연구하는 학자들 사이에 시장의 효율성에 관한 논쟁이 치열하게 전개되었다. 그러나 시장 버블과 폭락을 경험하면서 시장효율성에 대한 설명은 새로운 국면을 맞게 되었고 행태재무(behavioral finance)의 등장으로 시장 이례현상에 대한 흥미로운 해석이 나타났다.

이번 장에서는 오랫동안 재무학자들 사이에서 논란이 되어온 '효율적 시장가설(efficient market hypothesis: EMH)'에 대해 학습할 것이다. 그리고 이 가설을 지지하거나 혹은 반박하는 연구와 분석결과를 살펴보고 시장효율성이 투자에 주는 의미를 이해할 것이다.

5.1 증권시장의 효율성

효율적 자본시장에서 증권가격은 미래에 발행하는 모든 현금흐름의 순현재가치인 기대가치를 효과적으로 대표한다. 이때 미래의 현금흐름은 합당한 위험조정수익률로 할인이 된다. 만일 증권시장이 완전히 효율적(perfectly efficient)이려면 ① 시장에는 대규모로 매도자와 매수자가 있으며, ② 정보는 무료로 입수가능해야 하며, ③ 시장 참여와 탈퇴가 자유롭게 일어나야 한다. 전반적으로는 효율적 시장의 기준이 주식시장에서는 어느 정도 충족된다고 할 수 있다. 첫째, 수많은 투자자가 주식을 활발하게 거래하고 있다. 둘째, 자본시장의 정보는 개인투자자에게 인터넷, TV, 뉴스를 통해 널리 퍼지고 있다. 과거에는 전문 투자자에게만 제공되던 고급정보도 이제는 순식간에 인터넷을 통해 제공된다. 셋째, 시장참가자의 참여와 탈퇴는 주식의 수요자인 투자자뿐만 아니라 주식의 공급자인 기업 측면에서도 IPO나 유상증자를 통해 빠르게 이루어지고 있다.

효율적 시장에서 주식의 가격은 수요와 공급의 집단적 지혜를 반영한다고 할 수 있다. 따라서 주식의 시장가격은 기업의 미래 전망에 대하여 현재 모두에게 알려진 이용가능한 정보를 반영한 최선의 예측이다. 따라서 시장의 효율성은 개인이든 전문가든 시장을 이기는 것을 어렵게 만들고 있다.

5.1.1 효율적 시장가설

기본 전제

효율적 시장가설(efficient market hypothesis: EMH)은 증권가격이 모든 이용가능한 정보를 신속하고 완전하게 반영한다는 것이다. 개인투자자나 전문적인 투자자는 모두 증권의 내재된 가치와 시장가격 사이에 차이가 있다고 생각할 때 주식을 매수하거나 매도한다. 시장가격이 인지된 내재가격보다 낮으면 투자자는 적극적으로 증권을 매수하고 결국 가격을 끌어 올린다. 반면에 시장가격이 인지된 내재가격보다 높으면 투자자는 적극적으로 매도를 하고 해당 증권의 가격은 하락한다. 따라서 시장가격은 시장참가자의 거래를 통해 내재가치로 수렴하게 된다.

모든 거래에서 매수와 매도는 동시에 일어난다. 시장에서 매매를 통해서 개별 매도자나 매수자는 거래의 반대편 상대자보다 자신이 무엇인가 더 많이 알고 있는 것처럼 행동하는 것이다. 만일 주식이나 채권시장이 완전하게 효율적이고 현재의 가격이 모든 이용가능한 정보를 완전히 반영한다면 매도자든 매수자든 정보 우위를 가지지 못할 것이다.

완전히 효율적인 시장에서 양자는 동일한 정보를 가지게 된다. 즉 새로운 정보가 도착하여 시장가격에 대한 시장참가자의 판단이 바뀌기 전까지는 모든 관련 정보가 가격에 반영된 상태로 유지된다.

이런 맥락에서 완전경쟁 증권시장에서 가격조정의 과정은 다음과 같다.

① 현재의 증권가격은 모든 관련된 위험과 수익률정보를 반영하고 있다.

② 새로운 정보가 독립적이고 무작위적으로(randomly) 시장에 유입된다.

③ 예상치 못한 새로운 정보를 반영하기 위해 투자자는 즉각적으로 증권가격을 조정한다.

효율적 시장가설(EMH)은 증권의 가격이 효율적으로 결정되는 과정이다. 재무정보가 완전에 가깝게 퍼져있는 현재의 정보통신사회에서 효율적 시장은 증권가격이 알려진 모든 것을 정확하게 반영한다는 것을 의미한다. 새로운 정보가 시장에 도달하면 주식가격은 즉각적으로 변한다. 그러나 새로운 정보는 사전에 예상할 수 없기 때문에, 평균적인 투자자가 그것을 미리 얻을 수 있는 방법은 없다.

시장효율성의 분류

다른 이론들처럼 EMH는 현실세계의 현상을 설명하고 예측하는 데 유용하다. 즉 EMH는 증권가격을 설명하고 가격형성과정을 이해하는 데 도움을 준다. 만일 EMH가 증권의 가격형성과정의 이해에 도움을 주지 못했다면 불필요한 이론으로 이미 폐기되었을 것이다.

현실세계에서 증권시장은 완전경쟁이 아니고 불확실성이 만연하기 때문에 EMH의 성립을 증명하는 것은 거의 불가능하다. 따라서 주식시장의 분석가와 전문가들은 EMH의 개념을 이해하는 데 유용하도록 시장효율성의 형태를 세 가지 개념으로 정의하고 있다. 이것은 2013년에 노벨 경제학상을 수상한 파마(Fama)가 분류한 것으로 주가가 어떤 수준의 정보를 반영하는가에 따른 것이다.[1]

① **약형 가설(weak form)**: 현재 가격은 모든 과거 시장정보를 반영한다. 과거 주식가

1 Fama, E. (1970), "Efficient Capital Markets: A Review of Theory and Empirical Work," *Journal of Finance* 25(2).

격과 거래량을 근거로 한 거래규칙은 소용이 없다.

② **준강형 가설(semi-strong form)**: 현재가격은 모든 공적인(public) 정보를 반영한다. 공개된 정보를 근거로 한 거래규칙은 효과적이지 않다.

③ **강형 가설(strong form)**: 현재가격은 모든 공적인 그리고 사적인(private) 정보를 반영한다. 모든 거래규칙은 의미가 없다.

세 가지 EMH의 형태는 어떤 시점에서 증권가격에 포함된 정보수준에 대하여 약간 다른 가정을 하고 있다. 모든 분류에서 실증 증거가 EMH를 지지하지 않으면, 시장은 **비효율적(inefficient)**이라고 할 수 있다. 우선 약형 EMH는 주가가 시장의 과거 정보를 신속하고 정확하게 반영하기 때문에 **기술적 분석(technical analysis)**과 같은 추세분석으로 비정상수익률을 얻을 수 없다는 것이다. 과거의 주가움직임이나 주식거래량과 같은 정보는 누구나 비용 없이 구할 수 있다. 만약 누군가 과거 정보를 가지고 미래 주가움직임을 예측할 수 있다면 이미 그 순간 많은 투자자가 같은 정보를 이용하여 주식을 매매하려는 행동을 취하게 된다. 따라서 시장정보를 근거로 투자한 투자자가 얻을 수 있는 수익률은 정상적인 기대수익률에 불과할 것이다. 여기서 주의할 점은 효율적 시장가설이 의미하는 것은 이미 알려진 정보를 이용하여 초과수익을 얻을 수 없다는 것이지, 모든 정보가 의미없다는 것은 아니라는 것이다. 만일 당신이 과거 정보에서 '새로운 정보를 획득한다면' 초과수익을 낼 수 있을 것이다.

그림 5-1 시장효율성과 관련 정보

[그림 5-1]은 3가지 효율성의 수준에 따른 관련 정보를 보여준다. 약형 가설은 시장 효율성을 판단하기 위한 가장 쉽고 낮은 수준의 정보기준이다. 약형 가설에 따르면 주식 가격은 과거의 모든 가격과 거래량 활동을 반영한다. 예를 들어 약형 효율적 시장에서 주가가 연일 계속 오르고 있다거나 시장에 과도하게 매도가 발생했다는 정보를 근거로 거래를 해서 시장수익률을 넘는 비정상수익률을 얻는 것은 어렵다. 효율적 시장에서 과도한 매도나 과열된 매수는 존재하지 않는다. 시장참가자는 모두 관련된 정보를 가지고 있고 미래 전망을 정확하게 평가한 후에 합리적으로 행동하기 때문이다.

준강형 가설은 약형 가설에 비해 좀 더 기준이 엄격하다. 준강형 가설에서는 어떤 투자자도 공적으로 얻을 수 있는 정보(public information)를 근거로 매매해서 비정상수익률을 얻을 수 없다. 과거 수익률이나 거래량은 공적인 정보의 일부에 지나지 않는다. 따라서 약형 가설이 성립한다면 당연히 준강형 가설이 성립된다. 공적인 정보인 뉴스나 예기치 않았던 기업공시가 발표되면 준강형 효율적 시장에서 주식가격은 빠르게 조정되기 때문에 정보 습득 이후에 주식을 매매하는 투자자는 정상적 위험조정수익률 이상을 얻을 수 없다. 준강형 가설에 따르면 신문에서 읽거나 TV에서 보거나 인터넷에서 알게 된 모든 것은 이미 주식가격에 반영되어 있다. 따라서 기업에 대한 **기본적 분석(fundamental analysis)**은 정상적인 수익률만을 보상해 줄 뿐이다. 물론 공개된 자료를 분석하여 시장이 모르는 새로운 사실이나 정보를 발견한다면 초과수익을 낼 수 있겠지만 실제로 성공하기는 매우 어렵다. 이러한 경쟁적인 분석을 통해 시장은 더욱 효율적으로 되고 주가는 이런 정보를 더욱 빠르게 반영하게 되는 것이다.

CEO나 기타 내부자(insider)가 자기회사의 주식 투자에서 정상 이상의 수익률을 얻는다면, 우월한 **내부정보(inside information)**를 사적으로 이용하여 이익을 보았다고 할 수 있다. 이 경우에 약형이나 준강형 가설로 시장효율성을 판단할 수 없다. 왜냐하면 회사의 내부자만이 알 수 있는 정보는 과거 시장정보나 공개된 정보가 아니기 때문이다. 만일 내부정보를 이용하여 비정상수익률을 얻을 수 있다면, 이것은 강형 효율성 가설을 부정하는 것이다. 내부정보를 통해 초과수익을 얻는 것은 불법적이긴 하지만 가능하기 때문에 강형 EMH는 비현실적이다. 강형 EMH에서 주가는 모든 정보를 반영하는 매우 극단적인 시장효율성을 말한다.

예제 5-1 시장효율성

다음 예문이 의미하는 시장효율성이 성립 혹은 부정되는 이유는 무엇인지 생각해보자.

(1) 투자자는 과거 닷새 동안 가격이 상승한 회사를 찾고 있다. 이와 같은 주식을 매수한 후 사흘 뒤에 매도하는 전략으로 지속적으로 양(+)의 초과수익률을 얻었다.
(2) 투자자는 기업의 연차보고서를 분석해서 낮은 주가이익(P/E)비율을 가진 주식에 투자를 집중하였다. 이 투자자는 주가지수수익률과 같은 수익률을 얻었다.
(3) 증권분석가는 회사 CEO가 영업손실을 발표하기 직전에 회사 주식을 매도하는 것을 발견하였다.

| 풀이 |

(1) 투자자는 과거의 시장정보를 이용하여 초과이익을 얻었기에 약형 가설이 부정된다.
(2) 투자자는 공개된 정보를 분석해서 시장수익률을 얻었기에 준강형 가설이 성립된다.
(3) CEO는 내부정보를 이용해서 이익을 얻었기에 강형 가설이 부정된다.

무작위 행보이론

무작위 행보(random walk)는 예측을 부정하는 숫자의 불규칙적인 움직임이다. 주식시장에서 무작위 행보이론은 주식가격의 움직임이 어떤 규칙이나 추세를 따르지 않는다는 것을 강조한다. 따라서 과거 가격의 움직임은 미래 가격을 예측하는 데 도움이 안 된다. 모든 가격변화는 과거 가격으로부터 임의로 무작위적으로 움직인다.

무작위 행보이론은 1900년 '투기의 이론(The Theory of Speculation)'으로 박사학위를 받은 프랑스 수학자 바슐리에(Louis Bachelier)로 거슬러 올라간다. 그는 주식가격이 무작위 행보를 따른다면 투기자 이익의 수학적 기대값은 0이라고 결론지었다. 그는 전문가나 초보자나 동일한 성공 확률을 가지는 공정한 게임으로 시장을 설명하였다. 불행히도 그의 생각은 너무 시대를 앞선 것이어서 50년 넘게 학계의 관심 밖에 머물다가 사람들에게 알려지게 되었다. 무작위 행보의 개념이 주식시장에 적용되는 논리는 단순하다. 증권시장에는 수많은 전문투자자와 증권분석가로 넘쳐나고 있기 때문이다. 개인투자자 역시 이익을 추구하며 거래에 참가하고 있다. 이들은 모두 저평가된 증권을 매수하고 고평가된 주식을 매도하려고 혈안이 되어 있다. 시장에 경쟁자가 늘어날수록 관련된 정보는 더 빨리 확산되고 시장은 더 효율적으로 된다.

무작위 행보의 아이디어는 오늘의 뉴스는 오늘의 주가에 반영되고 내일의 가격변화는 내일의 뉴스만을 반영한다는 것이다. 뉴스는 정의에 따라 예측이 불가능하고 무작위적이다. 가격변화가 제공되는 뉴스의 함수라면, 주식가격의 변화는 예측불가능하고 무작위적일 수밖에 없는 것이다.

주식이 장기에 걸쳐서 예측이 가능하다고 하더라고, 주식시장의 일별 수익률이 보여주는 모습은 **추세를 가진 무작위 행보(random walk with drift)**이다. 주식의 일별 수익률은 약간의 상향 추세를 가지고 있어서 장기적으로는 양(+)의 기대수익률을 보여준다. 그러나 무작위 행보이론에서는 여전히 주식시장의 단기수익률은 예측불가능하다는 것을 강조한다. 즉 약형 효율적 시장에서 가정하는 바와 같이 과거의 주가와 거래량 자료는 이미 주가에 반영되었다고 볼 수 있다. 그러나 우리는 흔히 실제 생활에서 차트분석과 과거자료를 이용한 투자전략을 목격한다. 이러한 시도가 가지는 의미에 대하여 생각해보자.

일반적으로 주식의 단기수익률은 무작위로 예측불가능하게 움직인다고 할 수 있다. 그럼에도 불구하고 많은 투자자들은 주식가격과 거래량정보를 분석하여 미래 가격의 단서를 찾으려고 노력한다. **차트분석(charting)**은 미래 가격이 과거의 패턴에 따른다고 가정한다. 차트분석가들은 TV 증권방송에 출연해서 투자자를 상담하기도 한다. 차트와 그래프의 매력적인 모습이나 화려한 언변이 돋보일 뿐, 미래의 주식가격을 예측하는 믿을 만한 근거는 거의 없다. 이들의 권유에 따라 투자하여 높은 수익률을 기대하는 것은 조만간 귀인을 만날 것이라는 점괘를 믿는 것과 크게 다르지 않다.

투자 이야기 **증권방송전문가**

- **케이블 인터넷 방송 출연 일부 증권방송전문가들의 부도덕성에 철퇴**

서울중앙지검은 케이블 방송 및 인터넷 방송에 출연하는 증권방송전문가들이 스캘핑(scalping)을 통해 거액의 부당이익을 취득해온 사실을 확인, A씨를 구속기소하는 등 2명을 구속했으며 10여 명에 대해 계속 수사 중이다. A씨는 2009년경부터 전문가로 활동하면서 다수의 증권방송 프로그램에 출연하게 되자 2011.10.4.~2012.1.9. 사이에 B사 주식 등 총 4개 종목의 주식을 선행 매수한 다음 이를 방송에서 추천하고 이후 주가가 오르자 매도하여 약 37억원의 부당이득을 취득했다. (2013년 2월)

- **증권방송 전문가 매수해 주가조작 '검은 커넥션' 덜미**

상장회사와 브로커, 증권방송 전문가가 은밀하게 벌여온 주가조작의 검은 실체가 드러났다. 서울

남부지검 금융조사1부는 증권방송전문가를 매수해 주가를 띄운 뒤 수십억원의 시세차익을 거둔 혐의(자본시장법 위반)로 A사 대주주인 장모(34) 씨와 B사 부회장 진모(52) 씨를 구속기소했다고 14일 밝혔다. 또 주가조작에 가담한 증권방송전문가 김모(22) 씨와 주가조작 브로커 왕모(51) 씨를 같은 혐의로 구속해 재판에 넘겼다.

2014년 2월 고등학교를 졸업한 뒤 인터넷 증권방송사에 텔레마케터로 입사한 김씨는 입사 4개월 만에 증권방송전문가로 활동한 것으로 조사됐다. 또 김씨는 케이블 TV의 증권방송 고정 출연권을 얻기 위해 주가조작과 관련한 정보를 담당 PD에게 제공한 사실도 확인됐다. (2018년 1월)

가끔 투자자는 무작위인 주식수익률의 과거 자료에서 어떤 패턴을 발견하고, 그 패턴에 근거해서 미래를 예측하기도 한다. 정상적인 동전 던지기에서 앞면과 뒷면이 나오는 확률이 절반으로 나오려면 아마도 실행을 30~40번은 해야만 할 것이다. 5번 실행에 4번의 앞면이 나오는 일은 쉽게 일어날 수 있다. 또한 10번 연속으로 앞면이 나왔다고 해도, 여전히 다음 번 실행에서 앞면이 나올 확률은 1/2이다. 동전 던지기와 같은 무작위 사건에서 출현 빈도가 다음번에는 정상적인 확률로 수정될 것이라고 생각하는 것을 **도박사의 오류(gambler's fallacy)**라고 한다. 앞면이 나왔으니 뒷면이 나올 것이라고 생각하는 것은 잘못된 가정이다. 또한 연속적으로 앞면이 나오는 추세가 있으니 추세가 지속될 것이라고 생각하는 것도 잘못이다. 즉 과거의 패턴으로는 미래를 예측할 수 없는 것이다.

용량의 제한이 거의 없는 컴퓨터와 계산기술의 발전으로 인해 과거의 풍부한 자료를 이용해 분석한다면 높은 수익률을 찾을 수 있다고 생각할 수 있다. 과거의 주가와 거래량 자료를 포함한 다양한 자료를 이용해서 컴퓨터로 하여금 최상의 투자전략을 수립하도록 만드는 것이다. 그러나 이러한 **과거 자료분석(back testing)**은 효율적 시장가설이나 투자전략의 유용성을 검증하는 방법이 될 수 없다. 이것은 어제의 신문을 읽으면서 내일 일어날 일을 예측하는 것과 같다. 미국에서 슈퍼볼(Super Bowl) 우승팀이 NFL에서 나오느냐 AFL에서 나오느냐에 따라 그해 주가의 향방이 결정된다는 속설이 있다.[2] NFL 소속 팀이 우승을 하면 주가는 상승하고 AFL 소속 팀이 우승하면 주가는 하락한다는 것이다.

2 Krueger, T. and W. Kennedy (1990), "An Examination of the Super Bowl Stock Market Predictor," *Journal of Finance* 45(2).

이것은 재미있는 결과이기는 하지만, 미식축구팀과 주식시장의 추세와의 관계는 그저 우연에 불과하다.

5.1.2 시장효율성과 투자전략

월스트리트의 오래된 속담 중에 "5월에 팔고 시장을 떠나라" 그리고 "할로윈 지표(Halloween Indicator)"라는 말이 있는데 이 투자전략은 할로윈인 10월 31일부터 5월 1일까지 투자 수익률이 높고 나머지 달에서는 거의 없다는 분석 때문이다. 그 외에도 1월에 주가가 오른다는 1월 효과, 연말에 주가가 오른다는 산타클로스 효과 등 주식투자를 둘러싼 수많은 격언과 유행어가 난무하고 있다. 과연 이러한 말들이 사실이라면 어떤 일이 일어날까? 모든 사람들이 이에 맞추어 투자전략을 실행할 것이고 결국은 경쟁 때문에 아무도 이득을 내지 못하는 결과를 얻게 될 것이다. 이러한 합리적 추론이 바로 시장의 효율성을 주장하는 근거이다.

만일 시장이 효율적이라면 시장을 이기는 투자전략을 구사하기는 쉽지 않다. 따라서 시장효율성과 뛰어난 투자전략은 서로 상충하는 관계에 있다고도 할 수 있다. 그러나 높은 성과를 얻으려는 전문적인 투자자의 경쟁이 없다면 시장효율성은 달성될 수 없다. 투자자 사이의 치열한 경쟁을 통해 차익거래(arbitrage)의 기회가 사라지고 시장은 균형상태를 찾아가게 된다. 즉 시장효율성은 초과성과를 얻으려는 투자전략의 시도에 의해 달성되는 것이며 투자자의 경쟁이 약화되면 시장효율성도 약화된다. 시장효율성이 약화되면 초과성과를 얻을 수 있는 기회가 발생하고 다시 전문적인 투자자의 투자전략을 유발하게 될 것이다. 결국 시장이 효율적이기 때문에 초과수익을 추구하는 투자전략이 유효하지 않다는 것은 잘못된 인식이다. 시장효율성은 투자전략의 결과로 이루어지고, 경쟁이 배제된 시장은 효율적 시장이 될 수 없다.

시장이 경쟁적이라고 하더라도 시장의 효율성이 이루어질 수 없다는 견해가 있다. 주식시장은 관습이나 전통, 그리고 사람들의 행동에 의해서 영향을 받을 수 있기 때문이다. 실제 이러한 예는 현실에서 많이 볼 수 있다. 따라서 최근에는 시장을 합리적 투자자의 경쟁에 의한 효율적 시장으로 바라보기보다는 투자자의 행태적 특성에 영향을 받는다는 점을 인정하고 분석하려는 움직임이 커지고 있다.

효율적 시장에 대한 공격

수십 년 동안 주식시장의 변동성을 해석하면서 월스트리트의 시장참가자들뿐만 아니라 학자들 사이에도 논쟁이 있었다. 전통적으로 우리는 주식의 변동성을 주식시장이 효율적으로 작동하면서 나타나는 위험을 반영하는 단순한 과정의 하나로 보았다. 그러나 시장에서 관찰해본 결과, 주식가격의 변동성은 주식의 본질가치에 가장 큰 영향을 주는 배당의 변동성과 비교했을 때 너무 크다는 점이 일부에서 지적되었다. 즉 본질가치에 직접적인 영향을 주는 배당금의 변화에 비해 주식가격의 변화가 더 크다는 것이다.

EMH를 비판하는 사람들을 설득하기 위해서는 본질가치의 변화보다 주식가격의 변동성이 더 크지는 않아야 한다. 왜냐하면 EMH에서는 주식가격의 변화를 가져오는 본질가치의 변화를 시장이 효율적으로 예측하고 주식가격에 반영하기 때문이다. 만일 주식가격의 변동성이 더 크다면 시장의 본질가치에 대한 예측에 추정오차가 있다는 것이다. 즉 낙관적인 예측은 양(+)의 추정오차를 만들고 비관적인 예측은 음(−)의 추정오차를 만들 것이다. 어느 경우든 추정오차가 있다면 그것은 거래를 통해 이득을 얻을 수 있는 투자기회가 있다는 것이고 그것은 시장효율성에 어긋나는 것이 된다.

따라서 완전히 효율적인 시장에서 주식시장의 변동성은 본질가치의 변동성보다 높아서는 안 된다. 또한 본질가치의 지표인 배당금의 경우에는 변화가 매우 느리지만 주식가격은 매우 빠르게 변한다는 사실에서 EMH는 비판을 받게 된다. 물론 배당정책은 기업의 투자기회와 사업전략에 따라 결정되며 경영자는 배당금의 잦은 변화를 의도적으로 꺼리는 경향이 있지만, 이를 감안하더라도 주가의 단기적인 변동성은 과도하다고 할 수 있다.

5.1.3 효율적 시장가설의 검증

제4장에서 다루었던 전통적인 단일요인 CAPM과 파마-프렌치(Fama-French)의 3요인 모형과 같은 다요인모형이 효율적 시장가설을 검증하는 도구로 사용될 수 있다. 시장효율성의 검증을 위해 기대수익률로부터 벗어나는 오차를 분리해서 분석한다. 즉 CAPM이나 다요인모형을 이용하여 완전 자본시장에서 예측되는 가격에서 개별 자산의 가격이 벗어나는지를 분석한다. 자산가격결정모형이 예측하는 기대수익률을 넘는 비정상수익률(초과수익률)의 존재는 효율적 시장가설과는 배치되는 결과가 될 것이다. 이러

한 비정상수익률은 단순히 통계적으로 유의적인 것을 넘어서 위험조정 이후에 경제적으로 의미 있는 수익률로 시장이 투자자에게 보상한다는 것을 말한다. 이제부터는 효율적 시장가설의 분류에 따라 지금까지 이루어진 실증연구를 하나씩 살펴보도록 한다.

약형 효율적 시장의 검증

약형 EMH의 검증은 크게 두 가지로 나누어진다. 첫째는 수익률의 독립성 검증이고 둘째는 거래규칙에 관한 검증이다. 시장이 약형 EMH에 따르면 과거의 주가수익률을 가지고 미래의 수익률을 예측할 수 없다. "과거의 주가를 가지고 미래의 주가 움직임을 알 수 있을 것인가?"는 주식시장에 투자하는 모든 사람들이 한번쯤은 생각해본 질문일 것이다. 따라서 시장효율성 검증의 첫 번째 방법은 수익률의 예측능력에 관한 것이다. 즉 이것은 주가수익률이 서로 독립적인지 아닌지를 검증하는 것이다.

수익률의 독립성분석에는 자기상관검증(autocorrelation test)과 연분석(run test)이 있다. 자기상관검증은 시간의 흐름에 따른 수익률 사이의 관련성을 분석한다. 예를 들어 어느 특정한 날 t의 수익률이 $t-1$, $t-2$ 혹은 $t-3$의 수익률과 어떤 관련성이 있는지를 살펴본다. 많은 연구가 이러한 연속 상관(serial correlation)에 관한 분석을 시도했다. 결과는 주가수익률의 일별 상관관계가 없는 것으로 나타났다. 일부 연구에서는 개별 주식보다는 소규모 주식의 포트폴리오에서 상관관계가 있는 것으로 나타났다. 그러나 소규모 주식의 거래비용이 상대적으로 크기 때문에 이러한 소규모 주식 포트폴리오에서 나타난 상관관계의 결과가 경제적 수익성을 가져다줄 수는 없을 것이다.

주가수익률의 독립성분석을 위한 또 다른 방법으로 연분석이 있다. 연분석은 상승(+)과 하락(−)의 두 종류 부호가 순서에 따라 배열될 때 동일한 부호를 가진 덩어리 부분으로 구분해서 전체의 기간이 몇 개의 부분으로 나누어졌는지를 조사하여 무작위성을 분석한다. 이때 같은 부호가 2번 연속 발생하게 되면 그 부분을 연(run)이라고 한다. 연에 속한 부호의 숫자를 가지고 독립성을 분석하게 되는데, 연구결과는 독립적으로 밝혀졌다.

약형 EMH의 두 번째 검증방법은 거래규칙(trading rule)을 분석하는 것이다. 즉 기술적 분석을 통한 거래에서 양(+)의 초과수익을 얻을 수 있는지의 여부를 판별한다. 만일 거래규칙이 존재한다면 과거정보를 이용하여 비정상수익률을 얻을 수 있을 것이다. 그러나 거래규칙 연구에는 주의해야 할 점이 있다. 첫째, 투자자가 거래규칙을 실행할 때

반드시 거래규칙 실행 당시에 이용가능한 정보만을 사용해야만 한다. 둘째, 거래규칙을 실행하기 위해서 필요한 거래비용을 고려해야만 한다. 셋째, 거래규칙이 단순히 위험이 큰 포트폴리오를 매수하는 것일 수도 있기 때문에 위험을 조정해야 한다. **필터기법(filter rule)**은 가장 대표적인 거래규칙으로, 예를 들어 5%의 필터라고 하면 주가가 5% 이상 증가하면 주식을 매수하고 5% 이상 하락하면 매도한다는 전략이다. 이러한 필터기법의 거래규칙을 0.5%에서 50%의 필터를 이용하여 조사한 학자들의 실증연구결과 필터기법에 의한 주식투자에서 거래비용을 고려하지 않는 경우에 평균 기대수익률을 약간 상회하는 것으로 나타났다. 그러나 거래비용을 포함하면 수익은 손실로 바뀌는 것으로 밝혀졌다.

드봉과 탈러(DeBondt and Thaler, 1985)는 투자자가 예기치 않은 사건에 대해 과잉반응(over-reaction)한다는 가설을 세우면서, 이러한 가설을 주식가격에 적용하여 패자(loser) 포트폴리오가 승자(winner) 포트폴리오를 수익률에서 앞선다고 주장하였다.[3] 극단적인 수익률을 경험한 주식으로 포트폴리오를 구성한 이후에 장기적으로 수익률의 **역전현상(reversal)**이 발생하는 경향이 있다는 것이다. 또한 **모멘텀(momentum)**은 과거에 높은(낮은) 수익률을 가진 주식이 미래에도 높은(낮은) 수익률을 지속하는 현상이다. 과거의 수익률을 근거로 한 이러한 수익률 예측은 약형 EMH에 위반되는 것이라고 할 수 있다. 그러나 이에 관해서는 실증연구방법에 대한 의문이 제기되기도 하며 특정 시기와 특정 국가에서만 나타난다는 현상이라는 주장도 있다.

준강형 효율적 시장의 검증

준강형 EMH에서는 모든 공개된 정보의 발표에 주식가격이 빠르게 조정된다. 즉 주식가격은 모든 공개된 정보를 완전하게 반영한다. 준강형 EMH를 검증하는 연구는 크게 두 가지 부류로 분류할 수 있다.

① 주식가격이나 거래량처럼 약형 검증에서 사용되었던 순수한 시장정보를 포함해 모든 공개된 정보를 이용하여 **미래의 수익률을 예측**할 수 있는지를 검증한다. 이러한 연구는 수익률의 시계열분석(time-series) 혹은 횡단면분석(cross-section)을 의미한다.

3 DeBondt, Werner and Richard Thaler(1985), "Does the Stock Market Overreact?," *Journal of Finance*.

② 특별한 경제적 사건에 주식가격이 빠르게 조정되는 것을 검증하는 **사건연구(event study)**가 있다. 특정 사건의 공시 이후에 주식에 투자하여 위험을 조정한 수익률을 초과하는 비정상수익률을 얻을 수 있는지를 검증한다.

(1) 미래수익률의 예측과 이례현상

공개된 정보를 이용하여 미래의 수익률을 예측할 수 있다면 준강형 EMH가 성립되지 않는다고 말할 수 있다. 즉 공개된 정보를 이용한 투자를 통해서 미래에 위험을 조정한 수익률보다 높은 비정상수익률을 얻을 수 있다는 것이다. 그렇다면 비정상수익률을 계산하기 위해서 우리는 위험을 조정한 수익률을 정의해야 할 것이다. 이를 위해서 이미 제4장에서 자산가격결정모형(asset pricing model)을 학습하였다.

효율적 시장에서 모든 증권은 동일한 위험조정수익률을 가진다. 왜냐하면 증권가격은 증권의 위험에 영향을 주는 모든 공개된 정보를 반영하기 때문이다. 횡단면분석에 관한 연구는 공개된 정보를 이용하여 주식이 평균 이상(혹은 평균 이하)의 위험조정수익률을 얻을 수 있는지를 검토한다. 이러한 유형의 연구는 위험에 따르는 정상수익률을 측정하는 자산가격결정모형의 타당성과 EMH를 동시에 검증하는 셈이기 때문에 소위 **결합가설(joint hypothesis)** 문제와 관련되어 있다. 즉 연구결과 비정상수익률을 발견하게 된다면 이는 EMH가 틀린 것일 수도 있고 정상수익률의 계산에 사용된 위험조정 가격결정모형이 틀린 것일 수도 있다는 것이다. 따라서 결과에 대한 해석에서 시장의 효율성에 대한 견해에 따라 학자들은 각기 다른 주장을 내세우기도 한다.

자산가격결정모형이 타당하다고 가정할 때, 만일 공개된 정보를 이용하여 규칙적인 수익률 패턴을 얻을 수 있다면 이것은 전통적인 자산가격결정모형으로 설명할 수 없는 **이례현상(anomaly)**이라고 부른다. 즉 증권시장이 지속적으로 비정상수익률을 보임으로써 시장의 비효율성이 지속되는 현상을 말한다.

(2) 시계열 수익률 예측의 결과

시계열분석에서 검증의 요점은 어떤 공개된 정보가 단기수익률 혹은 장기수익률에 대하여 우수한 예측결과를 제공할 것인지를 분석하는 것이다. 공개된 정보를 이용하여 미래의 수익률을 예측하는 실증연구의 결과는 단기수익률의 예측에서는 제한적인 성공만을 보여주지만 장기수익률의 분석에서는 꽤 성공적인 것으로 나타났다.

위험프리미엄: 우선 **배당수익률**(배당금/주가: D/P) 연구가 있는데, 배당수익률과 미래의 장기수익률 사이에 양(+)의 관계가 발견되었다. 배당수익률이 높으면 동일한 배당수준임에도 불구하고 시장에서 주가가 상대적으로 낮게 형성되었다고 볼 수 있다. 따라서 배당수익률이 높은 주식에 대해 투자자는 높은 수익률을 기대하며 더 큰 위험이 내포되고 있다고 볼 수 있다. 또한 채권의 수익률에 관해서는 이자율의 기간구조와 관련된 **채무불이행 스프레드(default spread)**와 기간구조 스프레드를 고려한 연구가 있다.[4] 채무불이행 스프레드는 고위험채권 이자율과 저위험채권 이자율의 차이이다. 기간구조 스프레드는 장기국채(T-bond) 이자율과 단기국채(T-bill) 이자율의 차이이다. 배당수익률과 채권의 채무불이행 스프레드가 크면, 투자자는 주식과 채권에 대해 위험프리미엄으로 높은 수익률을 기대하거나 요구하게 된다. 특히 이런 현상은 경제 불황기에 발생하는데, 경제 불황기에 투자자는 투자에 대해 위험을 크게 인식하기 때문이다. 이 시기에 투자자는 현재로부터 미래로 소비를 이전하고 높은 수익률(높은 위험프리미엄)을 요구한다. 이러한 위험회피적인 시기에 투자를 하면 이후에 투자수익률은 평균보다 높을 것이다. 반면에 이러한 위험의 가치가 작은 시기에는 투자자가 위험프리미엄을 낮추고 요구수익률을 낮추게 되고 미래수익률은 정상보다 낮을 것이다. 이러한 연구결과는 공개된 정보를 이용하여 미래에 비정상수익률을 얻을 수 있다는 것을 가리키기 때문에 EMH에 반하는 증거가 될 수 있다.

깜짝 순이익: 분기별 순이익 보고에 관한 연구도 시계열분석의 일부가 된다. 이것은 공개된 분기 순이익 보고를 근거로 미래 주식수익률을 예측하는 것이 가능한지에 대한 연구이다. 구체적으로 예측된 순이익과 차이가 발생한 분기 순이익을 경험한 기업의 주식을 분석한다. 연구결과는 예기치 않은 순이익의 변화인 **깜짝 순이익(earnings surprise)**의 공시 이후 13주에서 26주에 이르는 기간 동안에 추세적인 비정상수익률을 보여준다. 이러한 결과는 예측과는 다른 깜짝 순이익이 증권가격에 즉시 반영되지 않는다는 것을 제시

4 Keim, D. and R. Stambaugh (1986), "Predicting Returns in Stock and Bond Markets," *Journal of Financial Economics* 17.

한다. 이러한 주식가격의 추세는 이후 베네쉬와 피터슨(Benesh and Peterson, 1986) 그리고 바루치(Baruch, 1989)의 연구에서도 증명되었다.[5] 간단히 말해서 이러한 결과는 시장이 분기별 깜짝 순이익의 발표를 준강형 EMH가 기대하는 만큼 빠르게 주식가격에 조정하지는 않는다는 것을 보여준다.

캘린더효과: 연긴 이느 특정 기간 동안에 발생하는 규칙적인 비정상수익률에 관한 **캘린더효과(calendar effect)**의 연구도 EMH를 위협한다. 1월의 수익률이 높게 나타나는 **1월 이례현상(January anomaly)**에 관한 과세용 매도(tax selling)의 설명은 흥미롭다.[6] 이것은 투자자는 가격이 하락한 주식의 손실을 실현하기 위해서 연말에 절세목적으로 주식매도를 행한다는 것이다. 물론 새해에는 포트폴리오를 매력적으로 보이게 하기 위해 혹은 분산투자의 필요성 때문에 다시 주식을 매입한다. 이러한 시나리오는 11월과 12월의 주가를 하락시키고 1월에 주가를 상승시키는 힘이 된다는 것이다. 물론 이러한 시기적인 패턴은 EMH와 맞지 않는 설명이다. 일부 연구에서는 1월효과가 12월이 회계연말이 아닌 경우나 세법이 다른 국가에서 과세용 매도 가설과 일치하지 않는다는 결과를 보여주고 있다. 그리고 1월에 위험과 수익률의 관계가 더 강하다는 것을 전통적인 위험과 수익률의 관계로 설명하기도 한다. 케임(Keim, 1986)이 지적하였듯이 1월의 이례현상은 해답보다는 질문을 던져주는 현상이다.[7] 1월효과 이외에도 **월간효과(monthly effect)**, **주말효과(weekend effect)** 등의 캘린더효과에 관한 연구가 있다. 예를 들어 월중 초반에 수익률이 높은 현상, 월요일의 수익률이 음(−)인 현상 등을 볼 수 있다.

(3) 횡단면 수익률 예측

주가이익비율: 바수(Basu, 1977)는 **주가이익비율(price-earnings ratio, PE비율)**과 주식수익률 간의 관계를 검증하였다.[8] 그의 연구는 낮은 주가이익비율을 가진 주식은 높은

---

5 Benesh, G. and P. Peterson(1986), "On the Relation between Earnings Changes, Analysts' Forecasts and Stock Price Fluctuations," *Financial Analysts Journal* 42.
Baruch, L.(1989), "On the Usefuleness of Earnings and Earnings Research: Lessons and Directions from Two Decades of Empirical Research," *Journal of Accounting Research* 27.

6 그러나 주식투자에 대한 자본이득에 과세가 없는 국가에서는 설명력이 떨어진다.

7 Keim, D.(1986), "Size-Related Anomalies and Stock Return Seasonality," *Journal of Financial Economics* 12(1).

주가이익비율을 가진 주식보다 성과가 좋다는 것을 보여준다. 이것은 성장형 기업이 높은 PE비율을 가지며 시장은 이러한 기업의 성장 잠재력을 과대평가하기 때문이다. 반면에 낮은 PE비율을 가진 저성장 기업의 주가는 과소평가한다. 따라서 과거의 PE비율과 그 이후의 위험조정수익률은 준강형 EMH에 어긋나는 결과를 나타낸다. 투자자는 공개적으로 얻을 수 있는 정보인 PE비율로 미래의 비정상수익률을 예측할 수 있는 것이다. 피비와 굿맨(Peavy and Goodman, 1983)은 기업규모, 산업효과, 거래빈도 등을 조정한 후의 PE비율을 이용하여 가장 낮은 PE비율을 가진 그룹의 위험조정수익률이 가장 높은 PE비율을 가진 그룹의 위험조정수익률보다 우월하다는 결과를 얻었다.[9]

주가이익비율을 기업의 기대성장률(growth)로 나눈 **PEG비율**을 상대적인 가치평가 도구로 사용하는 연구가 있다. PEG비율과 미래의 수익률이 역의 관계에 있다는 주장이 있다. 즉 상대적으로 낮은 PEG비율을 가진 주식이 평균 이상의 수익률을 경험하고 상대적으로 높은 PEG비율을 가진 주식이 평균 이하의 수익률을 경험한다면 이것은 EMH를 지지하지 않는 이례현상이다. 그러나 PEG비율의 결과는 혼재되어 있다. 월간 혹은 분기별로 포트폴리오 재조정(rebalance)을 하는 경우에는 이례현상이 나타나지만 연간 재조정의 경우에는 PEG비율과 수익률과의 관계가 발견되지 않는다.

규모효과: 반즈(Banz, 1981)는 시가총액으로 측정한 규모가 위험조정수익률에 미치는 영향을 분석하고 소규모 기업이 대규모 기업보다 높은 수익률을 경험한다는 **규모효과(size effect)**를 제시하였다.[10] 규모효과에 의하면 시가총액(자기자본의 시장가치)이 낮은 소규모 기업의 주식에 투자하면 대규모 기업의 주식에 투자할 때보다 더 높은 수익률을 얻는다는 것이다. 일부 학자는 소규모 기업은 덜 자주 거래되기 때문에 소규모 기업의 위험이 부적절하게 측정되었다고 주장하기도 한다. 그러나 소규모 기업의 베타가 크다고 하더라도 수익률의 차이를 설명하기에는 부족하다. 스톨과 웨일리(Stoll and Whaley, 1983)는[11] 소규모 기업 주식의 거래비용이 상대적으로 크기 때문에 규모효과로 인한 비

---

8 Basu, S.(1977), "Investment Performance of Common Stocks in Relation to Their Price-Earnings Ratios: A Test of the Efficient Market Hypothesis," *Journal of Finance* 32(3).

9 Peavy, J. and D. Goodman(1983), "The Significance of P/Es for Portfolio Returns," *Journal of Portfolio Management* 9(2).

10 Banz, R. W.(1981), "The Relationship Between Return and Market Value of Common Stocks," *Journal of Financial Economics* 9.

정상수익률이 상쇄될 수 있다는 가능성을 분석하였지만 규모효과는 거래비용과 높은 위험을 고려하여도 존재하는 것으로 보인다. 그러나 연구기간을 달리하면 소규모 기업의 효과는 안정적이지 않은 것으로 나타난다. 예를 들어 1967년에서 1975년 사이에는 대규모 기업의 수익률이 더 높은 것이 밝혀졌고, 보다 최근인 1984~1987, 1989~1990, 1995~1998년에도 대규모 기업의 수익률이 높은 것으로 나타났다. 케임(Keim, 1983)은 소규모 기업이 대규모 기업보다 특히 1월에 높은 수이률을 보인다는 것을 1월효과로 설명하였다.

규모효과는 효율적 시장에서 중요한 이례현상이다. 거래빈도가 낮기 때문에 높은 위험을 가진 것이며 거래비용이 높다는 것으로 소규모 기업의 규모효과를 설명하려는 시도도 있다. 또한 시장은 기관투자자와 개인투자자로 분할되어 있는데 소규모 기업의 주식은 주로 개인투자자가 지배하는 시장이며 기관투자자의 경쟁이 덜 미치기 때문이라는 주장도 있다.

소외기업효과: 아르벨과 스트레벨(Arbel and Strebel, 1983)[12]은 규모의 영향에 추가하여 관심 혹은 무시에 대해 고려하였다. 그들은 정기적으로 주가 예측을 실행하는 증권분석가의 숫자로 관심(attention)을 측정하여 기업을 ① 높은 관심기업, ② 적당한 관심기업, ③ 소외기업의 3개 집단으로 분류하였다. 그들은 소외기업의 성과가 높게 나타나는 소외기업효과가 정보의 부족과 제한된 기관투자자의 관심으로 야기된다는 것을 발견하였다. 소외기업과 소규모기업은 서로 관련성이 있는 것으로 보인다. 비어드와 시아스(Beard and Sias, 1997)는 시가총액을 통제한 경우에 소외기업 프리미엄의 증거를 발견할 수 없었다.[13]

장부가–시가비율: 기업의 자기자본의 장부가치(book value)와 시가총액(market value)의 비율인 BE/ME은 미래의 주식수익률과 밀접한 관계를 가진다.[14] 파마와 프렌

---

11 Stoll, H. and R. Whaley(1983), "Transaction Costs and the Small Firm Effect," *Journal of Financial Economics* 12(1).

12 Arbel, A. and P. Strebel(1983), "Pay Attention to Neglected Firms!," *Journal of Portfolio Management* 9(2).

13 Beard, C. and R. Sias(1997), "Is There a Neglected-Firm Effect?," *Financial Analysts Journal* 53(5).

치(Fama and French, 1992)의 연구는 베타, 규모, 주당순이익–가격(E/P)비율, 레버리지, BE/ME비율이 횡단의 평균수익률에 영향을 준다는 결과를 얻었다.[15] 그들은 특히 BE/ME비율과 평균수익률이 다른 변수를 통제할 경우에도 높은 양(+)의 상관관계를 가지고 있음을 보여주었다. 즉 장부가–시가비율이 높을수록 수익률이 높다는 결과를 얻었다. 이 역시 공개적으로 얻을 수 있는 정보를 이용하여 횡단면 기대수익률을 예측할 수 있다는 것으로 준강형 EMH와 심각한 갈등을 일으킨다고 할 수 있다.

(4) 사건연구의 결과

사건연구(event study)는 기업의 어떤 사건 혹은 공개된 정보의 결과가 주가 움직임에 미치는 영향을 분석하는 방법이다. 구체적으로 사건연구를 그림으로 표현하면 [그림 5–2]와 같다.

그림 5–2 사건연구의 그래프

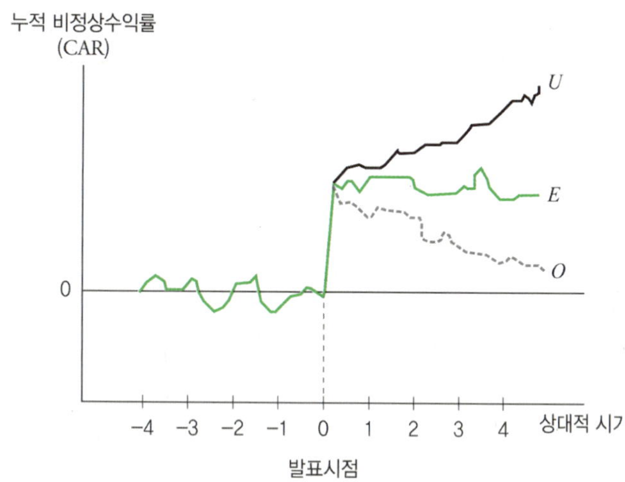

14 많은 학계의 연구에서 장부가–시가(book–value/market–value: BE/ME)로 표기하는 이유는 수익률과 양(+)의 관계를 가지기 때문이다. 이것은 실무에서 주가–장부가(P/B)비율로 표기하는 것과 분자와 분모가 바뀌었을 뿐 개념적으로 동일하다고 할 수 있다.

15 Fama, E. and K. French(1992), "The Cross Section of Expected Stock Returns," *Journal of Finance* 47(2), pp.427–465.

그림에서 우선 사건이 발표되는 시점은 0으로 표시되어 있고 x축의 좌표는 상대적 시기를 의미한다. 연구목적에 따라 일, 주, 월, 혹은 년이 될 수 있다. 발표시점 이전은 사건 전으로 음수(−)로 표시하고 발표시점 이후는 양수(+)로 표시되었다. y축은 **누적 비정상수익률(cumulative abnormal return: CAR)**을 표현한다. CAR는 위험조정수익률을 초과하는 비정상수익률을 사건연구 시작시점부터 누적하여 더한 값이다. 그림에서는 −4에서 누적 비정상수익률이 합해져서 누적되기 시작하였다. 일반적으로 발표시점이 될 때까지 특별한 정보가 발생하지 않기 때문에 CAR은 어떤 추세나 방향성을 보이지 않고 무작위로 움직인다. 따라서 CAR은 0을 중심으로 약간의 변동성을 보인다. 사건일이 되면 시장은 의외의 정보가 공개됨에 따라 반응하게 된다. 기대보다 긍정적인 정보에 대해서 주가는 상승하게 되고 양(+)의 비정상수익률을 보여준다. 물론 예상치 못한 부정적인 정보에 대해서 주가는 하락하고 음(−)의 비정상수익률을 나타낼 것이다. 따라서 의외의 긍정적인 정보가 발생하는 사건일에 그림처럼 누적 비정상수익률도 상승하게 된다.

사건일 이후에 그래프는 상황에 따라 세 가지 각기 다른 궤적을 그리게 된다. 첫 번째는 누적 비정상수익률이 다시 무작위의 미세한 패턴을 보이면서 횡보하는 E를 나타내는 경우이다. 이것은 효율적 시장가설이 성립하는 시장의 반응이다. 즉 사건일에 공개된 모든 정보가 즉각적으로 주가에 완전히 반영되었기 때문에 추가적인 공적 정보가 새롭게 출현하지 않는 한 주가는 크게 움직이거나 추세를 보이지 않는다. 준강형 EMH가 성립하는 시장의 반응 모습이다.

두 번째 궤적은 사건일 이후에 상승하는 추세를 보여주는 U이다. 이것은 시장이 비효율적이면서 **과소반응(underreaction)**하는 경우이다. 어떤 사건에 대해 시장이 발생일에 충분히 반응하지 못하고 시간이 흐름에 따라 서서히 반응을 하게 된다. 따라서 이 경우에는 사건일 이후에 장기적으로 양(+)의 누적 비정상수익률이 발생하게 된다. 물론 부정적인 발표에 대해서는 음(−)의 누적 비정상수익률을 관찰하게 될 것이다. 마지막으로 사건일 이후에 하락하는 추세를 보여주는 O이다. 이것은 시장이 비효율적이면서 **과잉반응(overreaction)**하는 경우이다. 즉 어떤 사건에 대해 과도하게 반응하였다가 차차 시간이 흐르면서 조정이 일어나는 것이다. 따라서 과소반응과는 반대로 장기적으로 음(−)의 누적 비정상수익률이 나타난다. 부정적인 발표에 대해서는 장기적으로 양(+)의 CAR이

관찰될 것이다. [표 5-1]에서 몇 가지 사건연구의 결과를 살펴보자.[16]

표 5-1 사건연구의 결과

사건	발표시점 수익률 반응	발표 후 장기수익률
이익 발표	+	+
배당금 최초지급	+	+
배당금 누락	−	−
기업공개(IPO)	+	−
합병(인수기업)	0	−
거래소 상장	+	−
위임장 경쟁	+	−(0)
유상증자(SEO)	−	−
자사주매입(시장)	+	+
자사주매입(공개매수)	+	+
분리설립(spin-off)	+	+(0)
주식분할	+	+

출처: Fama(1998).

[표 5-1]에서 발표시점의 수익률의 반응과 발표 후 장기수익률의 반응이 동일한 부호를 가지고 있다면, 이는 과소반응의 증거라고 할 수 있다. 반면에 두 시점의 부호가 반대로 나타난다면 이것은 과잉반응을 보여주는 것이라고 해석된다. 표에서 보듯이 과소반응과 과잉반응은 일관되게 나타나지 않고 있다. 즉 장기적인 수익률이 0이 아니기 때문에 시장이 비효율적이라고 주장할 수는 있겠지만 어떤 방향으로 비효율적인지를 말하지 못하고 있다. 따라서 파마(Fama)는 이러한 혼재된 결과를 볼 때 시장은 준강형 효율적이며, 장기적인 비정상수익률은 분석모형으로 인한 문제이며, 수익률 이례현상의 증거를 제시하는 사건연구 문헌은 운에 의한 것일 수 있다고 주장하고 있다.

사건연구를 위해서는 CAR의 계산이 필수적이며 이를 위해서 자산가격결정모형(asset pricing model)이 사용된다. 우리는 이미 CAPM이나 다요인모형을 통해 정상수익률을

16 Fama, E.(1998), "Market Efficiency, Long-Term Returns, and Behavioral Finance," *Journal of Financial Economics* 49.

예측하는 것을 학습하였다. 이외에도 벤치마크 포트폴리오(benchmark portfolio)를 구성하여 사건연구를 위한 기대수익률을 추정할 수도 있다. 주식의 장기적인 성과를 측정하기 위한 실증방법론에 관해서는 다양한 논의가 진행되었다.

강형 효율적 시장의 검증

상형 EMH는 주가가 공적 및 사적인 모든 정보를 완전히 반영하는 것을 만족한다. 사적인 정보에 접근할 수 있는 어떤 투자자도 평균 이상의 이익을 얻을 수 없다는 것을 의미한다. 이러한 극단적인 가설은 모든 새로운 공적 정보뿐만 아니라 사적 정보에도 주가의 조정이 일어나는 것을 요구한다. 강형 EMH를 검증에는 전통적으로 ① 기업 내부자, ② 증권분석가 그리고 ③ 전문 펀드매니저의 성과를 분석하는 것으로 이루어졌다.

기업 내부자거래: 내부자는 기업의 주요 임원, 이사 및 10% 이상의 주식을 보유한 대주주를 포함한다. 기업의 내부자는 주식의 거래 이후에 거래내역을 증권당국에 보고해야만 한다. 정부의 정책결정자, 감독기관 그리고 금융기관 담당임원의 경우에도 업무상 입수하게 된 정보를 바탕으로 선행거래를 하면 안 된다. 내부자는 특권적 정보에 접근할 수 있고 정보가 공개되기 전에 이익을 얻을 수 있기 때문이다. 대부분의 연구에서 기업의 내부자는 주식거래에서 지속적으로 비정상수익률을 얻는 것으로 나타나 강형 EMH는 성립되지 않는 것으로 판단된다.[17] 로제프와 자만(Rozeff and Zaman, 1988)은 기업의 외부자도 내부자거래에 관한 공개된 정보를 이용하여 이득을 얻을 수 있음을 발견하였으나, 거래비용을 고려하면 경제적 이득이 사라지는 것으로 나타나서 준강형 EMH가 성립함을 보여주었다.[18]

증권분석가: 증권분석가의 투자종목 추천정보에 따라 투자한 결과가 예상한 대로 양(+)의 비정상수익률을 낼 수 있다면 분석가는 남들이 모르는 어떤 사적인 정보나 분석능력을 가지고 있기 때문인 것으로 추정될 수 있을 것이다. 저평가된 주식을 선택할 수

17 Jaffe, J., "Special Information and Insider Trading," *Journal of Business* 47(1974), pp.410–428.

18 Rozeff, M. and M. Zaman, "Market Efficiency and Insider Trading: New Evidence," *Journal of Business* 61(1988), pp.25–45.

있는 능력이 있는지를 확인하기 위한 증권분석가와 펀드매니저에 관한 연구는 이들이 내부자정보와 같은 뚜렷한 이점을 가졌다기보다는 전업전문가로서 교육과 경험을 강조한다는 점에서 현실적으로 중요한 의미를 가진다. 우선 Value Line 순위에 대해 살펴보고 개별 증권분석가의 추천에 대해 알아본다. 그러나 이들이 사적인 정보를 이용했다는 증거는 없기 때문에 우월한 성과를 보이지 않는다고 해서 강형 EMH가 지지된다고 결론을 내릴 수는 없다.

미국의 증권분석 잡지인 'Value Line'은 약 1,700종목에 대한 정보를 제공한다. 이들 정보 중에는 주식의 투자에 관한 1(최고)부터 5(최저)까지의 투자등급도 포함된다. 등급은 모두 공개적인 정보를 바탕으로 매겨진다. 그런데 1등급으로 매겨진 주식은 시장보다 성과가 좋고 5등급으로 매겨진 주식은 성과가 떨어지는 것으로 나타났다. 이러한 초기의 성과를 **Value Line 수수께끼(VL enigma)**라고 하였으나, 최근 결과에 따르면 VL의 등급 발표 이후 이틀 안에 주식의 조정이 일어나는 것으로 나타나서 시장은 효율적으로 움직이는 것으로 보인다. 즉 등급을 바탕으로 투자하여 거래비용을 고려한 이후 비정상수익률을 얻을 수는 없는 것으로 판단된다. 특히 1등급에 주로 투자하는 VL의 펀드가 지난 몇 년간 시장보다 낮은 성과를 보였다. 그러나 VL의 등급은 모두 공개된 정보를 바탕으로 하기 때문에 강형 EMH의 검증으로는 한계를 가진다.

우월한 능력을 지속적으로 보여주는 증권분석가의 존재는 그들이 사적 정보를 보유하고 있음을 암시해준다. 워맥(Womack, 1996)의 연구는 시장 시기 선택과 주식 선택능력을 모두 보유하고 있는 분석가들이 상대적으로 낮은 매도 추천을 하고 있음을 발견하였다. 공정공시규정(Regulation Fair Disclosure)의 실행 이후에 분석가의 추천이 포함하고 있는 정보를 검토한 고프 등(Goff et al., 2008)의 연구는 추천정보가 여전히 정보를 보유하고 있음을 보여준다.[19] 즉 증권분석가는 사적 정보를 가지고 있거나 혹은 뛰어난 분석능력을 가지고 있으며 시장은 이를 효율적으로 반영하지 못하고 있기에 강형 EMH가 성립한다고 확신하기는 어렵다.

---

19 Womack, K., "Do Brokerage Analysts' Recommendations Have Investment Value?" *Journal of Fiance*, 51(1), (1996), pp.137–167.
Goff, Hulburt, Keasler, and Walsh, "Isolating the Information Content of Equity Analysts' Recommendation Changes, Post Reg FD," *Financial Review* 43(2), (2008), pp.303–321.

전문 펀드매니저: 전문 펀드매니저는 일반투자자와 마찬가지로 내부정보에 접근할 수는 없지만 집중적인 정보수집과 경영자와의 인터뷰 등을 통해 다른 누구보다도 사적 정보를 얻을 수 있는 가능성이 높다. 따라서 전문 펀드매니저의 성과에 대한 연구는 강형 EMH의 검증을 위해 진행되었다. 2000년대 초반까지 전문적인 펀드매니저의 성과는 일관되게 단순한 매입보유 위험조정수익률을 이기지는 못하는 것으로 나타났다.[20] 실증결과에 따르면 약 절반 정도의 뮤추얼펀드만이 시장지수인 Russell 3000보다 더 높은 성과를 보이고 있음을 보여준다.

그러나 버크셔해서웨이(Berkshire Hathaway)의 워런 버핏(Warren Buffett)이나 레그메이슨(Legg Mason)의 빌 밀러(Bill Miller) 그리고 피델리티(Fidelity)의 피터 린치(Peter Lynch)와 같은 일부 펀드매니저는 지속적으로 뛰어난 성과를 얻고 있다. 이들은 단순한 매입보유(buy-and-hold)전략을 사용하는 것으로 유명하다. 이러한 몇 명의 예외적인 비정상수익률 때문에 증권시장을 강형 비효율적이라고 단정할 수는 없을 것이다.

효율적 시장가설의 검증결과

[표 5-2]는 효율적 시장가설의 검증과 그 결과를 요약하고 있다. 정보의 수준에 따라 약형, 준강형, 강형의 세 가지 유형으로 구분할 수 있으며 각각의 경우에 해당하는 검증방법과 결과가 제시되었다. 역전현상과 모멘텀현상이 관찰되곤 하지만 일반적으로 약형 EMH는 성립하는 것으로 판단하고 있으며, 강형 EMH는 성립하지 않는 것으로 알려져 있다. 강형 EMH는 내부자거래를 금지하는 것만 보더라도 성립하지 않는다고 보는 것이 현실적이다. 전문 펀드매니저가 사적인 정보를 근거로 투자하고 있고 동시에 전문 펀드매니저의 성과가 시장을 압도하지 못한다면 강형 효율성이 성립한다고 할 것이다. 그러나 사적인 정보에 대한 접근을 확인할 수 없기 때문에 강형 효율성의 검증방법이라고 하기에는 무리가 있다.

준강형 EMH의 경우에는 사건연구에서는 과소반응과 과잉반응이 그리고 수익률 예측에서는 이례현상이 존재하는 것으로 보인다. 물론 이러한 결과는 EMH가 성립하지 않는다는 증거일 수도 있지만 비정상수익률의 측정이 잘못되었기 때문이라는 주장도 가능하

20 Brown, K. and F. Reilly, *Analysis of Investments and Management of Portfolio*, 9판 (South-Western: 2009), p.168.

다. 따라서 학자들 간의 논쟁의 핵심은 준강형 EMH의 검증과 주로 관련되어 왔다.

표 5-2 효율적 시장가설의 검증과 결과

시장효율성	검증방법	결과
약형 EMH	수익률 독립성 검증(independence)	약형 효율적 시장
	기술적 거래규칙(trading rule)	
준강형 EMH	사건연구(event study)	이례현상 (과소/과잉반응)
	시계열 수익률예측(time-series returns)	
	횡단면 수익률예측(cross-sectional returns)	
강형 EMH	내부자거래(insider trading)	강형 비효율적 시장
	증권분석가(security analysts)	
	전문 펀드매니저(professional managers)	

5.2 시장이례현상과 행태재무

5.2.1 이례현상을 보는 관점

주식시장의 실증연구에서 수익률 이례현상(return anomaly)이 발견되는데, 이것은 지속적이며 통계적으로 유의적이고 투자이론으로는 설명이 불가능하다. 즉 CAPM이나 다요인모형과 같은 위험조정 자산가격결정모형을 이용하여 계산할 때 비정상수익률이 존재한다는 것이다. 효율적 시장에 반하는 이례현상에 대한 학계의 판단은 크게 세 가지로 구분된다.

첫째, 이례현상의 존재를 인정하지 않으며 기존의 실증연구 자체에 측정오류의 문제가 있다고 본다. 즉 기존의 장기적인 비정상수익률 측정에 오류가 있으며 이로 인해 잘못된 통계적 검증을 하게 된다는 주장이다. 이들은 효율적 시장가설의 지지자들이다. 그러나 다양한 선행연구에서 이례현상의 존재가 확인되고 있기 때문에 이들의 주장은 큰 호응을 받지는 못하고 있다.

둘째, 효율적 시장가설을 옹호하는 학자들은 EMH는 맞는데 검증모형이 틀렸다는 이야기를 하기도 한다. 비정상수익률은 위험에 대한 보상이라는 주장이다. 그러나 이론적으로는 맞지만 현실적으로는 틀린 모형은 쓸모가 없는 것이다. 만일 이론이 현실을 설명하지 못한다면 더 나은 이론을 찾아야 한다. 따라서 효율적 시장가설에 대한 검증 논쟁에서 언급되곤 하는 모형 부적합의 논리만으로 효율적 시장가설을 옹호하기에는 무리가 있다.

셋째, 비효율적 시장을 지지하는 학자는 이례현상이 효율적 시장가설이 틀렸다는 것을 보여주는 증거라고 주장한다. 이들은 행태재무를 지지하며 이례현상을 시장에 관한 기존의 관점을 바꾸어야 하는 증거로 제시하면서 재무이론 전반의 패러다임 변화를 추구하며 새로운 학파로 세력을 확장하고 있다.

5.2.2 행태재무

지난 50년간 효율적 시장가설이 금융시장에 영향력을 행사해왔다. 자산가격은 모든 이용가능한 정보를 완전히 반영한다는 생각은 학계의 전반적인 지지를 받았다. 시장효율성의 개념을 지지하는 수많은 증거가 있음에도 불구하고 학계에서 EMH에 의구심을 나타내는 연구가 증가하고 있다. 즉 행태재무라는 새로운 학파가 출현하였고 2002년부터 이 분야의 학자들에게 3개의 노벨 경제학상이 수여되었다.[21] 불과 40년 전까지만 해도 도전을 받지 않았던 시장효율성이 이제는 재무분야에서 가장 논란이 많은 영역이 되었다. 행태재무학의 유행에는 이유가 있다. 효율성에 반하는 이례현상의 증거가 실제로 존재하고 있으며 흥미롭기 때문이다. 복잡하고 어려워 보이는 재무이론에 심리학적 접근을 시도하는 행태재무학의 도전은 이제 주류가 되어 가고 있다.

그 동안 재무이론은 CAPM이나 Black-Scholes 옵션가격결정모형과 같은 복잡한 자산가격결정모형의 개발과 검증에 매달려왔다. 이러한 모형은 기본적으로 투자자가 이성적으로(rationally) 행동하고 주식과 채권시장이 완전히 효율적이라는 전제를 기반으로 한다. 이성적인 사람들이 재산을 관리하기 때문에 투자자는 늘 조심스럽고 객관적으로 의사결정을 내린다고 생각하였다. 경제학자들이 재무 의사결정에서 사람들은 이성적으

21 Daniel Kahneman(2002년), Robert Shiller(2013년), Richard Thaler(2017년)

로 행동한다는 가정을 하는 동안에, 심리학에서는 사람들이 돈과 관련된 결정에서 비이성적인 행동을 한다는 것을 발견하였다. 심리학자들은 경제적 결정이 종종 명백하게 비이성적인 방법으로 행해진다는 것을 알게 되었다. 인지적 오류와 극단적인 감정으로 인해 투자자는 잘못된 결정을 하기도 한다. **행태재무(behavioral finance)**는 어떻게 개인과 사회적 심리가 재무 의사결정과 금융시장의 움직임에 영향을 미치는지를 고려하면서 나타나게 되었다.

2002년 노벨 경제학상이 심리학자인 대니얼 카너먼(Daniel Kahneman)에게 수여되었다. 그것은 경제학에서 심리학자에게 최고의 상을 수여한 최초의 기록이다. 이제 주류 재무이론에서 투자자는 비이성적일 수 있다는 것을 받아들이고 있다. 인간의 사고과정은 기계나 컴퓨터와는 달리 정보를 단순화하거나 감정적 필터를 거쳐서 처리한다. 사람들은 때로는 낙관적으로 또 어떤 때에는 비관적인 관점에서 투자결정을 한다. 이제 다음 절에서 다양한 투자자의 심리적 오류에 대해 설명한다.

5.2.3 다양한 심리적 오류와 행태재무

전망이론

카너만과 트버스키(Kahneman and Tversky, 1974)는 **전망이론(prospect theory)**을 통해 어떻게 사람들이 의사결정을 하는지를 보여준다.[22] 전망이론은 투자자들이 불확실성이 존재하는 상황에서 어떻게 틀(frame)을 짜고 가치(value)를 매기는지를 제시한다. 즉 사람들은 어떤 특정한 상태인 준거점(reference point)에서 멀어짐에 따라 발생하는 이익과 손실에 따라 가치를 느끼게 되며 이것이 의사를 결정하는 바탕이 된다는 설명이다. 많은 경우에 투자자는 특정한 준거점에 대한 상대적인 잠재적 이득과 손실로 투자선택의 틀을 만드는 경향이 있다. 투자자는 여러 가지 준거점에 닻(anchor)을 내릴 수 있지만 일반적으로 최초의 구매가격이 가장 중요한 준거점의 닻이 될 수 있다. [그림 5-3]에서 그려진 S자 형태의 **가치함수(value function)**로 투자자는 이득과 손실에 대한 가치를 평가한다.

22 Kahneman, Daniel and Amos Tversky(1979), "Prospect Theory: An Analysis of Decisions Under Risk," *Econometrica* 47.

▌그림 5-3 ▌이득과 손실에 대한 투자자의 가치함수

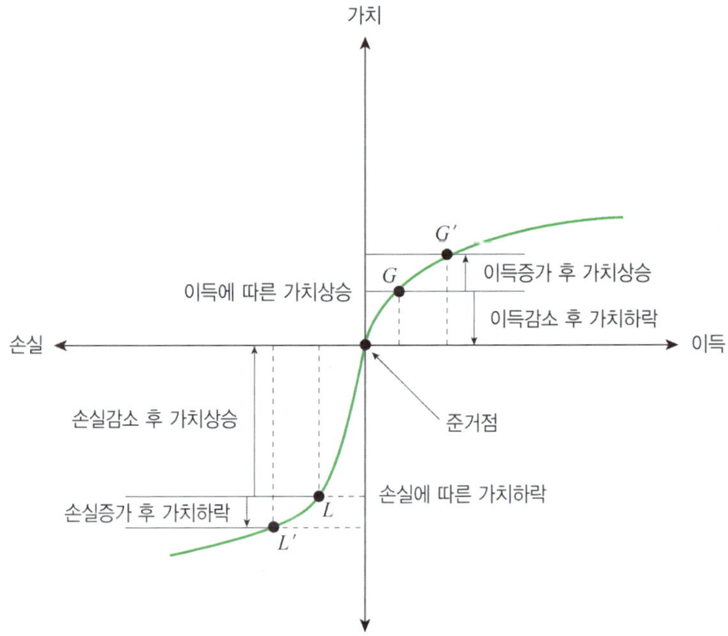

가치함수에서 우리는 이득(G)에 따른 가치상승 증가분이 손실(L)에 따른 가치하락 감소분보다 크기가 작은 것을 볼 수 있다. 이것은 투자자가 심리적으로 이득보다는 손실에 의한 가치변화를 더 많이 느낀다는 것을 의미한다. 이제 이득과 손실이 발생한 이후를 살펴보자. 먼저 그래프의 점 G는 이미 이득이 발생한 상태다. 그런데 G에서 이득을 1단위 더 증가시켜서 점 G'로 가는 것은 준거점에서 이득을 1단위 증가시키는 경우에 비해 가치상승이 크지 않다. 한편 점 G에서 이득이 1단위 감소해 준거점의 수준으로 되돌아가는 것은 대폭적인 가치하락을 의미한다. 이 두 가지 상황을 고려하면 이득을 더욱 확대시키려나 오히려 큰 폭의 가치하락을 부르기보다는, 이미 발생한 이득에 만족하고 그 정도로 확정 지음으로써 현재의 이득을 유지하는 편이 더 매력적이라고 생각하게 된다. 다음으로 점 L을 살펴보자. 손실이 발생한 상태다. 그 상태를 유지한 채 손실이 1단위 더 늘어나서 L'로 가는 경우는 준거점에서 손실이 1단위 늘어나 점 L에 도달했을 때만큼 대폭적인 가치하락은 발생하지 않는다. 이는 손실에 대한 느낌이 조금 둔감해지기 때문이다. 한편 손실이 1단위 감소해 준거점까지 되돌아가는 것은 대폭적인 가치상승을 의미한다. 따라서 사람은 위험을 감수하더라도 현재상황을 유지하며 사태가 개선되기를 기다리는 편이 현명하다고 생각하기 쉽다. 이것은 행태재무에서 **투자성향효과(disposition effect)**라고 부른다.

종합하면 가치함수를 통해 우리는 다음과 같은 비합리적 의사결정을 설명할 수 있다. 첫째, **손실회피(loss aversion)**성향이다. 일반적으로 이득과 손실에 대한 사람들의 태도를 비교하면, 이득과 손실이 같은 수준이더라도 이득보다 손실을 상대적으로 크게 평가하는 경향이 있다. 둘째, **반사효과(reflection effect)**이다. 의사결정자는 이득이 나는 국면에서는 위험회피적이 되어 현재의 이득에 만족하는 반면에 손실이 날 때는 위험허용도가 커져서 위험추구적으로 행동하여 손실을 감수하면서 사태가 개선되기를 기다리는 경향을 보인다.

친숙성 오류

인간의 두뇌는 정보를 분석하는 복잡성을 줄이기 위해서 단순화를 실행한다. 이러한 두뇌의 휴리스틱 단순화(heuristic simplification)는 불확실한 상황에서 최선의 행동을 예측해낸다. **친숙성 오류(familiarity bias)**는 이러한 단순화의 하나로 투자자들이 자신이 잘 알고 있는 친숙한 기업이 친숙하지 않은 기업에 비해 더 좋다고 근거 없이 믿는 것을 의미한다. 즉 간편한 것을 좋아하는 인간의 심리로 인해 낯선 것보다 친숙한 대상을 더 선호하는 경향을 말한다. 예를 들어 로또복권을 매주 구입해서 친숙해졌다고 해도 로또복권의 당첨 확률은 증가하지 않는다. 그럼에도 불구하고 투자자는 자신에게 익숙한 이름의 기업이라는 이유로 잘 될 것이라고 판단하는 경향을 보이기도 한다.

대표성 오류

인지심리학에서는 **대표성 오류(representativeness bias)**라는 것이 있다. 대표성 오류를 설명할 때 아래의 질문을 일반적으로 제시한다. 다음 문제를 가볍게 풀어보자.

예제 5-2 대표성 오류 문제

'A'라는 여성은 차분하고 학구적이며 사회문제에 관심이 많다. 그녀는 유명 대학에서 영문학과 환경학을 전공했다. 이러한 정보를 바탕으로 다음 세 가지 가운데 가장 가능성이 큰 경우를 선택하시오.

(1) A는 도서관 사서이다.

(2) A는 도서관 사서이며, 대표적인 환경운동단체의 회원이다.
(3) A는 금융업계에서 일한다.

| 풀이 |

대부분의 사람들은 (2)번을 답으로 선택한다. 학구적이고 사회문제에 관심을 가진 사람이 선택할 수 있는 인생 경로가 사서 및 환경운동이라고 생각하기 때문이다. 그러나 이 질문의 초점은 가능성이 가장 높은 경우를 찾는 것이다. 이를 감안하면 (1)번의 답이 (2)번의 답보다 가능성이 높다. 사서를 하면서 환경운동을 동시에 하는 것은 사서를 하는 것에 포함되기 때문이다. 그렇다고 (1)번도 정답이 아니다. 실제로 도서관보다 금융업계의 일자리가 훨씬 많으므로 결국 (3)번의 확률이 가능성이 가장 높다. A의 정보를 가지고 미래를 연상할 때 금융업무의 특성을 나타내지 못했기 때문에 일반적으로 이런 답변이 나타난다. 이는 대표성의 오류이다. 결국 대표성의 오류란 모든 정보를 충분히 이해하기도 전에 경험적인 고정관념에 근거하여 신속하게 판단을 내리는 심리적 현상이다. 이러한 대표성의 오류는 군중심리를 일으킬 수 있다. 대다수의 사람이 공유하는 경험적 선입견이 비슷하기 때문에 이를 자극할 경우 군중심리로 발전할 수 있기 때문이다.

과소반응

대표성 오류는 어떤 상황에서는 새로운 정보에 대해 **과소반응(underreaction)**하게 한다. 연구에 의하면 개인투자자들은 이익공시와 같은 정보에 과소반응하는 것으로 나타났다. 예를 들어, 기업이 좋은 이익뉴스를 발표한 후에 개인은 주식가격이 새로운 정보를 충분히 반영할 만큼 오르기 전에 성급하게 주식을 매도하는 경향이 있다. 기업이 특별히 좋은 뉴스를 공시하면 대표성 오류는 투자자로 하여금 새로운 정보에 과소반응하게 한다. 즉 투자자들은 이번 분기에 아주 좋은 실적 발표가 다음 분기에도 좋은 실적을 발표할 가능성을 높일 수 있다는 점을 인식하지 못할 수 있다. 회사가 다음 분기 실적을 발표하면 투자자들은 뉴스가 긍정적인 것에 놀라고 주가는 다시 상승한다. 따라서 과소반응은 이익발표 후 지속적 주가상승현상을 설명한다.

심리적 회계

인간의 두뇌는 서류함에 문서를 분류하는 것처럼 **심리적 회계(mental accounting)**시스템을 가지고 있다. 예를 들어 새로운 주식을 매수하면 이에 해당하는 새로운 회계 계좌가 만들어지고, 서로 다른 심리적 계좌에 들어 있는 자산과는 섞어서 함께 관리하지 않는다.

주식시장에서 투자자는 때로는 근로행위로 어렵게 번 돈과 주식투자로 번 돈을 구분하는 심리적 회계 오류를 범한다. 우리는 공짜로 얻은 것은 가볍게 생각하고, 어렵게 번 근로소득은 소중하게 아끼는 경향이 있다.

도박꾼은 판돈을 벌고 나면 돈을 낭비하고 위험을 취하는 경향이 있는데 이것은 **도박자금효과(house-money effect)**로 카지노에서 돈을 지출하고 판돈을 걸 때 느끼는 기분을 생각하면 이해할 수 있다. 이 경우에 심리적 회계는 도박꾼으로 하여금 자신의 돈과 카지노에서 번 돈을 분리하여 생각하게 만든다. 도박꾼의 낭비와 위험추구는 자신이 번 돈을 다시 카지노에 쉽게 반납하게 만든다. 경우에 따라서 이들은 손실을 만회하기 위해서 위험을 추구하기도 한다. 그러나 어디에도 쉽게 사용할 수 있는 즐거운 돈은 없다.

과잉확신

자신의 능력을 과대평가하거나 자신이 다른 사람에게 실제보다 더 좋게 비칠 것이라고 믿으며 무엇을 예측할 때 실수할 확률이 적다고 믿는 성향을 **과잉확신(overconfidence)**이라고 한다. 대부분의 사람은 자신을 과신하는 경향이 있는데, 예를 들어 운전자의 90%가 자신의 운전능력이 평균 이상이라고 답한다고 한다. 이러한 자기과신의 오류는 어려운 문제를 풀어야 하거나 힘든 상황에서 더욱 강하게 나타나는 경향이 있다.

일반적으로 과잉확신은 나이가 어릴수록, 여자보다는 남자에게서, 그리고 성공의 경험 뒤에 크게 나타나는 경향이 있다. 과잉확신하는 투자자는 너무 자주 거래하는 경향이 있고 결과적으로 투자성과가 나쁘게 나타난다.

집단행동

전문투자자나 개인투자자 모두 자신의 행동을 정당화하기 위해서 다른 투자자의 행동을 관찰하기도 한다. 투자자는 다른 투자자의 다양한 투자행동과 사회적으로 형성된 합의를 통해 배운다. 여러 명의 사람이 어떤 합의에 대해 동시에 집단적인 행태로 행동하기도 한다. **투자자 집단행동(investor herding)**은 어떤 주식이나 일정산업에 속한 주식에 대한 대규모 투자자의 동시적인 합치된 움직임이다. 투자가 잘못되어 손실을 보더라도 다른 투자자도 동일한 손실을 경험한다는 점에서 위안을 얻는다. 집단행동에는 문제점이 있는데 집단의 선두는 나머지 추종 투자자가 가격을 높여주기 때문에 이득을 얻을 수 있지만, 집단의 중간이나 마지막에 속한 투자자는 집단행동이 수그러들면 손실을 입거나 가운데 끼게 된다. 집단행동은 투자자의 의사결정을 엄격하고 독립적인 기본적 분석이 아니라 감정에 따라 행하게 만든다. IT기업의 주식에 대한 1990년대 후반에 있었던 비이성적 열기(irrational exuberance)는 집단행동의 예이다. 군중심리에 휩싸인 투자자는 IT기업의 주식을 터무니없이 밀어 올렸던 것이다.

투자 이야기 행태재무가 시사하는 행동요령

재무 의사결정에 영향을 주는 심리학적 요인에 대한 논의는 행태재무가 개인의 투자행동을 이해하는 데 중요할 수 있다는 것을 시사한다. 시장효율성에 대한 논쟁은 수년간 지속되었지만, 행태재무의 공헌은 체계적인 실수를 일으키는 투자자의 특정한 요인을 확인하고, 이러한 심리학적 실수가 주식가격에 예측가능한 패턴을 가져다줄 수 있는지 알아보는 것이다. 만일 주식가격이 어떤 패턴을 가진다면 일부 투자자의 실수는 다른 현명한 투자자의 이익기회가 될 것이다. 연구결과는 개인의 투자성과를 개선하기 위한 다섯 가지의 행동요령에 대해 언급하고 있다.

① 손실 주식의 매도를 주저하지 마라. 만일 5만원에 매수한 주식이 3만원으로 하락했다면, 오늘 3만원을 가지고 시장에서 주식을 사려고 할 때 같은 주식을 사겠는지 반문해본다. 아니라면 그 주식을 파는 것이 현명한 결정이다.

② 과거의 성과를 따라가지 마라. 과거의 성과는 미래의 성과에 대한 불확실한 지표일 뿐이다. 작년 혹은 그보다 오랜 기간 성과가 좋았다고 해서 다음 해에도 좋은 성과를 낼 수는 없다. 성과기준만으로 인기가 좋은 주식이나 펀드를 매수하면 안 된다.

③ 실수할 수 있음을 인정하라. 전문투자자들의 예측도 종종 틀린다. 자신의 실수를 인정하고 옳은 행동을 취해야 한다. 현명한 사람은 실수에서 배우며 시장에서 이기는 것은 잃지 않는 것이다.

④ 투자성과를 주기적으로 점검하라. 진실을 마주하는 것을 두려워 말고 상황이 변했다면 투자전략을 바꾸어야 한다.

⑤ 너무 자주 거래하지 마라. 투자수익률은 불확실하지만 거래비용은 확실하다. 너무 자주 거래하는 투자가 실패한다는 연구는 많이 있다.

5장 연 습 문 제

01 효율적 시장을 설명하시오.

02 시장효율성의 세 가지 유형에 대해 설명하시오.

03 강형 효율적 시장가설은 무엇인가?

① 아무도 정보 우위를 가지지 않는다고 가정한다.
② 어떤 그룹이 특권적 정보에 접근할 수 있다고 가정한다.
③ 기술적 분석방법에 대한 직접적인 도전이다.
④ 공적인 정보는 주가에 반영된다.

04 다음 중 준강형 효율적 시장가설에 가장 반대되는 증거가 되는 것은 무엇인가?

① 거래비용이 높다.
② 낮은 P/E비율의 주식이 장기적인 양(+)의 비정상수익률을 가진다.
③ 전문매니저가 운용하는 펀드의 절반 정도만 전반적인 시장보다 성과가 좋다.
④ 주가수익률의 일별 상관관계가 없는 것으로 나타났다.

05 약형 효율적 시장이 기술적 분석(technical analysis)에 대한 직접적인 반대가 되는 이유는 무엇인가?

06 시장효율성을 옹호하는 입장에서 이례현상의 증거를 가장 잘 설명하고 있는 것은?

① 약형 시장효율성이 성립하지만 준강형 효율성은 성립하지 않는다.
② 약형이나 준강형 효율성 모두 성립하지 않는다.
③ 이례현상은 시장효율성의 위반이 아니라 잘못된 연구방법의 결과이다.
④ 이례현상은 투자자의 판단 오류로 인한 것이다.

07 규모 이례현상에 대한 가능한 설명은 무엇인가?

08 과잉확신은 투자자들이 어떻게 하려는 경향인가?

① 이전의 견해나 행동을 확증하는 정보에 초점을 맞춘다.
② 나쁜 투자성과에 대해 책임감을 느끼고 더 잘못한다.
③ 너무 자주 거래하는 경향이 있고 결과적으로 투자성과가 나쁘다.
④ 손실을 극도로 회피하려고 한다.

09 투자성향효과(disposition effect)에 대해 설명하시오.

10 손실회피(loss aversion)성향의 투자자는?

① 대칭적인 위험선호도를 가진다.
② 높은 위험회피성향을 가진다.
③ 동일한 양의 이익보다는 동일한 양의 손실을 더욱 싫어한다.
④ 손실을 만회하기 위해서 위험을 추구한다.

연습문제 풀이

01 효율적 시장(efficient market)은 증권가격이 모든 이용가능한 정보를 신속하고 완전하게 반영한다는 것이다. 즉 효율적 시장은 증권가격이 알려진 모든 것을 정확하게 반영한다는 것을 의미한다. 새로운 정보가 시장에 도달하면 주식가격은 즉각적으로 변한다. 그러나 새로운 정보는 사전에 예상할 수 없기 때문에, 평균적인 투자자가 그것을 미리 얻을 수 있는 방법은 없다.

03 ① 사적 정보를 포함한 모든 정보가 주가에 반영된다.

05 약형 효율적 시장에서 현재가격은 모든 시장정보를 반영한다. 따라서 과거 주식가격과 거래량을 근거로 한 기술적 분석은 비정상수익률을 얻는 데 소용이 없다.

07 규모효과는 중요한 이례현상이다. 소규모 기업의 주식은 거래빈도가 낮기 때문에 높은 위험을 가진 것이며 거래비용이 높다는 것으로 규모효과를 설명하려는 시도도 있다. 또한 시장은 기관투자자와 개인투자자로 분할되어 있는데 소규모 기업의 주식은 주로 개인투자자가 지배하는 시장이며 기관투자자의 경쟁이 덜 미치기 때문이라는 주장도 있다.

09 이득에 따른 가치상승 증가분이 손실에 따른 가치하락 감소분보다 크기가 작다. 이것은 투자자가 심리적으로 이득보다는 손실에 의한 가치변화를 더 많이 느낀다는 것을 의미한다. 이미 발생한 이득에 만족하고 매도하여 현재의 이득을 유지하는 편이 더 매력적이라고 생각하게 된다. 한편 손실이 발생하면 투자자는 위험을 감수하더라도 현재상황을 유지하며 사태가 개선되기를 기다리는 편이 현명하다고 생각한다.

6장 증권분석

증권분석(security analysis)은 증권의 내재가치(intrinsic value)를 발견하여 시장가격(market price)과 비교함으로써 저평가된(undervalued) 증권을 찾아 투자하는 것을 목적으로 한다. 물론 저평가된 증권을 찾는 과정은 증권의 고평가(overvalued) 여부를 밝히는 과정과 동일하다. 결국 증권분석은 주식이나 채권, 옵션과 같은 증권의 가치를 평가하고 분석하는 것을 의미한다. 일반적으로 증권분석은 우선 **경제분석(economic analysis)**과 **산업분석(industry analysis)**을 기반으로 하고, 다음 단계로 기업을 분석하는 **기본적 분석(fundamental analysis)**을 실행하여 투자종목을 선정하고, 마지막으로 투자시기를 정하는 **기술적 분석(technical analysis)**이 그 뒤를 잇게 된다. 따라서 증권분석은 경제분석, 산업분석, 기업분석의 순서로 기업활동의 환경이 되는 범위를 넓은 것부터 좁혀나가는 소위 위에서 아래로 내려오는 하향식(top-down) 방식으로 진행된다.

6.1 경제분석과 산업분석

경제분석은 경제활동을 종합적으로 측정하고자 하는 연구인데 국제경제, 국내경제, 지역경제 등 분석수준은 다양하다. 경제 내에서 활동하는 모든 기업은 궁극적으로 거시경제변수의 영향을 받게 된다. 따라서 증권분석을 위해서는 기업이 처한 경제적 환경과 거시경제변수를 반드시 고려해야 한다.

거시경제적인 분석이 끝나면 그 다음 단계는 산업분석이다. 기업이 속한 산업에 따라

수익률과 위험이 다르며 시간의 경과에 따라 산업 전반에 걸친 위험과 수익률이 변동한다. 또한 같은 산업 내에서도 기업의 전략과 경영능력에 따라 기업별 위험과 수익률의 수준도 다르기 때문에 산업분석이 끝나고 나면 기업분석에 착수하게 된다.

6.1.1 경제분석

거시경제변수

거시경제변수는 국내총생산(GDP)의 변화, 실업률, 이자율, 환율 등이 포함된다. GDP는 일정기간 동안 한 국가에서 생산된 재화와 용역의 시장가치를 합한 것을 의미하며 보통 1년을 기준으로 측정한다. 일반적으로 GDP 성장률이 높다는 예측은 기업의 성장을 야기할 가능성이 있기 때문에 GDP의 변화는 증권시장에 영향을 미친다. 기타 거시경제변수로 널리 사용되는 것은 소비자 지출, 기업의 투자, 수출입 통계, 정부 지출액 등이 있다. 기업과 투자자 모두 거시경제변수의 예측을 일상적인 투자결정이나 장기적인 의사결정에 활용하기 때문에 이를 분석하는 것은 매우 중요하다. 만일 이자율의 상승이 예측된다면 개인은 서둘러 고정이자율로 대출을 받으려 할 것이고 기업은 투자에 필요한 자금조달을 위해 채권발행을 서두르게 될 것이다. 따라서 투자자는 각각의 경제변수가 기업가치와 투자에 미치는 영향에 대해서 분석할 필요가 있다.

거시경제변수의 중요성과 필요성에도 불구하고 예측치는 여러 가지 통제불가능한 요인이나 전반적인 사회 분위기에도 영향을 받는다. 2000년대에 들어서면서 우리는 '구경제(old economy)'에서 산업혁명에 비견되는 '신경제(new economy)'로 전환되었다는 이야기를 수시로 들었다. 이 시기에 컴퓨터, 인터넷, 사무 자동화 등이 과거의 구식 회사를 확실히 더 효율적인 모습으로 바꾸어 놓았다. 경제는 지속적으로 역동성을 보여주며 변화하고 있었고 반면에 IT기술과 관련된 위험은 거의 없는 것처럼 보였다. 신경제 시기에 기존의 경제이론의 효용성은 무시되었고 전통적인 가치평가모형은 의미가 없는 듯 보였다. 특히 주식시장에서는 버블 논란이 일어났는데, 당시 모건스탠리(Morgan Stanley)의 대표적인 분석가였던 메리 미커(Mary Meeker)는 끊임없이 인터넷 기반 IT 기업에 대한 강력한 매수 추천을 발표하여 '인터넷의 여왕(Queen of the Internet)'으로 불리기도 했다. 그녀는 기존의 경제적 모형으로 주가를 설명할 수 없게 되자 기업의 매출 잠재력을 인터넷 사이트의 방문자 조회수를 기준으로 하는 새로운 가치평가방법을 고안해내기도 했다. 즉 주가/조회수비율이라는 해괴한 기준으로 IT 기업의 주식가치를 평가하려고 했다. 그러나 인터넷 조회수는 결과적으로 이익의 원천이 될 수 없었다. 역사적으로 볼 때 사람들은 자신이 처한 시기를 매우 특별한 시기로 인식하지만 모든 시기는 새로운 경쟁시장의 출현이라는 창조적 파괴에 불과하다. "모두 이번에는 다르다고 믿지만 결국은 그렇지 않다"는 월스트리트의 격언을 기억해볼 만하다. 경제분석에서 신경제의 비합리적 가치평가를 정당화할 수는 없지만, 그만큼 거시경제변수의 정확한 예측에는 항상 어려움이 따른다.

거시경제를 움직이는 기본적 요인을 생각해보자. 경제활동은 수요에 의해 영향을 받기 때문에 인구구성이 첫 번째 요인이라고 할 수 있다. 또한 생산이 얼마나 효율적으로 이루어지는지를 보여주는 생산성도 GDP에 영향을 미치는 요인이 된다. 마지막으로 개방경제에서 특히 우리나라에서 무역이 차지하는 영향은 지대하기 때문에 수출입 자료는 경제와 밀접한 관계를 가진다. 따라서 경제분석을 위해서는 인구구성, 생산성, 수출입 통계 등의 요인을 고려하여 판단을 해야 할 것이다. 예를 들어 인구구성에서 우리나라의 베이비붐 세대는 이제 생산자에서 은퇴자로 위치가 전환되었고 인구의 고령화가 진행되고 있다. 그렇다면 의료산업이나 금융산업이 고령화된 사회에서 전망이 좋을 것이라 예상할 수 있을 것이다.

경제변수의 예측

실제 증권투자와 관련되어 앞에서 이야기한 거시경제변수에 대한 예측은 그 범위가 넓고 내용도 다양하기 때문에 개인이 담당하기 어렵고 정형적 분석의 틀이 존재하는 것이 아니므로 많은 경험과 종합적 판단이 필요하다. 따라서 거시경제의 분석은 대개 전문경제연구소나 국책연구기관 또는 정부에서 발표하거나 제공하는 자료를 이용한다. 여기에서는 경기순환, 경기지표, 심리지수 등에 대해서 알아본다.

(1) 경기순환

경제 전반에 걸쳐 투자자가 가장 중요하게 고려하는 것은 경기순환(business cycle)이다. 경기순환은 전반적으로 경제가 확장과 축소를 반복하는 패턴을 말한다. 경기순환의 과정에는 정점과 저점이 있다. [그림 6-1]은 경기순환의 과정을 보여준다. 그림에서 보듯이 경기는 확장(상승) → 후퇴(둔화) → 쇠퇴(하강) → 회복의 과정을 거쳐 순환한다.

경제학자들이 경제가 불황이라고 말하면 이는 GDP가 최소 2분기 연속 감소했다는 것을 의미한다. 반면에 경제 확장은 일반적으로 GDP가 성장하는 기간을 의미한다. 보통 GDP와 산업생산지수는 경기순환에 따라 증감한다. 경제가 긴 침체를 겪어왔고 이제 경기순환에서 회복기에 있다고 가정하자. 고용상황은 개선되기 시작했고, 인플레이션과 이자율은 낮다. GDP와 산업생산 모두 지난 2분기 동안 상승하고 있다. 경기가 이제 회복하기 시작했지만 앞으로 더 좋아질 것으로 예상된다. 이와 같은 모든 예측은 매출의 상당 부분에 좋은 소식임에 틀림없다. 즉 경제상태가 좋으면 앞으로 더 좋아질 것이며 시장뿐만 아니라 설비 관련 주식 또한 좋은 결과를 기대하게 되는 것이다.

그림 6-1 경기순환 국면

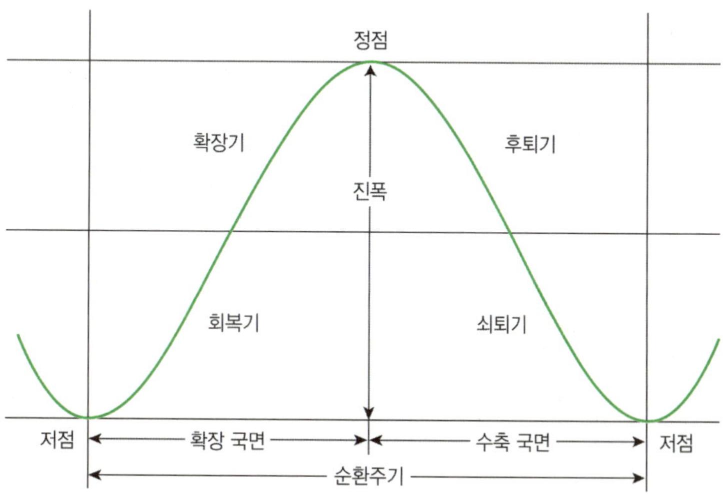

(2) 경기지표

정부와 사설 연구기관은 다양한 경제변수를 수집하여 경기지표(economic indicator)를 발표한다. 1916년에 설립된 미국의 대표적인 경제조사기관인 컨퍼런스 보드(Conference Board)는 경기지표의 조건으로 여섯 가지를 제시하고 있다.[1] 첫째, 경기

1 Conference Board, "Business Cycle Indicators," *A Monthly Report from the Conference Board*, Vol.10. January(2005), p.2.

지표는 일반적인 경기순환에 순응해야 한다. 둘째, 경기순환과 일관되게 선행, 동행 또는 후행해야 한다. 셋째, 경제적 중요성은 일반적인 경기순환이론에 기초해야 한다. 넷째, 신뢰할 수 있는 자료수집절차를 따르는 통계적 적절성을 갖추어야 한다. 다섯째, 매월의 움직임이 너무 변동이 크지 않게 완만하게 측정되어야 한다. 마지막으로 합리적으로 적시에 발표되어야 한다는 것이다.

경기지표는 경제정책을 계획하거나 경제지표의 움직임을 종합적으로 판단하는 데 유용하게 사용된다. 또한 기업과 개인의 의사결정에 중요한 자료로 활용될 수 있기 때문에 우리나라에서도 통계청(http://kostat.go.kr)에서 경기지표를 발표하고 있다. 통계청의 대표적인 경기지표는 **경기종합지수**로 1981년 3월부터 선행지수, 동행지수, 후행지수를 산업활동 동향과 함께 발표하고 있다. 선행종합지수는 앞으로의 경기동향을 예측하는 지표로서 구인구직비율, 건설수주액, 재고순환지표 등과 같이 앞으로 일어날 경제현상을 미리 알려주는 9개 지표들의 움직임을 종합하여 작성된다. 동행종합지수는 현재의 경기상태를 나타내는 지표로서 광공업생산지수, 소매판매액지수, 비농림어업취업자수 등과 같이 국민경제 전체의 경기변동과 거의 동일한 방향으로 움직이는 7개 지표로 구성된다. 그리고 후행종합지수는 경기의 변동을 사후에 확인하는 지표로서 생산자제품재고지수, 회사채유통수익률, 가계소비지출 등과 같은 5개 지표로 구성된다.

(3) 심리지수

투자자는 자산배분과 주식선택결정을 하기 위해서 앞으로 경제의 방향이 어떻게 될 것인지를 알고 싶어 한다. 미래의 경제활동은 사람들의 실행계획에 의해 결정되기 때문에 심리지수(sentiment) 설문조사는 기업이나 소비자에게 미래계획에 대해 직접 질문을 한다. [표 6-1]은 자주 인용되는 미국의 심리지수에 대한 내용이다.

심리지수의 상승은 경제에 좋은 징조가 되고 하락하는 심리지수는 경제활동의 위축을 의미하기도 한다. 투자자가 시장의 상승을 예측하면 주식을 매입할 것이고 이에 따라 주가상승이 실현될 것이다. 만일 투자자가 시장전망에 대해 비관적이라면 주식매입에 소극적이고 주가는 하락할 것이다. 심리지수는 경제신문이나 잡지에 널리 공표된다. 그러나 분석가들이 이에 대한 해석을 항상 같은 방향으로 하는 것은 아니다. 일부에서 매우 높은 심리지수를 경제 활성화, 주가상승에 대한 강한 자신감으로 해석한다면, 어떤 분석가는 높은 심리지수를 극단적인 낙관이나 비이성적인 기대로 해석하여 시장이 정점에 도달했다고 보기도 한다.

표 6-1 미국의 대표적 심리지수

종류		내용	빈도	최초
소비자 지수	소비자 신뢰지수 (Consumer Confidence Index)	Conference Board 제공. 5,000가구의 소비계획을 조사	월간	1967년
	소비자 심리지수 (Index of Consumer Sentiment)	미시간대학교 제공. 소비자에게 개인 대출, 사업상황, 구매상황을 질문	월간	1952년
	소비자 위안지수 (Consumer Comfort Index)	ABC News/Money Magazine 제공. 사람들에게 경제전망과 구매 분위기를 질문	주간	1985년
투자자 지수	AAII 투자자 심리조사 (AAII Investor Sentiment Survey)	개인투자자협회(American Association of Individual Investors) 제공. 회원에게 시장전망 질문	주간	1987년
	주식시장 신뢰지수 (Stock Market Confidence Indices)	예일대학교 경영대학 제공. 투자자에게 주식시장의 가치 예측과 붕괴 확률을 질문	월간	1989년

6.1.2 산업분석

투자자가 전체 경제에 대한 전망을 도출한 후 다음 단계는 반도체, 자동차, 화학, 소비재 같은 특정 산업에 대한 분석에 집중하는 것이다. 경제분석 다음으로 증권분석의 두 번째 단계인 **산업분석**에 대해 알아보자. 산업이란 유사한 성질을 갖는 산업활동에 주로 종사하는 생산단위의 집합으로 정의할 수 있다. 우리나라에서 산업의 구분은 통계청의 한국표준산업분류(Korean Standard Industrial Classification: KSIC)에 따라 이루어진다. 표준산업분류는 산업관련 통계자료의 정확성, 비교성을 확보하기 위하여 작성된 것으로 유엔의 국제표준산업분류(International Standard Industrial Classification)에 기초하여 제정되었다. 산업은 정부규제, 국내외 경쟁 그리고 사업의 수명주기에 영향을 받을 수 있다. 산업분석의 출발점으로 산업의 현재 위치가 산업 수명주기의 어느 위치에 있는지를 결정하는 것에서 시작한다.

산업의 수명주기분석

산업이나 제품은 초기 발생에서 쇠퇴에 이르기까지 **수명주기(life cycle)**를 갖는다. 산업의 수명주기는 도입기, 성장기, 확장기, 성숙기, 쇠퇴기의 과정을 순환한다는 점에서 제품의 수명주기와 유사하지만 산업의 수명주기에서는 일반적으로 성장기를 성장기(상승 성장률)와 확장기(감소 성장률)로 구분한다.

① **도입기(development)**: 산업이 형성되는 시기로 산업에 참여하는 기업과 고객이 적다. 불안정한 기술과 생산비용으로 인해 제품가격이 상승한다. 주로 가격경쟁보다는 기술개발 경쟁이 일어난다.

② **성장기(growth)**: 기술이 급격히 발달하고 제품이 다양화되며, 고객도 일반대중으로 확대되는 시기이다. 산업이 보편화되면서 새로운 경쟁자가 증가하기 시작하며 가격경쟁이 나타나기 시작한다. 매출과 이익의 성장률이 증가하면서 성장하는 시기이다.

③ **확장기(expansion)**: 매출과 이익이 증가하지만 성장률은 하락한다. 산업이 성장기를 지나 확장기에 들어가면 성장은 덜 가파르게 전개된다. 그러나 성장률이 상승에서 감소로 전환하여 확장기로 들어서는 교차점을 지났는지를 판단하기는 쉽지 않다.

④ **성숙기(maturity)**: 기술이 안정화되고 제품의 차별성이 사라진다. 시장참여자의 생산능력도 수요에 맞춰 확충되었거나 초과 구축된 시기이다. 고객이 거의 정체된 상태로 매우 치열한 경쟁이 전개되며 경쟁에서의 탈락은 시장 도태를 의미한다. 산업의 성장률은 경제 전체의 GDP 성장률과 유사한 수준에서 정체된다.

⑤ **쇠퇴기(decline)**: 수요가 감소하는 시기이다. 지금까지의 설비투자로 인해 산업 전체의 생산능력은 과잉상태이다. 가격경쟁이 매우 치열하며 일부 기업은 퇴출된다.

산업의 수명주기는 기업의 재무정책과 관련되어 있다. [그림 6-2]는 수명주기별 기업의 배당정책을 보여준다. 배당성향(payout ratio)은 기업의 성장에 중요한 영향을 미친다. 자금을 기업내부에 많이 유보하면 할수록 성장기회를 많이 가지고 있다고 볼 수 있다. 배당정책을 통해 기업이 현재 수명주기에서 어느 위치에 있는지를 판단하는 데 도움을 얻을 수 있다.

그림 6-2 산업의 수명주기

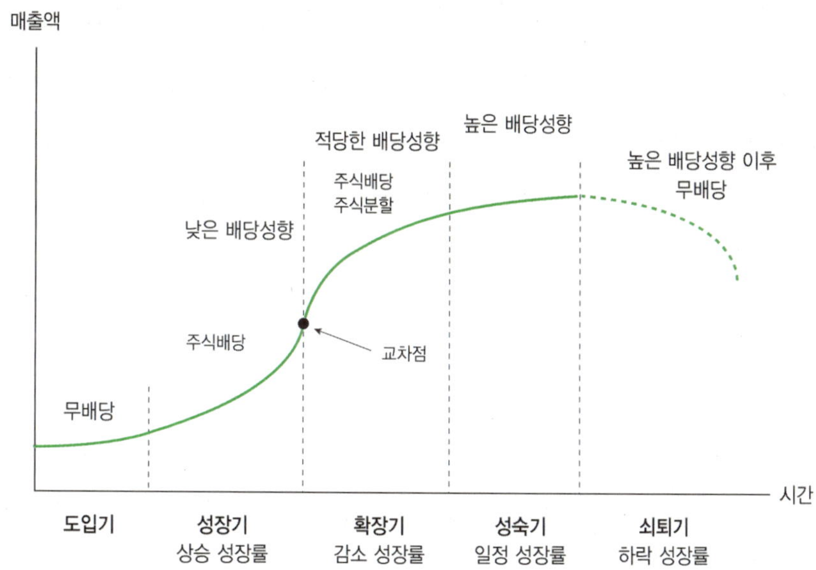

경쟁환경

특정 산업의 경쟁포지션을 다른 산업과 관련해서 규명하는 것이 필요하다. 기업의 경쟁환경은 기업이 직면한 시장구조(market structure)로 설명할 수 있다. 시장구조는 구매기업과 매출기업의 규모와 수, 제품 차별화의 정도, 가격과 제품 질에 대한 정보의 양과 비용, 진입과 퇴출장벽 등 시장을 둘러싼 환경을 모두 포함한다. 경쟁전략에 관한 연구로 유명한 마이클 포터(Michael Porter)는 사업의 경쟁환경을 5가지 구성요소로 설명하고 있다.[2] 이러한 5가지 요소는 경쟁환경, 이익창출의 기회, 장기적인 성과의 지속성을 결정한다.

① **경쟁자의 존재**: 일반적으로 산업 내에 기업의 수가 늘어날수록 산업은 경쟁적이 된다. 경쟁산업은 낮은 가격, 낮은 이윤, 불규칙 매출성장을 특징으로 한다.

2 Porter, Michael E., *Competitive Strategy*, The Free Press, 1988.

② **신규 진입자의 위협**: 산업의 진입장벽이 낮으면 다른 기업이 쉽게 진입하고 기존 기업과 경쟁을 하게 된다. 낮은 진입장벽을 가진 산업은 낮은 수익성을 가진다.

③ **대체상품의 압력**: 대체상품이 존재하면 관련된 산업으로부터 경쟁이 가열된다. 가격이 오르면 수요가 대체상품으로 옮겨가기 때문에 대체상품의 존재는 가격마진을 줄인다.

④ **고객과의 협상력**: 생산자가 가격을 올리는 것은 고객과의 협상력에 달려있다. 대규모 소수의 고객이 총생산량의 대부분을 구매하면 생산자가 가격을 조정하기 어렵다. 반면에 일부 고객이 소량을 구매한다면 구매자의 협상력은 미미하게 된다.

⑤ **공급자의 협상력**: 수익성은 원재료가격인 원가에 종종 좌우된다. 따라서 원재료의 가격을 누가 통제하는지가 중요하다. 일부 대형 원재료 공급자에 의해 통제되는 산업에서 협상력이 적은 생산기업은 이익을 얻기 어렵다.

모든 산업은 각기 다른 시장구조를 가진다. 따라서 위에 언급된 5가지 구성요소의 중요성도 산업마다 다르다. 예를 들어, 소비재를 생산하는 기업은 대형 기업형 마트의 구매력에 직면하게 될 것이다. 물론 이러한 구성요소 이외에도 많은 다른 요소가 기업의 경쟁환경을 구성한다. 특히 단기적으로는 생산능력, 재고, 환율 등 여러 가지 요소가 관련될 수 있다.

산업 내의 경쟁이 없는 불완전한 경쟁시장에서 활동하는 경우를 독점(monopoly)이라고 한다. 투자자는 산업 내의 경쟁수준이 어느 정도인지 수치로 측정할 수 있다. 산업 내의 경쟁규모의 정도를 매출정보를 이용하여 표현한다. 산업 내에서 상위 시장점유율을 가진 기업의 점유율을 가지고 **시장집중도비율(concentration ratio: CR)**을 구할 수 있다. 예를 들어 상위 4위(CR_4), 8위(CR_8), 20위(CR_{20}) 혹은 50위(CR_{50})의 집중도를 구할 수 있다. 시장집중도비율은 다음과 같이 표현된다.

$$CR_N = \frac{\sum_{i=1}^{N} \text{매출액}_i}{\text{산업의 매출액}} \times 100$$

여기서, i: 개별 기업

시장집중도비율은 엄청난 경쟁이 있는 경우에 0에 가깝고 독점산업인 경우에는 $CR_1 = 100$이 된다. 집중도비율이 높은 제조업에서 일반적으로 4개 기업의 집중도는 20에서 60 사이이다. 4개 기업의 시장집중도가 20% 미만이면 매우 경쟁적인 산업이라고 할 수 있다. 반면에 CR_4가 80을 초과하면 시장이 매우 집중된 산업이라고 할 수 있다.

예제 6-1 시장집중도비율

4개의 기업이 활동 중인 어떤 산업의 매출액이 100억원이다. 시장점유율 업계 1위 기업의 매출액이 40억원, 2위의 매출액이 30억원, 3위는 20억원이고 가장 작은 기업은 10억원이다. 이 산업의 CR_1, CR_2, CR_3, CR_4을 계산하시오. 이 산업의 경쟁도를 어떻게 평가할 수 있는가?

| 풀이 |

$$CR_1 = \frac{400,000}{1,000,000} \times 100 = 40$$

$$CR_2 = \frac{400,000 + 300,000}{1,000,000} \times 100 = 70$$

$$CR_3 = \frac{400,000 + 300,000 + 200,000}{1,000,000} \times 100 = 90$$

$$CR_4 = 100$$

이 산업의 시장집중화비율은 높은 편이다. 그러나 적은 수의 경쟁자들 간의 경쟁은 치열할 수 있다.

시장집중도비율은 주어진 산업 내의 경쟁상황을 정확하게 표현하지 못한다. 본질적으로 경쟁자규모의 불균형이 커지면 증가하지만, 선두기업과의 상대적 규모의 차이를 반영하지 못하는 한계를 가진다. 예를 들어 $CR_4 = 100$은 하나의 독점기업만 활동하는 것으로 볼 수도 있으며, 4개의 기업이 25%의 점유율을 가지고 치열하게 경쟁하는 산업일 수도 있다. 경쟁기업 사이의 규모 불균형의 영향을 반영하기 위해서 **허핀달-허쉬만지수(Herfindahl Hirschmann Index: HHI)**가 경쟁지수로 사용된다. 이 지표는 산업 내의 대규모 기업과 소규모 기업 간의 규모를 반영하는 경쟁자규모 불균형을 측정한다. HHI는 산업 내의 모든 N 경쟁자의 퍼센트로 측정된 시장점유율 제곱의 합이다.

$$HHI = \sum_{i=1}^{N} (\text{산업 내 시장점유율}_i)^2$$

예를 들어 독점산업에서 하나의 기업이 시장을 100% 지배하면 $HHI = 100^2 = 10,000$이 된다. 반면에 4개의 기업이 25%씩 분할하여 시장을 지배하면 $HHI = 25^2 \times 4 = 2,500$이 된다. 극단적으로 경쟁적인 산업으로 100개의 기업이 1%의 시장점유율을 가진다면 HHI = 100이 된다. 경쟁지수는 0(완전경쟁)에서 10,000(독점) 사이의 숫자를 가진다.

산업의 징부규제

경제의 모든 분야가 어느 정도 규제를 받고는 있지만 산업에 대한 정부규제의 정도와 방법은 다양하다. 환경규제, 제품포장, 종업원 안전관리, 가격 등 모든 분야에서 정부의 규제가 존재한다. 특히 일부 산업의 경우 다른 산업에 비해 규제가 강한데, 금융산업에서 활동하는 금융회사에 대해서는 특별한 규제가 추가되는 경우가 있다. 이자율, 수수료, 대출정책, 자기자본규제 등이 있을 수 있다.

대부분의 산업이 규제의 대상이 되지만 철도, 전기가스, 통신산업 등의 기간산업은 전통적으로 정부규제가 강한 산업이다. 항공, 화물운송, 천연가스산업은 규제가 완화되고 있으며 점차 새로운 경쟁이 등장하고 있다. 대부분의 산업은 정부의 지출에 영향을 받는데, 특히 국방, 교육, 의료, 운송산업의 경우 정부의 영향력이 강하다. 산업을 이해하는데 있어서 정부의 규제와 정책방향에 대해 관심을 기울여야 한다.

6.2 기본적 분석과 기술적 분석

증권분석에서 **기본적 분석(fundamental analysis)**은 경제분석과 산업분석의 다음 단계로 주식의 내재가치를 결정하기 위해 기업의 재무제표 및 기타 정보를 분석하는 것이다. 기업의 분석은 재무제표를 중심으로 하는 계량적 분석과 기업 경영자의 능력, 종업원 관계관리 등 질적 분석인 비계량적 분석으로 나눌 수 있다. 기업분석은 자료수집과 분석의 객관성이 보장되는 계량적 분석을 위주로 하고 비계량적 분석이 보조적으로 이루어진다. 계량적 분석인 재무제표분석에 앞서 주식의 가치평가모형에 대해 알아본다.

6.2.1 주식평가모형

어떤 자산의 가치는 미래에 발생할 것으로 예상되는 모든 현금흐름을 현재가치로 할인한 값의 합이다. 즉 미래의 현금흐름을 추정하고 적절한 위험조정 할인율로 현재가치화할 수 있다면 자산의 가치를 구할 수 있다. 주식의 미래 현금흐름은 배당금이다. 따라서 주식의 가치평가는 미래의 기대배당금을 할인하여 구할 수 있다. 미래의 기대배당금을 할인하는 가치평가방법을 **배당할인모형(dividend discount model)**이라고 한다. 그러나 배당을 지급하지 않는 기업이나 배당의 예측이 어려운 경우, 혹은 적절한 할인율을 구하기 어려우면 배당할인모형을 사용할 수 없게 된다. 이 경우 주가배수(multiple)를 이용하여 가치를 평가하는 **이익평가모형(earnings valuation model)**을 사용할 수 있다.

요구수익률의 계산

배당할인모형을 사용하기 위해서는 먼저 투자자의 요구수익률(required return)을 구해야 한다. 가장 대표적인 방법은 자본자산가격결정모형(CAPM)을 이용하는 것이다. 무위험이자율(risk-free rate), 시장의 위험프리미엄(risk premium) 그리고 주식의 베타(beta)를 알면 요구수익률을 추정할 수 있다.

예제 6-2 요구수익률의 계산

20년 만기 국채의 1년 이자율이 2.6%, 시장의 위험프리미엄이 2.4%이고 베타는 0.9라면 요구수익률은 얼마인가?

| 풀이 |

CAPM을 이용하면, 요구수익률 = 2.6% + (0.9) × (2.4%) = 4.76%. 여기서, 요구수익률 4.76%는 투자가 발생시킬 미래의 현금흐름을 할인하는 할인율로 사용할 수 있다. 만일 주식의 베타가 다른 값을 가지면 요구수익률은 달라진 체계적 위험에 따라 다른 값을 가지게 될 것이다.

일반적 배당할인모형

일반화된 주식가치평가모형은 아래 수식으로 표현될 수 있다.

$$P_0 = \frac{D_1}{(1+R)} + \frac{D_2}{(1+R)^2} + \frac{D_3}{(1+R)^3} + \cdots + \frac{D_\infty}{(1+R)^\infty}$$

여기서, P_0: 주식의 현재가치

D_i: 매년의 배당금, $i = 1, 2, 3, \cdots \infty$

R: 요구수익률(할인율)

위 모형은 미래의 모든 배당금을 추정할 수 있고 할인율이 일정하다는 가정을 하고 있다.

일정성장 배당할인모형

현실적으로 좀 더 자주 사용되는 모형은 배당금이 일정한 성장률로 증가한다는 가정을 하는 일정성장 배당할인모형이다. 이 경우 주식의 가치는 아래와 같이 표현된다.

$$P_0 = \frac{D_0(1+g)}{(R-g)} = \frac{D_1}{(R-g)}$$

여기서, $D_0(1+g) = D_1$: 내년의 배당금

g: 배당금의 일정 성장률

많은 경우에 일정한 성장률을 가진다는 가정은 받아들이기 어렵다. 산업의 수명주기에서 보았듯이 대부분의 경우에 성장률은 성장기를 지나면서 하락하기 시작하고 성숙기에 들어서야 일정한 성장률을 유지한다. 또한 일부 산업의 경우에는 일반적인 성장률의 모습과는 다른 성장률을 보이기도 한다. 따라서 성장률을 몇 개의 단계로 나누어서 배당할인모형을 적용하기도 한다. 예를 들어 [그림 6-3]과 같은 두 단계의 성장률을 가진 기업 A를 생각해보자.

초기 10년간은 20%의 성장률로 배당금이 성장하지만 11년째부터는 영구히 8%로 성장하는 경우이다. 이때 우리는 10년차의 주식가격인 P_{10}를 일정성장 배당할인모형을 이용하여 구할 수 있다. 즉 $P_{10} = \frac{D_{11}}{(R-0.08)}$이 된다. 마지막으로 1년부터 10년까지의

그림 6-3 두 단계 성장률의 기업(예)

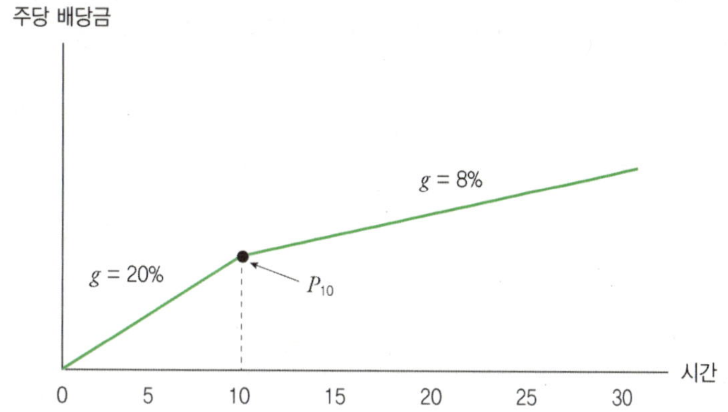

모든 배당금과 10년째의 주식가격을 모두 현재가치로 할인하여 더하게 되면 주식의 현재가치를 구할 수 있다.

성장률의 추정

일정성장 배당할인모형에서 요구수익률과 더불어 성장률이 중요한 변수이다. 기업의 성장률이 높을수록 기업은 더 가치가 있으며, 주가는 배당금, 이익, 장부가치, 현금흐름, 매출액에 비해 상대적으로 더 높은 값을 가진다. 성장률의 추정에서 과거의 성장률을 이용하는 경우가 많은데 과거는 반복된다고 확신할 수는 없다. 또 다른 추정방법은 재무제표를 이용하여 지속가능성장률(sustainable growth rate)을 구하는 것이다. 지속가능성장률은 전년도와 동일한 재무상태를 유지하면서 기업이 얼마나 성장할 수 있는지를 보는 것이다. 우선 ROE(자기자본이익률)는 아래와 같다.

ROE = 순이익/자기자본 장부가치

여기서 순이익은 어느 해 동안에 발생한 금액이고 자기자본의 장부가치는 그 연도의 시작시점(전년 말 시점)의 금액이다. 즉 전년 말의 장부가치가 투자되어 1년 동안 순이익을 얻었다고 볼 수 있다. 이것을 주당 개념으로 바꾸면, ROE=EPS(earnings per share)÷BVPS(book value per share)로 쓸 수 있다. 따라서 ROE가 일정하다고 하면 어느 연도의 주당순이익은 $EPS_t = ROE \times BVPS_{t-1}$로 볼 수 있다.

순이익의 성장률은 주당순이익의 변화분을 주당순이익으로 나눈 값으로 다음과 같다.

$$g = \frac{\mathrm{EPS}_{t+1} - \mathrm{EPS}_t}{\mathrm{EPS}_t}$$

기업의 주당순이익의 일정부분은 배당(dividend per share: DPS)으로 지급되고 나머지는 유보되어 기업에 재투자된다. 이때 유보된 금액($\mathrm{EPS}_t - \mathrm{DPS}_t$)은 전년도 자기자본의 장부가치에 더해져서 새로운 자기자본의 장부가치가 되기 때문에, $\mathrm{BVPS}_t = \mathrm{BVPS}_{t-1} + (\mathrm{EPS}_t - \mathrm{DPS}_t)$가 된다. 그리고 유보율(retention ratio: RR)은 순이익에서 유보된 금액의 비율로 아래와 같이 쓸 수 있다.

$$RR = \frac{\mathrm{EPS}_t - \mathrm{DPS}_t}{\mathrm{EPS}_t}$$

따라서 성장률은 자본이익률(ROE)에 유보율(RR)을 곱한 것과 같다.

$$\begin{aligned} g &= \frac{\mathrm{EPS}_{t+1} - \mathrm{EPS}_t}{\mathrm{EPS}_t} = \frac{\mathrm{ROE}\times \mathrm{BVPS}_t - \mathrm{ROE}\times \mathrm{BVPS}_{t-1}}{\mathrm{EPS}_t} \\ &= \frac{\mathrm{ROE}(\mathrm{BVPS}_t - \mathrm{BVPS}_{t-1})}{\mathrm{EPS}_t} = \mathrm{ROE}\times \frac{\mathrm{EPS}_t - \mathrm{DPS}_t}{\mathrm{EPS}_t} \\ &= \mathrm{ROE} \times RR \end{aligned}$$

이익평가모형

주식의 가치평가를 위한 두 번째 방법은 주가이익비율(price-earnings ratio: P/E비율)을 이용하는 이익평가모형(earnings valuation model)이다. 수학적으로 P/E비율은 단순히 주가(stock price)를 주당순이익(EPS)으로 나눈 값이다. 주의할 점은 주식가격은 현재시점이고 주당순이익은 가장 최근의 과거 12개월의 순이익이라는 것이다. 따라서 과거의 순이익과 현재시점의 수익성환경이 크게 달라져 있다면 사용에 신중을 기해야 한다.

어느 미래의 시점 t의 주가(P_t)를 예측하는 방법은 간단하다. 미래시점 t의 P/E비율을 예측하고 미래의 순이익을 곱하면 된다. 즉 주가이익비율에 기대 주당순이익을 곱하여(multiply) 계산한다. 이때 P/E비율은 곱하는 값이기 때문에 배수(multiple)라고 한다.

$$P_t = \left[\frac{P}{E}\right]_t \times E_t = \left[\frac{P}{E}\right]_t \times E_0 \times (1+g)^t$$

기업의 5년 혹은 10년의 평균 P/E비율을 미래의 P/E비율의 추정치로 사용하기도 한다. 기대순이익을 추정하기 위해서 성장률(g)이 이용될 수 있다. 과거의 주당순이익이나 성장률을 이용하여 미래의 추정치로 사용할 수도 있다. 물론 과거의 자료는 경쟁, 신제품, 규제 등의 변화에 따른 수익성의 변화를 고려하여 조정되어야 할 것이다.

배수를 이용하여 주식의 가치를 추정하는 가치평가방법은 주가이익비율 이외에 다른 값을 이용하여 변형할 수 있다. 즉 분모에 주당순이익(EPS) 대신에 주당배당금(DPS), 장부가치(BVPS), 주당현금흐름, 주당매출액 등이 이용될 수 있다. 이 경우에 이익평가모형이 아니라 보다 일반적인 용어로 **비교평가모형(comparable companies valuation method)**이라고 할 수 있다.

예제 6-3 이익평가모형을 이용한 미래 주가 추정

어느 기업의 현재 P/E비율이 11이고 EPS는 \$2.50이다. 과거 EPS는 연간 5%씩 성장했고 앞으로도 동일한 성장률을 보일 것으로 예상된다. 만일 P/E비율이 5년 뒤에 14가 될 것으로 예상된다면 5년 뒤 주가는 얼마로 예상되는가?

| 풀이 |

미래시점의 주가를 구하는 공식을 이용하면,

$$P_5 = \left[\frac{P}{E}\right]_5 \times E_0 \times (1+g)^5 = 14 \times \$2.50 \times (1.05)^5 = \$44.67$$

5년 뒤의 주가는 \$44.67로 예상된다.

주가이익비율은 변동성이 심한 두 변수인 주가와 순이익에서 산출된다는 것을 기억해야 한다. P/E비율은 기업의 성장성과 위험, 자본구조, 배당정책, 시장의 변화, 산업요인 등 여러 변수에 민감하게 변동한다. 따라서 P/E비율을 사용할 때는 조심스럽게 여러 상황을 살펴봐야 한다. 또한 이 비율의 분자인 주가는 미래의 현금흐름을 평가하기 때문에 P/E비율은 기본적으로 시장에서 평가하는 기업의 미래 전망을 보여준다. 높은 P/E비율은 미래에 대한 긍정적인 기대를 낮은 P/E비율은 부정적인 기대를 암시한다고 볼 수 있다. 다른 것이 일정하다면 높은 P/E비율은 낙관적인 시장을 의미한다.

6.2.2 재무제표분석

재무제표는 기업의 재무와 영업의 건강상태를 보여주는 수치라고 할 수 있다. 주요 재무제표는 재무상태표, 손익계산서 그리고 현금흐름표이다. 기본적 분석은 기업이 제공하는 변수에 의존하는데, 기업의 재무제표는 재무적인 가치와 위험을 측정하는 도구가 된다. **재무제표분석**은 최종적인 주식매수 및 매도결정을 위해서 경제분석 및 산업분석과 함께 고려되어야 한다. 이번 절에서는 대표적인 재무제표인 재무상태표와 손익계산서 그리고 이들 재무제표를 이용한 비율분석에 대하여 살펴본다.

재무상태표

어떤 기업의 회계적 상태를 특정 시점의 스냅사진으로 보여주는 것이 **재무상태표**이다. 재무상태표는 두 변으로 구성되는데, 좌변에는 자산(asset)이 우변에는 부채(liability)와 자기자본(shareholders' equity)이 위치한다. 재무상태표는 기업이 무엇을 소유하고 있으며, 어떻게 자본을 조달하였는가를 보여준다. 재무상태표의 기초를 이루는 회계적 정의는 '자산 ≡ 부채 + 자기자본'으로 표현할 수 있다. 본래 자기자본은 자산과 부채의 차이로서 정의된다. 원칙적으로 자기자본이란 기업이 모든 채무를 다 청산하고 나서 주주에게 남겨진 잔여분을 의미한다.

손익계산서

재무상태표가 특정 시점의 재무적인 상태를 보여준다면, **손익계산서**는 특정 기간 동안 기업의 성과를 측정한 것이다. 이익에 대한 회계적 정의는 '수익 − 비용 ≡ 이익'으로 표현된다. 재무상태표가 스냅사진과 같다면, 손익계산서는 두 사진 사이에서 사람들이 어떻게 행동하였는지를 기록하는 동영상과 같은 것이다.

손익계산서는 보통 몇 가지 부문으로 나뉘어져 있다. 영업손익부문에서는 기업의 주된 영업으로부터 발생하는 수익과 비용이 보고된다. 특히 중요한 수치는 세금과 금융비용 차감 전 이익을 나타내는 이자법인세차감전순이익(earings before interest and taxes: EBIT)이다. 손익계산서의 비영업부문에는 이자비용과 같은 모든 금융비용이 포함된다. 보통 이익에 부과된 세금은 따로 분리되어 기록된다. 손익계산서의 최종적인 항목은 마지막 줄에 나타나는 순이익(net income)이다.

재무비율

기업의 재무적 상태에 대한 분석을 위해서 재무비율에 대해 알아본다. **재무비율분석**은 재무제표로부터 도출된 수치의 비율을 통해 재무정보의 관계를 비교할 수 있도록 한다. 비율과 관련된 하나의 문제점은 비율을 계산하는 방법이 달라서 혼란이 야기될 수 있다는 것인데, 이를 방지하기 위해서 재무비율을 산출할 때는 정확하게 무엇을 측정하고 있는지 확실하게 알아야 한다.

(1) 수익성 측정

가장 대표적인 사업의 성공지표는 수익성이다. 보다 정확하게 표현하면 좋은 사업은 투여된 자본에 비해 상대적으로 높은 이익을 낸다고 할 수 있다. 사업의 이익비율을 통해서 수익성을 측정하는데, 순이익을 매출액의 비율로 표현한 순이익률(profit margin)을 우선 고려할 수 있다.

또 다른 수익성의 비율인 자기자본이익률(return on equity: ROE)은 한 해 동안 주주들이 얼마나 돈을 잘 벌었는지 측정하는데, 순이익을 자기자본의 장부가치로 나눈 값이다. ROE의 한계점으로는 자사주 매입이나 기타 다른 유형의 자본재조정으로 인해 수치가 왜곡될 수 있다는 점이다.

총자산이익률(return on assets: ROA)은 순이익을 총자산의 장부가치로 나눈 값으로 자산이 창출하는 이익을 측정한다. ROE와 마찬가지로 ROA는 경영의사결정의 효과를 측정한다. ROA는 ROE에 비해 부채사용으로 인한 영향을 덜 받는다.

(2) ROE의 구성요소

ROE는 한계를 가지고 있기는 하지만, 많은 투자자들이 가장 유용한 수익성지표로 여전히 사용하고 있다. 즉 ROE는 아래와 같이 3가지 구성요소의 곱으로 볼 수 있으며, 이것을 듀퐁항등식(DuPont Identity)이라고 한다.

$$\text{ROE} = \text{순이익률} \times \text{총자산회전율} \times \text{자기자본승수}$$

$$\text{혹은 ROE} = \frac{\text{순이익}}{\text{매출액}} \times \frac{\text{매출액}}{\text{총자산}} \times \frac{\text{총자산}}{\text{자기자본}}$$

ROE를 기업의 순이익률, 총자산회전율, 레버리지비율(자기자본승수)의 곱으로 분석함으로써 기업의 수익성 창출의 원천을 살펴볼 수 있다. 우선 순이익률이 높으면 영업의 효율성이 높다고 볼 수 있다. 총자산회전율은 매출액을 총자산으로 나눈 값으로 총자산회전율이 높으면 일정한 자산의 투자를 통해 높은 매출액을 올리는 것으로 자산 활용의 효율성이 높다고 할 수 있다. 마지막으로 자기자본승수는 재무레버리지를 측정한다. 듀퐁항등식에 따르면 ROE는 기업이 부채사용을 늘림으로써 증가시킬 수 있는 것처럼 보인다. 그러나 부채가 증가함에 따라 이자비용도 증가하며, 이는 순이익률을 감소시켜 ROE를 낮추는 작용을 한다. 따라서 부채를 늘리게 되면 ROE가 올라갈 수도 있고 내려갈 수도 있다.

(3) 영업의 효율성과 유동성 평가

영업의 효율성은 수익성의 중요한 결정요소이다. 경영자는 공장이 최대 용량에 근접하게 운영되고, 매출채권이 빨리 회수되고 있으며, 재고자산이 적절한 수준에 관리되기를 바란다. 순이익률은 이러한 영업의 효율성이 향상될 때 높은 값을 가지게 된다. 이를 측정하는 척도는 자산활용비율(asset utilization ratios)이라고 불린다. 기업이 매출을 창출하기 위해 자산을 얼마나 효율적으로 또는 집중적으로 사용하는지를 보여준다. 우선, 두 가지 중요한 유동자산인 재고자산과 매출채권에 대해 살펴보자.

재고자산회전율(inventory turnover)은 어떤 연도에 기업이 전체 재고자산을 몇 회 팔았거나 회전시켰다고 할 수 있다. 즉, 재고자산회전율은 다음과 같다.

$$\text{재고자산 회전율} = \frac{\text{매출원가}}{\text{재고자산}}$$

재고가 소진되어 판매를 포기하지 않는 한 재고자산회전율이 높을수록 기업이 재고자산을 보다 효율적으로 관리했다고 할 수 있다. 재고자산 척도는 기업이 얼마나 빨리 생산품을 팔 수 있는지를 알려준다. 얼마나 빨리 매출채권을 회수하는지를 나타내는 매출채권회전율(receivables turnover)은 재고자산회전율과 유사한 방법으로 아래와 같이 정의된다.

$$\text{매출채권 회전율} = \frac{\text{매출액}}{\text{매출채권}}$$

단기에 채무를 상환할 수 있는 기업의 능력을 유동성비율이라고 한다. 가장 잘 알려지고 널리 사용되는 비율들 중의 하나는 유동비율(current ratio)이다. 유동비율은 아래와 같이 정의한다.

$$\text{유동비율(current ratio)} = \frac{\text{유동자산}}{\text{유동부채}}$$

유동자산과 유동부채는 원칙적으로 향후 12개월 이내에 현금화되기 때문에 유동비율은 단기유동성의 측정치이다. 단기채권자에게는 자금의 공급자라는 측면에서 유동비율이 높으면 높을수록 좋다. 기업에게는 높은 유동비율은 풍부한 유동성을 나타내지만 현금이나 다른 유동자산의 비효율적인 사용을 의미할 수도 있다. 기업의 유동성을 더 자세히 평가하기 위해 당좌비율(quick ratio) 또는 산성비율(acid-test ratio)이 사용된다. 재고자산이 빠진다는 점을 제외하고 유동비율과 동일하게 계산된다.

$$\text{당좌비율(quick ratio)} = \frac{\text{유동자산} - \text{재고자산}}{\text{유동부채}}$$

장기지급능력비율은 기업의 장기적 채무를 상환할 수 있는 능력을 의미하며 더 일반적으로는 재무레버리지라고 한다. 이들 비율은 가끔 **재무레버리지비율(financial leverage ratio)** 또는 레버리지비율(leverage ratio)이라고 불린다.

$$\text{자기자본 부채비율} = \frac{\text{장기부채}}{\text{총자기자본}}$$

$$\text{부채비율} = \frac{\text{장기부채}}{\text{총자산}}$$

장기지급능력을 측정하는 또 다른 비율로 이자보상비율(interest coverage ratio)이 있다. 이 비율은 기업이 이자지급 의무를 얼마나 잘 보상할 수 있는지를 측정한다.

$$\text{이자보상비율} = \frac{\text{영업이익(EBIT)}}{\text{이자지급액}}$$

6.2.3 가치평가지표

투자자가 사용하는 가장 대표적인 가치평가지표는 주가이익(P/E)비율, 주가–장부가(P/B)비율 그리고 배당수익률(dividend yield)이 있다. 우선 앞에서 설명했듯이 P/E비율은 이 중에서 가장 많이 사용된다. P/E비율의 해석은 단순하다. 만일 P/E비율이 20이라면, 투자자는 주당순이익(EPS) 1,000원에 대해서 20,000원을 지불하여 주식을 매입한다는 것을 의미한다. 따라서 P/E비율이 20이면 수익률은 5%이다.

[그림 6–4]는 2013년 노벨 경제학상을 수상한 예일대학교의 실러(Robert J. Shiller) 교수가 제공한 1881년부터 2020년 12월까지의 월별 S&P Composite Stock의 인플레이션을 조정한 P/E비율과 장기이자율의 그래프이다. 역사상 최고치의 P/E비율은 2000년 1월의 44.3이며, 다음은 2020년 12월의 P/E비율로 33.77로 나타났다. 이러한 높은 P/E비율은 2021년에도 지속적으로 상승하는 것으로 나타났다. 이는 시장에서 매우 높은 비율로 이익을 평가하고 있는 시기임을 의미하는 것이다. 그림에서 볼 수 있는 또 다른 곡선은 장기이자율을 보여주는데 P/E비율과는 대체로 반대 방향으로 움직이는 것을 볼 수 있다.

그림 6-4 S&P 종합지수의 P/E비율과 장기이자율

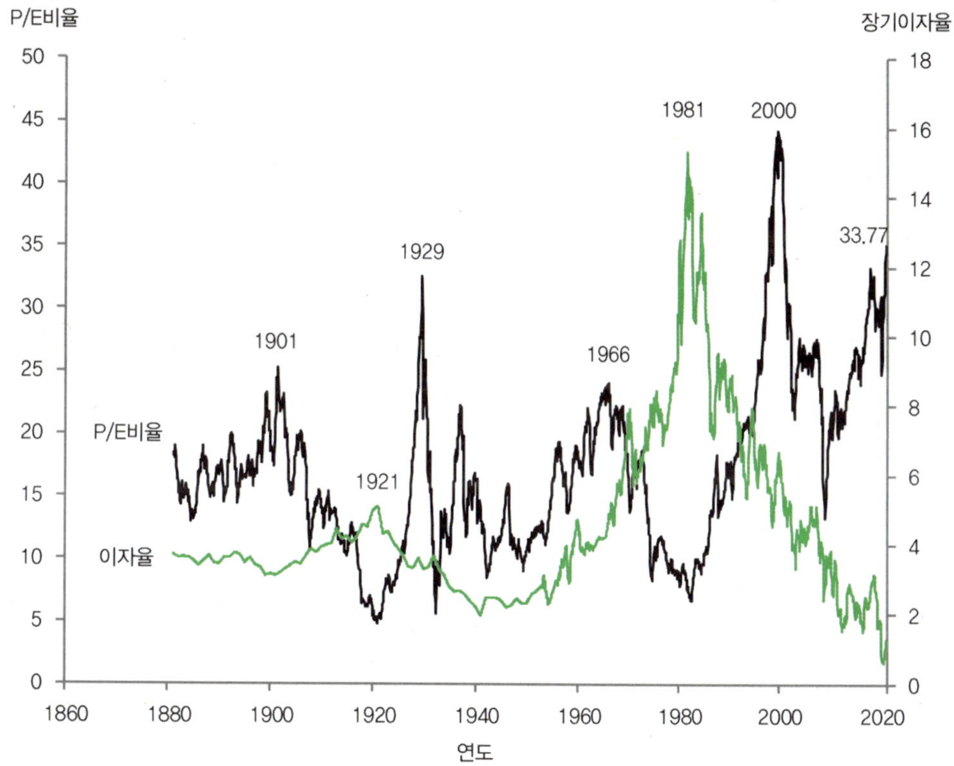

출처: http://www.econ.yale.edu/~shiller/books.htm, Robert J. Shiller, “Irrational Exuberance”, Princeton University Press, 2005, updated

배당수익률(dividend yield) 역시 널리 사용되는 상대적 가치지표이다. 이 지표는 투자자에게 배당수입이 얼마나 돌아가는지를 알려준다. 즉 주당배당금을 주식을 매입하기 위해 지불하는 금액인 주가의 백분율로 표현한다. 만일 주식이 $40이고 연간 배당금으로 주당 $1를 지불한다면 배당수익률은 2.5%(=$1/$40)가 된다. 배당금은 주식투자자에게 돌아가는 수입의 상당부분을 차지하기 때문에 배당금의 중요성을 간과해서는 안 된다. 미국에서 배당수익률은 약 2~4% 사이로 알려져 있다.

6.2.4 가치투자와 성장투자

가치투자(value investing)는 저평가되거나 여러 가지 이유에서 널리 알려지지 않은 주식에 투자를 집중하는 것이다. 또 다른 대표적인 투자전략인 **성장투자(growth stock investing)**는 매출액과 이익에서 평균을 상회하는 성장률이 기대되는 기업의 주식에 투자를 집중하는 것이다. 어느 경우든 투자자 입장에서는 실제 경제적 가치보다 낮게 형성된 가격에 거래되는 주식을 찾는 것이 요점이다. 가치투자에서는 대체로 투자된 자산(assets in place)의 경제적 가치보다 낮게 형성된 시장가격을 가진 주식에 중점을 두는 반면에, 성장두자에서는 미래의 성장기회(growth opportunities)의 가치가 낮게 평가된 주식을 찾는다고 할 수 있다.

가치투자

이러한 투자 철학의 차이로 인해서 두 가지 투자전략은 서로 다른 투자 의사결정을 내리게 된다. **가치투자**에서 투자기회는 유형자산과 무형자산의 추정된 경제적 가치보다 낮은 시장가격을 통해 확인한다. 대부분의 가치투자자는 쉽게 측정할 수 있는 공장, 설비, 자회사의 주식이나 지분, 기타 부동산 등의 유형자산의 가치에 초점을 맞춘다. 이러한 유형자산에 대한 시장가치의 보수적 추정값보다 시장가격이 일시적으로 낮게 형성되면 기회가 있는 것이다. 주식시장가격과 유형자산의 시장가치 사이의 갭이 커지면 매력적인 매입기회가 발견된 것이다. 가치투자자는 전반적으로 감정적 투자자의 공포와 탐욕(fear and greed)이 경제적인 기본가치로부터 주식가격의 이탈을 야기한다고 주장한다. 결과적으로 가치투자자는 시장에 만연한 감정적인 군중과는 반대로 행동하여 이득을 얻겠다는 전제 아래 역행투자(contrarian investment) 철학에 따른다. 즉 역행투자자는 공포에 사고 탐욕에 팔아야만 한다.

(1) 기치주식은 무엇인가?

전통적인 가치투자자는 시장에서 할인되어 팔리고 있는 인기가 없는 주식을 추구한다. 그러한 할인은 낮은 P/E비율이나 낮은 P/B비율 혹은 높은 배당수익률로 측정된다. 가치투자자는 좋은 사업을 가지고 있으면서 P/E비율이 시장평균보다 낮거나 혹은 배당수익률이 높은 주식을 찾는다. 이때 가장 조심해야 할 부분은 낮은 주식가격이 반드시 매력적인 가치를 의미하지는 않는다는 것이다. 너무 낮은 가격의 주식은 회피하여야 한다.

(2) 그레이엄과 도드(Graham and Dodd)

보수적인 주식선택을 따르는 가치투자자를 그레이엄과 도드 투자자라고 부른다. 벤저민 그레이엄(Benjamin Graham)은 1914년에 월스트리트의 브로커 회사에서 주급 $12의 메신저로 경력을 시작했다. 1920년에 그의 나이 26세에 투자회사인 뉴버거(Newburger)의 파트너가 되었고 자신의 복잡한 투자전략을 실행하였다. 그는 1923년에 독립회사를 설립하여 헤지펀드를 시작하고, 자신의 이론을 정립하여 1928년부터는 콜럼비아대학에서 야간에 '고급 증권분석(Advanced Security Analysis)'을 강의하였다. 그러나 1929년의 주가폭락으로 그레이엄도 큰 손실을 보았다. 1934년에 그레이엄은 콜럼비아대학의 교수인 데이비드 도드(David L. Dodd)와 함께 〈증권분석(*Security Analysis*)〉을 저술하였다.

이들의 투자전략에서 가장 중요한 개념은 안전마진(margin of safety)이다. 안전마진은 평가된 가치와 시장가격 사이의 확실한 차이를 반영하며, 이것은 혹시 있을 잘못된 계산이나 불운으로 인한 부정적인 파급효과를 흡수하는 데 사용된다. 즉 예측할 수 없는 상황에서도 원금을 지켜낼 수 있는 최소한의 안전마진을 준비하도록 하였다. 또한 이들은 주식선택을 할 때 청산가치(liquidation value)보다 낮게 거래되는 주식을 찾는 것에 중점을 두었다. 자산을 청산하고 채권자에게 채무를 지급하고 주주에게 남는 잔여가치를 계산하였는데 이것은 대공황 시기를 겪으면서 발생한 철학이기 때문이다. 이들의 주식선택기준은 낮은 주가비율을 가진 주식을 선택하는 것으로 P/E비율, P/B비율, 주가매출액(price-sale: P/S)비율, 주가현금흐름(price-cashflow: P/CF)비율을 사용한다. P/CF비율에서 잉여현금흐름(free cash flow)은 EBITDA(earnings before interest, taxes, depreciation and amortization)에서 자본지출액을 차감한 것이다. 이러한 주식선택원칙에서 주의해야 할 점은 사업 모델이 더 이상 유효하지 못하여 주가가 하락하고 파산에 직면한 기업이 낮은 주가비율을 가지는 경우에는 선택하지 말아야 한다는 것이다. 주식의 가격이 낮다고 해서 좋은 가치를 지니고 있는 것은 아니다. 즉 시장에서 공정하게 평가된 나쁜 회사와 저평가된 좋은 회사를 구분해야만 한다.

(3) 버핏의 투자원칙(Buffettology)

오마하의 현인(Oracle of Omaha)으로 불리는 워런 버핏(Warren Buffett)은 그레이엄의 가장 유명한 제자라고 할 수 있다. 몇 년간 개인투자로 성공한 후 1965년 34세에 버크셔해서웨이(Berkshire Hathaway)라는 직물회사를 인수한 버핏은 지주회사의 회장이자 CEO로 아메리칸익스프레스(American Express), 코카콜라(Coca-Cola), 프록터앤갬블(Procter & Gamble) 등 다양한 기업의 주식에 투자하고 있다. 버크셔의 대규모 영업 자회사들은 주로 보험사업을 영위하는데, 미국의 5대 자동차 보험회사인 가이코(GEICO), 세계 4대 재보험회사 중 하나인 젠리(Gen Re)를 포함한다. 버핏의 10가지 명언을 요약해 본다.

① 원칙 1: 결코 돈을 잃지 마라. 원칙 2: 첫 번째 원칙을 잊지 마라.
② 기회가 있을 때 실행하라.
③ 이해하지 못하는 사업에 절대 투자하지 마라.
④ 좋은 가격에 적당한 회사를 사는 것보다 적당한 가격에 좋은 회사를 사는 것이 훨씬 낫다.
⑤ 10년 동안 주식시장이 문을 닫아도 행복할 수 있는 주식만을 사라.
⑥ 타인이 욕심을 부릴 때 두려워하고 타인이 두려워할 때만 욕심내려고 노력한다.
⑦ 당신보다 나은 사람과 어울리는 것이 낫다.
⑧ 우리의 최적 보유기간은 영원하다.
⑨ 건전한 지성과 감정적 억제와 결합할 때만 합리적 행동을 할 수 있다.
⑩ 열정이 없다면 당신에게 에너지는 없다. 에너지가 없다면 당신에게 아무것도 없다.

(4) 역행투자(contrarian investment)

한 기간에 성과가 좋지 못했던 주식은 다음 기간에는 반전되어 상당한 성과를 보이는 반면에 어느 한 기간에 최상의 성과를 보인 주식은 다음 기간에 나쁜 성과를 보이는 경향을 빈진효과(reversal effect)라고 한다. 그러나 실제 대중들의 거래행태에 반대로 행동하는 것은 어렵다. 역행투자는 추세의 역전을 기대하는 투자로 시장에 만연한 감정적 군중과는 반대로 행동하여 이득을 얻으려는 것이다. 역행투자전략의 성공은 평균회귀(regression to the mean) 개념에 달려있다. 어느 시점에의 주식수익률은 기업이나 산업에 따라 다르다. 그러나 시간이 흐르면서 수익률은 대략 연간 12~14% 범위 내에 수렴한다. 경험이 있는 투자자는 성장성 높은 산업에서 나타나는 평균을 초과하는 이익도 궁극적으로는 경쟁자의 진입으로 떨어진다는 것을 안다. 반면에 위축된 산업은 파산이나 퇴출로 인해 수익성이 점차 나아진다. 이러한 수익성의 순환으로 인해 기업의 이익과 주가수익률은 장기적으로 평균이익수준으로 회귀하게 된다. 따라서 나쁜 수익성을 보인 주식을 매입하고 뛰어난 수익성을 보인 주식을 매도하는 역행투자가 가능하게 된다.

성장투자

가치투자는 현재에 관심을 두고 주로 투자자산(assets in place)의 가치를 평가한다. 반면에 성장투자는 미래를 관찰한다. 즉 앞으로 미래에 높은 매출액과 이익 그리고 배당금을 가져올 기업을 추구한다. 성장주식은 시간이 흐르면서 영업활동을 급격하게 확장할 것으로 여겨지는 기업이다. 기업의 성장 혹은 확장 여부는 손익계산서의 맨 윗줄에 위치한 매출액 성장(top-line growth)이나 EPS 성장을 주로 측정하여 추정한다.

주식의 가치는 투자자산과 미래 성장기회의 현재가치의 합계로 볼 수 있다. 즉 주식의 가치 = PV(투자자산) + PV(미래 성장기회)이다. 미래 성장기회(growth opportunities)의 현재가치를 평가하여 주식을 선택하는 것이 성장투자이다. 미래의 성장기회가 많은 성장주식의 특징은 다음과 같이 요약할 수 있다.

① 높은 순이익률(profit margin), 매력적인 총자산이익률(ROA), 지속적인 주당순이익의 성장과 낮은 수준의 부채비율을 가진다.
② 살인적인 경쟁이 없다.
③ 차별적인 제품과 신시장을 위한 우월적인 연구능력을 보유한다.
④ 전반적으로 낮은 인건비를 지출하지만 우수 인력에게는 높은 임금을 지불한다.
⑤ 규제의 위협이 없다.

성장주식 투자자는 전통적인 P/E비율로 측정한 상대적인 가치보다 높은 프리미엄에 거래되는 높은 P/E비율을 가진 공격적인 기업을 선호한다. 자본이득을 생각하기 때문에 배당수입은 대개 중요한 고려대상이 되지 않는다. 이러한 투자자는 장기적인 투자결과를 추구하기 때문에 평균 이상의 긴 투자기간에서 발생하는 위험을 받아들일 자세가 되어 있어야 한다. 그러나 과거의 높은 성장이 미래에도 지속될 것이라고 확신할 수는 없다.

성장주식에 투자를 결정하기 위해서는 성장주식에 지불할 합리적인 가격이 얼마인지를 결정해야 하는데 성장투자에서 이용하는 측정치 중에는 PEG비율이 있다. PEG(PE to growth)비율은 P/E를 EPS 성장률(g)로 나눈 값이다. 예를 들어 기업의 P/E가 20이고 EPS의 성장률이 20%로 추정된다면 PEG비율은 1(=20/20%)이 된다. PEG비율이 1 이상이면 주식의 성장성이 적정하게 평가되었다고 판단하며 투자대상으로 고려하지 않는다. 만일 PEG비율이 1보다 작으면 투자를 고려할 만하다. PEG비율에 따른 투자결정은 일반적으로 아래와 같다.

① PEG≤1이면 주식에 투자를 고려할 만한 가치가 있다.

② PEG≤0.5이면 주식은 꽤 매력적인 투자대상이 될 수 있다.

③ PEG≤0.33이면 주식은 극히 매력적인 투자기회를 대표한다고 할 수 있다.

PEG비율을 사용하기 위해서는 EPS의 성장률을 추정해야만 하는데, 성장률은 ROE에 유보율을 곱하여 산출된다.

성장투자는 가치투자보다 적극적인 운용방법으로 경제상승기에는 상대적으로 더 높은 수익률을 가져다줄 가능성이 있다. 특히 경제상승기에는 성장주식의 급속한 성장으로 인해 투자자들이 대표성 오류와 같은 심리적 오류를 범하거나 브로커, 투자은행, 증권사에 의해 고용된 매도 측 분석가(sell-side analyst)가 시장에 긍정적인 매수 권유를 내놓을 가능성이 높다. 성장주식은 변동성이 크고 높은 수준의 위험을 가지고 있음을 항상 기억해야 한다. 성장주식은 보통 높은 가격에서 거래되고 있기 때문에 해당 기업이 어려움을 겪거나 이익이 예상에 미치지 못하면 주가가 폭락할 가능성이 높다.

6.2.5 기술적 분석

기술적 분석(technical analysis)은 가격과 거래량정보를 연구분석하는 것이며 몇 가지 단순한 가정에 근거한다. 즉 기술적 분석은 단기적인 주식의 수요와 공급이 주가의 변화를 일으킨다고 믿는다. 따라서 기본적 분석에서 관심을 가지는 주식의 내재적 가치나 경제적 가치를 분석하기보다는 기술적 분석에서는 주식의 수요와 공급에 영향을 주는 요인을 이해하고 측정하며 예측하려고 한다. 기술적 분석이 많은 경우 차트(chart)에 의존하기 때문에 기술적 분석가는 차티스트(chartist)라고 불리기도 한다.

기술적 분석은 다음과 같은 기본가정을 근거로 한다.

① 주식의 시장가치는 수요와 공급의 상호작용으로만 결정된다.
② 시장에 약간의 변동이 있더라도, 주가는 장기간에 걸쳐 지속되는 추세를 따라 움직이는 경향이 있다.
③ 추세의 전환은 수요와 공급의 변화에 의해 야기된다.
④ 수요와 공급의 변화는 차트에서 조만간 감지된다.
⑤ 수많은 차트의 패턴이 반복되는 경향이 있다.

기술적 분석의 기본이 되는 전제는 시장 움직임의 과거 추세가 미래를 예측하고 이해하는 데 유용하다는 것이다. 시장의 기술적 분석가가 주식가치의 변화를 인식하는 시점과 투자자 대중이 이 변화를 평가하는 시점 사이에 격차가 있기 때문에 기술적 분석이 유용하다고 가정한다.

차트의 사용

차트는 1890대에 찰스 다우(Charles Dow)가 개발한 **다우이론(Dow theory)**과 관련되어 있다. 다우는 '월스트리트저널'의 창간자 중 한 사람이며 편집장이었다. 다우이론에서 시장의 움직임은 3가지 주요 움직임(일간 변동, 2차 추세, 주요 추세)으로 구성된다. 이론에 따르면 일간 변동과 2차 추세(2주에서 1개월 정도의 움직임)는 시장의 장기적인 주요 추세(몇 개월에서 몇 년의 움직임)에 반영되지만 주요 추세를 바꾸지 못한다. 주요 추세는 강세장 혹은 약세장으로 구분된다. [그림 6–5]에서 시장 추세를 분석하는 데 다우

그림 6–5 다우이론과 주가 움직임

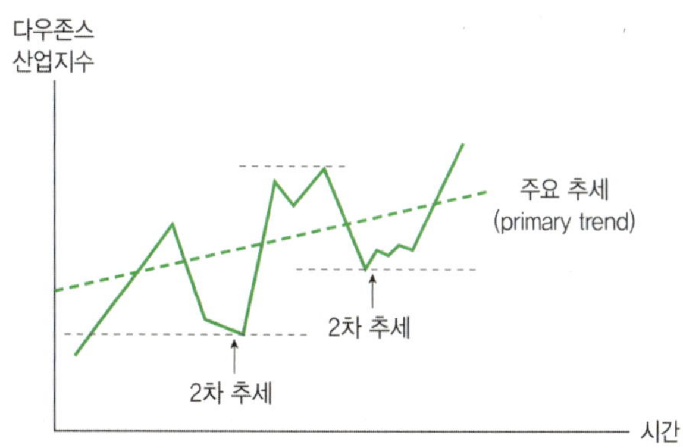

이론을 적용해보자.

봉도표

주가의 움직임을 그리는 방법 중에 **봉도표(bar chart)**가 있다. 미국식은 저가, 고가, 종가만을 표시하는데, 우리나라는 일본과 함께 시가(장 시작가격)와 종가(장 마감가격) 그리고 저가(장중 최저가)와 고가(장중 최고가)를 표시한다. 또한 파란색은 하락으로 시가보다 종가가 낮은 것을 의미하고, 빨간색은 상승으로 시가보다 종가가 높은 것을 의미한다. 줄은 고가와 저가를, 박스의 상단과 하단은 각각 종가와 시가를 표현한다. [그림 6-6]은 봉도표의 예를 보여준다.

그림 6-6 | 봉도표(예)

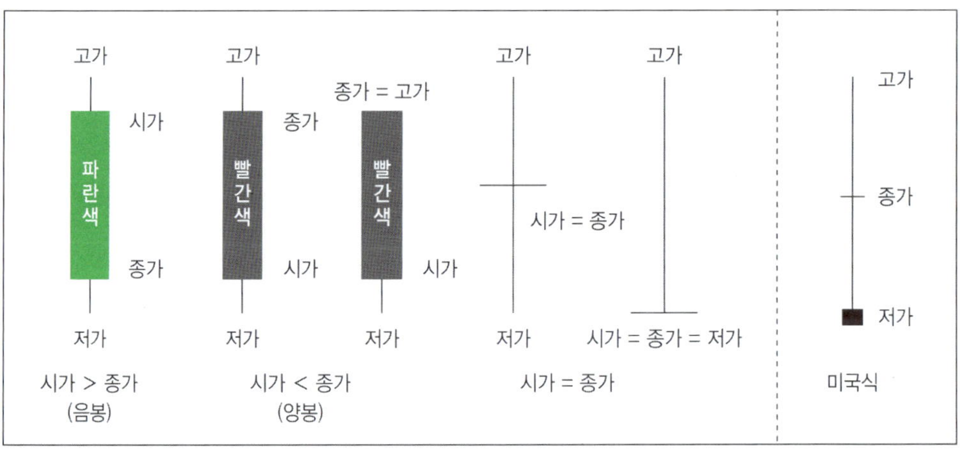

지지선과 저항선

분석가들은 개별 주식이나 시장가격의 움직임이 상승이나 하락에서 도전을 받는 지점을 정하려고 노력한다. 예를 들어 KOSPI 지수가 3,500선을 돌파한다거나 3,000선이 붕괴된다는 식으로 경제신문이나 TV에서 주기지수나 특정 수준이 자주 언급되곤 한다. 이것은 지지선(support level)과 저항선(resistance level)의 존재를 가정하는 것이다. 주가를 이동평균한 값은 일정기간 동안의 평균적인 가격이라고 볼 수 있으며, **이동평균선**은 주가가 더 이상 하락하지 못하는 지지선과 주가가 더 이상 상승하지 못하는 저항선의 역할을 한다. 이러한 이동평균선은 이동평균을 계산하는 기간이 길수록 지지와 저항의 강도가 높기 때문에 단기이동평균선보다 장기이동평균선의 지지와 저항의 강도가 높다고 할 것이다. [그림 6-7]에서 보여주듯이 지지선은 거래 범위의 하단, 저항선은 거래 범위의 상단과 관련된다.

그림 6-7 지지선과 저항선

지지(support)는 주식이 거래 범위의 하단에 닿으면 발생하는데 이것은 이전에 주식을 매수할 수 있는 기회를 놓쳤던 투자자들이 새롭게 매수에 참여하기 때문이다. 새로운 수요가 시장에 유입된다는 의미이다. 주식이 정상적인 거래 범위의 상단에 도달하게 되면 열기에 휩싸여 높은 가격에 매수에 참여했던 일부 투자자들이 본전을 찾기 위해서 매도하기 때문에 저항(resistance)이 발생한다. 혹은 일부는 단순히 이익을 얻을 수 있는 기회로 이용하기도 한다. [그림 6-7]에서처럼 저항선의 돌파나 지지선의 돌파는 중요한 의미를 준다. 주식이 새로운 거래 범위로 이동한다고 기대되기 때문이다.

기술적 분석의 한계

시장의 효율성을 설명하면서 우리는 기술적 분석이 실증적으로 위험조정수익률을 초과하는 비정상수익률을 발생시키지 못한다는 것을 배웠다. 즉 약형 효율적 시장이 성립된다고 보는 것이 일반적인 학계의 시선이다. 시장이 약형 효율적이라면 어떠한 기술적 분석도 쓸모가 없을 것이다. 예를 들어 기술적 분석에서 제시된 투자전략이 높은 수익률을 얻게 된다면 시장의 참여자는 경쟁적으로 동일한 전략을 구사하게 되고 비정상수익률을 얻을 수 있는 기회는 사라지게 될 것이다. 세상에는 기술적 분석을 소개하는 수많은 투자지침서가 존재하지만 어느 저자도 자신의 기법으로 부자가 된 사례는 없다. 만일 그런 저자가 있다면 굳이 자신의 투자 기밀을 헐값에 출판하지는 않을 것이기 때문이다.

기술적 분석에 대한 회의론은 기술적 거래기법이 일관된 이익을 발생시킨다는 증거가 없기 때문이다. 그럼에도 불구하고 어떤 주식이 저평가되었는지 혹은 초과수익률을 얻을 수 있는지를 알고 싶어 하는 투자자의 자연스런 요구로 인해 기술적 분석은 유행하고 있다. 그러나 미국의 경우 증권분석에서 기술적 분석은 중요하게 취급되지 않고 있으며, 본 교재를 포함하여 대부분 학계의 투자론 교과서에서 기술적 분석은 겨우 일부분만 언급되고 있다. 이것은 기술적 분석의 이론적 실증적 근거가 미약하기 때문이다.

행태재무학의 등장은 기술적 분석에 새로운 해석을 요구하고 있다. 그러나 행태재무학에서 투자자의 비이성적 투자행동에 감정이 어떻게 영향을 미치는지에 대해 연구하고는 있지만, 아직 기술적 분석에서 제시된 특정 가격 패턴을 비이성적 투자행위로 명확하게 설명하지 못하고 있다. 따라서 기술적 분석에 대한 학계의 이해와 실무에서의 활용 사이에는 여전히 커다란 간극이 존재하고 있다.

투자 이야기 황소와 곰

증권시장의 상징인 황소(bull)와 곰(bear)의 유래에 대해 여러 가지 설이 있다. 가장 널리 알려진 설은 황소와 곰이 다른 동물을 공격하는 방법에서 유래되었다는 것이다. 즉 곰은 발을 아래쪽으로 내려치는 방법으로 상대를 공격하는 반면에 황소는 뿔을 위쪽으로 쳐들어 상대를 공격하는 데서 유래한 것이라고 하는데, 이것은 사실이 아니다.

곰(bear)이라는 말은 18세기 영국에서 곰가죽 중개상(bear skin jobber)들이 잡지도 않은 곰의 가죽을 미리 판 데서 유래하여 공매자(short seller)를 의미하는 말로 쓰이기 시작하였다고 한다. 황소와 곰이 반대편의 의미를 가지게 된 것은 미국에서 한 때 유행했던 황소와 곰을 서로 싸우도록 부추기는 스포츠(baiting)에서 곰의 상대방이 황소라는 데서 유래한 것이라고 한다.

황소와 곰이라는 말이 처음으로 설명된 영문 책자는 토마스 모티머(Thomas Mortimer)가 1761년에 쓴 〈*Every Man His Own Broker, or, A Guide to Exchange Alley*〉라고 한다. 모티머에 의하면 그 당시에는 '황소'와 '곰'이라는 말이 오늘날 사용되는 것보다는 한정된 의미로 사용되었다. 황소가 주가가 오를 것이라고 생각하거나 오르기를 희망하는 사람을 지칭하기보다는, 오늘날 신용거래를 하는 투자자와 같이 돈을 지불할 의사나 능력이 없이 구매하기로 계약한 사람이라는 의미로 사용되었다. 즉 돈 없이 주식을 사서 결제일 전에 주식을 팔아 차익을 남기려고 했던 사람이었다. 마찬가지로 곰도 그 시대에는 장세를 비관적으로 보는 사람을 지칭하는 것이 아니라 공매를 하는 사람을 표현하는 말이었다.

〈부산국제금융센테에 들어선 증권 강세장을 의미하는 황소상〉

6장 연 습 문 제

01 증권분석에서 하향식(탑다운) 접근법에 대해 설명하시오.

02 역행투자(contrarian strategy)는 어떤 투자전략인가? 반전효과를 설명하고 이러한 현상이 효율적 시장가설과 어떤 관계인지 설명하시오.

03 경제신문에 자주 언급되는 소위 '강남의사' 투자자 K는 지난 10년간 큰 수익률을 기록하고 있다. 이러한 특정 투자자의 성공은 효율적 시장가설이 틀렸음을 입증하는가? 설명하시오.

04 경기순환적인 기업은 어떤 경향이 있는가?

① 전반적인 경기를 따라 움직이는 이익을 가진다.
② 높은 P/E비율을 가진다.
③ 전반적인 시장보다 덜 변동하는 이익을 가진다.
④ 경기순환은 기업의 성과와 직접적 관련이 없다.

05 모든 변수가 일정하고 가치결정요소 간의 상호작용을 배제할 때, 다음 중 기업의 P/E 배수를 증가시키는 것은 무엇인가?

① 위험프리미엄의 증가 ② 유보율의 증가
③ 주식 베타의 증가 ④ 약세가 예상되는 기업

06 주식의 현재 배당금은 $1.00이고 내년 배당금은 $1.10로 예상된다. 만일 투자자의 요구수익률이 15%이고 주식이 현재 $20.00에 거래된다면 내년 주식의 가격은 얼마로 추정되는가?

① $21.90 ② $22.00
③ $22.20 ④ $23.00

07 현재 주식은 주당 $2.00의 배당금을 지급한다. 기대 배당성장률은 향후 3년간 20%이고 그 이후 영구적으로 7%가 될 것으로 추정한다. 주식의 요구수익률은 15%이다. 주식의

현재가치는 얼마로 추정되는가?

① $6.54　　② $16.63
③ $25.42　　④ $32.83

08 A기업의 자기자본비용은 14%이며 방금 배당을 지급하였다. 이 주식의 배당은 앞으로 계속 8%의 성장률을 보일 것으로 예상되고 있으며, A기업의 현재 주가는 50,000원이다. 다음 중 옳은 것은?

① 배당수익률이 8%이다.
② 방금 지급된 배당금은 주당 3,000원이다.
③ 1년 후 예상되는 주가는 57,000이다.
④ 1년 후 예상되는 주가는 54,000원이다.

09 가치주(value stock) 투자에 대해 설명하시오.

10 성장주(growth stock) 투자에 대해 설명하시오.

❙ 연습문제 풀이 ❙

01 하향식 접근법은 경제, 산업 그리고 증권시장 사이에 일정한 관계가 있다고 가정하고 이 관계를 통해서 증권시장을 예측할 수 있다고 가정한다. 증권의 공정한 가치판단을 위해 경제분석, 산업분석 그리고 기업분석의 순서로 투자종목의 선택에 중점을 두는 분석방법이다.

03 10년간 큰 수익률을 얻었다는 사실은 투자자 K에게 특별한 재능이 있다는 것을 의미하는 것일 수도 있지만, 단순히 좋은 운이 따랐을 뿐일 수도 있다. 특정 투자자의 성공이 효율적 시장가설이 틀렸음을 입증하는 것은 아니다. 운에 의해서 연속적인 성공이 가능할 수도 있기 때문이다. 그러나 K에게 뛰어난 투자능력은 없다고 단언할 수는 없다.

05 ② 매출과 이익이 개선된 성장이 예측되는 경우 P/E비율이 증가하는 경향이 있다. 유보율의 증가는 성장을 가져올 것이다.

07 ④ $D_1 = 2.4; D_2 = 2.88; D_3 = 3.456; P_3 = \frac{3.6979}{(0.15-0.07)} = 46.224$

09 전통적인 가치투자자는 시장에서 할인되어 팔리고 있는 인기가 없는 주식을 추구한다. 이때 할인은 낮은 P/E비율이나 낮은 P/B비율 혹은 높은 배당수익률로 측정된다. 가치투자자는 좋은 사업을 가지고 있으면서 P/E비율이 시장평균보다 낮거나 혹은 배당수익률이 높은 주식을 찾는다. 이때 가장 조심해야 할 부분은 낮은 주식가격이 반드시 매력적인 가치를 의미하지는 않는다는 것이다. 너무 낮은 가격의 주식은 회피하여야 한다.

7장 채권수익률과 가격

자산(asset)은 금이나 옥수수와 같은 실물자산(real assets)과 계약으로 인해 가치를 지니는 금융자산(financial assets)으로 구분할 수 있다. 이자율(interest rate)은 이러한 금융자산의 이용가격이다. 예를 들어 1년 이자율은 1년 동안 돈을 빌려 사용하는 대신에 지불하는 대가가 된다. 따라서 돈이 거래되는 금융시장에서 일정기간 돈을 사용하는 대가인 시장이자율은 모든 투자자의 관심사항이다. 또한 금융자산 혹은 금융상품의 가치는 계약상 표명된 약속과 이자율에 근거하여 결정된다. 금융상품 중에서 시장에서 쉽고 자유롭게 거래가 이루어지는 경우를 유가증권(securities)이라고 한다.

이 장에서 다루게 되는 채권(bond)은 채권자에게 일정한 현금흐름을 정해진 기간 동안 약속하는 유가증권이다. 채권은 미래의 현금흐름이 사전에 결정되는 확정소득증권(fixed income securities)이기 때문에 주식이나 파생상품에 비해 평가하기 쉽다는 특성을 가진다. 이 장에서 채권의 기본적인 특성과 채권가격 그리고 채권수익률에 대해 살펴본다.

7.1 채권의 특성과 가격

7.1.1 채권의 특성

채권의 개념과 용어

채권(bond)이란 돈을 빌리는 채무자(정부 및 공공기관, 일반기업, 금융기관 등)가 돈을 빌려주는 투자자인 채권자로부터 자금을 조달하기 위해 발행하는 채무증서이다. 일반적으로 채권의 발행자인 채무자는 일정기간 정기적으로 약속한 이자를 지급하고 만기일에 원금(액면가)을 상환한다. 채권의 만기까지 채권의 보유자에게 일정한 이자를 지급하는 경우에 지급하는 이자를 이표(액면이자, coupon)라고 한다. 채권은 발행되는 시점에 액면가(face value), 이표율(액면이자율, 표면이자율, coupon rate), 만기(maturity)가 채권약정서(indenture)에 표기된다.

채권발행자가 지급하기로 약속한 미래의 마지막 현금을 지급하는 날에 채권의 효력은 소멸하며, 이를 채권의 만기일(maturity date)이라고 한다. 채권의 만기는 채권발행일로부터 채권의 만기일까지의 소요기간을 의미한다. 액면가는 원금(principal)으로 채권 만기일에 지급하기로 명시된 현금이다. 이표는 채권의 발행일 이후 만기일까지 채권발행자가 정기적으로 지급하기로 약속한 현금을 의미한다. 이표율은 채권의 이표를 액면가로 나눈 수치를 의미하며, 이는 액면가의 일정비율을 매년 채권보유자에게 이자로 지급하는 것을 말한다. 액면가가 동일할 때 이표율이 높을수록 채권보유자에게 매년 지급되는 이표는 커진다. 이표율과 구별해야 하는 개념은 **시장이자율(market interest rate)**이다. 이는 투자자들이 채권투자를 통해 얻기를 원하는 수익률로 요구수익률(required return)이라 하며 이표율과는 다르다. 시장이자율은 시장상황을 반영하여 채권발행 이후 사후적으로 결정되는 반면에 이표율은 채권의 발행시점에 사전적으로 결정된다. [그림 7-1]은 미국의 철도회사가 19세기 후반에 발행한 이표채를 보여준다. 채권의 하단에 쿠폰이 붙어 있는 것에서 이표채의 원래 모습을 확인할 수 있다.

채권은 소득이 확정된 확정소득증권이다. 따라서 채권은 발행시점에 미리 정해진 이자인 이표를 정기적으로 지급한다. 또한 채권은 원금의 상환기간인 만기가 발행 시에 정해져 있는 기한증권이다. 주식(stock)과 비교할 때 채권은 약속된 소득이 사전에 정해져 있기 때문에 위험이 상대적으로 작은 대신에 수익률이 낮은 특징을 가진다.

그림 7-1 미국의 철도회사가 발행한 이표채

Milford & Matamoras Railroad, 1871년 발행(액면가 $1,000, 이표율 7%)

채권의 종류

채권은 우선 발행주체에 따라 크게 회사채와 국공채로 구분할 수 있다. **회사채(사채, corporate bond)**는 회사가 주식과 함께 직접금융에 의한 장기자본을 조달하는 수단으로 발행하는 채권이다. 국내 회사채는 통상 만기가 3년이지만 미국의 경우 20년 이상 30년까지 만기를 가지는 회사채의 발행이 일반적이며 발행규모가 크다.

국공채는 정부나 지방자치단체 또는 공기업이 발행하는 것으로 채무불이행 위험이 거의 없는 채권이다. **국채(government bond)**는 중앙정부가 발행하며 원리금의 지급을 정부가 보장하는 채권이고, **지방채(municipal bond)**는 지방자치단체가 발행하는 채권이다. 국채로는 국채전문딜러(primary dealer)의 경쟁입찰에 의해 발행되는 국고채, 외국환평형기금채권, 국민주택채권 등이 있다. 지방채는 중앙정부가 아닌 지방자치단체들이 지방재정법의 규정에 의거하여 재원확보를 목적으로 발행하는 채권이다. 미국에서 지방채(municipal bond: munis)의 장점은 연방세가 면제된다는 것이다. 투자자가 해당 주에 거주하면 주세와 지방세도 면제된다. 금융채(financial bond)는 은행 등 금융기관(한국은행, 산업은행, 중소기업은행)에 의해서 발행되는 채권이며, 특별법에 의해 운영되는 특별법인(한국전력공사, 토지주택공사, 예금보험공사 등)이 발행하는 특수채(specific laws bond)가 있다.

표 7-1 발행주체에 따른 채권의 종류

구분		종류
국공채	국채	중앙정부: 국고채, 재정증권, 국민주택채권, 외국환평형기금채권(외평채) 등
	지방채	지방자치단체: 지역개발공채, 도시철도공채, 상수도공채, 도로공채 등
	특수채	특별법 설립법인: 한국전력공사채권, 토지개발채권 등
	금융채	특별법 금융기관: 통화안정증권, 산업금융채권, 중소기업금융채권 등
회사채	회사채	상업상 주식회사(보증사채, 담보부채권, 무담보채권, 특수사채 등)

미국 재무부(Department of Treasury)가 발행하는 국채에는 단기(bill), 중기(note), 장기(bond)채권이 있다. 단기 재무부 채권인 T-bill은 91일에서 182일의 만기를 가지고 이표가 없는 할인채권으로 발행된다. 중기채권인 T-note는 1년에서 10년 만기를 가진다. 마지막으로 T-bond는 10년에서 30년 만기의 장기채권이다. T-note와 T-bond는 이자를 지급한다. 국채는 위험이 없기 때문에 낮은 수익률을 제공하고, 이자소득에 대해 연방세는 과세되지만 지방세는 면제된다. 미국의 국채는 이자를 지급하지 않는 채권스트립(Treasury strips, strip-T's)으로 거래되기도 한다. 이자지급이 없기 때문에 무이표채로 불린다. 사실 미국 정부가 이것을 발행하는 것은 아니며, T-note나 T-bond에서 채권딜러가 이자지급액과 원금을 분리하여 채권을 재구성하는 것을 허용하는 것이다.

이표채(coupon bond)는 정기적으로 액면이자를 지급하고 만기일에 액면금액을 지급하는 채권을 말한다. 우리나라의 경우 채권발행자들은 대부분 이표채를 발행하고 있으며, 만기는 통상 3년이고 3개월(분기)마다 이표(액면이자)를 지급한다. 반면에 무이표채(zero-coupon bond)는 이표를 전혀 지급하지 않고 만기일에 액면가만 지급하는 채권으로 이표지급이 없기 때문에 발행시점에 채권가격이 액면가보다 낮게 할인되어 거래되는 순수할인채(pure discount bond)라고 할 수 있다. 즉 이러한 무이표채의 가격은 만기의 원금 지급액을 요구수익률로 할인한 현재가치이다. 무이표채의 수정된 유형으로 OID(original-issue discount)채권이 있다. OID채권의 이표율은 시장이자율보다 매우 낮게 형성된다. 예를 들어 시장이자율이 12%일 때 5%의 이표율을 가진다면, 채권은 액면가보다 매우 할인(deep discount)되어 발행된다. 이를 딥디스카운트채(심화할인채, deep discount bond)라고 한다. **복리채(compounding bond)**는 액면이자율을 가지고 있으나 액면이자를 액면가를 기준으로 매회 정기적으로 지급되는 것이 아니고 이자가 원금에 가산되어 복리로 늘어나 만기에 일시에 원리금을 찾는 형태로 주로 국공채로 발행된다.

표 7-2 이자지급 방법에 따른 채권의 종류

구분	내용
이표채(coupon bond)	이자지급일에 이자를 받을 수 있는 채권으로 대부분의 회사채와 금융채
무이표채(zero-coupon bond)	채권의 액면금액을 할인한 금액으로 발행하는 채권으로 만기에 액면금액을 상환받음. 할인채(discount bond)
복리채(compound bond)	지급이자가 이자지급기간 동안 복리로 재투자되어 만기 상환 시 원금과 이자를 동시에 지급하는 채권

액면이자 변동 여부에 따라 채권을 **고정금리채권(fixed rate bond)**과 **변동금리채권(floating rate note: FRN)**으로 나눌 수 있다. 대부분의 회사채와 국공채는 채권발행일에 약정된 액면이자율을 만기까지 유지하는 고정금리채권이지만, 액면이자율이 기준금리에 연동되어 일정기간마다 재조정되는 변동금리채권은 채권발행자와 투자자의 요구에 의해 발행되었다. 인플레이션은 화폐의 가치를 하락시킨다. 이러한 물가상승에 대하여 투자자를 보호하는 채권으로 **물가연동국채(inflation-linked government bond)**가 있다. 물가연동국채란 원금과 이자가 물가변동분을 반영해서 조정되기 때문에 물가상승기에 구매력이 보존되는 정부채권이다. 흔히 TIPS(Treasury Inflation-Protected Securities)라고도 한다. 미국 재무부가 발행하는 TIPS는 1997년부터 발행되었으며, 우리나라에서는 2007년 3월부터 발행되었다. 물가연동채권은 채권이 발행되는 날 물가지수(CPI)를 기준으로 이자지급일에 물가가 오르고 내린 만큼 원금을 조정한 다음 여기에 이표율을 곱해 이자를 지급한다. 그리고 만기 상환 시 최소한 발행 액면을 보존해준다.

담보부채권(secured debt)은 담보물에 의해 지급이 보장되는 채권이다. 모기지(mortgage)계약하에서는 실물재산이 대출의 담보가 된다. 선순위 청구권은 후순위 채권자에게 상환이 이루어지기 전에 지급을 요구할 수 있으며, 모기지는 선순위나 후순위 모두에게 가능하다. 물론 모든 채권이 자산을 담보로 보장되는 것은 아니다. 대부분의 국공채는 무담보로 발행된다. 무담보회사채를 무담보채권(debenture)이라고 한다. 미래에 대한 전망이 밝지 않은 기업은 수익사채(income bond)를 발행하는데 이것은 이익을 벌어들인 경우에만 이자를 지급한다. 따라서 이자를 정기적으로 지급할 의무를 지지 않으며, 이자지급 불이행이 파산을 야기하지 않는다. 수익사채의 발행은 일반적으로 기존의 채권자나 우신주 주주에게 채권을 발행하는 상황이거나 재무적 곤경상태에 있는 기업이 구조조정을 행하는 경우로 제한된다. 수익사채는 회사채로는 드물고 도로, 다리, 철도와 같이 전적으로 수익창출사업에 따라 상환이 결정되는 지방자치단체 채권인 수익채권(revenue bond)에서 볼 수 있다.

감채기금조항(sinking fund provision)이 있는 채권은 만기에만 원금이 상환되는 것이 아니라 채권의 존속기간에 걸쳐서 체계적으로 원금의 전부 혹은 일부가 상환된다. 예를 들어 20년 만기 채권이 10년 뒤부터 발행채권의 5%씩 매년 상환해야만 하는 감채기금조항을 가질 수 있다. 따라서 20년 만기에는 50%의 발행채권이 상환된 상태이고 나머지 50%만 만기시점에 상환된다. 감채조항은 의무이기 때문에 시장의 상황과 관계없이 지켜져야 한다.

자산유동화증권(asset-backed securities: ABS)은 최근에 급속하게 성장한 상품이다. 이것은 모기지, 자동차 담보, 신용카드 부채, 학자금 등의 개인 부채를 유동화한 것으로 자산유동화증권으로 불린다. 자산유동화증권(ABS)은 자산이나 부채의 집합(pool)을 담보로 하여 발행된 증권을 가리키며 이와 관련된 일련의 거래를 자산유동화(securitization)라고 한다. 자산유동화는 대출 금융기관이 보유한 소규모의 비유동자산을 결합한 뒤 이를 특성별로 구분하여 유동성 있는 증권으로 발행하는 것이다. 미국의 경우 **모기지채권(mortage-backed securities: MBS)**의 발행과 관련해서 기억해야 할 것은 GNMA(Ginnie Mae)이다. GNMA는 MBS인 'pass-through' 증권을 발행하는데 이 채권에 투자하는 채권자는 지니메이(Ginnie Mae)에 대출을 받은 원채무자가 지불하는 모기지 지급액을 통해 원금과 이자를 받게 된다. 정부기관은 아니지만 정부의 지원을 받는 기관(government sponsored enterprise: GSE)으로 패니메이(Fannie Mae)와 프레디맥(Freddie Mac)이 있었다. 이들의 채권은 정부의 공식적인 보증을 받지는 않지만 정부가 극단적인 상황에서 이들 채권이 파산하도록 내버려 두지는 않는다는 의미를 가졌다. 결국 서브프라임 모기지 위기로 인한 미국 금융위기의 근원으로 지목받던 두 기관은 2008년에 미국 정부에 인수되었다.

투자 이야기 국고채의 발행

국고채권은 국채법에 따라 기획재정부장관이 중앙정부의 각 부서로부터 발행요청을 받아 국채 발행계획안을 작성한 후 국회의 심의 및 의결을 거쳐 발행된다. 국고채권은 통상 단일가격에 의한 경쟁입찰방식으로 발행되고 있다.

기획재정부장관은 국고채 발행에 관하여 연간 및 월간 발행계획을 발표하며 월간 발행계획은 만기물별 발행액 및 입찰일 등의 사항을 포함하여 전월 말일까지 공표한다.

국고채권의 만기는 통상 3년, 5년, 10년, 20년이며, 3년물은 매년 6월 10일과 12월 10일, 5년물은 매년 3월 10일과 9월 10일, 10년물은 매년 9월 10일, 20년물은 매년 3월 10일에 신규종목을 발행하고 한국은행 금융결제망을 통하여 입찰을 실시한다.

국고채의 입찰에는 국고채전문딜러 및 일반인(전문딜러를 제외한 금융기관, 개인 등)이 참가할 수 있으나, 일반인의 입찰참가는 국고채전문딜러를 통하여만 가능하며 일반인은 입찰금리도 제시할 수 없다.

정부는 국채시장의 유동성 제고와 시장의 효율적 육성을 위하여 1999년7월부터 국고채전문딜러제도를 운영하고 있다. 국고채전문딜러는 국고채경쟁입찰에 독점적으로 참여하고, 콜금리보다 낮은 금리로 제공되는 국채인수 및 유통자금을 지원받을 수 있는 혜택을 부여받고 있다. 또한 국채 조기상환(buy-back)과 같이 정부가 유통시장에 참여할 때 정부의 배타적 거래대상이 된다.

출처: 금융투자협회.

옵션이 내재된 채권

채권은 발행자와 투자자의 다양한 요구에 의해 새로운 형태로 발전하였다. 채권의 보유자와 발행자에게 특별한 권리를 부여한 채권, 즉 **옵션내재채권(bonds with embedded options)**으로 수의상환채권(callable bond), 전환사채(convertible bond), 신주인수권부사채(bond with warrant), 상환요구채권(putable bond), 교환사채(exchangeable bond)에 대하여 알아보자.

수의상환채권(callable bond)은 채권 발행자가 원할 경우 만기일 이전이라도 채권을 상환 소멸할 수 있는 권리가 부여된 채권이다. 이러한 권리는 채권보유자에게는 불리한 조항이기 때문에 수의상환채권의 시장가격은 일반채권에 비해 낮은 가격으로 거래된다. **전환사채(convertible bond: CB)**는 채권보유자에게 채권을 주식으로 전환할 수 있는 권리를 부여한 채권이다. 전환권이 행사되면 채무(전환사채)가 자기자본(주식)으로 전환되면서 자본구조에 변화가 일어난다. 전환권은 채권보유자에게 유리하기 때문에 일반 채권의 가치보다 높게 거래된다. **신주인수권부사채(bond with warrant: BW)**는 새로 발행되는 주식을 일정한 가격에 살 수 있는 권리인 신주인수권이 채권자에게 부여된 채권이다. 전환사채와 유사하지만 전환사채가 전환권이 행사되면 채권이 사라지는 반면에 신주인수권부사채는 신주인수권을 행사하더라도 채권은 남게 된다. **상환요구채권(putable bond)**은 채권보유자가 원할 경우 만기일 이전에 채권의 상환을 발행자에게 요구할 수 있는 권리가 부여된 채권으로 수의상환채권과 대비되는 성격을 가진다. **교환사채(exchangeable bond)**는 채권의 보유자가 교환사채를 채권발행자가 보유하고 있는 제3자가 발행한 유가증권(통상적으로 다른 회사의 주식)으로 교환할 수 있는 권리를 가진 채권이다.

단기채권의 종류

지금까지 살펴본 확정소득증권(fixed income securities)은 주식회사나 정부가 발행한 채권의 형태가 일반적이지만 통상 만기 1년 이내의 단기금융상품을 거래하는 자금시장(money market)이 있다. 우리나라의 단기상품은 콜, 환매조건부채권, 양도성예금증서, 기업어음, 단기사채 등이 있다.

콜(call)시장은 금융기관들이 일시적인 자금 과부족을 조절하기 위하여 상호 간에 초단기로 자금을 차입하거나 대여하는 시장이다. 콜거래 만기는 최장 90일 이내에서 일별로 정할 수 있으나 실제 거래에서는 익일물이 대부분을 차지하고 있으며 최소 거래금액은 1억원이며 거래단위는 억원이다.

환매조건부채권(repurchase agreement: RP)은 채권의 판매자가 일정기간이 경과한 후 특정 가격으로 동일한 채권을 다시 매수할 것을 약정하고 매매가 이루어지는 채권이다. 일반적으로 RP는 1개월물 및 3개월물 위주로 이루어지고 있으며 만기 이전에 중도환매가 가능하다.

양도성예금증서(certificate of debt: CD)는 상업은행이 정기예금에 양도성을 부여하여 무기명 할인식으로 발행되는 예금이다. 만기 이전에 중도환매는 금지되어 있으나 유통시장에서 중개기관을 통해 환매가 가능하다. CD는 최단만기에 대해서만 30일로 제한되고 최장만기에 대해 제한은 없으나 대부분 1년 이내로 발행되고 있다. CD 금리는 금융투자협회가 시중은행이 발행한 CD(91일물)의 거래 시 호가수익률을 증권회사를 통해 제출받아 매일 2회 발표한다. 고시된 CD 금리는 변동금리대출 등에 지표금리로 사용되었으나, 유통시장 미발달로 적정성에 대한 논란이 제기되었다. 이에 따라 2010년 금융당국을 중심으로 코픽스(COFIX)를 도입하여 은행 가계대출의 지표금리로 활용하고 있다.

기업어음(commercial paper: CP)은 신용도가 양호한 기업이나 금융기관이 필요한 단기자금을 마련하기 위해 발행하는 단기어음의 일종으로 발행 시 약속한 원금과 이자를 만기에 일시 지급한다. 이자는 발행회사의 신용도와 투자기간에 따라 달라진다. CP는 발행절차가 간편하며, 자산유동화 기업어음(ABCP)을 제외하고는 담보 없이 신용으로 발행되며 금리면에서도 은행대출보다 일반적으로 유리하다. 2016년 6월말 전체 CP 시장에서 ABCP가 차지하는 비중은 74.7%로 일반 CP 비중을 크게 상회하고 있다. CP는 대체로 증권회사가 기업으로부터 매입한 뒤 이를 기관투자자나 일반투자자에게 다시 재판매한다.

단기사채(전자단기사채, short term bond: STB)는 전자단기사채(전단채)로 자본시장법상의 사채권으로서 실물이 아닌 전자적으로 발행 유통되는 단기금융상품이다. 2008년 글로벌 금융위기 이후 논의되기 시작하여 2013년 1월에 도입되었다. STB는 어음이 아닌 사채권이지만 경제적 실질은 기존의 CP와 동일하다. 다만 CP는 실물로 발행되지만 STB는 실물 없이 중앙등록기관의 전자장부에 등록되는 방식으로 발행 유통되는 점이 다르다.

7.1.2 채권가격 결정과 수익률

채권가격 결정

유가증권의 가치(value)는 증권에서 얻을 수 있는 미래 현금흐름을 위험을 고려한 할인율로 할인하여 구한 현재가치의 합이라고 할 수 있다. 이에 따라 채권의 이론적 가치는 채권의 보유자가 미래에 채권으로부터 얻을 수 있는 현금인 액면이자(이표)와 액면가의 현재가치를 모두 합한 값이다. 이표가 없는 무이표채는 만기일에 액면가만을 상환하는 채권이기 때문에 무이표채의 이론적 가격은 [식 7-1]과 같다.

$$\text{무이표채의 가격} = \frac{F}{(1+r)^n} \qquad [7\text{-}1]$$

여기서, F: 액면가
r : 시장이자율
n : 만기까지의 기간

이표채는 만기까지 약정된 이표를 매 기간 말에 지급하고 만기일에는 액면가를 상환한다. 따라서 n기 말까지 매 기간 말 이표 C를 지급하고 만기일인 n기간 말에 원금 F를 상환하게 된다. 이표채의 이론적 가격은 [식 7-2]와 같다.

$$\text{이표채의 가격} = \frac{C}{(1+r)} + \frac{C}{(1+r)^2} + \frac{C}{(1+r)^3} + \cdots + \frac{C}{(1+r)^n} + \frac{F}{(1+r)^n} \qquad [7\text{-}2]$$

여기서, F: 액면가
C: 이표
r : 시장이자율
n : 만기까지의 기간

따라서 채권의 가격은 이표(C), 액면가(F), 만기까지의 기간(n) 그리고 시장이자율(r)에 의해 결정된다. 채권의 발행시점에 이표, 액면가, 만기가 결정되기 때문에 채권가격은 시장이자율에 의해 변동되는 것을 알 수 있다. 시장이자율과 채권가격은 역의 관계를 가진다. 즉 시장이자율이 상승하면 채권가격은 하락하는 반면에 시장이자율이 하락하면 채권가격은 상승한다. 이표율이 시장이자율보다 높은 경우 채권의 가격은 액면가보다 높은데 이를 **할증채(premium bond)**라고 한다. 한편 이표율이 시장이자율보다 낮은 경우 채권가격은 액면가보다 낮으며 이를 **할인채(discount bond)**라고 한다. 이표율이 시장이자율과 같은 경우에 채권의 가격은 액면가와 같으며 이 경우의 채권을 **액면채(par bond)**라고 한다. 어떤 경우에도 결국 채권의 현금흐름은 만기일에 액면가만 남기 때문에 채권가격은 만기일에 액면가와 같아진다.

예제 7-1 무이표채의 가치평가

만기는 3년이며, 액면가 10만원의 순수할인채인 무이표채의 가치는 얼마인가? (시장이자율은 5%로 가정)

풀이

$$\text{무이표채의 가치} = \frac{100{,}000}{(1+0.05)^3} = 86{,}383.8\text{원}$$

예제 7-2 이표채의 가치평가

액면가 10만원, 만기 3년, 이표율 7%로 이표는 매년 말에 지급하는 회사채의 가치는 얼마인가? (시장이자율이 5%, 7%, 10%인 경우를 가정)

풀이

(1) 시장이자율 5%인 할증채:

$$\text{채권가격} = \frac{7{,}000}{(1.05)} + \frac{7{,}000}{(1.05)^2} + \frac{7{,}000}{(1.05)^3} + \frac{100{,}000}{(1.05)^3} = 105{,}446.5\text{원}$$

(2) 시장이자율 7%인 액면채:

$$\text{채권가격} = \frac{7{,}000}{(1.07)} + \frac{7{,}000}{(1.07)^2} + \frac{7{,}000}{(1.07)^3} + \frac{100{,}000}{(1.07)^3} = 100{,}000\text{원}$$

(3) 시장이자율 10%인 할인채:

$$\text{채권가격} = \frac{7{,}000}{(1.10)} + \frac{7{,}000}{(1.10)^2} + \frac{7{,}000}{(1.10)^3} + \frac{100{,}000}{(1.10)^3} = 92{,}539.4\text{원}$$

이표율이 시장이자율(yield to maturity: YTM)과 같으면 액면가가 바로 채권의 발행가격이 된다. 회사채를 발행하는 시점에 대부분의 기업은 발행기업에 적용되는 시장이자율과 같게 이표율을 책정하는 것이 일반적이다. 그럴 경우 액면가가 바로 발행가격이 되는데, 이를 액면발행이라고 하며 가장 일반적이다. 그러나 채권발행 당시부터 시장이자율보다 이표율을 높이 책정하는 할증발행이나 이표율을 낮게 책정하는 할인발행이 있을 수 있다. 발행된 채권은 일반적으로 장외시장에서 거래가 되며 변동하는 시장이자율에 따라 채권의 가격 또한 변동하게 된다.

[그림 7-2]는 이러한 채권의 모습을 보여준다. 만기 10년의 액면가 10,000원, 이표

율이 10%인 채권이 있다고 가정하자. 만일 시장이자율이 이표율과 같다면 채권은 액면가와 같은 금액으로 발행된다. 반면에 시장이자율이 낮으면(높으면) 할증채(할인채)가 된다. 만기까지의 기간이 줄어들면서 채권의 가격은 액면가격에 수렴하게 된다. 그림에서 시장이자율과 이표율의 차이가 2%로 같기 때문에 언뜻 보기에 할증채와 할인채의 모습이 대칭적으로 보이지만, 두 그래프는 대칭적이지 않다.

그림 7-2 채권가격과 만기까지 기간의 관계

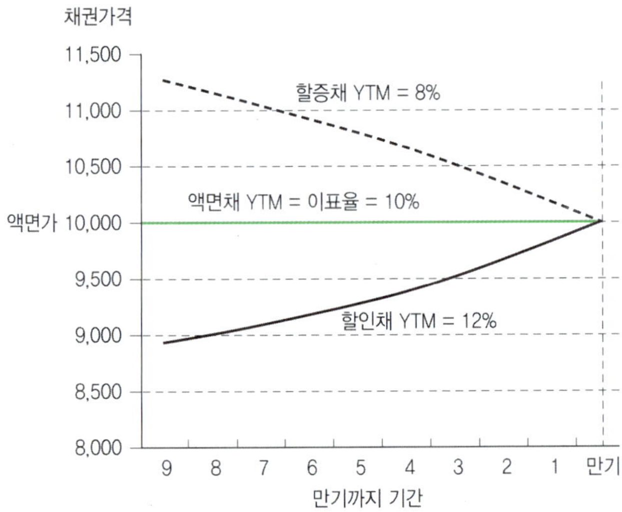

이표 지급횟수

지금까지 이표는 매년 말에 1회 지급하는 경우를 가정하여 채권의 이론적 가격을 구하였다. 그러나 실제로 이표는 분기별(3개월) 혹은 반기별(6개월)로 지급된다. 만일 이표 지급횟수가 만기까지의 기간보다 크다면 채권가격을 구하는 방법이 수정되어야 한다. 즉 매기에 지급하는 이표는 연간 이표를 이자 지급횟수로 나누어 계산해야 한다. 채권가격을 일반식으로 표시하면 [식 7–3]과 같다.

$$B_0 = \sum_{t=1}^{n} \frac{C_t}{(1+r)^t} + \frac{F}{(1+r)^n} \qquad [7\text{–}3]$$

여기서, B_0: 채권의 가격

C_t: 기간의 이표

F : 액면가
r : 기간의 시장이자율
n : 이자지급기간수
t : 액면이자지급기간

예제 7-3 반기별 이자지급 이표채의 가치평가

액면가 10만원, 만기 3년, 이표율 8%로 이표는 반기별(6개월)로 지급하는 회사채의 가치는 얼마인가? (시장이자율은 6%를 가정)

| 풀이 |

반기는 1년에 2기간이다. 따라서 반기별 이표지급액(C)은 이표율 8%를 2로 나눈 4%로 4,000원이며, 만기까지의 기간(n)은 3년×2회=6이 된다. 또한 반기별 시장이자율은 3%가 적용된다.

$$채권가격 = \frac{4,000}{(1.03)} + \frac{4,000}{(1.03)^2} + \frac{4,000}{(1.03)^3} + \frac{4,000}{(1.03)^4} + \frac{4,000}{(1.03)^5} + \frac{4,000}{(1.03)^6} + \frac{100,000}{(1.03)^6}$$
$$= 105,417.2원$$

만기수익률

채권이 유통시장에서 매매되면서 채권의 가격은 여러 요인에 의해 영향을 받는다. 채권의 만기와 현금흐름은 확정되어 있기에, 채권가격의 변동은 해당 기업에 적용되는 시장이자율의 변동에서 비롯된다. 같은 조건의 회사채라 하더라도 기업의 위험도에 따라 채권의 가격은 다르다. 위험이 큰 회사의 채권가격은 낮을 것이고 위험이 낮은 회사의 채권가격은 높을 것이다. 우리가 채권에 투자하면 얻을 수 있는 수익은 크게 세 가지로 나눌 수 있다. 첫째, 채권에서 발생하는 이자수익이 있고, 둘째는 만기보유의 경우 얻게 되는 자본이득(자본손실)이며, 셋째는 이자를 재투자하여 얻게 되는 재투자수익이다. **만기수익률(yield to maturity: YTM)**이란 주어진 채권가격에 채권을 매입해서 만기일까지 보유할 때의 수익률을 말한다. 즉 만기수익률은 현재시점에서 채권을 매입하여 만기까지 보유하는 경우 투자자가 얻을 수 있는 연간 평균수익률을 의미한다. 일반적으로 유통수익률 혹은 시장에서 사용하는 채권수익률이라고 하면 만기수익률을 일컫는 것이다.

[식 7-3]에서 적용된 기간 할인율(r)을 연간 할인율로 표현한 것이 만기수익률이라고 할 수 있으며, 이때 만기까지의 기간 동안에 수익률은 일정하다고 가정한다. 만기수익률

은 'yield to maturity'라는 표현에서 보듯이 그 채권을 만기까지 보유한다는 가정하에서 유효한 개념이다. 만기 이전에 투자자가 받은 이표를 재투자하여 얻게 되는 재투자수익률이 만기수익률과 같다고 가정한다. 즉 만기수익률의 계산에서는 아래 두 가지 가정을 전제로 한다.

① 채권을 만기까지 보유한다.

② 만기까시 얻는 모든 현금흐름을 만기수익률로 재투자한다.

만일 어떤 채권이 8%의 YTM을 약속한다면 만기 이전에 받게 되는 액면이자(이표)를 8%에 재투자할 수 있어야 한다. 만일 이자를 소비해 버리거나 약속된 YTM에 재투자할 수 있는 기회를 얻지 못한다면, 채권의 실현된 수익률은 만기수익률보다 낮을 것이다. 따라서 이표율이 높을수록 혹은 만기까지의 기간이 길수록, 액면이자의 현금흐름을 YTM에 재투자하는 데 실패하고 가치를 상실할 위험이 커질 것이다. 즉 높은 액면이자율이나 긴 만기는 재투자 가정을 더 중요하게 만들고, 이러한 채권은 더 큰 **재투자위험(reinvestment risk)**을 가진다.

채권의 만기수익률은 채권투자를 통해 얻게 되는 **내부수익률(internal rate of return: IRR)**과 같다. 즉 현재 채권의 시장가격과 미래 현금흐름인 이표와 액면가의 현재가치를 일치시켜주는 내부수익률을 연간 수익률로 표현한 것이 바로 채권의 만기수익률인 것이다.

$$V = \sum_{t=1}^{n} \frac{C_t}{(1+i)^t} + \frac{P_n}{(1+i)^n} \qquad [7-4]$$

여기서, V : 채권의 시장가격
C_t : 이표지급액
P_n : 만기시점의 액면가
n : 만기까지의 기간
i : 기간 이자율(알 수 없음)

위 식에서 i는 이표지급이 이루어지는 기간 단위의 이자율로 일반적으로 반기별 혹은 분기별 내부수익률이 된다. 만기수익률은 이러한 기간별 내부수익률을 연간 단위로 전환한 것이다. 만기수익률은 만기일까지의 현금유입액이 투자원금에 대하여 연간 어느 정도의 수익률 가져오는가를 나타내는 예상수익률인 것이다.

예제 7-4 만기수익률

우성기업의 회사채는 유통시장에서 액면 10만원이 103,546원에 거래되고 있다. 액면이자율이 12%이며 반기마다 이표를 지급하며 만기는 2년 후에 도래한다. 이 채권의 만기수익률은 얼마인가?

| 풀이 |

반기별 이자금액 = 6,000원
이자 지급횟수 = 4회(= 2년 × 2회)
액면가 = 100,000원
현재 채권가격 = 103,546원

$$103{,}546 = \frac{6{,}000}{(1+r)} + \frac{6{,}000}{(1+r)^2} + \frac{6{,}000}{(1+r)^3} + \frac{6{,}000}{(1+r)^4} + \frac{100{,}000}{(1+r)^4}$$

반기이자율(r) = 0.05, 따라서 만기수익률(YTM) = 10%.

이표채의 만기수익률을 구하는 과정은 시행착오법(trial and error)에 의해서이다. 예를 들어 [예제 7-4]의 예제에서 채권의 반기할인율인 r이 5%보다 작으면 수식의 우변값은 좌변의 채권가격보다 커진다. 따라서 이 경우 할인율이 낮게 책정된 것이다. 그렇다면 r을 높여야 한다. 반면에 수식의 우변의 계산값이 좌변의 채권가격보다 작으면 할인율이 높기 때문이므로 r을 낮추어야 한다. 즉 좌변의 채권가격과 동일한 계산값을 구할 때까지 우변의 할인율을 조정하는 과정을 되풀이하는 시행착오를 통해서 적절한 할인율을 구하게 된다.

근사 YTM과 현행수익률

채권의 수익률은 일반적으로 만기수익률을 말한다. 그러나 만기수익률의 계산은 시행착오법을 이용하기 때문에 복잡하고 시간이 소요된다. 쉽게 채권의 수익률을 계산하는 방법으로 근사 YTM과 현행수익률을 알아보자.

근사 YTM은 근사치의 만기수익률을 구하는 방법이다. 물론 정확하지는 않지만 직관적으로 수익률을 이해할 필요가 있을 때는 유용하다. 수식은 아래와 같다.

$$Y' = \frac{C_t + \frac{P_n - V}{n}}{(0.6)V + (0.4)P_n} \quad [7\text{–}5]$$

여기서, Y' : 근사 YTM
V: 채권의 시장가격
C_t : 이표지급액
P_n : 만기시점의 액면가
n : 만기까지의 기간

이 수식을 가지고 [예제 7-4]의 근사 YTM을 구해보자. 예제에서 반기별 이자금액(C_t =6,000원), 만기까지의 기간(n=4), 액면가(P_n =100,000원) 그리고 현재의 채권가격(V=103,546원)이 주어졌다. 따라서 반기의 근사이자율=[6,000+(100,000−103,546)/4]÷[0.6(103,546)+0.4(100,000)]이다. 즉 반기이자율은=5113.5/102,127.6 =0.05007이고, 연간 수익률로 바꾸면 근사 YTM은 10.014%가 된다. 이 값은 정확한 YTM인 10%와 0.014%의 차이가 있다. 1%의 1/100을 우리는 **베이시스 포인트(basis point**: bp 혹은 bps)라고 하는데, 두 수익률의 차이는 1.4bp가 된다.

현행수익률(current yield)은 주식의 배당수익률(=배당금/주가)과 유사한 것으로 연간 액면이자 총액을 현재의 채권가격으로 나눈 값으로 아래 식으로 표현할 수 있다.

$$CY = \frac{C_y}{P_m} \quad [7\text{–}6]$$

여기서, CY: 현행수익률
C_y : 연간 액면이자 총액
P_m : 채권의 시장가격

현행수익률은 채권으로부터 발생하는 현재의 수입을 측정하기 때문에 투자에서 발생하는 현재의 현금흐름을 원하는 투자자에게는 중요한 수치이다. 현행수익률은 자본이득을 제외하기 때문에 총수익에 관심을 가지는 투자자에게는 유용성이 떨어진다.

채권등가수익률(bond equivalent yield)

만기 1년 미만의 채권의 경우에 채권의 기간수익률을 연간 수익률로 환산해야 만기 1년 이상인 채권과 수익률 비교가 가능하다. **채권등가수익률**(채권상당수익률)은 365일(1년)을 기준으로 하는 단리 개념으로 채권의 수익률을 표시하는 방법이다. APR기준으로 표시된 수익률을 의미하기 때문에 실질적인 연간 수익률을 과소평가하게 된다.

$$\text{BEY} = \frac{(\text{액면금액} - \text{채권매입가격})}{\text{채권매입가격}} \times \frac{365}{\text{잔존일수}} \qquad [7\text{–}7]$$

채권등가수익률을 구하는 공식은 두 부분으로 나누어져 있다. 우선 앞부분은 투자기간의 수익률이 되고 뒷부분은 앞의 수익률을 연간 기준으로 전환시켜준다.

이표채의 순가격과 총가격

이표채의 가격은 이표지급일을 기준으로 변동한다. 이표지급일 이전까지는 이표지급일이 가까워질수록 채권의 가치는 상승하고 이표지급일 이후에는 하락한다. 채권의 가격을 계산할 때 주기적으로 이표지급일에만 이자가 발생하는 것으로 가정하지만 엄밀하게 보면 시간의 흐름과 함께 이표의 지급기간 동안에도 끊임없이(continuously) 이자가 발생한다고 볼 수 있다. 즉 다음번 이표지급일에 지급될 이자금액의 일부가 경과이자로 이표지급일 사이에 발생한다. 따라서 채권의 가격은 경과이자가 포함된 실제 현물가격인 **총가격(dirty price)**과 실제 현물가격에서 경과이자를 차감한 가격인 **순가격(clean price)**으로 구분할 수 있다.

7.1.3 채권의 위험과 채권가격

채권은 만기까지의 액면이자와 액면금액(원금)의 상환이 계약으로 보장된 확정형 증권으로 다른 금융상품에 비해 상대적으로 안정성이 높다. 그러나 채권투자는 채권발행자의 원리금 상환 지급불능의 위험을 비롯해서 채권의 계약조건에 따라 불확실성이 커지는 위험이 존재한다. 채권의 위험으로 이자율위험, 재투자위험 그리고 신용위험에 대해 살펴본다.

이자율위험

이자율변동에 따르는 채권보유자의 위험을 **이자율위험(interest rate risk)**이라고 한다. 채권이 어느 정도의 이자율위험을 갖는가는 채권가격이 이자율변화에 얼마나 민감하게 반응하느냐에 달려있다. 민감도는 만기와 액면이자율의 두 가지 요소에 의해 결정된다. 곧 살펴볼 것이지만 채권과 관련해서는 다음 사항을 염두에 두어야 한다.

① 다른 조건이 동일하다면 만기가 길수록 이자율위험은 증대된다

② 다른 조건이 동일하다면 액면이자율(이표율)이 낮을수록 이자율위험은 증대된다.

이자율위험은 시간이 흐름에 따라 시장이자율이 변화하면서 채권의 가치가 변동할 위험이다. 채권은 대부분 미래 현금흐름이 확정되어 있으므로 시장이자율(즉 요구수익률)이 높아지면 할인율이 높아지면서 가격이 하락한다. 반면에 시장이자율이 하락하면 할인율이 하락하여 가격이 상승한다. 한편 변동금리채권은 시장이자율과 이표율이 동시에 변하기 때문에 이자율위험이 거의 없다고 할 수 있다. 이자율변동에 따른 채권가격의 변동에 관해서는 다음 장에서 보다 상세하게 살펴볼 것이다.

재투자위험

만기수익률의 계산은 투자자가 모든 채권의 액면이자를 YTM과 같은 수익률로 채권의 존속기간 동안 재투자한다는 가정을 하고 있다. 따라서 액면이자가 만들어내는 재투자수익의 현금흐름이 가정과 다르다면 채권은 계산된 YTM과는 다른 수익률을 만기에 보여줄 것이다. 액면이자가 YTM과 동일한 수익률로 투자된다는 것은 비현실적인 가정이다. **재투자위험(reinvestment risk)**은 시간이 흐름에 따라 시장이자율(즉 재투자수익률)이 변화하여 채권의 미래가치가 변동할 위험이다. 재투자위험은 채권의 세 가지 수익 원천 중에서 액면이자의 재투자수익의 변동으로 인해 발생한다.

① 다른 것이 일정할 때 만기가 길수록 재투자위험은 커진다.

② 다른 것이 일정할 때 액면이자율(이표율)이 높을수록 채권의 총수익에서 액면이자의 재투자수익에 대한 의존도가 커지므로 재투자위험은 커진다.

장기채권일수록 액면이자의 재투자수익이 총수익에서 중요한 요소가 된다. 무이표채

는 액면이자의 지급이 없으므로 재투자위험이 없다.

신용위험과 고수익채권

신용위험(credit risk)은 채권발행자가 액면이자와 액면가를 정해진 시점에 지급하지 못할 위험이다. 즉 발행자가 채무를 이행하지 못하는 채무불이행위험(default risk)이기도 하다. 그러나 현실적인 의미에서 신용위험은 채권발행자의 신용등급이 악화될 때 이 채권에 대한 투자자들의 요구수익률이 상승하여 채권가격이 하락할 위험을 뜻한다. 이자율위험이 전체적인 시장이자율 수준의 변동과 관련된 위험이라면, 신용위험은 개별 채권발행자의 신용도와 관련된 위험이다.

회사채의 등급을 신용위험에 따라 평가하는데, 대표적인 평가기관으로는 무디스(Moody's)와 스탠다드앤푸어스(Standard & Poor's: S&P) 그리고 피치(Fitch)가 있다. 평가기관마다 차이는 있지만 최상위등급(AAA)에서 최하위등급(D)으로 나뉜다. 채권시장에서 BBB(Baa)등급 이상을 투자등급(investment grade)이라고 한다. 반면에 BB(Ba)등급 이하를 투기등급(speculative grade)이라고 하며, 투기등급 채권을 정크본드(junk bond) 혹은 고수익채권(high-yield bond)이라고 한다.

1980년 이전까지 고수익채권은 대부분 발행 시에는 투자등급에 속했던 채권이 시간의 경과로 인해 등급이 하락한 경우인 추락한 천사(fallen angel)였다. 1980년대 초반부터 재무건전성이 나빠서 투자등급을 받을 수 없는 기업이 고수익채권을 발행하기 시작하고 차입매수(LBO)와 관련된 채권발행으로 고수익채권시장은 드렉셀 번햄 램버트(Drexel Burnham Lambert)라는 증권사에 의해 크게 확대되었다. 높은 수익률에 비해서 1990년 초반까지 정크본드 발행회사의 채무불이행은 비교적 적게 발생하였다. 그러나 불황기에는 정크본드의 가격하락이 다른 채권에 비해 더욱 크게 일어난다. 정크본드의 선구자로 유명했던 채권딜러 마이클 밀켄(Michael Milken)이 1988년 내부자거래로 구속되면서 시장은 크게 위축되었다. 고수익채권의 주요 투자자는 뮤추얼펀드, 보험회사, 펜션펀드 등의 기관투자자이다.

7.2 채권수익률의 기간구조

채권은 발행주체, 이자지급조건, 만기구조, 모집 및 발행방법, 세금 등에 따라 다양한 요건을 가진다. 다양한 정보가 평가되어 나타난 것이 바로 채권의 가격이다. 채권의 가격은 자산의 가격이 그렇듯이 수익률과 현금흐름의 함수이기 때문에 채권과 관련된 모든 정보는 수익률로 집약된다고 할 수 있다. 채권의 위험과 다른 발행조건이 동일하더라도 채권의 만기까지의 기간이 달라짐에 따라 채권수익률은 달라질 수 있다. 채무불이행위험과 같은 다른 조건이 일정하다고 할 때, 채권수익률 혹은 **이자율의 기간구조(term structure of interest rate)**는 어떤 시점에 만기까지의 기간과 특정 채권의 수익률 사이의 관계를 말한다. 즉 채권수익률의 기간구조(혹은 이자율의 기간구조)는 만기의 변동에 따라 채권수익률이 어떻게 변동하는가 하는 관계를 나타낸다. 채권수익률의 기간구조는 흔히 **수익률곡선(yield curve)**으로 표시하는데 이것은 만기까지의 기간에 따라 산출되는 **만기수익률(yield to maturity)**의 변동을 곡선으로 표시한 것이다. 즉 수익률곡선은 다른 변수는 모두 일정하다는 조건에서 채권수익률을 종속변수로 하여 만기구조에 따라 변동하는 수익률의 궤적을 그래프로 나타낸 것이다.

채권수익률의 만기구조 연구가 필요한 이유로는 채권의 만기별로 채권수익률을 측정 가능하게 되면 채권의 가격을 예상하여 기업의 자금조달정책 판단기준을 제공하는 데 도움을 줄 수 있고, 투자자에게는 적극적인 채권운용의 기회를 위한 정보가 되기 때문이다. 이자율의 기간구조는 이자율 예측에 중요한 수단이므로 적극적인 채권투자자에게는 필수적인 정보가 된다. 경기예측이나 기대 인플레이션율과 같은 정보를 추측할 수 있고 시장참가자에게 금리예측을 포함한 채권투자전략의 지표로 활용될 수 있다.

일반적으로 장기채권은 단기채권에 비해 채권수익률이 높다. 이것은 만기가 길어진수록 이자율의 변동에 따른 채권가격의 변동위험이 크기 때문이다. 또한 돈을 빌려주는 채권자의 입장에서 장기채권은 유동성을 포기하는 기간이 길기 때문이다. 그렇다고 항상 장기채권이 단기채권에 비해 기대수익률이 높은 것은 아니다. 장기적인 경제상황에 대한 투자자의 인식에 의해 이자율의 장기채권과 단기채권의 수익률의 차이가 다른 모습을 보이기도 한다. 따라서 단기금리와 장기금리는 어떤 시점에서 측정하느냐에 따라 다르게 나타난다. 단기금리가 더 높기도 하고 때로는 더 낮기도 하다.

7.2.1 기간구조와 수익률곡선

이자율의 기간구조란 정확하게 말하면 채무불이행위험이 없는(default free) 순수할인채권(pure discount bonds)인 무이표(zero-coupon)채권의 모든 만기별로 나타나는 명목이자율을 보여준다. 이 금리들은 채무불이행위험이 없고 만기에 일시에 액면금액이 지급되는 무이표채와 관련된 이자율이므로 본질적으로 '순수(pure)'이자율이다. 즉 이자율의 기간구조는 서로 다른 기간에 대한 화폐의 순수한 시간가치를 의미한다.

수익률곡선은 이자율의 기간구조를 반영한 그래프이다. 이자율의 기간구조 혹은 수익률곡선은 만기별 **현물이자율(spot rate)**을 보여주는 그래프인데, 현물이자율은 특정한 만기에 적용되는 할인율로 정의할 수 있다. 수익률곡선은 현물이자율을 그래프로 나타낸 것이지만 현실에서 모든 현물이자율을 시장에서 산출할 수 있는 것이 아니다. 수익률곡선을 구성하는 다양한 만기의 채권이 시장에서 거래되고 있으면 현물이자율을 시장에서 바로 구할 수 있겠지만, 실제 시장에서는 다양한 만기의 채권이 모두 거래되지 않고 있다. 그러나 시장에서 현물이자율을 구할 수 없는 경우에도 기간이 다른 만기의 채권을 이용하여 이를 추정할 수 있다.

수익률곡선은 만기에 따른 이자율의 움직임을 그리는데 [그림 7-3]에서처럼 네 가지의 대표적인 형태를 가진다. 우상향(rising), 우하향(declining), 언덕형(humped), 수평형(flat)이다. 기간구조의 가장 일반적인 형태는 우상향이다. (A) 우상향곡선은 만기가 길어질수록 이자율이 증가하는 형태이다. 우상향 수익률곡선에서는 장기이자율은 단기이자율보다 높다. 이는 장기채권수익률이 단기채권수익률에 비해 높은 일반적이며 정상적인 경우이다. (B) 우하향곡선은 이자율이 하락하는 형태인데 만기가 길수록 이자율이 하락하는 것이 예상된다. 우하향 수익률곡선에서는 단기채권수익률이 장기채권수익률보다 높다. 이를 수익률곡선이 뒤집혔다고(inverted) 말하며 경기상승의 정점 부근, 즉 경기상승이 끝나가며 침체가 시작되는 신호로 이해하기도 한다. (C) 언덕형 곡선은 볼록한 형태를 보이는 것으로 처음에는 이자율이 상승하다가 장기간으로 볼 때 이자율이 하락하는 경우 나타난다. 금융긴축 시기에 시중의 단기 자금 사정이 어려울 때 관찰된다.

마지막으로 (D) 수평형 곡선은 미래 이자율에 어떤 눈에 띄는 패턴이 없는 경우로 경기 과도기나 경기순환의 중간단계에서 장기채권수익률과 단기채권수익률이 거의 같은 경우이다.

▌그림 7-3 ▌수익률곡선(yield curves)의 형태

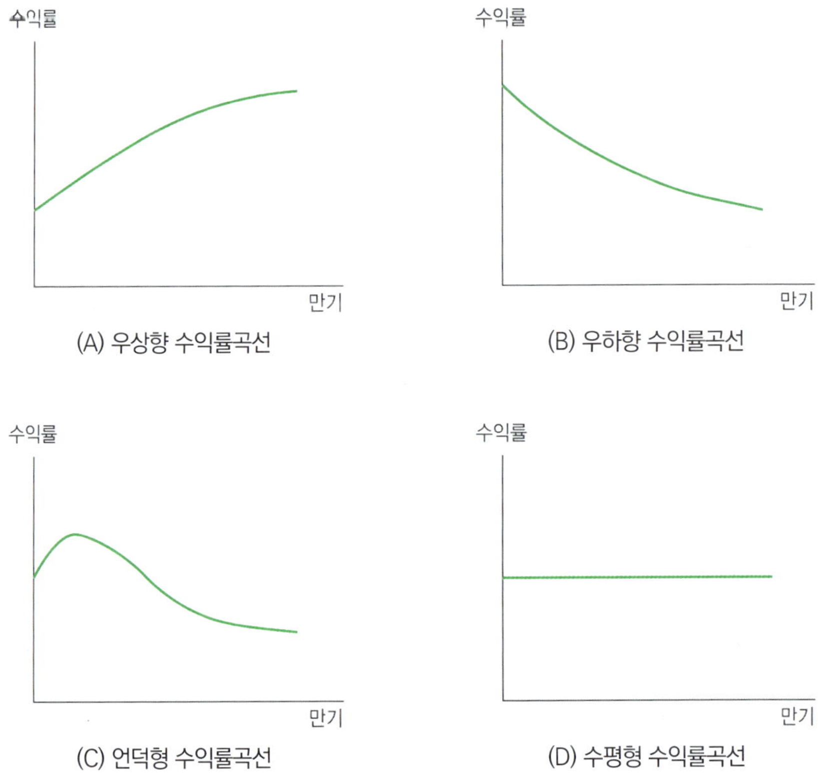

우리나라의 경우 1997년 말 외환위기의 초기에 장기이자율이 단기이자율보다 낮은 우하향 수익률곡선을 나타냈다. 수평형 수익률곡선에서는 장기이자율과 단기이자율이 거의 같은 경우로 역시 일반적인 상황은 아니다. 이자율의 기간구조는 특정 시점에만 해당된다. 시간이 약간만 지나도 기간구조는 변경된다. 즉 시간의 흐름에 따라 이자율의 구조도 시장상황에 맞춰 변화한다.

기간구조의 모양을 결정짓는 요소는 크게 세가지를 들 수 있다. 즉 금리(이자율)는 당시의 실질이자율, 예상 인플레이션뿐만이 아니라 만기의 차이에 따른 프리미엄에 의해 결정된다. 첫째, 실질이자율이다. 실질이자율은 투자자가 자신의 돈을 다른 용도로 사용하지 않는 것에 대한 보상으로 인플레이션효과를 조정한 후의 순수한 화폐의 시간적 가치라고 할 수 있다. 둘째, 미래 인플레이션 기대에 대한 보상이다. 투자자는 미래의 인플레이션이 자산의 실질가치를 잠식한다는 것을 알기 때문에 이에 대한 보상을 원하게 된다. 세 번째 요소는 이자율위험에 대한 보상이다. 장기채권은 단기채권에 비해 이자율변화로 인해 발생하는 손실위험이 더 크기 때문에 이에 대하여 높은 이자율을 요구하게 된다.

현물이자율과 선도이자율

현물이자율(spot interest rate)은 현재의 이자율로 현재시점에서부터 미래의 일정시점까지의 매 기간별 무이표채의 만기이자율이다. S_t는 현재부터 미래시점 t까지의 연간 이자율이다. 이때 주의할 점은 만기가 짧든 길든 현물이자율은 1년 단위의 연간 이자율이라는 것이다. 어느 특정 시점에 대해서 투자자는 각기 다른 이자율을 요구한다. 예를 들어 투자자는 만기가 다른 무이표채를 매입하면서 만기에 따라 각기 다른 연간 이자율을 요구한다. 주어진 만기의 무이표채에 대한 이자율을 현물이자율이라고 한다. 즉 특정 만기의 현금흐름에 대한 할인율로 정의할 수 있다. 현물이자율은 일반적으로 이자지급이 없는 국채 스트립과 무이표 국채를 이용하여 계산한다.[1]

만기에 따라서는 무이표채가 존재하지 않는 경우가 있는데, 이때 이표채를 이용하여 이론적 현물이자율을 산출하는 방법을 알아보자. 현물이자율의 계산을 위해서 [표 7-3]의 6개의 가상적인 국채를 가정해보자.[2] 우선 6개월 만기의 T-bill은 무이표채이기 때문에 액면이자율이 0이고, 연간 만기수익률 8%는 현물이자율이다. 마찬가지로 1년 만기 T-bill도 무이표채로 현물이자율은 8.3%이다. 1.5년 만기 무이표채의 현물이자율을 계산해보자. 1.5년 만기의 국채의 가격은 세 가지 현금흐름의 할인된 현재가치와 같아야 한다. $100를 액면가치로 하면 1.5년의 8.5% 이표율을 가진 이표채의 현금흐름은 다음과 같다. 6개월마다 $4.25의 이표를 지급받는다.

1 우리나라의 경우, 현물이자율의 계산을 위한 다양한 만기의 국채가 부재하기 때문에 어려움이 있다.
2 Brown and Reilly(2011)의 예를 사용하였다.

표 7-3 ▌ 가상적인 국채의 만기수익률과 현물이자율(spot rate)

만기(년)	이표율(액면이자율)	채권가격	만기수익률	이론적 spot rate
0.5	0.0000	96.15	0.0800	0.08000
1.0	0.0000	92.19	0.0830	0.08300
1.5	0.0850	99.45	0.0890	0.08930
2.0	0.0900	99.64	0.0920	0.09247
2.5	0.1100	103.49	0.0940	0.09468
3.0	0.0950	99.49	0.0970	0.09787

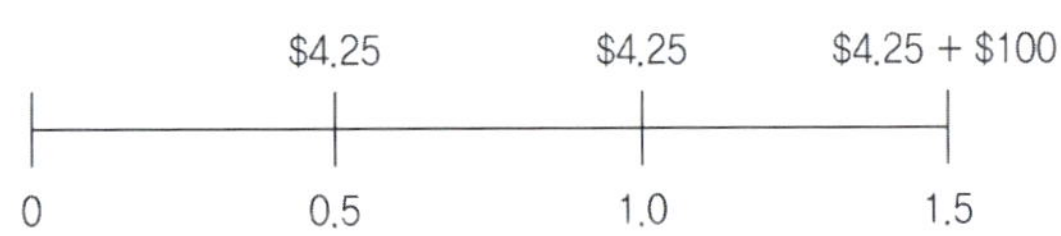

1.5년 만기의 이표채의 현재가치는 시장가격인 $99.45와 같아서 아래 식으로 계산된다.

$$\frac{4.25}{(1+0.04)}+\frac{4.25}{(1+0.0415)^2}+\frac{104.25}{(1+r)^3}=99.45$$

여기서 0.5년과 1년의 현물이자율이 할인에 사용되고 1.5년 만기의 6개월 현물이자율은 r이 된다. 따라서 $r=0.04465$이며, 1.5년 만기의 연간 현물이자율(spot rate)은 0.08930이다. 이와 같은 방법으로 이표채의 현물이자율을 구할 수 있다.

선도이자율(forward interest rate)이란 1년 후 또는 3년 후 등 미래시점에 시장에서 형성되는 단기금리로서 위험을 고려하지 않고 단순히 장기투자와 단기투자를 같게 하기 위해 요구되는 수익률이다. 만일 기간을 1년으로 가정하면, 선도이자율은 어느 시점 t에서부터 그 후 $t+1$년까지의 이자율을 의미하며 선도이자율은 ${}_{t}f_{t+1}$로 표시한다. [그림 7-4]는 현물이자율과 선도이자율의 관계를 보여준다.

▌그림 7-4▐ 현물이자율과 선도이자율의 관계

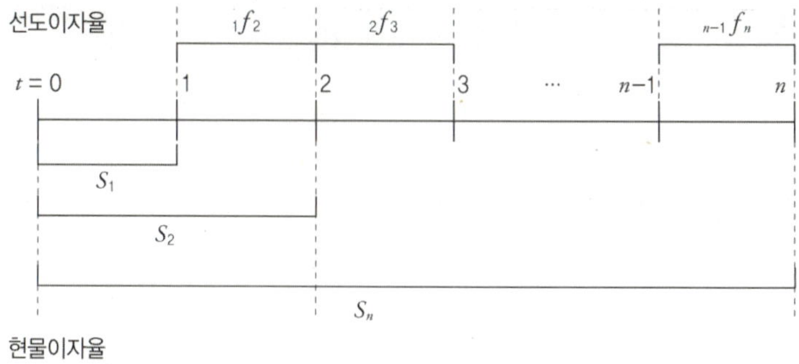

$_1f_2$: 1년에서 2년까지의 선도이자율

$_2f_3$: 2년에서 3년까지의 선도이자율

$_3f_4$: 3년에서 4년까지의 선도이자율

$_{n-1}f_n$: n−1년에서 n년까지의 선도이자율

이론적 현물이자율곡선을 만들게 되면 미래의 단기선도이자율을 추정할 수 있다. 투자자가 1년짜리 투자로 다음과 같은 두 가지 대안에 직면했다고 가정하자.

대안 ① 1년 만기 국채 매입

대안 ② 6개월 만기 국채 매입 후, 만기 후 다시 6개월 만기 국채 매입

만일 두 대안이 동일한 수익률을 창출한다면 투자자는 두 개의 대안에 대해 그다지 차이점을 느끼지 못할 것이다. 현재 6개월 만기 현물이자율과 1년 만기 현물이자율을 알고 있지만, 6개월 뒤의 시점에서 6개월의 현물이자율은 알 수 없다. 지금부터 6개월 후부터 6개월의 이자율을 선도이자율 혹은 미래의 현물이자율이라고 할 수 있다.

첫 번째 투자대안으로 1년 만기 국채를 매입하게 되면 1년 뒤에 액면가 10,000원을 받게 된다. 따라서 반기마다 이표를 받는 1년 만기 국채의 가격은 $\frac{10,000}{(1+z)^2}$이 된다. 여기서 z는 수식 $(1+S_1)=(1+z)^2$를 만족시키는 만기 1년의 현물이자율(S_1)에 대응되는 채권등가수익률(bond−equivalent yield)의 ½로 6개월의 기간이자율이다. 두 번째 투자대안은 6개월(0.5년) 만기 국채에 투자하고 6개월(0.5년) 뒤에 다시 투자하는 것이다. 따라서 만기 6개월의 현물이자율에 투자하고 다시 6개월의 국채에 투자를 하게 된다면, 어떤 금액 X원을 투자하면 1년 뒤 첫 번째 대안과 같은 금액의 액면가 10,000원을

만기에 얻어야 한다. $X(1+S_{0.5}/2)(1+{}_{0.5}f_1)=10,000$이다. 따라서 두 대안의 현재가치는 X와 같아야 하기 때문에 아래의 수식을 얻게 된다.

$$X=\frac{10,000}{(1+z)^2}=\frac{10,000}{(1+S_{0.5}/2)(1+{}_{0.5}f_1)}$$

선도이자율로 정리하면, ${}_{0.5}f_1=\frac{(1+z)^2}{(1+S_{0.5}/2)}-1$ 이 된다. 만일 6개월 만기 현물이자율과 1년 만기 현물이자율이 각각 8%와 8.3%라고 가정한다면, $S_{0.5}=0.08$, $S_1=0.083$이 되고, $S_{0.5}/2=(0.08/2)=0.040$, $z=(0.08/2)=0.0415$가 된다. 따라서 ${}_{0.5}f_1=\frac{(1.0415)^2}{(1.040)}-1=0.043$을 얻을 수 있다. 우리는 현재시점에서 현물이자율은 구할 수 있지만 미래의 선도이자율을 직접 얻기는 어렵다. 단지 위에서 계산한 바와 같이 현물이자율로부터 미래의 선도이자율을 추정할 수 있는데, 이때 얻어진 것을 **내재 선도이자율(implied forward rate)**이라고 한다.

현물이자율과 선도이자율의 관계를 일반식으로 표현하면 [식 7–8]과 같다.

$$(1+S_t)^t=(1+S_{t-1})^{t-1}(1+{}_{t-1}f_t) \qquad [7\text{–}8]$$

$${}_{t-1}f_t=\frac{(1+S_t)^t}{(1+S_{t-1})^{t-1}}-1$$

예제 7–5 현물이자율의 추정

1년 만기 채권의 현물이자율(S_1)이 0.07이고, 선도이자율은 0.075($={}_1f_2$)와 0.082($={}_2f_3$)이다. 2년 만기 재권의 현물이자율(S_2)과 3년 만기 채권의 현물이자율(S_3)은 얼마가 될 것인가?

| 풀이 |

$$(1+S_2)^2=(1+S_1)(1+{}_1f_2)$$

$$\begin{aligned}S_2&=[(1+0.07)(1+0.075)]^{\frac{1}{2}}-1\\&=1.07249-1.0\\&=0.07249=7.249\%\end{aligned}$$

$$(1+S_3)^3=(1+S_1)(1+{}_1f_2)(1+{}_2f_3)=(1+S_2)^2(1+{}_2f_3)$$

$$S_3=[(1+0.07)(1+0.075)(1+0.082)]^{\frac{1}{3}}-1$$
$$=1.07566-1.0$$
$$=0.07566=7.566\%$$

회사채 수익률곡선과 신용 스프레드

무위험채권에 대한 수익률곡선을 만든 것처럼 회사채에 대해서도 수익률곡선을 그릴 수 있다. 회사채수익률과 무위험채권(미국 재무부 채권) 수익률 간의 차이를 **채무불이행 스프레드(default spread)** 혹은 **신용 스프레드(credit spread)**라고 한다. 신용 스프레드는 투자자들이 인식하는 채무불이행 확률이 변화함에 따라 변하게 된다. 신용등급이 가장 낮은 채권의 신용 스프레드가 가장 크다. 만기별로 이표채의 수익률을 그래프로 나타낸 것을 이표채 수익률곡선이라고 한다. 채권거래자들은 이표채 수익률곡선을 그냥 수익률곡선으로 부르기도 한다.

7.2.2 기간구조 결정이론

채권수익률의 기간구조를 보여주는 수익률곡선은 왜 다양한 형태를 보이면서 움직이는가? 수익률곡선이 변동하는 주요 원인은 시간의 흐름에 따라 경제상황의 변화 및 투자자의 기대심리의 변화 등 모든 경제적 요인이 수익률에 반영되기 때문이다. 이를 설명하는 이론으로는 **기대이론(expectation theory)**, **유동성 선호이론(liquidity preference theory)** 그리고 **시장분할이론(market segmentation theory)**이 있으나, 모두 증명된 이론이라기보다는 검증이 필요한 가설(hypothesis)이라고 할 수 있다.

기대이론

기대이론(expectation theory)은 순수기대이론(불편기대이론, pure expectation theory 혹은 unbiased expectation theory)으로 불리기도 하는데 채권수익률의 기간구조가 미래에 예상되는 단기금리의 기대값에 의해 결정된다는 것이다. 예를 들어 장기

현물이자율이 단기현물이자율보다 높다면 이는 미래 이자율이 현재의 단기이자율수준보다 높아질 것으로 예상되기 때문이다. 반면에 우하향 수익률곡선이 관찰되면, 이는 미래의 단기이자율이 현재수준보다 낮아질 것이라는 투자자의 예상이나 기대가 반영되었기 때문이다. 결국, 시장의 투자자들의 미래 이자율수준에 대한 예상이 반영되어 모든 장기현물이자율이 결정된다는 것이다.

미래에 금리가 상승할 것으로 예상되면 투자자는 장기채권의 투자를 보류하는 반면에 차입자들은 장기채무로 차입하려 할 것이다. 즉 합리적인 투자자라면 수익률 상승으로 인한 가격손실을 가능한 작게 하고 투자이익을 극대화하기 위해서 상환기간이 긴 장기채권을 팔고 단기채권을 매입하려 할 것이다. 이에 따라 장기채권의 수요는 감소하고 공급은 증가하게 되어 장기채권의 가격은 하락하고 장기금리는 상승하게 된다. 따라서 이자율 상승을 기대하면 수익률곡선은 우상향하고, 이자율 하락을 기대하면 우하향하며, 이자율이 일정하다면 평형을 나타낼 것이다.

유동성 선호이론

순수기대이론은 이론적으로 명확하지만 시장의 투자자들이 위험을 회피하려는 속성을 간과했다는 단점이 있다. 위험을 회피하는 투자자들은 장기채권에 투자하는 것을 꺼리는 경향이 있다. 투자자가 단기채권을 선호하는 이유는 미래가 본질적으로 불확실하고 투자자가 위험회피형이기 때문이다. 유동성 선호이론(liquidity preference theory)은 일반적으로 투자자들이 단기 채권을 선호하기 때문에 장기채권에 투자할 경우에 기대이론에 의한 수익률에 추가적인 프리미엄, 즉 유동성프리미엄을 요구한다는 이론이다.

만기가 길어짐에 따라 투자자가 부담해야 하는 위험은 이자율변동에 따른 장기채권의 가격변동성이다. 즉 만기가 길수록 원금 및 액면이자 지급에 대한 불확실성과 미래 이자율변동에 따른 채권가격의 변동가능성이 커지기 때문에 이에 대한 보상인 프리미엄을 요구하게 된다.[3] 유동성 선호이론에 의하면 채권수익률의 기간구조는 기대이론에 의한 경우보다 유동성프리미엄을 반영하여 상향으로 조정되어 나타나게 된다.

3 만기가 길수록 채무자의 채무불이행가능성이 커지는 위험이 있지만, 무위험 수익률곡선에서는 채무불이행위험은 없으며 회사채의 신용위험은 수익률에 스프레드로 부가되기 때문에 유동성 선호이론과는 어느 정도 차이가 있다.

이 이론에 따르면 투자자는 유동성을 선호하기 때문에 단기채권에 대한 초과수요가 존재하고 자금을 조달하는 기업은 장기자금을 원하므로 장기채권의 초과공급이 발생하여 유동성프리미엄은 장기로 갈수록 커지게 된다. 그러나 단기채권의 경우에 재투자위험이 늘어날 수 있기 때문에 유동성프리미엄이 비례적으로 증가하는 것은 아니다.

시장분할이론

시장분할이론(market segmentation theory)은 장기이자율은 장기채권에 대한 수요와 공급에 의하여 또 단기이자율은 단기채권의 수요와 공급에 의해서 결정되기 때문에 장기이자율과 단기이자율 사이에 특별한 관계가 존재하지 않는다는 이론이다. 즉 단기채권의 수익률은 단기자금의 수요와 공급에 의해서 결정되고, 장기채권의 수익률은 장기자금의 수요와 공급에 의해서 결정된다는 것이다. 이 이론은 투자자들이 완전한 위험회피성향을 가지고 있으며, 또한 제도적인 요인에 의해 특정 만기를 선호하기 때문에 단기채권과 장기채권은 상호 대체투자수단이 될 수 없다고 가정하고 있다.

실제 시장구조를 살펴보면, 개인, 금융기관, 보험, 연금기금(연기금) 등에 따라 투자자는 각기 다른 투자성향을 가지고 있다. 이들 채권투자자들은 보유자금의 성격과 운용방식이 다르고, 특히 이자율위험 회피를 위해 부채와 만기가 일치되기를 선호하는 경향이 강하다. 따라서 단기부채가 많은 투자자는 단기채권에만, 장기부채가 많은 투자자는 장기채권에만 투자하는 경향이 존재한다. 예를 들어, 단기채무가 많은 개별 기업이나 시중은행은 단기채권에 주로 투자하는 반면에 보험회사나 연기금은 장기채권투자를 선호한다는 것이다.

시장분할이론에 의하면 이자율의 기간구조는 미래 이자율에 대한 기대나 유동성프리미엄 등에 의해서 결정되는 것이 아니라, 채권만기의 선호도에 따라 분할된 시장에서의 수요와 공급의 원리에 의해서 결정된다. 수익률곡선의 형태는 장단기이자율의 유기적 관계에 의해서가 아니라 각 만기별로 독립적인 채권시장에서의 수요와 공급에 의하여 결정되기 때문에, 시장분할이론에 따르면 우상향, 우하향, 수평형 그리고 언덕형 수익률곡선이 모두 실현될 수 있다. 그러나 일부 채권의 수익률 상승이 만기가 상이한 채권의 수익률 상승을 유발하지 않기 때문에 채권시장에서 나타나는 만기가 상이한 채권이 같은 유형으로 움직이는 현상을 설명하지 못하는 약점을 갖고 있다. 즉 시장의 효율성과 차익거래의 기회를 무시하고 있기 때문에 설득력이 약하다.

선호영역이론

지금까지의 설명한 이론을 적절하게 반영하여 수익률곡선을 설명하려는 이론이 선호영역이론(preferred habitat theory)이다. 선호영역이론에서는 채권수익률의 기간구조는 위험프리미엄뿐만 이니라 미래 이자율에 대한 기대를 반영한다고 점에서 우선 기대이론을 따른다. 그러나 위험프리미엄이 만기에 따라 일률적으로 증가하는 것이 아니라는 점에서 기대이론과 유동성선호이론을 접목하고 있다. 또한 이 이론은 시장분할이론과 유동성선호이론의 중간 형태라고도 할 수 있는데, 투자자는 기본적으로 시장분할이론에 따라 위험회피를 위해 자신의 현금수요기간과 유사한 만기의 채권을 선호하지만, 다른 만기의 채권의 기대수익이 현저히 크다면 위험을 감수하고 기대수익이 큰 채권을 선택한다.

기대이론과 시장분할이론은 모두 다양한 형태의 수익률곡선 유형을 이론적으로 설명해준다는 장점은 가지고 있지만 동시에 두 이론은 실제 시장에서 나타나는 일부 현상을 설명하지 못한다는 약점도 지니고 있다. 선호영역이론은 이러한 두 이론의 약점을 보완한 것이다. 즉 선호영역이론에 의하면 장기채권의 수익률은 그 채권의 만기 동안에 발생하는 단기수익률의 평균에 해당 채권에 대한 수요와 공급을 반영한 유동성프리미엄을 더한 것과 같다. 즉 이 이론은 투자자들은 선호하지 않는 만기의 채권에 투자하는 것에 대해 위험을 느끼기 때문에 기본적으로 자신이 선호하는 만기의 채권에 투자한다는 것이다. 그러나 자신이 선호하지 않는 만기의 채권이라도 적절한 위험프리미엄이 제시되는 경우에는 투자할 수 있다는 점에서 시장분할이론과는 다르다. 또한 투자자가 선호하는 채권시장이 단기채권시장인 경우 선호영역이론과 유동성선호이론은 동일한 결론에 이르게 된다. 이러한 면에서 유동성선호이론은 선호영역이론의 특별한 경우라고 할 수 있다. 선호영역이론에 따르면 우상향, 우하향, 수평형 그리고 언덕형 수익률곡선이 모두 실현될 수 있다.

투자 이야기 **세계 최고의 투자자**

세계 최고의 투자자로는 일반적으로 워런 버핏(Warren Buffett)이 많이 거론될 것이다. 하지만 월가의 물리학자인 제임스 웨더올(James Weatherall)은 다음과 같이 말하고 있다. "세계 최고의 펀드매니저는 워런 버핏이 아니다. 조지 소로스도 아니고 빌 그로스도 아니다. 그는 아무도 들어보지 못했을 인물이다." 제임스 사이먼스(James Simons)는 실제로 철저한 비밀주의자여서 일반적으로는 별로 이름이 알려져 있지 않다.

사이먼스는 금융업계 출신이 아니라 세계적인 수준의 수학자이다. 그는 이론물리학자 에드워드 위튼(Edward Witten)의 최첨단의 소립자이론인 '초끈이론'에 기여한 것으로 알려져 있다. 1976년에는 수학계 최고 영예의 하나로 여겨지는 오즈월드 베블런 기하학상(Oswald Veblen Prize in Geometry)도 수상했다. 또한 미 국방성 국방분석연구소(IDA)에서 암호해독업무에 종사했던 적도 있다. 사이먼스가 헤지펀드 운용사 르네상스 테크놀로지(Renaissance Technologies)를 설립한 것이 1982년 43세 때였다. 르네상스는 수학자, 암호해독기술자, 천문물리학자, 인공지능의 한 분야인 음성인식기술 연구자 등 다양한 일급 과학자들에 의해 운영되는 투자운용사이다. 운용방식은 수리모델에 기초한 것으로 이른바 퀀트펀드의 최고봉으로 꼽힌다. 컴퓨터의 활용에서도 최전선에 위치하고 있으며, 거래의 거의 모든 것은 알고리즘에 의해 이루어지고 있다.

르네상스의 주력 펀드로 꼽히는 것이 1988년에 운용을 개시한 메달리온(Medallion)이다. 메달리온 펀드의 규모가 너무 커지지 않도록 하기 위해 외부 투자자의 출자를 제한하여 이제는 르네상스 직원만 출자할 수 있다. 펀드 출자자에게는 징벌적이라고도 말할 수 있는 높은 수수료가 부과된다. 그것은 '5&44'로 운용관리 수수료로 연간 운용자산 잔액의 5%를 부과하고 성공보수로 이익의 44%가 발생한다. 높은 수수료로 알려진 일반 헤지펀드가 '2&20' 부근이다. 메달리온의 연평균 수익률은 40%에 이른다. 수수료 공제 전의 수익률은 무려 연 80%를 넘는 것이다. 게다가 IT 거품이 붕괴한 2000년과 리먼 쇼크가 있던 2008년에, 특히 무서운 수익률을 얻었다. 사이몬스와 르네상스의 성적은 60년 이상 연평균 20% 이상의 성적을 남겨 온 워런 버핏을 훨씬 능가한다. 아무리 좋은 투자 성적도 그저 운이 좋았을 뿐이라고 받아넘기는 효율적 시장가설의 열성적인 신봉자라도 이 숫자를 본다면 한순간에 안색이 변할 것이다.

7장 연습문제

01 채권가격이 시장이자율과 역의 관계를 가지는 이유를 설명하시오.

02 감채기금에 대한 설명으로 옳은 것은?

① 감채기금은 신용위험을 감소시킨다.
② 감채기금의 연간 상환계획은 매년 새로 발행하는 채권을 의미한다.
③ 감채기금은 항상 만기 이전에 발행된 채권이 모두 상환되도록 한다.
④ 만기까지 상환되지 않은 부분은 새로운 감채계획에 따라 분할상환된다.

03 수의상환채권은 동일한 조건의 옵션 없는 일반채권에 비해 재투자위험이 작고 가치를 높게 평가받는다는 주장에 대하여 동의하는가?

04 수의상환채권(callable bond)에 대한 설명으로 옳은 것은?

① 수의상환채권은 원금의 즉각적인 상환으로 인해 더 높은 수익이 발생한다.
② 수의상환채권은 이자율이 높을 때 조기상환될 가능성이 크다.
③ 수의상환채권은 일반채권에 비해 수익률이 더 높다.
④ 위의 어느 경우도 아니다.

05 이표율이 7%인 3년 만기 회사채가 있다. 현재의 만기수익률(YTM) 8%가 내년에도 그대로 유지된다고 하면, 내년의 회사채가격은 지금 가격에 비해 상승하는가 아니면 하락하는가?

06 14년 만기, 이표율 6.375%인 채권의 만기수익률(YTM)은 4.5%이다. 채권의 YTM이 일정하다고 가정할 때 2년 뒤에 채권의 가치는?

① 증가할 것이다.
② 하락할 것이다.
③ 그대로 유지될 것이다.
④ 액면가와 같아질 것이다.

07 액면가 100,000원, 이표율 10%, 이자는 분기별(3개월마다) 지급하는 만기 3년의 회사채가 있다고 하자. 시장이자율은 12%이다. 현재의 채권가격은 얼마이며, 3개월 후 채권가격은 얼마인가?

08 이자율의 기간구조에 관한 설명 중 옳은 것은?

① 기대이론에 따르면 미래 단기이자율이 현재 단기이자율을 초과하는 경우 수익률곡선은 수평이 될 것이다.
② 기대이론에서 장기이자율은 예상되는 단기이자율과 동일하다.
③ 유동선 선호이론에 따르면 대출자는 수익률곡선의 단기구간에서 채권매입을 선호한다.
④ 유동성 선호이론에 따르면 모든 조건이 같을 때 만기가 길수록 낮은 수익률을 나타낸다.

09 채권의 현재가격과 액면가 모두 $1,000라고 하자. 다음 자료를 이용하여 5년 만기 현물이자율(S_5)과 선도이자율($_4f_5$)을 구하시오.

만기(년)	이표율(액면이자율)	현물이자율 (spot rate)	선도이자율 (foward rate)
1	5.00	5.00	5.00
2	5.20	5.21	5.42
3	6.00	6.05	7.75
4	7.00	7.16	10.50
5	7.00	S_5?	$_4f_5$?

10 만기가 서로 다른 무이표채의 가격이 다음과 같다면 만기수익률(YTM)과 암묵적 선도이자율(implied forward rate)은 얼마인가? 액면가는 100,000원이고 6개월마다 이자계산을 한다고 가정한다.

만기	채권가격
1년	92,456
2년	85,152
3년	77,901

11 채권에 대한 설명 중 가장 적절하지 않은 것은?

① 수익률곡선이 우상향일 때 무이표채의 만기수익률은 동일 조건인 이표채권의 만기수익률보다 작다.

② 수익률곡선이 우상향일 때 선도이자율은 현물이자율보다 높게 나타난다.

③ 이표율이 낮은 채권의 가격변화율은 이표율이 높은 동일 조건의 채권보다 이자율변화에 더 민감하다.

④ 수의상환채권의 가격은 동일 조건이 일반채권의 가격보다 낮다.

▍연습문제 풀이 ▍

01 채권가격은 채권이 지급하는 모든 미래 현금의 현재가치의 합이다. 미래에 지급하는 현금은 이표와 원금상환액으로 확정되어 있으며, 이를 할인하는 시장이자율이 상승하면 현재가치는 하락한다. 따라서 채권가격과 시장이자율(할인율)은 역의 관계를 가진다.

03 채권의 시장수익률은 만기까지 얻는 모든 현금흐름을 재투자한다고 가정하고 있다. 즉 만기 이전에 받게 되는 액면이자(이표)를 재투자하는 데 실패하게 되면 가치를 상실할 위험이 커지며 더 큰 재투자위험을 가진다고 할 수 있다. 수의상환채권은 이자율 하락 시 조기상환될 수 있는 가능성이 크기 때문에 재투자위험이 크며 가치를 낮게 평가받는다.

05 이표율이 만기수익률보다 낮으면 할인채이며 만기수익률이 일정한 상태에서 만기가 가까워지면 채권의 가치는 상승한다.

07 채권의 가격은 미래 현금흐름의 현재가치의 합이다.

(1) $P_0 = \frac{2,500}{0.03}\left[1-\frac{1}{(1.03)^{12}}\right]+\frac{100,000}{(1.03)^{12}}$

(2) $P_{3\text{개월 후}} = \frac{2,500}{0.03}\left[1-\frac{1}{(1.03)^{11}}\right]+\frac{100,000}{(1.03)^{11}}$

09 5년 만기 채권의 이표(액면이자)는 \$70이며 액면가와 현재가격은 \$1,000이다. 따라서 미래 현금흐름을 현물이자율로 할인하면 아래의 식을 얻는다.

$$1,000=\frac{70}{(1+S_1)^1}+\frac{70}{(1+S_2)^2}+\frac{70}{(1+S_3)^3}+\frac{70}{(1+S_4)^4}\frac{1,070}{(1+S_5)^5}$$

$$1,000=\frac{70}{(1.05)^1}+\frac{70}{(1.0521)^2}+\frac{70}{(1.0605)^3}+\frac{70}{(1.0716)^4}\frac{1,070}{(1+S_5)^5}$$

$S_5=7.13\%$

다음으로 선도이자율은 아래 식을 통해 산출한다.

$(1+S_5)^5=(1+S_4)^4(1+{}_4f_5)$

$${}_4f_5=\frac{(1+S_5)^5}{(1+S_4)^4}-1=\frac{(1.0713)^5}{(1.0716)^4}-1=7.01\%$$

11 ① 반대로 무이표채의 만기수익률이 크다.

8장 채권투자전략

이 장에서는 투자자가 채권 포트폴리오의 관리를 위해서 고려해야만 하는 이자율 위험과 듀레이션 그리고 채권의 투자전략에 대해서 학습한다. 제7장에서 배운 채권의 가격과 수익률의 분석에서 우리는 이자율의 변화, 이표 그리고 만기가 채권가격에 미치는 영향이 매우 크다는 것을 알게 되었다. 채권의 수익은 액면이자(이표)인 고정된 현금흐름과 채권가격의 변동에 의한 자본이득의 두 부분에서 발생하는데, 소극적인 투자자는 꾸준하게 지급되는 위험이 낮은 액면이자의 현금흐름을 추구하고 적극적인 투자자는 채권가격의 변동에서 얻는 자본이득을 추구한다.

8.1 이자율변화와 듀레이션

8.1.1 이자율위험

이자율위험은 이자율이 변화함에 따라 발생하는 채권가격의 변동을 말한다. 이자율 변화에 따른 채권가격의 변동은 만기에 따라 다른데, 장기채권의 경우에 가격변화가 더 크다. 즉 장기채권의 이자율위험이 더 크다. 일반적으로 채권가격과 이자율의 관계는 제7장에서 본 것처럼 역의 관계를 가진다. 즉 이자율이 오르면 채권의 가격은 하락하고 이자율이 내리면 채권가격은 상승한다. 채권의 가격은 미래의 확정소득의 현재가치이며 미래 소득을 현재가치로 환원하는 할인율이 바로 이자율이기 때문에 이자율과 역의 관계가 성립한다.

[그림 8-1]은 채권의 수익률과 일반채권 그리고 **수의상환채권(callable bond)** 가격의 관계를 보여준다. 수의상환채권의 경우에 시장이자율이 하락하면 발행회사는 채권을 수의상환하고 유리한 낮은 이자율로 채권을 다시 발행할 수 있다. 반면에 이자율이 상승하면 채권을 상환하는 옵션을 포기한다. 처음의 이자율 y^*에서 이자율이 상승하면 채권의 가격은 하락한다. 수의상환채권의 경우에 발행회사는 수의상환을 실행하지 않기 때문에 일반채권과 같은 $a-a'$의 곡선을 따른다. 반면에 이자율이 y^* 이하로 하락하게 되면 발행회사가 수의상환을 실행하려는 가능성이 커진다. 결과적으로 수의상환채권은 일반채권의 가치에서 멀어지게 되는데 이자율이 하락할수록 일반채권의 상승과는 달리 수의상환채권의 가격은 증가하지 않게 되고 [그림 8-1]에서처럼 $a-b$의 곡선을 따르게 된다.

그림 8-1 일반채권과 수의상환채권의 수익률과 가격의 관계

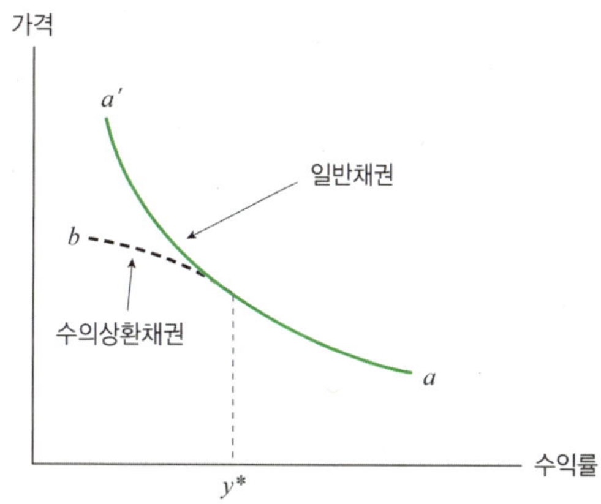

수의상환채권과 같이 옵션이 내재된 채권이 아닌 일반적인 경우의 채권을 대상으로 이자율변화에 따른 채권가격의 변동에 대해 알아보면 다음과 같은 특징을 찾을 수 있다.

① 채권의 가격은 채권수익률(이자율)과 역의 관계를 가진다.

② 만기가 긴 채권일수록 이자율변화에 따라 채권가격은 더 큰 변동을 보인다. 따라서 장기채권은 단기채권보다 이자율위험이 크다.

③ 채권가격의 변동은 만기가 길어질수록 감소하는 비율로 커진다.

④ 시장이자율 하락으로 인한 채권가격 상승분은 시장이자율 상승으로 인한 채권가격

하락분보다 크기가 더 크다. 즉 이자율변화로 인한 채권가격의 변화 정도는 비대칭적이다.

⑤ 같은 만기를 가진 채권이라도 이표율(액면이자율)이 낮은 채권일수록 이자율변동에 따른 채권가격의 변동이 더 크다. 즉 이표율과 채권가격변동은 역의 관계를 가진다.

표 8-1 채권가격에 대한 만기의 영향

[액면가격이 100,000원이고, 이표율 8%인 채권의 현재가치]

만기	1년 만기		10년 만기		20년 만기		30년 만기	
이자율	7%	10%	7%	10%	7%	10%	7%	10%
PV(이표)	7,500	7,300	56,900	49,800	85,800	68,600	100,500	75,700
PV(원금)	93,400	90,700	50,500	37,700	25,700	14,200	13,200	5,400
채권가치	100,900	98,000	107,400	87,500	111,500	82,800	113,700	81,100
가치변화율	−2.9%(3.0%)		−18.5%(22.7%)		−25.7%(34.7%)		−28.7%(40.2%)	

[표 8-1]은 액면가격이 100,000원이고 이표율이 8%인 채권이 여러 가지 만기를 가질 때 현재가치를 보여준다. 시장의 이자율이 7%에서 10%로(10%에서 7%로) 변화할 때, 할인율과 채권가격의 역의 관계를 보이고 그에 따라 각 채권의 가격은 하락(상승)하게 된다. 이때 이자율변화에 따른 채권가격의 변동은 만기가 길수록 더 크게 나타나고 있음을 확인할 수 있다. 또한 만기가 10년 증가하는 데 따른 이자율변동으로 인한 채권가격의 변동분을 비교해보면 10년 만기에서 20년 만기로 변화하는 경우 7.2%(=25.7%−18.5%)이고, 20년 만기에서 30년 만기로 변화하는 경우 3%(=28.7%−25.7%)로 만기가 길어질수록 감소하는 비율로 변동하는 것을 볼 수 있다. 따라서 [표 8-1]은 채권가격과 수익률의 관계 ①, ②, ③이 성립하는 것을 보여주고 있다. 또한 같은 만기를 가진 채권에서 이자율변화에 대한 채권가격의 변동이 비대칭적이라는 ⑤의 관계를 볼 수 있는데, 이자율이 7%에서 10%로 상승하는 경우 채권가격의 하락폭보다 이자율이 7%에서 4%로 하락하는 경우 채권가격의 상승폭이 더 큰 것을 알 수 있다. 예를 들어, 20년 만기 채권의 경우 이자율 상승에 따른 채권가격의 하락은 −25.7%(111,500원에서 82,800원)이지만 이자율 하락에 따른 채권가격의 상승은 34.7%(82,800원에서 111,500원)이다.

표 8-2 채권가격에 대한 이표율의 영향

[액면가격이 100,000원이고, 만기 20년인 채권의 현재가치]

이표율	0%(무이표채)		3%		8%		12%	
이자율	7%	10%	7%	10%	7%	10%	7%	10%
PV(이표)	0	0	32,200	25,700	85,800	68,600	128,700	103,000
PV(원금)	25,700	14,200	25,700	14,200	25,700	14,200	25,700	14,200
채권가치	25,700	14,200	57,900	39,900	111,500	82,800	154,400	117,200
가치변화율	−44.7%(81.1%)		−31.1%(45.1%)		−25.7%(34.7%)		−24.1%(31.7%)	

[표 8-2]는 액면가격이 100,000원이고 만기가 20년인 채권이 다양한 이표율(액면이자율)을 가질 때 현재가치를 보여준다. 시장의 이자율이 7%에서 10%로 변화할 때 역시 채권의 가격은 하락한다. 표를 보면 이표율과 채권가격의 변동성 사이에 역의 관계가 있음을 알 수 있다. 즉 이표율이 낮을수록 이자율변동에 따른 채권가격의 변화폭이 크다. 따라서 이자율과 채권가격의 변동 사이의 관계 ④가 성립됨을 볼 수 있다.

8.1.2 듀레이션과 볼록성

듀레이션

듀레이션(duration)은 가중평균 만기(weighted average maturity)라고도 하며 채권가격의 변동성(volatility)을 측정한다. 즉 듀레이션은 투자자가 채권으로부터 받게 되는 현금흐름 기간의 가중평균이다. 듀레이션은 단순히 만기를 측정하는 것이 아니고 채권의 경제적인 수명을 측정한다. 예를 들어 이표채의 경우에 현금흐름의 일부는 이표를 통해서 만기 이전에 발생한다. 엄밀히 말하면 투자자에게 지급될 모든 현금흐름이 만기에만 발생하는 것이 아니라 만기가 도래하기 전에 이미 지급이 이루어지는 것이다. 따라서 이표채권 현금흐름의 경제적 수명은 만기보다 짧다고 할 수 있다. 물론 무이표채의 경우에는 모든 현금흐름이 만기에 발생하기 때문에 듀레이션과 만기가 같다.

[그림 8-2]는 5년 만기 액면가 100,000원에 10% 이표율을 가진 이표채의 만기와 듀레이션의 개념을 보여준다. 6개월마다 5,000원의 이표를 지급하고 5년째 만기에는 100,000원을 원금으로 지급한다. 마지막 현금흐름은 이표와 원금이 합쳐진 105,000원

이다. 그림에서 채권의 듀레이션은 만기인 5년보다 짧은 4.054로 계산된다. 채권의 현금흐름이 만기가 도래하기 전부터 이표로 발생하기 때문에 실질적인 경제적 수명인 듀레이션은 5년의 만기보다는 짧아지게 된 것이다. 이제 실제로 듀레이션을 계산해보고 그 의미에 대해 좀 더 알아보자.

그림 8-2 | 현금흐름과 만기 그리고 듀레이션

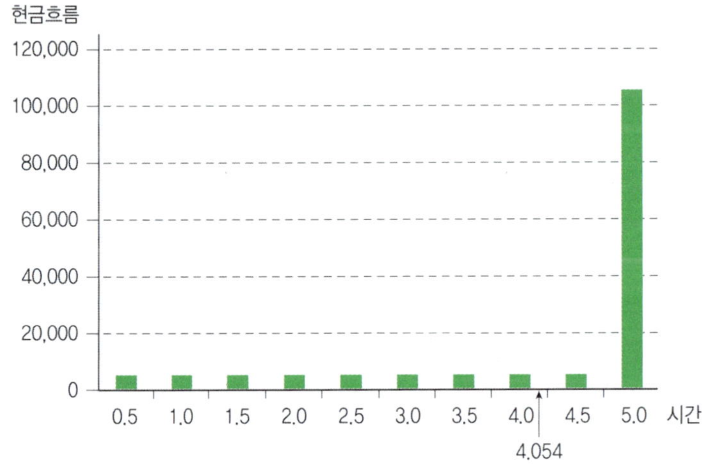

듀레이션의 계산

듀레이션을 계산식으로 표현하면 다음 [식 8-1]이며, 이를 **맥컬리 듀레이션(Macaulay duration)**이라고도 한다.

$$D = \sum_{t=1}^{n} \left[\frac{\frac{CF_t}{(1+i)^t}}{\text{채권가격}} \right] \times t \qquad [8\text{-}1]$$

여기서, n : 만기까지 기간의 수
t : 현금흐름이 발생한 기간
CF_t : t기간의 현금흐름(액면이자, 원금지급액)
i : 만기수익률

수식의 첫 부분은 개별 현금흐름의 현재가치가 전체 채권가격에서 차지하는 비중(weight)을 의미한다. 즉 전체 채권의 가치에서 시기별 현금흐름이 차지하는 비중인 가중치를 개별 기간에 곱한 것이 듀레이션이다. 만기수익률이 8%이고 매년 이자를 지급하는 다음 두 개의 채권이 존재한다고 가정하고, 두 채권의 듀레이션을 [표 8-3]에서 계산해보자. 채권 A의 듀레이션은 약 8.12년이고 채권 B의 듀레이션은 약 7.25년이 된다.

표 8-3 듀레이션 계산의 예

구분	채권 A	채권 B
액면가격	100,000원	100,000원
만기	10년	10년
액면이자율(이표율)	4%	8%

채권 A					채권 B				
기간(t)	CF_t	$PV(CF)$	비중	t×비중	기간(t)	CF_t	$PV(CF)$	비중	t×비중
1	4,000	3,704	0.0506	0.0506	1	8,000	7,407	0.0741	0.0741
2	4,000	3,429	0.0469	0.0937	2	8,000	6,859	0.0686	0.1372
3	4,000	3,175	0.0434	0.1302	3	8,000	6,351	0.0635	0.1905
4	4,000	2,940	0.0402	0.1607	4	8,000	5,880	0.0588	0.2352
5	4,000	2,722	0.0372	0.1860	5	8,000	5,445	0.0544	0.2722
6	4,000	2,521	0.0345	0.2068	6	8,000	5,041	0.0504	0.3025
7	4,000	2,334	0.0319	0.2233	7	8,000	4,668	0.0467	0.3268
8	4,000	2,161	0.0295	0.2363	8	8,000	4,322	0.0432	0.3458
9	4,000	2,001	0.0274	0.2462	9	8,000	4,002	0.0400	0.3602
10	104,000	48,172	0.6585	6.5848	10	108,000	50,025	0.5002	5.0025
	합계	73,160	1.0000	8.1184		합계	100,000	1.0000	7.2469
		채권가격	가중합	듀레이션			채권가격	가중합	듀레이션

듀레이션의 특징

듀레이션의 특징에 대해 살펴보자.

첫째, 이표채권은 만기 이전에 발생하는 액면이자의 현금흐름에 가중치를 주기 때문에 이표채권의 듀레이션은 항상 만기보다 짧다. 무이표채의 경우에는 만기와 듀레이션이 같다.

둘째, 액면이자율(이표율)과 듀레이션은 역의 관계를 가진다. 즉 액면이자율이 큰 채권일수록 더 많은 현금흐름이 만기 이전에 발생하기 때문에 짧은 듀레이션을 가진다. 채권 B의 듀레이션이 채권 A의 듀레이션보다 짧다.

셋째, 만기가 길어질수록 일반적으로 듀레이션도 길어진다. 하지만 만기가 늘어날수록 듀레이션의 증가비율은 줄어들면서 늘어난다. [그림 8-3]은 만기와 듀레이션과의 관계가 액면이자율과 만기수익률에 따라 달라짐을 보여준다. 무이표채는 직선을 보여주고, 낮은 이표율을 가진 할인채권(3% 이표율, 15% YTM)은 만기가 길어질수록 듀레이션이 오히려 짧아진다. 할인채권의 경우에 단기에는 낮은 이표율의 영향으로 만기의 변화가 듀레이션의 변화에 크게 영향을 주지만, 만기가 길어지면 만기 원금의 현재가치는 만기수익률이 클수록 복리의 원리로 인해 더욱 작아져서 듀레이션이 짧아지게 된다. 장기할인채권이 낮은 듀레이션을 가지게 되는 것은 만기 원금의 현재가치가 전체 채권가격에서 차지하는 비중이 상대적으로 작아져서 듀레이션의 가중치가 초기로 이동하기 때문에 듀레이션이 짧아지게 되는 것이다.

넷째, 만기수익률과 듀레이션은 역의 관계를 가진다. 높은 만기수익률은 듀레이션을 줄인다. 만기수익률이 커지면 만기에 가까운 현금흐름일수록 현재가치가 더욱 하락하기 때문에 채권의 가치에서 차지하는 비중도 떨어진다. 따라서 현재에 가까운 액면이자의 가중치가 커지기 때문에 듀레이션은 짧아지게 된다.

그림 8-3 | 듀레이션과 만기의 관계

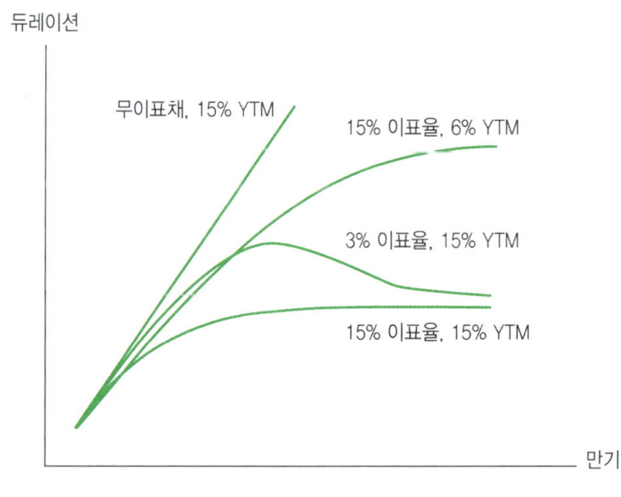

수정듀레이션과 채권가격의 변동성

채권에 대한 이자율 민감도를 측정하기 위해 조정된 듀레이션을 수정듀레이션(modified duration)이라고 한다. 수정듀레이션은 맥컬리 듀레이션을 1 더하기 기간수익률로 나눈 것으로 연간 이자지급횟수(n)를 고려해서 조정한 값이다. 기간수익률은 만기수익률(i)을 연간 이자지급횟수로 나눈 것이다. 예를 들어 10년의 듀레이션을 가지는 채권의 만기수익률(i)은 8%이고 반년마다 이자를 지급한다면 수정듀레이션은 다음과 같이 9.62년이 된다.

$$D_M = D\bigg/\left(1+\frac{i}{n}\right) = 10\bigg/\left[1+\frac{0.08}{2}\right] = 10/1.04 = 9.62$$

수익률의 변동에 따라 채권의 가격은 수정듀레이션에 비례하여 변동한다. 다음 수식을 통해 이러한 관계를 살펴보자.

$$\frac{\Delta P}{P} \cong -D_M \times \Delta i \qquad [8\text{–}2]$$

여기서, $\Delta P/P$: 채권가격의 변화율
ΔP: 채권가격의 변화
P: 채권의 초기가격
$-D_M$: 수정듀레이션
Δi : 수익률의 변화

만일 이자율이 6.00%에서 6.50%로 0.50% 상승하면 $\Delta i = 0.005$가 된다. 이제 예를 살펴보자. 맥컬리 듀레이션이 8년이고 만기수익률이 10%인 채권이 있다고 하자. 만일 채권의 만기수익률이 75 베이시스 포인트 하락하여 9.25%가 된다면 수정듀레이션은 다음과 같이 7.62년이 된다.

$$D_M = 8\bigg/\left(1+\frac{0.10}{2}\right) = 8/1.05 = 7.62$$

이제 [식 8–2]에 따라 채권가격의 변화율은 $\frac{\Delta P}{P} \cong -(7.62)\times(-0.0075) = 0.0572$가 된다. 즉 채권가격 변화율은 약 5.72%가 된다. 이것은 채권의 만기수익률이 75 베이

예제 8-1 수정듀레이션과 채권가격 변화율

매년 4%의 이자를 지급하는 [표 8-3]의 10년 만기 채권 A를 가정해보자. 이 채권의 수정듀레이션은 얼마인가? 이자율이 8%에서 10%로 오르게 되면 채권의 가격은 어떻게 변화하는가? 만일 이자율이 8%에서 7.5%로 하락하면 어떻게 될까? 수정듀레이션을 이용해 계산한 값과 채권가격을 이용하여 구한 값을 비교해보시오.

| 풀이 |

(1) 수정듀레이션을 이용한 채권가격 변화율

수정듀레이션(D_M) = 듀레이션/(1 + 0.04) = 8.1184/1.04 = 7.8062(년)

10%로 상승할 때 채권가격 변화율 = $-D_M \times \Delta i$ = −7.8062 × 0.02 = −15.61% 하락

7.5%로 하락할 때 채권가격 변화율 = $-D_M \times \Delta i$ = −7.8062 × (−0.005) = 3.90% 상승

(2) 채권가격을 이용한 채권가격 변화율

채권 A:	액면이자율=4%, 만기 10년, 액면가=100,000원			
기간(t)	CF_t	이자율 8%	10%로 상승	7.5%로 하락
1	4,000	3,704	3,636	3,721
2	4,000	3,429	3,306	3,461
3	4,000	3,175	3,005	3,220
4	4,000	2,940	2,732	2,995
5	4,000	2,722	2,484	2,786
6	4,000	2,521	2,258	2,592
7	4,000	2,334	2,053	2,411
8	4,000	2,161	1,866	2,243
9	4,000	2,001	1,696	2,086
10	104,000	48,172	40,097	50,460
	채권가격	73,160	63,133	75,976
		가격 변화율 =	−13.71% 하락	3.85% 상승

10%로 상승할 때 변화율 = (63,133−73,160)/73,160 = −10,027/73,160 = −13.71% 하락

7.5%로 하락할 때 변화율 = (75,976−73,160)/73,160 = 2,816/73,160 = 3.85% 상승

(3) 두 계산법의 비교

채권가격을 이용한 정확한 계산과 수정듀레이션을 이용한 가격 변화율을 비교해보면, 이자율 변화폭이 클수록 수정듀레이션의 오차가 커지게 되는 것을 확인할 수 있다.

시스 포인트(0.75%) 하락하면 채권가격이 약 5.72% 증가한다는 것을 의미한다. 이자율 변동 이전에 채권의 가격이 90,000원이었다고 가정하면 이자율이 0.75% 하락한 후에 채권가격은 약 90,000원×1.0572=95,148원이 되어야 한다.

수익률과 채권가격이 역의 관계를 가지기 때문에 채권가격의 변화를 구할 때 수정듀레이션은 항상 음수(−)로 표시되어야 한다. 또한 위 수식은 정확한 값이 아니라 근사치로 대략적인 수치를 의미한다. 이자율의 변화폭이 커지게 되면 수정듀레이션을 이용한 채권가격변화율의 근사치는 정확성을 잃게 된다.

채권의 볼록성

수정듀레이션은 이자율변화에 따른 채권가격의 변화를 추정할 수 있도록 도와준다. 그러나 이 수식은 아주 작은 이자율의 변동에서만 채권가격변화를 정확하게 추정할 뿐이다. 수정듀레이션은 채권가격의 변화를 이자율에 대한 선형관계로 계산하는 근사치이라서 이자율의 변화가 커지면 오차가 발생한다. 사실 채권의 가격은 이자율에 대하여 [그림 8-4]에서 보는 것처럼 볼록한 곡선의 함수(convex function)관계를 가지기 때문이다. 듀레이션은 채권수익률이 하락할 경우에는 채권가격 상승분을 과소평가하고, 채권수익률이 상승할 경우에는 채권가격 하락분을 과대평가하게 되는 문제를 가진다.

그림 8-4 | 수정듀레이션을 이용한 채권가격의 근사치

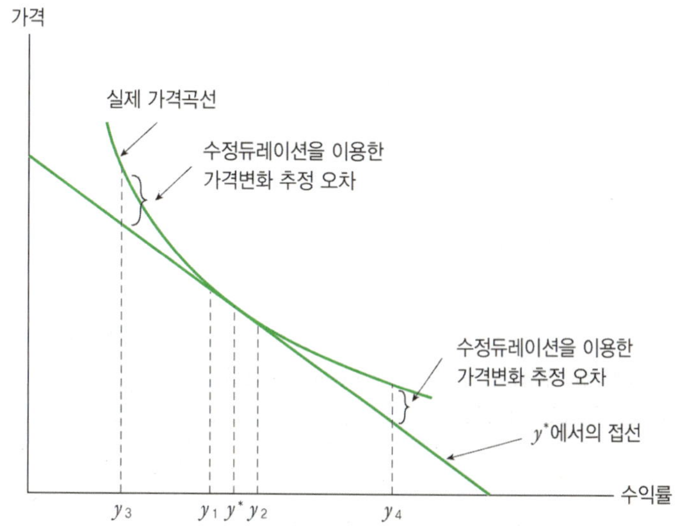

채권가격과 이자율의 곡선관계에 대한 측정치를 **채권의 볼록성(convexity)**이라고 한다. 즉 수정듀레이션은 주어진 이자율에서 곡선의 기울기를 측정하는 것이고 볼록성은 듀레이션의 변화를 측정한다. 개념적으로 듀레이션은 이자율에 대한 채권가격의 1차 미분을, 볼록성은 2차 미분을 가격으로 나눈 것이 된다. 수학적으로는 다음 [식 8-3]으로 표현할 수 있다.

$$D_M = \frac{\left(\frac{dP}{di}\right)}{P}, \quad Convexity = \frac{\left(\frac{d^2P}{di^2}\right)}{P} \qquad [8\text{–}3]$$

$$\frac{d^2P}{di^2} = \frac{1}{(1+i)^2}\left[\sum_{t=1}^{n}\frac{CF_t}{(1+i)^t}(t^2+t)\right]$$

다음 예제를 통해서 볼록성을 계산해보자.

예제 8-2 채권의 볼록성 계산

12%의 액면이자율과 9%의 YTM을 가지는 3년 만기의 액면가 100,000원의 채권의 볼록성은 얼마인가?

풀이

(1) 연도	(2) CF_t	(3) $PV(CF)$	(4) t^2+t	(3)×(4)
1	12,000	11,009	2	22,018
2	12,000	10,100	6	60,601
3	12,000	9,266	12	111,194
3	100,000	77,218	12	926,620
	채권가격=	107,594		1,120,434

$$\frac{1}{(1+i)^2} = \frac{1}{(1.09)^2} = 0.84168$$

$$\frac{d^2P}{di^2} = 0.84168 \times 1{,}120{,}434 = 943{,}047$$

$$Convexity = \frac{\left[\frac{d^2P}{di^2}\right]}{P} = \frac{943{,}047}{107{,}594} = 8.76$$

이제 이자율의 변동에 따른 채권가격의 변동을 듀레이션과 볼록성을 모두 이용하여 계산해보자. 듀레이션효과와 볼록성효과를 고려한 채권가격의 변화는 다음과 같다.

① 듀레이션을 이용한 채권가격 변화금액

채권가격 변화율$(\Delta P/P) = -D_M \times \Delta i$

채권가격 변화금액$(\Delta P) = P \times (-D_M) \times (\Delta i)$

② 볼록성에 의한 채권가격 변화금액

채권가격 변화율$(\Delta P/P) = \frac{1}{2} \times Convexity \times (\Delta i)^2$

채권가격 변화금액$(\Delta P) = \frac{1}{2} \times P \times Convexity \times (\Delta i)^2$

볼록성은 일반적으로 투자자에게 바람직한 특성으로 인식된다. 수익률이 상승하거나 하락하는 것과 상관없이 볼록성은 항상 양(+)의 값을 가지기 때문이다. 동일한 듀레이션에서 볼록성이 큰 채권의 가격이 볼록성이 작은 채권의 가격보다 수익률 상승이나 하락에 관계없이 항상 높은 가격을 가진다. 또한 곡률이 더 큰 채권의 경우 수익률이 떨어질 때의 가격상승분이 수익률이 올라갈 때의 가격하락분보다 더 크다. 수익률이 큰 폭으로 변할 때 곡률이 더 큰 채권의 가격상승폭이 곡률이 작은 채권의 가격상승폭보다 더 크고 하락폭은 더 작다.

예제 8-3 이자율변동에 따른 채권가격의 변화

만일 이자율이 9%에서 8%로 1%(100bp) 하락했다고 가정하면 이자율의 변화는 −0.01이 된다. 예를 들어 현재의 채권가격(P)이 126,500원이고 수정듀레이션(D_M)이 8.38년, 볼록성이 107.70일 때 이자율이 1% 하락하게 되면 채권가격은 듀레이션효과와 볼록성효과가 결합한 만큼 상승하게 된다.

(1) 듀레이션효과

채권가격 변화금액=126,500×(−8.38)×(−0.01)=10,600

(2) 볼록성효과

채권가격 변화금액=(1/2)×126,500×107.70×$(0.01)^2$=63,250×107.70×0.0001=681

(3) 결합된 효과

126,500+10,600+681=137,781원

만일 듀레이션만을 이용하여 채권가격의 변화를 구한다면 볼록성의 효과만큼 오차를 가지게 될 것이다. 이러한 관계를 [그림 8-4]를 확대하여 표현하면 아래와 같다.

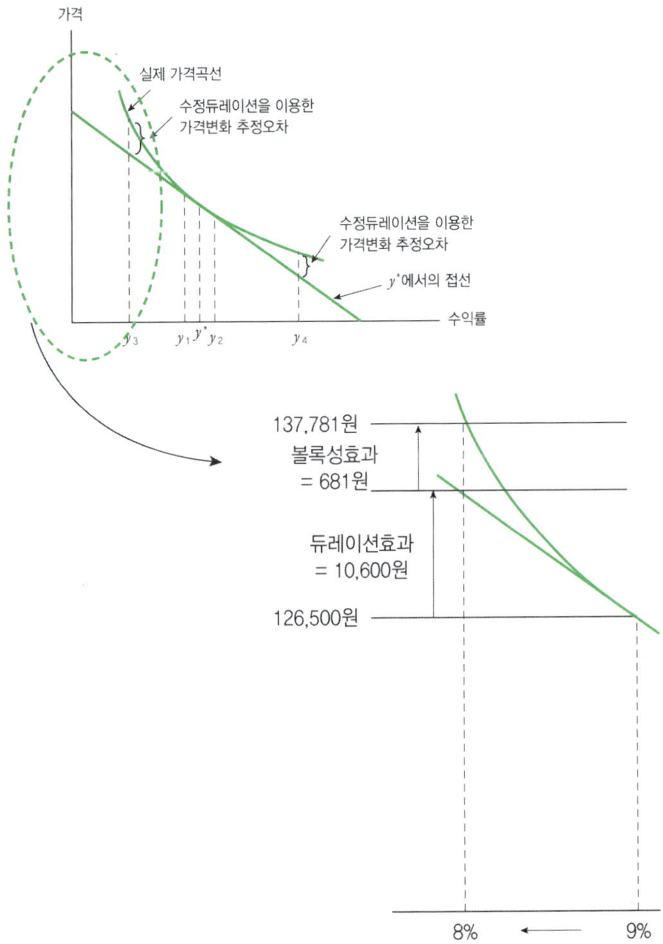

8.2 채권투자전략

이번 절에서는 채권 포트폴리오의 투자전략에 대해 살펴본다. 우선 일반적인 채권투자 스타일의 분류에 대해 알아보고, 소극적 투자전략과 적극적 투자전략에 대해 소개한다.

8.2.1 채권투자 스타일

우리는 주식 포트폴리오의 경우에 주식의 시장가치규모와 상대적인 가치에 따라 분류하곤 한다. 즉 대형주와 소형주 그리고 가치주(value)와 성장주(growth)로 분류한다. 마찬가지로 채권 포트폴리오의 투자 스타일은 신용도(credit quality)와 이자율 민감도(interest rate sensitivity)라는 두 가지 특성을 이용하여 분류할 수 있다. 일반적으로 이자율의 민감도는 채권의 듀레이션을 사용한다. [그림 8-5]는 채권의 투자 스타일을 보여주는 예이다. 그림에서 채권 포트폴리오의 신용도는 고등급(국공채, AA 이상의 회사채), 중등급(A나 BBB 이상의 회사채) 그리고 저등급(BBB 미만 회사채)으로 구분할 수 있다. 또한 채권가격의 이자율에 대한 민감도인 듀레이션을 중심으로 단기(듀레이션 3년 미만), 중기(듀레이션 3년에서 6.5년 사이), 장기(듀레이션 6.5년 초과)로 구분한다.

1960년대 이전에는 소극적 투자와 적극적 투자의 두 종류의 전략적 접근법이 널리 사용되었고 대부분의 채권 포트폴리오는 매입보유를 통해 투자자에게 일정한 현금흐름을

그림 8-5 **채권의 투자 스타일 분류**

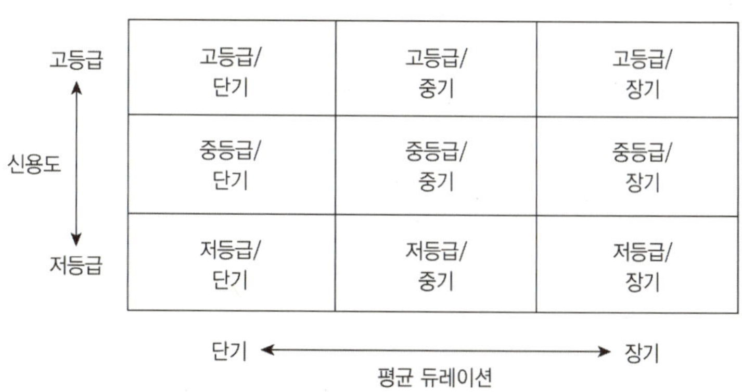

창출하는 것을 의도하였다. 1970년대 후반과 1980년대 초반에 인플레이션과 채권시장에 걸친 극단적인 수익률의 변동성이 발생하였다. 그 결과 이자율의 변동성 증가에 대응하는 새로운 금융상품이 도입되었고, 1980년대 중반에 연기금, 보험과 같은 기관투자자의 요구에 대응하기 위해 새로운 투자전략이 개발되기 시작했다. 그 이후 파생증권을 결합한 채권의 사용이 일상적으로 증가하게 되었다.

8.2.2 소극적 채권투자

소극적 채권투자전략은 채권시장이 매우 효율적이라고 믿고 채권가격이 적정하게 평가되어 있다는 가정하고 미래의 예측불가능한 이자율위험을 조정하면서 투자위험을 최소화하는 운용전략이다. 채권의 소극적 관리(passive management)에는 매입보유전략, 주식지수와 유사한 특성을 가지는 채권인덱스전략 그리고 은행이나 보험사가 많이 이용하는 **면역화기법(immunization technique)**이 있다. 이러한 전략 사이의 차이점은 위험에 대한 태도에 있는데, 매입보유전략과 채권인덱스전략은 위험수준에 상응하는 수익을 올리려고 하는 데 비해 면역화전략은 이자율위험을 영(0)으로 만들어 이자율의 변동으로 인한 채권가격(포트폴리오 가치)의 변동위험을 최소화하려는 것이다.

매입보유전략

가장 단순한 채권투자전략은 **매입보유전략(buy-and-hold strategy)**이다. 물론 채권에만 해당되는 것은 아니지만 이 전략은 만족할만한 신용도, 액면이자율, 만기나 듀레이션, 기타 채권의 여러 조항을 고려하여 적합한 채권을 찾아서 투자한다. 매입보유전략은 적극적인 메매를 고려하지 않으며, 가격위험이나 재투자위험을 줄이기 위해서 정해진 투자기간과 거의 같은 만기나 듀레이션을 가진 채권에 투자를 한다. 수많은 채권투자자 혹은 기관의 채권 포트폴리오 매니저가 수정된 매입보유전략을 택하는데, 일단은 만기까지 채권을 보유하려는 의노로 채권을 배입하기는 하지만 채권보유기간 내에 만일 더 좋은 기회가 발생하면 그 거래기회를 추구한다. 만일 매입보유전략이 수시로 수정된다면 적극적 투자전략이 된다.

매입보유는 개별 채권을 매입하면 만기까지 보유하는 것이다. 채권에서 발생하는 현금흐름은 외부 자금조달의 수요를 충족하기 위해 사용되거나 다른 채권이나 증권을 매입하기 위해 재투자될 수 있다. 소극적 투자전략에서 이자율변동은 중요하지 않기 때문에 미래 이자율의 방향이나 채권가치의 변화에 대하여 어떤 예측이나 가정을 하지 않는다. 매입 시에 투자자는 할인채나 할증채를 매입하고 만기에는 액면금액을 받게 된다. 따라서 액면이자의 재투자에서 발생하는 수익률이 채권의 총수익률에 영향을 주는 유일한 요인이 된다.

소극적 채권 포트폴리오 투자는 얼핏 보기에 게으른 투자방식으로 보이지만 변화가 심한 금융시장에서는 투자자금의 안정성을 제공한다. 또한 이자율이 높을 때 매입을 하게 되면 상당히 높은 수익률을 얻을 수 있으며 거래비용이 거의 없다는 장점이 있다. 소극적 채권투자가 안정적인 이유는 소극적 투자의 대상이 되는 채권은 주로 국공채나 높은 투자등급의 우량채권이며 옵션이 없는 일반채권이기 때문이다. 이러한 유형의 채권은 옵션으로 인해 발생하는 현금흐름의 변화와 관련된 위험을 최소화하기 때문에 매입보유전략에 적합하다.

매입보유전략을 구사하는 채권 포트폴리오 매니저는 종종 **사다리 채권투자(bond ladder)**를 실행한다. 사다리 채권투자는 투자자금을 일정한 투자 간격으로 만기가 돌아오게 나누어서 투자하는 것이다. 예를 들어 매해 만기가 돌아오도록 채권에 나누어서 투자할 수 있다. 만기가 도래하여 회수되는 원금은 사다리 마지막 시점 이후에 만기를 가지는 새로운 채권에 투자된다. 이러한 사다리 투자는 금리가 인상되면 만기가 돌아올 때마다 회수되는 원금을 이전보다 높은 금리의 채권에 재투자할 수 있기 때문에 금리인상 시 효과적이다.

채권인덱스전략

채권인덱스(indexing)전략은 매입보유의 소극적 투자보다는 약간의 능동적 행위가 수반된다. 채권 포트폴리오 인덱스전략의 목적은 목표지수에 연동된 수익률과 위험을 제공하는 것이다. 이러한 전략이 소극적 매입보유전략의 특성과 같아 보이지만 약간의 차이가 있다. 주식지수를 추적하는 주식 포트폴리오처럼 채권 포트폴리오는 정해진 채권지수를 모방하도록 구성될 수 있다. 주식이든 채권이든 인덱스투자전략은 시장지수와 유사한 구성종목과 비중으로 포트폴리오를 구성하는 것이다. 채권시장지수는 구성종목이 다양하고 지수관리상의 어려움 때문에 뚜렷한 시장 대표지수가 없다. 현재 대표적인 글로벌 3대 채권시장지수는 Merrill Lynch Global Bond Index, Bloomberg Barclays Global Aggregate Bond Index, Citi World Broad Investment-Grade Bond Index(WorldBIG)가 있고, 국내에는 한국거래소의 KRX채권지수와 국고채프라임지수가 있다.

인덱스 투자를 위해서는 목표지수를 추적하는 포트폴리오를 구성해야 하는데, 목표지수와 얼마나 근접하는지를 평가하기 위해서 **추적오차(tracking error)**를 살펴보게 된다. 추적오차는 일반적으로 일정기간 투자한 펀드의 수익률이 이에 대응하는 지수수익률에 비해 어느 정도의 차이를 보이는가를 측정하는 지표이다. 투자 포트폴리오의 기간수익률과 이에 대응하는 벤치마크지표의 수익률과의 차이에 대한 변동성을 의미한다. 실무에서 추적오차는 일정기간 포트폴리오 초과수익률(excess return)의 표준편차(standard deviation)로 측정한다. 인덱스를 추종하는 인덱스전략이라면 추적오차를 최소화하는 것을 목표로 설정할 수 있다.

채권인덱스전략에서 고려해야 할 점을 생각해보자. 첫째, 인덱스전략은 지수를 추적하는 데 필요한 채권의 수가 많기 때문에 포트폴리오의 규모가 커질수록 잘 작동된다. 그러나 채권지수에는 많은 종목이 포함되는데 이를 추적하는 채권 포트폴리오를 동일하게 구성하는 것을 거의 불가능하다. 또한 주식과 달리 채권은 장외시장에서 주로 거래되기 때문에 적시에 필요한 물량의 매매가 어렵다는 문제를 가진다.

둘째, 채권인덱스전략을 실행하기 위해서는 종목의 주기적인 조정이 필요하다. 채권지수에 포함된 종목은 만기가 되면 자연스럽게 구성에서 제외되고, 새로운 채권이 지수에 편입된다. 이와 같이 지수의 구성 종목은 불가피하게 교체가 일어나기 때문에 채권인덱스전략을 위해서는 주기적인 조정(rebalancing)을 해야 한다. 또한 초기 투자에 필요한 거래비용뿐만 아니라 지수의 변화를 반영하기 위한 조정에도 거래비용이 소요된다는 것을 고려해야만 한다.

셋째, 이표가 발생하는 이표채는 만기 이전에 발생되는 이자수입이 있다. 채권 포트폴리오의 보유에서 발생하는 액면이자는 재투자가 되어야 하는데 어떤 종목에 어떻게 투자되어야 하는지 관리하는 데 어려움이 있다.

인덱스전략을 실행하기 위해서 적합한 시장지수를 선택하는 것은 투자의 위험과 수익률을 직접적으로 결정하기 때문에 매우 중요한 결정이다. 따라서 선택된 벤치마크지수의 주요 특성(만기와 듀레이션, 신용도 등)을 이해하는 것이 중요하다.

면역전략

채권 포트폴리오 매니저들은 이자율의 변화로부터 포트폴리오를 면역화(immunization)하는 전략을 사용할 수 있다. 면역은 이자율의 변화라는 외부의 영향에 관계없이 일정기간 정해진 수익률을 얻을 수 있도록 투자된 포트폴리오를 의미한다.

채권투자에서 직면하는 가장 큰 문제점은 일정 투자기간 동안 원하는 수익률을 만족시키는 것이다. 만일 이자율의 기간구조가 수평이라면 시장이자율은 변하지 않을 것이고 투자된 채권은 원하는 기간 동안 정해진 수익률을 얻을 수 있을 것이다. 그러나 실제 현실에서는 이자율의 기간구조는 수평이 아니며 이자율은 계속 변동한다. 따라서 투자시점과 미래의 회수시점 사이에 이자율위험이 존재한다. 이자율위험은 시장이자율의 변동으로 인해 미래시점에 얻게 되는 채권투자가치의 불확실성으로 가격위험(price risk)과 재투자위험(reinvestment risk)으로 구성된다.

가격위험은 이자율변동이 투자기간이 끝나기 전에 일어나고 만기 이전에 채권을 매도하는 경우에 채권의 가격이 애초에 기대했던 가격과 달라지는 것이다. 만일 이자율이 채권매입 이후에 증가한다면 채권의 가격은 기대보다 하락할 것이고 이자율이 하락한다면 채권가격은 기대보다 상승할 것이다. 이자율이 상승할지 하락할지 모르기 때문에 채권의 미래가격에 대하여 불확실성을 가지게 된다.

재투자위험은 채권의 모든 액면이자가 만기수익률로 재투자될 것이라고 가정하기 때문에 발생한다. 채권매입 이후에 이자율이 하락하고 액면이자가 애초의 만기수익률보다 낮은 이자율로 재투자되면 최종 투자기간 후의 투자자의 부는 예상보다 작아질 것이다. 반면에 이자율이 상승하면 최종적인 부는 증가할 것이다. 즉 미래의 이자율에 대한 불확실성으로 인해 재투자 이자율에 대해 불확실성을 가지게 된다.

가격위험과 재투자위험은 서로 상반되는 성격을 가지고 있다. 만일 이자율이 상승하면 채권의 가격은 예상보다 하락하지만 액면이자의 재투자로 인한 수익률은 상승하게 될 것이다. 채권 포트폴리오 매니저는 이자율의 두 위험을 제거하려고 노력할 것이다. 이자율위험을 제거하려는 것을 **면역(immunization)**과정이라고 한다.

면역전략에는 은행에서 이자율변화에 따른 자산수익률과 예금(채무)금리와의 갭(gap)을 최소화하려는 순자산면역(net worth immunization)전략과 연금기금에서 미래 지급할 연금지급액의 가치를 보호하려는 목표기간면역(target date immunization)전략이 있다. 은행은 대출(자산)의 만기와 예금(채무)의 만기가 큰 차이를 보이는 대표적 금융기관이다. 은행의 자산은 장기대출 위주인 데 반해 은행의 채무인 예금은 단기적인 성격을 가진다. 따라서 이자율의 변화는 단기예금보다 장기대출에 더 큰 영향을 미쳐 순자산의 변동을 가져온다. 이러한 자산과 채무의 만기차이를 극복하려는 자산부채종합관리(asset liability management: ALM)의 하나가 순자산면역전략이다.

목표기간면역전략은 목표투자기간과 동일한 듀레이션을 가진 채권에 투자함으로써 이자율위험을 없애거나 최소화하는 전략을 말한다. 연금이나 보험회사는 보유자산과 미래에 지급해야 할 의무지급액의 만기가 일치하지 않는다. 예를 들어 보험회사는 보험불입기간이 만료되고 일정기간이 지난 후에 정해진 금액을 지급하게 된다. 따라서 이자율 변화에도 불구하고 미래의 지급액을 보호해야 한다. 순자산면역이나 목표기간면역은 면

예제 8-4 순자산면역전략

E-Bank는 10년 후에 $16,288.95를 지급해야 한다. 시장이자율은 5%이며 부채의 현재가치는 $10,000(=$16,288.95/(1.05)^{10})이다. E-Bank는 3년 만기 무이표채와 액면이자율 7%의 영구채권에 투자하는 포트폴리오를 구성하여 채무를 면역하려고 한다. 무이표채와 영구채권에 각각 얼마를 투자하여 포트폴리오를 구성해야 하는가? (이자율은 변동 없이 5%로 일정하다고 가정)

| 풀이 |

자산의 듀레이션과 채무의 듀레이션을 일치시키는 면역전략을 구사해보자. 우선 채무의 듀레이션은 10년이다. 투자 포트폴리오의 듀레이션에서 무이표채의 듀레이션은 만기와 동일하기 때문에 3년이며, 영구채권의 듀레이션은 15.3년(영구채권의 듀레이션은 $\frac{(1+i)}{i}$, i – 이자율, (1.07/0.07)=15.3)이다. 면역을 위해서는 자산 포트폴리오의 평균듀레이션은 채무듀레이션과 같아야 한다.

$$w(4) + (1-w)(15.3) = 10$$

$$w = \frac{5.3}{11.3} = 0.4690$$

따라서 E-Bank는 무이표채에 $4,690(=$10,000×0.4690)를, 영구채권에 $5,310를 배분해야 한다.

역전략을 활용하는 데 사용되는 용어상의 차이라고 할 수 있으며, 이자율변화가 투자자의 부에 미치는 영향을 없애거나 최소화한다는 점에서 동일하다.

듀레이션을 이용한 면역전략을 실행하기 위해서 다음 사항을 고려해야 한다. 첫째, 이자율과 듀레이션이 변동되기 때문에 효과적인 면역전략을 위해서 채권 포트폴리오는 자주 재조정해야만 한다. 예를 들어 시장이자율이 변하지 않더라도, 시간이 경과하면 채권 포트폴리오의 듀레이션은 만기보다 빨리 감소한다. 둘째, 듀레이션은 이자율과 역의 관계에 있지만 채권가격과 수익률곡선 함수는 직선관계가 아니다. 따라서 면역화된 채권 포트폴리오의 매니저는 볼록성에도 관심을 기울여야 한다. 예를 들어 듀레이션이 일치된 시점에 채무의 볼록성보다 자산의 볼록성이 크다면 이자율의 상승 시에 채무보다 자산의 가치가 덜 하락할 것이다. 셋째, 채권시장의 유동성이 낮기 때문에 최적의 포트폴리오를 구성하기 위해 채권을 매입하는 데 어려움이 있을 수 있다. 따라서 면역전략은 매니저의 관심을 요구하기 때문에 일반적인 소극적 전략이 아니라는 점을 인식해야 한다.

8.2.3 적극적 채권투자전략

채권 포트폴리오의 적극적 관리(active management)는 채권시장이 완전히 효율적인 것은 아니라는 믿음을 근거로 한다. 이것은 가격오류를 가지는 저평가된 채권을 알아내는 종목 선택(security selection)과 관련되었다고 할 수 있다. 혹은 포트폴리오 매니저가 이자율의 전반적인 움직임을 예측하여 투자시기를 선택(market timing)하려는 것과 관련된다. 적극적인 채권 포트폴리오의 관리에는 여러 투자전략이 있지만 일반적인 적극적 투자전략은 다음과 같이 분류할 수 있다.

① 목표투자기간분석(horizon analysis)

② 채권스왑(bond swap)

③ 상황별 면역전략(contingent immunization)

④ 수익률곡선타기(riding the yield curve)

목표투자기간분석

채권의 실현수익률이나 보유기간 수익률로 불리는 어느 특정 기간의 채권수익률은 액면이자율과 보유 초기가격과 투자보유기간 말의 가격에 따라 결정된다. 목표투자기간분석(horizon analysis)은 수익률곡선을 이용하여 투자기간 말의 미래 이자율을 예측하여 높은 수익률을 올리려는 방법이다. 목표투자기간 말의 수익률을 이용하여 그 시점에서의 채권가격을 계산한 다음 매매차익과 이자의 재투자수익으로 채권 보유기간 수익률을 계산한다. 이러한 분석을 적용하여 가장 높은 보유기간 수익률이 예상되는 채권을 선택한다.

목표투자기간 동안 채권의 수익금액은 채권가격변화에 의한 자본이득과 액면이자 및 이표 재투자수익으로 구성된다. 우선 자본이득은 시간의 경과에 따른 시간효과와 이자율의 변화효과라는 두 가지 영향을 겪게 된다. 시간효과는 일정한 만기수익률을 가정할 때 시간 경과로 인한 가격변화를 말한다. 이자율 변화효과는 만기수익률의 불변을 가정하여 계산한 기간 말 채권가격과 실제 채권가격의 차이를 말한다. 그리고 이표채의 경우 자본이득뿐만 아니라 액면이자를 받기 때문에 이자수입이 발생하며, 액면이자는 재투자를 통해 다시 수익을 발생시키게 된다. 따라서 채권투자로 인한 총수익은 다음과 같이 구성된다.

채권의 수익금액 = 시간효과 + 이자율 변화효과 + 액면이자 + 이표 재투자수익

여기에서 두 번째 항과 마지막 항은 이자율 변동이라는 불확실성을 가지고 있다. 따라서 목표투자기간분석은 미래의 이자율 예측이 얼마나 정확한지에 성패가 달려있다고 할 수 있다.

채권스왑

채권매니저가 적극적 전략을 실행하려고 결정하면 다음 단계는 적합한 투자 포트폴리오를 만드는 것이다. 채권스왑(bond swap)은 현재의 포트폴리오포지션을 청산하고 그와 동시에 유사한 특성을 가지지만 더 나은 수익률을 낼 것으로 예상되는 채권을 매입하는 것을 의미한다. 즉 채권스왑은 채권의 수익률, 만기, 세금, 미래의 시장이자율 등 채권가격에 영향을 주는 요인들을 고려하여 현재 보유하고 있는 채권 포트폴리오를 다른 채권 포트폴리오로 교체하는 것을 말한다. 일부 스왑은 매우 복잡해서 컴퓨터 계산이 필요하

기도 하다. 채권스왑을 통해 채권매니저는 고평가된 채권을 매도하고 저평가된 채권을 매입하는 교환을 실행한다고 믿는다. 이러한 스왑거래는 주로 독점적 정보를 기초로 단기적인 이득을 얻기 위하여 이루어지나, 증권시장이 효율적일 경우에는 초과수익을 얻을 수 없다.

(1) 대체스왑

대체스왑(substitution swap)은 대체가 되는 거의 동종채권 중 수익률이 높은 채권으로 교체하는 것으로 동종채권스왑이라고도 한다. 이런 형태의 스왑은 일반적으로 단기채권과 관련되어 있으며, 동일한 채권 사이에서 수익률 스프레드에 단기 불균형이 발생하는 것을 가정한다. 현재의 보유채권을 매도하고 제안된 높은 수익률을 가진 채권을 매입하는 대체스왑을 통해 투자자는 자본이득을 실현할 수 있다. 동일한 채권이 같은 가격이 아니라 어느 한쪽에서 가격오류가 발생하면 대체스왑이 일어난다.

(2) 시장간 스프레드스왑

시장간 스프레드스왑(intermarket spread swap)은 이종채권스왑이라고도 불리는데, 채권시장에서 비정상적인 스프레드가 일시적으로 형성되어 있을 때 유리한 채권에 투자하는 전략이다. 채권시장의 영역별 시장 사이에 수익률 스프레드가 잠시 균형을 잃었다고 생각될 때 일어난다. 예를 들어 회사채시장과 국채시장 사이의 수익률 스프레드가 일시적으로 너무 넓어져서 곧 좁혀지리라 예상될 때 투자자들은 국채에서 회사채로 투자를 돌리게 된다. 두 시장 사이의 스프레드가 좁아지면 회사채수익률 하락폭이 국채의 수익률 하락폭보다 클 것으로 예상되어 회사채의 가격상승폭이 국채보다 더 클 것으로 예상되기 때문이다. 이러한 스왑전략은 전반적인 시장의 방향에 민감하기는 하지만 대부분 스프레드 자체에 중점을 둔다.

(3) 이자율 예상스왑

미래의 시장이자율변동을 예측할 수 있다면 채권 포트폴리오의 구성을 조정하여 수익률을 극대화할 수 있다. 이러한 전략의 한 방법으로 **이자율 예상스왑(rate anticipation swap)**을 들 수 있다. 이자율 예측에 근거하여 이자율이 하락하리라 예상되면 채권가격

상승에 따른 이익을 극대화하기 위해서 만기가 긴 장기채에 투자하고 단기채를 팔아 포트폴리오의 듀레이션을 증가시킨다. 또한 이자율 상승을 예상하는 매니저는 채권가격 하락에 따른 자본손실을 줄이기 위해 포트폴리오에서 단기채권의 비중을 늘리고 장기채권의 비중을 줄여서 듀레이션을 감소시킨다. 시장의 전반적인 이자율의 움직임을 예측에 따라 포트폴리오의 듀레이션을 조정하는 전략이다.

(4) 순수수익률 선택스왑

순수수익률 선택스왑(pure yield pickup swap)은 낮은 액면이자율을 가진 채권을 높은 액면이자율을 가진 채권으로 바꾸어서 현행수익률과 만기수익률을 제고하려는 것이다. 대체스왑처럼 저평가된 채권으로 종목을 교체하는 것이 아니라 가능한 수익률이 높은 채권을 선택하는 스왑이다. 예를 들어 액면가로 매입하여 보유 중인 30년 만기 10% 이표율을 가진 AA등급 채권이 11.50%의 만기수익률로 할인되어 거래되고 있다고 하자. 이제 30년 만기 12%의 이표율을 가진 AA등급 채권을 액면가에(12% 만기수익률에) 매입할 수 있게 되었다고 가정하자. 투자자는 액면가에 매입했던 본래의 채권을 매도하면 장부상 손실을 보겠지만 새로운 채권을 만기까지 보유하게 되면 수익률을 향상시킬 수 있다.

투자자는 이자율의 변동을 예측할 필요가 없이 더 높은 수익률을 추구한다. 이 전략의 목표는 액면이자를 제외하고 다른 요소들이 동일한 채권을 찾아 투자하는 것이다. 순수수익률 선택스왑의 위험은 미래의 재투자수익률이 기대와 달라서 최종 투자가치가 예상만큼 높지 않는 것이다.

상황별 면역전략

상황별 면역전략(contingont immunization)은 적극적 투자전략과 소극적 투자전략을 동시에 수행하는 혼합전략으로, 채권 포트폴리오가 미리 설정한 최소보장가치(minimum required return)를 초과하게 되면 적극적 투자를 소극적 투자로 바꾸고 투자기간 동안 지속해서 최소보장가치 이상을 유지하여 투자기간 종료시점에 목표한 자산가치를 확보하려는 것이다. 즉 포트폴리오가 최소보장가치인 목표가치에 다다르기 전까지는 적극적으로 운용하다가 이에 이르게 되면 소극적 면역전략으로 전환하는 전략이다.

[그림 8-6]은 시장이자율의 변동이 발생할 경우 채권 포트폴리오에 어떤 일이 일어나

는지를 보여준다. 만일 시장이자율이 현재의 15%에서 하락하게 되면 채권의 가치는 증가하게 되고 최소보장가치에서 요구되는 채권의 목표 자산가치를 초과하는 안전마진(safety margin)을 가지게 된다. 그러나 만일 시장이자율이 15%를 넘어 상승하게 되면 채권 포트폴리오의 가치는 하락하게 되는데 어느 지점에서는 자산의 가치가 최소보장가치와 같아지게 된다. 채권 포트폴리오의 가치가 목표한 최소보장가치와 같아지는 지점의 시장수익률을 유발점(trigger point)이라고 하며, 이 지점에서 적극적 관리와 소극적 관리가 갈라지게 된다. 즉 안전마진이 유지되는 경우에는 소극적 면역전략을 추구하지만 안전마진이 소진되는 유발점에 다다르면 적극적 자산관리를 실행하게 된다.

그림 8-6 상황별 면역전략과 안전마진

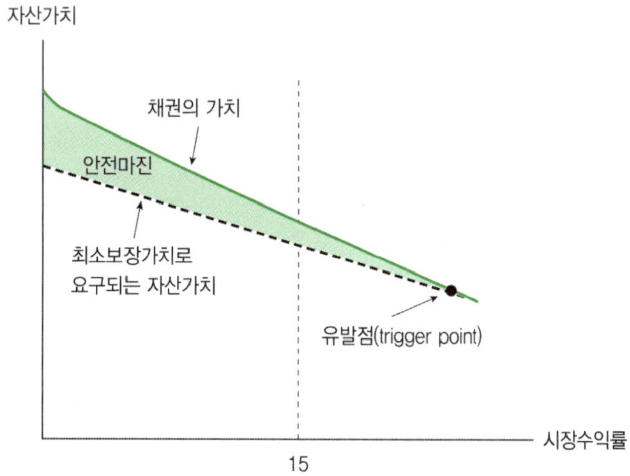

수익률곡선타기

수익률곡선타기(riding the yield curve)는 주로 단기채권을 대상으로 우상향하는 수익률곡선에서 채권의 잔존기간이 짧아지면서 수익률 하락으로 인한 채권매매이익을 얻으려는 전략이다. 즉 수익률곡선이 우상향이면 만기가 길수록 높은 만기수익률을 가지게 되고 시간이 흐름에 따라 채권의 만기는 짧아지므로 만기수익률은 하락한다. 이에 따라 보유한 채권가격은 상승하기 때문에 자본이득을 얻을 수 있는 기회를 추구하는 전략이다. 그러나 만일 수익률 예측이 잘못되어 우상향의 수익률곡선이 아니라 우하향의 수익률곡선을 가지게 되면 투자자는 손해를 보게 될 것이다.

수익률곡선은 변하기 때문에 수익률곡선을 타는 전략은 실패할 가능성이 있다. 즉 수익률곡선을 타는 것보다는 매입하여 적정시간 동안 만기까지 보유하는 소극적 전략이 덜 위험하다. 또한 수익률곡선타기전략을 실행하려면 매입과 매도의 거래를 해야 하기 때문에 매입보유전략에 비해 거래비용도 더 지출된다.

투자 이야기 연기금의 듀레이션 확대

국내 연기금이 보유한 국내 채권 자산의 듀레이션이 올해 들어 역대 최고 수준으로 올라섰다. 최근의 스프레드 축소 경향에 대응한 것이라는 해석과 채권시장 선진화에 따른 장기적인 추세라는 해석 등 업계의 의견이 분분하다.

연기금 채권 듀레이션은 올해 들어 5.9~6.0년대로 올랐다. 특히 6월부터 6년대를 넘어 상승세를 보이더니 7월말 6.2년, 가장 최근인 8월10일은 6.24년을 기록했다.

시장에서는 다양한 해석이 나온다. 우선 단기금리가 상승하고 장기금리가 하락할 것이라는 기대에 통상적으로 듀레이션이 길어진다는 것이다. 연기금도 이런 맥락에서 장기채 비중을 늘리고 있을 수 있다는 해석이다. 이는 올해 초부터 기준금리 인상 예고가 확실시된 데 따른 것이다. 통상 기준금리가 오르면 장기금리는 하락하기 때문에 장기채를 미리 매수하려는 수요가 발생한다. 다만 7월 들어 단기금리 인상이 불확실해지고 있다. 이 때문에 8월까지 듀레이션이 늘어나는 것은 시세 대응이라는 요인만으로는 설명이 안 될 수 있다는 해석도 나왔다.

연기금이 기준금리 인상 기대에 따라 적극적으로 트레이딩 전략을 펼쳤을 가능성은 별로 없어 보인다. 연기금의 채권 투자는 단기적인 트레이딩 수익보다 ALM(Asset and Liability Management, 자산부채종합관리)을 우선으로 고려하기 때문이다. 연기금의 듀레이션 증가는 시세 대응보다는 채권시장 선진화에 따른 장기적인 추세라는 해석이다. 연기금은 워낙 자금 순환의 주기가 길기 때문에, 채권 듀레이션도 이에 맞춰 늘리는 게 안전하다. 이 때문에 연기금은 늘 듀레이션을 늘리고자 하는 성향이 있다는 것이다. 그런데 최근 장기물 발행이 늘어나면서 이 같은 수요가 실현된 것으로 볼 수 있다.

시장의 전문가는 "국내 채권시장이 발달하면 장기물 발행 증가는 자연스러운 현상이다"라며 "연금은 연금부채 사이클이 매우 길어 운용채권과의 갭이 너무 크기 때문에 듀레이션을 계속 늘릴 수밖에 없는 입장이다"라고 설명했다.

한편 6월 말 연기금 채권 듀레이션이 증가하기 시작했을 때에는 '종목교체 효과'에 따른 현상이라는 설명이 있었다. 연기금의 핵심주체인 국민연금의 포트폴리오 조정 때문이라는 관측이었다. 연기금 채권의 만기가 6월과 12월에 몰려있는 경향이 있기 때문에, 이 기간에 채권 만기가 소멸하고 새로운 채권을 사들이면서 듀레이션도 같이 증가한다는 것이다. 만기가 짧은 채권들을 긴 것으로 갈아끼우면서 듀레이션이 늘어났을 수 있다는 설명이다. 그런데 7월에 이어 8월까지 듀레이션 상승세가 계속된 만큼, 현재의 추세는 종목교체 효과만으로는 설명될 수 없다는 게 업계의 분위기였다.

출처: 연합인포맥스, 2021년 8월.

8장 연 습 문 제

01 액면이자를 1년마다 지급하는 채권의 수익률은 연 10%이고 듀레이션은 2.6년이다. 만일 채권의 시장수익률이 0.5% 상승한다면 듀레이션을 이용한 채권가격의 변화율은 얼마인가?

02 채권에 대한 설명 중 옳은 것은?

① 이자율 기간구조상 만기가 긴 채권의 만기수익률은 만기가 짧은 채권의 만기수익률보다 항상 높다.
② 다른 조건이 동일하면, 유동성위험이 큰 채권의 만기수익률은 유동성위험이 낮은 채권의 만기수익률보다 낮다.
③ 만기가 긴 채권의 듀레이션(duration)이 만기가 짧은 채권의 듀레이션보다 클 수도 있고 작을 수도 있다.
④ 일반적으로 채권의 가격위험은 채권의 만기와 관련이 없다.

03 매년 5%의 이자를 지급하는 이표채의 가격이 $8,000이다. 이 채권의 수정듀레이션이 9년이고, 채권의 수익률은 8%이다. 채권수익률이 9%로 변할 때 채권의 가격변화는 얼마인가?

04 다음 중 평균상환기간(duration)에 대한 설명 중 잘못된 것은?

① 평균상환기간은 이자와 원금이 지급되는 기간의 가중평균을 의미한다.
② 만기가 일정하면 이표율(coupon rate)이 낮을수록 듀레이션은 길어진다.
③ 무이표채의 평균상환기간은 만기까지의 기간과 동일하다.
④ 발행금리가 일정하면 만기까지 기간이 적게 남아 있을수록 듀레이션은 길어진다.

05 다음 중 채권가격이론에 대한 설명 중 잘못된 것은?

① 채권가격의 변동은 만기가 길어질수록 증가하는 비율로 커진다.
② 채권의 가격은 시장이자율과 역의 관계에 있다.
③ 채권의 이표율이 낮을수록 이자율변화에 대한 채권가격의 변화율은 커진다.
④ 만기일이 일정한 경우 이자율 하락으로 인한 가격상승폭은 이자율 상승으로 인한 가격하락폭보다 크다.

06 이표율이 6%, 만기가 3년, 액면가 10,000원 그리고 시장이자율이 10%인 채권의 평균 상환기간(duration)을 구하시오.

07 다음 여러 가지 채권의 볼록성에 대한 설명 중 가장 거리가 먼 것은?

① 일반채권의 경우 볼록성이 심할수록 이자율 하락 시 채권가격 상승폭이 이자율 상승 시 채권가격 하락폭보다 더 크다.
② 이자율이 상승하거나 하락하거나 일반채권의 볼록성은 항상 양(+)의 값을 가진다.
③ 이자율이 상승하면 일반채권에 비해 상환청구권부사채(putable bond)의 볼록성이 약하다.
④ 이자율이 하락하면 수의상환채권의 볼록성은 음(−)의 값을 가진다.

08 액면이자율, 만기, 신용등급 등은 같지만 채권수익률이 더 높은 다른 채권으로 교체하는 투자전략을 무엇이라고 하는가?

① 대체스왑　　② 이자율 예상스왑
③ 시장간 스프레드스왑　　④ 순수수익률 선택스왑

09 총자산이 100조원이고 자기자본비율(E/A)이 8%인 금융회사가 있다. 자산과 채무의 듀레이션이 각각 6년과 4년이다. 이 금융회사의 경영자는 이자율이 현재 8%에서 9%로 상승할 것으로 예상하고 있다. 만일 이자율 상승이 일어난다면 금융회사의 주주 입장에서 얼마만큼의 손실 혹은 이익이 발생할 것인지 추정하시오. (단, 볼록성은 무시)

10 채권 가치평가와 채권 포트폴리오 관리에 관한 다음 설명 중 가장 적절하지 않은 것은?

① 다른 조건이 일정할 때 시장이자율이 하락하면 채권의 듀레이션은 길어진다.
② 시장이자율이 하락할 때 채권가격이 상승하는 정도는 시장이자율이 같은 크기만큼 상승할 때 채권가격이 하락하는 정도보다 더 작다.
③ 채권 포트폴리오의 이자율위험을 면역화하기 위해서는 시간이 경과함에 따라 채권 포트폴리오를 지속적으로 재조정해야 한다.
④ 채권 포트폴리오의 이자율위험을 면역화하기 위해서는 시장이자율이 변동할 때마다 채권 포트폴리오를 재조정해야 한다.

▎연습문제 풀이 ▎

01 [식 8-2]에 따라 채권가격의 변화율은 $\frac{\Delta P}{P}=-D_M\times\Delta i=-D/(1+i)\times\Delta i$이다.

따라서 $-2.6\times\left(\frac{0.005}{(1+0.1)}\right)=-0.01182=-1.182\%$

03 $\frac{\Delta P}{P}=-D_M\times\Delta i=-D/(1+i)\times\Delta i$ 이고, $\Delta P=-D_M\times\Delta i\times P$ 가 된다.

$\Delta P=-9\times0.01\times8{,}000=-720$

05 ①

07 ③ 상환청구권부사채는 채권보유자가 발행자에게 채권을 되사도록(상환하도록) 요구할 수 있기 때문에 보유자에게 유리하다. 따라서 채권상승 시 일반채권에 비해서 유리하기 때문에 채권가격이 덜 하락하기 때문에 볼록성이 더 크다고 할 수 있다. 수의상환채권의 수익률과 가격의 관계는 [그림 8-1]을 참조할 수 있다.

09 $\Delta P=-D\left[\frac{\Delta i}{(1+i)}\right]P$이고, 자산은 100조원, 자기자본은 8조원, 채무는 92조원이다. 총자산의 변동=−6×(0.01/1.08)×100조원=−5.55555조원이고, 총채무의 변동=−4×(0.01/1.08)×92조원=−3.40741원이다.

따라서 총자기자본의 변동=총자산의 변동−총채무의 변동=−2.148148조원

4부

포트폴리오 관리

- 9장 자산운용
- 10장 성과평가
- 11장 위험관리

제4부의 포트폴리오관리(portfolio management)는 포트폴리오투자를 계획하고, 실행하며, 통제하는 과정을 포함한다. 계획단계에서 투자자는 투자목표를 설정하고, 전략을 수립하며, 자금을 배분한다. 개인은 자신의 생애주기를 고려하여 미래의 지출을 예측하고, 필요한 수입을 안정적으로 확보하려 할 것이다. 펀드매니저는 투자정책서에 기초하여 고객의 요구에 부응하고자 하는 목표를 갖고 있다. 투자목표와 전략이 수립되면, 목표 현금흐름을 창출하기 위한 자산배분(asset allocation)이 이루어진다. 자산배분은 주식, 채권, 대체자산 등으로 구분된 자산군(asset class)에 대한 투자비중을 결정하는 것이다.

포트폴리오관리의 다음 단계에서 투자자는 자산배분결정에 기초하여 투자를 실행한다. 이 과정에서 시장상황을 감안하여 투자시점을 선택하고, 가격오류가 있는 증권을 탐색한다. 또한 포트폴리오는 정기적으로 분석되고 수정(revision)되어야 한다. 예를 들어 시간이 지나 투자자의 연령이 변화하면, 투자목표 자체가 달라질 수 있다. 또는 자산의 가격이 오르거나 내리면, 포트폴리오의 자산배분은 초기의 목표에서 벗어나기도 한다. 분산투자를 유지하기 위해서 포트폴리오 수정이 필요할 수도 있다.

마지막 단계에서 투자자는 투자의 성과를 평가하고 포트폴리오를 수정하게 된다. 포트폴리오의 성과평가(performance evaluation)는 단순히 수익률의 측정에 머물지 않고, 투자위험을 감안한 위험조정 성과평가(risk-adjusted performance evaluation)도 이루어져야 한다.

이와 같이 포트폴리오관리는 투자목표를 설정하고, 자산을 배분하며, 사후적으로 투자성과를 평가하고 피드백하는 과정을 포함한다. 제9장은 포트폴리오 자산배분과 투자를 다루고, 제10장은 성과평가 그리고 제11장은 위험관리를 살펴본다.

9장 자산운용

9.1 투자정책

투자를 계획하는 것은 자신의 투자목표를 설정하고, 주어진 제약조건을 고려하고, 적합한 투자전략을 세우는 것을 의미한다. 먼저 투자자는 자신의 취향과 환경을 반영하여 투자목표를 세워야 한다. 예를 들어, 최근 취업하고 가정을 꾸린 20~30대의 젊은이와 자녀의 대학교육을 지원하거나 은퇴를 고려하고 있는 50~60대의 장년층은 재산의 보유 현황이나 미래의 지출계획 등에서 상당히 다를 것이다.

한편 달성가능한 투자목표를 설정하기 위해서는 많은 제약조건을 함께 고려해야 한다. 예를 들어 투자자는 가까운 장래의 지출에 대비하여 지급능력을 확보해야 한다. 또한 장기적 지출계획에 기초하여 적절하게 투자기간을 선택해야 한다. 세금부담도 중요한 제약조건이다.

가장 기본적이고 장기적인 투자전략은 위험과 분산투자의 중요성에 따라 전형적으로 소극적 전략과 적극적 전략으로 구분된다. 소극적 투자전략은 효율적 시장가설에 기초하여 자연스럽게 시장을 초과하는 수익보다는 효과적인 위험분산에 집중한다. 이와 대조적으로 적극적 투자전략은 저평가된 자산을 매입하고 고평가된 자산을 매도함으로써 높은 수익을 올리려고 한다. 결국 위험분산 대신 고위험 고수익 투자의 성격을 띤다. 투자의 목표, 제약조건, 투자전략에 따라 투자정책을 세우고 나면, 다음 단계로 계획을 실행하는 자산배분이 이루어진다.

9.1.1 투자의 목표

투자자는 자신의 미래 소득, 소비 · 저축, 투자계획을 실천하는 데 적합한 투자방법을 찾아야 한다. 우선 투자의 위험과 수익을 고려해야 한다. 투자자의 소득규모와 고용안정성도 중요한 요소이다. 만약 수입이 많고 안정적인 직업을 갖고 있으면, 상대적으로 높은 위험수용도를 전제하고 포트폴리오를 관리할 수 있을 것이다. 결혼이나 자녀 양육도 저축과 투자목표를 변화시키는 요인이다. 투자자의 연령, 특히 은퇴와 이후의 생계에 관한 계획이 중요하다. 세금도 중요하게 고려되어야 하는데, 특히 소득이 늘어나면 더 높은 한계세율이 적용되어 세금의 중요성이 커질 수 있다.

투자 포트폴리오가 추구해야 할 목표는 대략 다섯 가지로 분류될 수 있다. 이들은 경상소득 창출, 자본 유지, 자본 증식, 세금 절감 그리고 위험관리이다. 이 목표들은 경우에 따라 상충관계를 보이기 때문에, 최적의 결합을 달성할 수 있는 포트폴리오가 선택되어야 한다. 경상소득 창출 및 자본의 유지는 일반적으로 저위험−저수익 속성을 가진 보수적 투자전략에 부합한다. 반대로 자본증식 목표는 위험의 증가와 경상소득의 감소를 의미한다. 자본증식에 높은 순위를 부여한다면 고위험 성장주 또는 투기적 성격이 강한 투자들이 적합할 수 있다. 세금에 관한 고려는 주로 증권의 매수결정, 매도시점의 선택 등에 영향을 미친다. 투자자는 증권을 매수하는 단계에서 낮은 세율 또는 세금이 면제되는 증권을 선호할 것이며 매도단계에서는 자본이득의 실현시점을 고려해야 한다. 마지막으로 모든 투자는 위험−수익 상반관계를 고려해야 하며, 위험은 개별 포지션 수준을 넘어서 포트폴리오의 최상위 수준에서 관리되는 것이 바람직하다.

9.1.2 투자의 제약조건

일반적으로 위에 언급된 투자목표 외에 투자선택을 일정영역 내로 제한하는 제약조건들이 고려되어야 한다. 우선 투자자는 가까운 장래의 지출에 대비하여, 필요한 수준의 유동성을 확보해야 한다. 유동성(liquidity)은 자산을 적정한 가격으로 현금화할 수 있는 속도 및 용이성을 의미한다. 포트폴리오 유동성은 단순히 소비적 지출을 충당하는 차원을 넘어서, 미래의 투자기회를 활용하는 데 필요하다. 투자자는 유동성 높은 투자에 일정한 자금을 비축하고 있으면, 새로운 투자기회를 포트폴리오 교란 없이 이용할 수 있다.

높은 유동성을 가진 자산은 전형적으로 단기금융시장 상품인 단기국채, 양도성예금증서(CD), 기업어음(CP)과 같이 높은 안정성과 낮은 기대수익을 가지고 있기 때문에 주식, 선물, 옵션 같은 위험자산의 투자실패를 완충할 수 있다. 유동성 자산은 비교적 안정적 수익을 제공함으로써, 전체 포트폴리오의 성과가 일정수준 이하로 하락하는 것을 방지한다. 그리고 선물이나 옵션 계좌의 증거금 납입 요구 등에 대해 유연하게 대처할 수 있도록 도와준다. 이런 자산에는 금융기관의 단기금융시장 예금계좌(MMDA), 단기금융시장 뮤추얼펀드(MMF)가 포함된다.

다음으로 **투자의 목표기간(investment horizon)**도 중요한 고려사항이다. 투자자는 미래의 지출계획에 맞추어서, 적절한 시기에 자금을 회수할 수 있도록 투자의 목표기간을 설정해야 한다. 예를 들어 개인투자자는 주택 마련, 자녀의 대학교육 등 주요 예상지출을 고려하고, 기업은 대규모 투자지출계획에 기초하여 투자기간을 결정할 수 있을 것이다. 금융기관은 조달자금과 투자자금의 만기를 고려해야 한다. 상대적으로 단기자금을 취급하는 상업은행이나 손해보험의 투자기간은 짧고, 비교적 장기자금인 연금기금이나 생명보험의 투자기간은 길게 설정되어야 한다.

세금(tax)도 반드시 고려되어야 한다. 모든 투자의 성과는 세후 수익을 기준으로 평가되어야 한다. 일반적으로 다른 조건이 비슷하면 세금우대 또는 비과세 자산에 투자하는 것이 유리하다. 투자를 처분 또는 종료하는 단계에서는 가급적 세금 납부시점을 이연하고 투자손실을 손비로 인정받을 수 있도록 해야 한다.

9.1.3 투자전략

투자전략은 전형적으로 소극적 전략과 적극적 전략으로 구분된다. 소극적 전략은 시장의 효율성을 전제로 적정한 수준의 투자수익을 목표로 한다. 적극적 전략은 시장은 완전히 효율적이지 않다는 견해에 기초하여 시장의 평균적 수익을 상회하는 성과를 추구한다.

소극적 투자전략(passive investment strategy)은 효율적 시장에서 지속적인 고수익을 얻을 수 없다는 전제하에서, 전형적으로 특정 지수를 벤치마크로서 추종한다. 시장의 추세를 예측하거나 증권의 가격오류를 발견하려는 시도 대신 위험분산에 초점을 맞춘다.

또한 포트폴리오 재조정의 규모나 빈도를 줄임으로써 정보 및 거래비용을 절감하려 한다. 소극적 투자전략은 단순한 매입·보유전략과 지수펀드 투자전략을 포함한다.

우선 단순한 **매입·보유(buy-and-hold)**전략은 자산을 매입하고 목표기간 동안 보유한다. 목표 기대수익률-위험의 조합을 제공할 수 있는 가장 효율적 포트폴리오를 선택하여 장기적으로 유지한다. 이 전략의 장점은 시장추세나 증권가격의 예측 필요를 최소화한다는 것이다. 그러나 광범위한 분산투자와 이를 위한 많은 자금을 요구한다는 단점이 있다.

다음으로 **지수펀드투자(index fund investment)**전략은 간접적으로 펀드를 통해 투자한다. 예를 들어 시장지수를 추종하는 주식펀드와 안전자산에 투자하는 국공채펀드 사이에 자금을 배분할 수 있다. 이 전략은 낮은 비용으로 위험분산효과를 얻으면서, 시장상황에 따라 펀드들의 투자비중을 변경시킬 수 있다. 그러나 포트폴리오 구성을 빈번하게 변경하면 소극적 전략의 장점을 상실할 수 있다.

적극적 투자전략(active investment strategy)은 자산들의 투자비중을 임의적으로 선택함으로써 수익을 제고하려는 전략이다. 전형적으로 시장타이밍, 증권선택, 시장의 이례현상 등을 이용한다. 예를 들어 시장추세를 예측하여 포트폴리오의 투자비중을 조정하거나 저평가된 증권을 매수한다. 그러나 예측이 빗나가면 손실을 입고, 빈번한 거래에 기인한 비용이 소요된다는 단점을 가지고 있다.

예제 9-1 소극적 및 적극적 투자전략

소극적 투자전략과 적극적 투자전략을 비교하여 설명하시오.

| 풀이 |

소극적 투자전략과 적극적 투자전략 사이의 근본적인 차이는 균형가격에서 벗어난 자산을 찾으려는 노력 여부에 기초한다. 소극적 투자전략은 증권의 가격오류를 찾으려는 시도 대신, 광범위한 시장을 대표하는 잘 분산된 포트폴리오를 보유하는 투자전략이다. 소극적으로 관리되는 펀드의 매니저는 최소의 비용으로 벤치마크인 시장지수의 실적을 복제하고자 한다. 한편, 적극적 투자전략은 증권의 가격오류를 찾아내서 초과수익률을 달성하려는 노력을 의미한다. 시장의 전체적 흐름을 예측하거나 균형가격을 벗어난 섹터나 자산을 찾는다. 그러나 일반적으로 적극적 관리는 소극적 관리에 비해 높은 수수료와 거래비용을 수반한다.

9.2 자산배분

투자자는 자신의 투자목표를 도출한 후에 목표를 달성하기 위해서 포트폴리오를 구성하게 된다. 자산배분(asset allocation)은 포트폴리오를 다양한 자산군으로 구분하고 나누는 일을 포함한다. 위험-수익률 특성에 따라 여러 자산군(asset class)으로 구분하고, 이들 사이에 자금을 배분하는 것이다. 자산군은 주식, 채권, 대체자산처럼 넓은 범위에 의해 구분된 자산의 집합이다. 다양한 유형의 자산군에 투자를 분산하는 것은 포트폴리오를 분산하는 데 도움이 되고 자산군 내에서도 분산투자를 할 수 있다. 즉 주식은 가치주, 성장주 또는 대형주, 중형주, 소형주 등으로, 채권은 장기채, 중기채, 단기채 또는 안전채권, 고위험채권 등으로 세분될 수 있다. 자산배분의 기본적 접근법은 ① 고정가중치 자산배분, ② 전략적 자산배분(변동가중치 자산배분), ③ 전술적 자산배분, ④ 보험 자산배분을 포함한다.

9.2.1 고정가중치 자산배분

고정가중치 자산배분(fixed-weights asset allocation)은 자산군별로 고정된 비중에 기초하여 투자하는 것이다. 일반적으로 투자의 고정가중치는 시간이 경과하더라도 변하지 않는다. 그러나 증권의 시장가치가 변동할 때 목표 고정비율을 유지하기 위해 정기 또는 수시로 포트폴리오를 조정할 필요는 있다. 예를 들어 주식시장이 호황을 누리면 새로운 투자 없이도 주식 포트폴리오의 비중이 커지게 될 것이다. 고정가중치를 유지하려면 주식을 매도하고 다른 자산군의 증권을 매입하게 된다.

9.2.2 전략적 자산배분

전략적 자산배분(strategic asset allocation: SAA)은 투자목표에 기초하여, 장기적으로 유지되어야 할 자산배분구조를 선택하는 것으로 변동가중치 자산배분(flexible-weights asset allocation)이라고도 한다. 이는 경제변수의 단기적 변화나 충격에 의해 영향받지 않는다. 그러나 포트폴리오매니저가 재량적 판단을 할 수 있도록 일정범위의 오차를 허용할 수 있다. 예를 들어, 포트폴리오의 주식에 대한 전략적 자산배분비율이 20%±10%이면 주식의 투자비중은 10%~30% 범위에서 유지되어야 한다.

전략적 자산배분을 실행하는 방법은 시장가치접근법, 수익-위험최적화법 등을 포함한다. 먼저 시장가치접근법은 시장 포트폴리오를 복제하는 자산배분이다. 이때 포트폴리오는 일종의 지수펀드가 된다. 이는 시장모형의 이론적 기초를 갖고 있으나, 제한된 자금으로 시장 포트폴리오를 복제하기 어려울 수 있다는 문제점도 갖고 있다. 다음으로 수익-위험최적화법은 투자자의 무차별곡선이 효율적 프런티어에 접하는 점을 최적 포트폴리오로 간주한다. 이 접근법은 명시적으로 효용을 고려하는 장점이 있으나 가정에 따라 결과가 민감하게 달라진다는 단점을 갖고 있다. 이 밖에 투자자의 위험수용도, 목표수익률, 투자우선순위 등을 종합적으로 고려하는 접근법이 있다. 이 접근법은 정형화되지 않았기 때문에 상당한 재량적 판단을 허용한다는 장점이면서 동시에 단점인 특징을 갖고 있다.

9.2.3 전술적 자산배분

전술적 자산배분(tactical asset allocation: TAA)은 일종의 **시점 선택(market timing)**이다. 전략적 자산배분(SAA)의 제약하에서, 중 · 단기적으로 시장의 추세를 분석하여, 자산군들의 투자비중을 최적화하며 자산의 매수 및 매도시점을 선택한다. 전형적으로 월 또는 분기 단위로 포트폴리오의 가치를 평가하고 자산들의 기대수익률과 위험을 분석한다. 예를 들어 증권시장의 호황이 예측될 때 경기에 민감한 위험자산의 투자비중을 확대한다.

전술적 자산배분 또는 시장타이밍을 실행하는 방법은 **포뮬러 플랜(formula plan)**을 포함한다. 포뮬러 플랜은 일정한 규칙에 의해 기계적으로 자산을 배분하는 것이다. 널리 쓰이는 네 가지 포뮬러 플랜으로 비용평균화법, 일정금액법, 일정비율법, 변동비율법이 있다.

비용평균화법

비용평균화법(dollar-cost averaging)은 자산가격의 등락에 관계없이 정기적으로 일정한 금액만큼의 자산을 매입한다. 이 소극적 매입보유전략에서 주기적 투자금액은 일정하다. 따라서 자산가격이 낮을 때 상대적으로 많은 수량을 매입하고, 자산가격이 높을 때 더 작은 수량을 매입한다. 결국 평균매입가격은 모든 자금을 일시에 투자하는 경우보다 낮으며, 투자금액 대비 자산의 매입 수량이 더 크다.

비용평균화법은 시장의 장기적 상승 국면에서 큰 효과를 볼 수 있다. 또한 시장에 관한 주관적 판단에 의존하지 않기 때문에 정보비용을 절감할 수 있다. 적립식 펀드는 비용평균화를 활용하는 투자수단의 예로 간주될 수 있다. 그러나 시장의 하락기에는 평균매입가격을 낮추는 것으로 손실을 피할 수 없다.

일정금액법

일정금액법(constant dollar plan)은 예를 들어, 투자대상을 주식과 채권으로 구분하고 주식에 투자되는 금액을 일정하게 유지한다. 즉 고위험의 투기적 부분(주식)과 저위험의 보수적 부분(채권)으로 구분하여 투기적 부분의 목표금액을 일정하게 유지한다. 만약 주가가 상승하여 주식의 투자금액이 증가하면 정해진 수준을 초과하는 금액에 상당하는 주식을 매도하고 채권을 매입한다. 반대로 주가가 하락하면 정해진 수준까지 주식의 투자금액을 높이기 위해 채권을 매각하고 주식을 매입한다.

일정금액법은 기본적으로 포트폴리오의 투기적 부분으로부터 이익을 걷어서 보수적 부분으로 옮긴다. 만약 포트폴리오의 투기적 부분이 특정 금액만큼 하락하면 보수적 부분에서 투기적 부분으로 자금을 옮긴다. 결국 이 접근법은 주가가 높을 때 주식을 매도하고 주가가 낮을 때 주식을 매입한다. 그러나 주식의 투자금액을 결정하는 과정이 임의적이고 거래가 빈번하면 많은 비용을 유발한다.

일정비율법

일정비율법(constant ratio plan)은 주식과 채권의 투자비율을 일정하게 유지한다. 주식가격이 채권에 비해 상대적으로 상승할 때, 주식을 매도하고 채권을 매수하여 목표비율을 유지한다. 반대로 주가가 상대적으로 하락하면 채권을 매도하고 주식을 매수한다. 결국 이 접근법은 일정금액법과 비슷하게, 주가가 높을 때 주식을 매도하고 주가가 낮을 때 주식을 매입한다. 또한 목표투자비율이 임의적으로 결정되고 거래비용이 많이 소요될 수 있다는 단점도 공유한다.

일정비율법을 사용하려면 포트폴리오를 투기적 부분과 보수적 부분으로 적절히 분할해야 한다. 일정비율법은 장기적으로 투기적 자산의 가치가 상승할 것이라는 예측에 기초한다. 그렇게 되면 투자자는 포트폴리오비율을 재조정하기 위해 주식을 매도하고 보수적 자산을 매입할 것이다. 이 투자 철학은 일정금액법과 비슷하며, 다른 점은 임계점으로 금액이 아닌 비율을 사용한다.

변동비율법

변동비율법(variable ratio plan)은 시장을 예측하여, 수시로 주식과 채권의 투자비중을 조정한다. 예를 들어 주가상승이 예상되면 주식의 목표비중을 높여서 채권을 매도하고 주식을 매입한다. 주가하락이 예상되면 주식을 매도하고 채권을 매입한다. 이 접근법은 4개의 소극적 투자법 중에서 가장 적극적으로 수익을 추구하는 포뮬러 플랜이다. 그러나 시장에 관한 예측은 불가피하게 주관적이다.

변동비율법을 실행할 때 몇 가지 결정을 해야 한다. 첫째, 포트폴리오의 투기적 부분과 보수적 부분 사이의 초기 배분을 결정해야 한다. 다음으로 매수 또는 매도의 임계점을 선택해야 한다. 마지막으로 각 임계점에서 변동비율을 조정해야 한다. 시장에 관한 예측부터 변동비율의 조정까지 주관적 요소가 많이 개입되는 투자방법이라고 할 수 있다.

9.2.4 보험 자산배분

보험 자산배분(insured asset allocation: IAA) 또는 포트폴리오 보험(portfolio insurance)은 기본적으로 최소한의 투자수익률을 확보하고, 나아가서 추가적 이익기회를 모색한다. 그러나 전술적 자산배분(TAA)과는 달리 자산가격이 변화하면 수동적으로 위험자산과 무위험자산의 투자비중이 변경된다. 또한 전술적 자산배분은 중 · 단기적 조정이나, 보험 자산배분은 단기적 조정이다.

보험 자산배분은 투자자가 원하는 특정 성과를 만들어내기 위해 자산비율을 동적으로 변동시켜 나가는 전략이다. 위험자산과 무위험자산 간에 투자자금의 배분은 오로지 포트폴리오 시장가치변화의 추세만을 반영하고, 가능한 미래 시장상황에 대한 견해나 투자성과에 대한 예측은 배분에 영향을 미치지 않는다. 포트폴리오 시장가치가 하락하면 무위험자산에 대한 투자비중이 높아지고 포트폴리오 시장가치가 상승하면 위험자산의 투자비중이 커진다.

예제 9-2 전략적 및 전술적 자산배분

전략적 자산배분과 전술적 자산배분을 비교하여 설명하시오.

| 풀이 |

전략적 자산배분은 투자목표에 기초하여 장기적으로 유지되어야 할 자산배분구조를 선택한다. 묵시적으로 투자기간 중 기본적 조건(기대수익률, 위험수용도, 유동성 등)이 변하지 않으면, 포트폴리오의 자산구성을 그대로 유지할 것을 전제한다. 한편 전술적 자산배분은 일종의 시점 선택이다. 전략적 자산배분의 제약하에서 중 · 단기적으로 시장의 추세를 분석하여 자산군들의 투자비중을 최적화하며 자산의 매수 및 매도시점을 선택한다. 전형적으로 월 또는 분기 단위로 포트폴리오의 가치를 평가하고 자산들의 기대수익률과 위험을 분석한다. 예를 들어 증권시장의 호황이 예측될 때 경기에 민감한 위험자산의 투자비중을 확대한다.

9.3 펀드를 이용한 간접투자

실제로 포트폴리오관리는 많은 시간과 전문지식 그리고 경험을 요구한다. 더욱이 포트폴리오의 분산투자는 많은 자금을 필요로 한다. 그러나 많은 투자자들은 충분한 시간, 자금 또는 전문 능력을 갖고 있지 않다. 결국 전문적 자산관리 서비스의 이용을 고려할 수 있다. 간접투자의 대표적인 수단인 펀드는 특히 뮤추얼펀드와 상장지수펀드를 포함한다.

9.3.1 뮤추얼펀드

뮤추얼펀드(mutual fund)는 많은 투자자들로부터 자금을 모집하여 투자 포트폴리오를 운용한다. 투자자들은 전형적으로 뮤추얼펀드의 지분을 소유한 주주이다. 그러나 펀드의 실질적 운용은 전문적 투자매니저들이 맡는다. 이들은 주주들로부터 수수료를 수취한다. 투자자는 뮤추얼펀드지분을 소유하고 실질적으로 대부분의 자산배분 및 증권선택 결정을 펀드매니저에게 위임한다. 투자자는 단지 기본적 자산배분, 즉 어떤 펀드에 얼마를 투자할지 결정하는 데 집중한다.

뮤추얼펀드는 비슷한 투자목표를 가진 투자자들로부터 자금을 모집하고, 분산된 포트폴리오에 투자하는 **통합 분산투자(pooled diversification)**를 실현한다. 대규모 펀드는 분산된 포트폴리오를 용이하게 만들 수 있다. 결국 투자자들은 낮은 비용으로 위험분산효과를 누리게 된다.

표 9-1 뮤추얼펀드의 운영

기구	업무
뮤추얼펀드(증권투자회사)	유가증권 등에 투자하여 수익을 주주에게 배분할 목적으로 설립된 주식회사
판매회사	증권회사와 은행으로 뮤추얼펀드의 모집과 판매업무를 대행
자산운용회사	판매회사가 모집한 자금으로 유가증권 등에 투자운용
일반사무수탁회사	뮤추얼펀드의 주식발행, 발행주식의 명의개서, 운용결과의 계산업무 등을 수행
자산보관회사	증권투자회사의 자산을 보관관리하는 업무를 수행

뮤츄얼펀드는 투자전략에 따라 **소극적으로 관리되는 펀드(passively managed fund)**와 **적극적으로 관리되는 펀드(actively managed fund)**로 구분된다. 소극적으로 관리되는 펀드의 매니저는 최소의 비용으로 **벤치마크(benchmark)**로 불리는 특정 시장지수의 실적을 복제하고자 한다. 대조적으로 적극적으로 관리되는 펀드의 매니저는 벤치마크를 초과하는 수익을 추구하며, 이를 위해 시장의 추세를 예측하거나 미래에 우월한 성과를 낼 증권을 선택하기 위해 노력한다. 적극적으로 관리되는 펀드는 소극적으로 관리되는 펀드에 비해 높은 수수료를 부과한다.

또한 뮤추얼펀드는 투자자들이 자금을 투자하고 회수하는 방법에 의해 개방형 펀드와 폐쇄형 펀드로 구분된다. 뮤추얼펀드의 대다수를 차지하는 **개방형 펀드(open-end fund)**는 일반적으로 정기적으로 투자자들로부터 신규자금을 모집한다. 펀드가 발행할 수 있는 주식수는 제한되지 않는다. 또한 투자자들은 주식을 환매함으로써 펀드에서 자유롭게 자금을 인출할 수 있다. 그러나 환매는 통상적으로 신청일의 종가를 기준으로 실행되므로 투자자는 일정기간을 기다린 후에 자금을 회수할 수 있다. 이 기간 동안 투자자는 가격변동위험에 노출된다. 대조적으로 **폐쇄형 펀드(closed-end fund)**는 고정된 수의 주식을 발행하며 일단 펀드가 결성되면 신규투자를 허용하지 않는다. 비슷하게 주식의 환매도 허용되지 않는다. 대신 폐쇄형 펀드는 증권거래소에 상장되기 때문에 투자자는 주식을 매도함으로써 자금을 회수할 수 있다.

9.3.2 상장지수펀드

상장지수펀드(exchange-traded fund: ETF)는 일종의 지수펀드이며, 그 주식은 증권거래소에 상장되어 거래된다. 펀드구조의 관점에서 ETF는 폐쇄형 펀드와 개방형 펀드의 장점을 결합한다. 투자자는 시장에서 언제든지 ETF 주식을 사고팔 수 있다. 따라서 개방형 펀드에 수반되는 환매절차를 거치지 않고 자금을 회수할 수 있다. 그러나 ETF는 폐쇄형 뮤추얼펀드와는 달리 발행주식수를 변화시킬 수 있다. 만약 특정 ETF에 대한 투자수요가 많으면, 운용회사는 추가로 자산 포트폴리오를 매입하고 신주를 발행할 수 있다. 반대로 이 ETF에 대한 수요가 감소하면 운용회사는 자산 포트폴리오의 일부를 매각하고 이에 상당하는 발행주식을 회수한다. 국내에서 ETF는 펀드로 간주되기 때문에 증권거래세가 부과되지 않는다.

ETF는 미국에서 1995년 도입된 이후 폭발적으로 성장했다. 미국의 ETF 자산합계는 1995년에 10억달러로부터 시작하여, 2020년에 4.7조달러를 상회했다. 또한 ETF의 종류도 대단히 다양하다. 미국 주식시장의 ETF 종목수는 1995년에 2개였으나, 2020년에는 2,384개로 상승했다. 이제 주식시장의 거의 모든 섹터에서 이 시장의 지수를 추종하는 ETF를 볼 수 있다. 미국 ETF 시장 내에서 주식형 ETF 비중이 74%로 가장 높고, 채권형 ETF 비중이 22%를 차지한다. 전 세계 글로벌 ETF의 규모는 2020년에 6.8조달러에 이른다. 국내 ETF는 2002년 10월에 KOSPI200 지수를 추종하는 KODEX200 등 4개 종목으로 거래를 시작했다. 2002년 3,444억원으로 시작해서 2021년 5월 순자산규모로 60조원을 넘었고 종목의 숫자는 460개가 되었다.

[표 9-2]는 ETF와 펀드 및 주식의 차이점을 비교하고 있다. ETF의 속성은 일반펀드, 거래방법은 주식과 같아서 하이브리드형 상품이라고 할 수 있다.

표 9-2 ETF, 펀드, 주식의 비교

구분	ETF	펀드	주식
투명성	높음	높음	높음
결제주기	T+2일	T+3~8일	T+2일
거래비용	위탁수수료, 운용보수(0.07~0.99%)	운용보수(1~3%), 중도환매수수료	위탁수수료
매매 시 세금	국내주식형: 없음 그 외: 소득세(15.4%)	소득세(15.4%)	거래세(0.3%)
장중 거래	가능	불가	가능

한편 **상장지수증권(exchange traded note: ETN)**은 기초지수의 변동과 수익이 연동되도록 증권회사가 발행한 파생결합증권으로 역시 주식처럼 거래소에 상장되어 거래되는 증권이다. ETN은 2000년 이후 본격화된 세계경제의 저금리 · 저성장 환경에서 새로운 투자수단에 대한 요구에 부응하여 등장했고, 국내에는 2014년 11월에 개설되었다. ETN은 펀드나 ETF와 같은 원금 비보장형 간접투자방식의 상품으로 다양한 투자대상과 전략에 접근할 수 있는 수단을 제공한다. 주식과 동일한 실시간 환금성을 자랑하며, 보유자산 운용과정에서 추적오차가 발생하는 펀드와 달리 발행회사가 기초지수 수익 지급을 약속해 추적오차가 없다. ETN은 ETF와 달리 기초지수에 포함된 종목을 포트폴리오에 직접 담아 투자하지 않고, 만기시점에 약속한 금액을 돌려주기 때문에 발행자의 신용

표 9-3 ETF와 ETN의 차이

구분	ETF	ETN
발행기관	자산운용사	증권사
발행 규제요건	까다로움	덜 까다로움
구성종목수	10종목 이상	5종목 이상
기초지수 구성 제한영역	시장대표지수, 섹터지수로 제한	다양한 구성가능
상품의 형태	집합투자증권(펀드)	파생결합증권
만기	없음	있음
추적오차	있음	없음
신용위험	없음	있음

을 담보로 한 채권이라고 할 수 있다. 수익구조는 유사하지만 실물자산을 소유하지 않기 때문에 신용위험이 존재한다.

9.3.3 부동산투자회사

부동산투자회사(real estate investment trusts: REITs, 리츠)는 부동산투자에 특화된 회사로서 증권을 발행하여 투자자로부터 모집한 자금으로 부동산을 매입, 임대를 통한 수익과 매각으로 인해 발생하는 이익의 약 90% 이상을 배당으로 투자자에게 분배하는 일종의 부동산투자펀드이다. 일반인들이 소액의 자금으로 부동산에 투자하려면 현실적으로 어려운데 리츠에 가입하면 가능하다. 리츠는 부동산시장과 자본시장을 연계시켜 부동산투자를 위한 자금조달을 원활히 할 수 있다.

리츠는 1960년 미국에서 최초 도입을 시작으로 2000년 이후 유럽 및 아시아로 확산되었으며, 국내에서는 1997년 외환위기 이후 기업의 보유 부동산 유동화를 위해 기업구조조정리츠가 도입되었고, 2001년 본격적으로 위탁관리리츠제도가 도입되었다. 리츠의 시장규모는 2002년 자산규모 5,584억원을 시작으로 2020년 말 282개 자산총계는 63.1조원을 달성하였다. 상장된 리츠에 투자할 경우 자유롭게 매매할 수 있는 높은 유동성을 가지고 있고, 배당소득 및 재산세 분리과세 등 다양한 세제혜택의 장점이 있다.

예제 9-3 뮤추얼펀드의 장·단점

뮤추얼펀드를 이용한 간접투자의 장 · 단점을 설명하시오.

| 풀이 |

뮤추얼펀드는 회사형 펀드의 일종으로 다음과 같은 특성을 갖는다. 첫째, 상내석으로 저렴한 비용으로 분산투자를 달성할 수 있다. 일반적으로 뮤추얼펀드는 큰 금액을 운용하기 때문에 다양한 자산에 분산투자할 수 있고 단위금액당 운용비용이 낮다. 둘째, 전문적 매니저가 펀드를 운용하기 때문에 투자자는 시간을 지나치게 많이 소비하지 않으면서 효율적으로 투자를 관리할 수 있다. 셋째, 판매회사, 운용회사, 수탁회사 등이 펀드의 기능을 나누어 담당하므로 업무의 효율성이 높고 자산의 안정성을 제고할 수 있다. 그러나 펀드는 개별 투자자의 선호나 위험수용도를 맞춤식으로 반영할 수 없고, 각종 수수료비용을 수반한다.

예제 9-4 상장지수펀드(ETF)의 특성

상장지수펀드(ETF)는 어떻게 폐쇄형 펀드와 개방형 펀드의 장점을 결합하는지 설명하시오.

| 풀이 |

상장지수펀드(ETF)는 폐쇄형 펀드이므로 투자자는 시장에서 언제든지 ETF 주식을 사고팔 수 있다. 따라서 개방형 펀드에 수반되는 환매절차를 거치지 않고 자금을 회수할 수 있다. 그러나 ETF는 폐쇄형 뮤츄얼펀드와는 달리 발행주식수를 변화시킬 수 있다. 만약 특정 ETF에 대한 투자수요가 많으면 운용회사는 추가로 자산 포트폴리오를 매입하고 신주를 발행할 수 있다. 반대로 이 ETF에 대한 수요가 감소하면 운용회사는 자산 포트폴리오의 일부를 매각하고 이에 상당하는 발행주식을 회수한다.

투자 이야기 **워런 버핏**

오마하의 현인(Oracle of Omaha)으로 불리며, 2018년 세계에서 세 번째 부자인 워런 버핏(Warren Buffett)은 주식투자로만 돈을 벌었다. 그는 버크셔해서웨이(Berkshire Hethaway)의 회장으로 1962년 주당 $7의 초기 투자가 2018년 주당 $312,000로 성장하는 것을 목격했다. 네브라스카의 오마하에 본사를 둔 버크셔해서웨이는 63개의 자회사와 애플(Apple), 코스트코(Costco), 월마트(Walmart), 프록터앤갬블(Procter & Gamble) 등에 지분을 보유하고 있다.

버핏의 성공 비결은 무엇인가? 그는 장기적 목표기간과 인내심으로 유명하다. 그의 명성은 경영의 질과 우월한 브랜드 명성 같은 무형자산을 가지고 있는 기업을 내재가치보다 낮은 가격에서 매입하는 능력에서 비롯된다. 버핏은 주가가 아니라 그 기업을 보라고 말한다. 사업내용이 이해하기 쉽고 장기적인 전망이 호의적인가, 경영진이 솔직하고 합리적인가 등을 보고 판단한다. 버핏은 투자대상이 목표가격에 도달할 때까지 기다리며 그때까지는 매도하지 않는다.

버핏의 우량기업에 대한 장기투자가 왜 뛰어난 성적을 남기고 있는지를 행태재무 관점에서 생각해보자. 버핏이 선택하는 '버핏 종목'은 누구나 알고 있는 우수한 소비재업체들이 많다. 이러한 기업은 대다수가 모르거나 혹은 문제가 있을 것 같은 이유로 저렴하게 방치된 기업과는 정반대의 우수한 기업임을 모두가 알고 있다. 왜 그러한 기업에 대한 투자가 결실을 맺을까? 버핏이 선호하는 것은 경제가 침체되더라도 수요가 사라지지 않는 소비재시장에서 압도적인 브랜드가치를 쌓은 초우량기업이다. 즉 비록 경기가 상당히 나빠져도 매출이 크게 빠지지 않을 것 같은 기업이다. 리스크에 예민하고 시장 동향의 변화에 민첩하게 반응할 수 있는 유능한 경영진이 있으면 더욱 좋다.

하지만 사람은 매우 근시안적인 생물이다. 눈앞의 일을 과대하게 파악하는 한편, 미래의 일은 그것이 먼 미래일수록 생각하기 어려워진다. 그래서 초우량기업이 아주 먼 미래에 창출할 이익의 가치는 현저하게 과소평가해 버리는 '근시안적 현재 지향 편향'으로 불리는 심리적 편향을 가진다.

이 편향에 의한 가격 왜곡은 단기적으로 수정될 수 있는 것은 아니다. 모두가 근시안적이면 한동안은 그 기업의 장기적인 이익의 가치는 무시된 상태가 되기 때문이다. 하지만 10년, 20년이 지나고 변함없이 그 기업이 안정적인 이익을 창출하고 있으면, 그 실현한 이익을 반영해서 주가는 조금씩, 그러나 확실하게 상승해가는 것이다. 그 열매는 주식을 장기간 보유하고 있던 투자자만이 손에 넣을 수 있다.

버핏처럼 금융위기가 일어나고 초우량기업도 그렇지 않은 기업도 모두 상관없이 일제히 저가에 팔리는 상황에서 주식을 꾸준히 사들인다면 장기적으로 더 큰 수익률을 보게 되는 것이다. 이렇게 보면 버핏의 남다른 성적도 인간 심리의 편향에서 태어나 시장의 비합리성에 눈을 돌리는 것에 의해 얻어지고 있는 것을 알 수 있다.

9장 연 습 문 제

01 포트폴리오관리를 단계별로 설명하시오.

02 투자전략은 투자자의 위험수용도에 의존한다는 말을 간단히 설명하시오.

03 투자정책의 결정과정에서 고려되어야 할 제약조건들을 설명하시오.

04 포뮬러 플랜을 설명하시오.

05 개방형 뮤추얼펀드와 폐쇄형 뮤추얼펀드를 비교하여 설명하시오.

06 상장지수펀드(ETF)와 일반펀드의 차이를 설명하시오.

07 다음 설명에 가장 적합한 포뮬러 플랜은 무엇인가?

- 일반적으로 단기보다 장기투자에 적합함
- 정보비용을 절약할 수 있음
- 자산가격이 낮을 때 상대적으로 많은 수량을 매입함

① 비용평균화법 ② 일정금액법
③ 일정비율법 ④ 변동비율법

08 다음 설명 중 옳지 않은 것은 무엇인가?

① 전략적 자산배분은 포트폴리오의 장기적 자산배분이다.
② 전술적 자산배분은 시장의 변화 후 사후적으로 자산구성을 조정하는 것을 의미한다.
③ 전략적 자산배분을 실천하는 방법은 시장가치접근법, 수익-위험 최적화법을 포함한다.
④ 전술적 자산배분은 시장상승이 예측될 때 경기민감자산의 투자비중을 확대한다.

09 다음 설명에 적합한 투자방법은 무엇인가?

- 벤치마크를 추종하는 전략
- 매입보유 및 지수펀드 투자전략
- 정보 및 거래비용 절감

① 소극적 투자전략 ② 적극적 투자전략
③ 전략적 자산배분 ④ 전술적 자산배분

10 상장지수펀드(ETF)에 관한 설명으로 적당하지 않은 것은 무엇인가?

① ETF 주식은 상장되어 거래된다.
② ETF는 세금을 절감할 수 있다.
③ ETF는 알파로 불리는 초과수익률을 추구한다.
④ ETF는 폐쇄형 펀드와 개방형 펀드를 결합한 형태이다.

11 다음 펀드가 순자산가치(NAV)로부터 현저히 할인되어 거래될 가능성이 있는가?

	상장지수펀드(ETF)	폐쇄형 펀드(closed-end fund)
①	아니다	아니다
②	아니다	그렇다
③	그렇다	아니다
④	그렇다	그렇다

12 다음 중 개방형 뮤추얼펀드에 대한 설명으로 거리가 먼 것은?

① 주주들은 순자산가치로 주식을 환매할 수 있다.
② 뮤추얼펀드는 투자자에게 잘 분산된 포트폴리오를 제공한다.
③ 투자자에게 보장된 수익률을 제공한다.
④ 전문성 있는 펀드운용이 가능하다.

연습문제 풀이

01 포트폴리오관리는 다음과 같이 3단계 과정을 거쳐 이루어진다. 첫째, 투자목표를 설정하고 자산배분을 결정한다. 둘째, 투자를 실행하고, 시간이 지나면서 변화하는 시장상황이나 투자자 제약조건을 감안하여 포트폴리오를 수정한다. 셋째, (위험을 고려한) 투자성과를 평가다.

03 우선 투자자는 가까운 장래의 지출에 대비하여, 필요한 수준의 유동성을 확보해야 한다. 유동성은 자산을 적정한 가격으로 현금화할 수 있는 속도 및 용이성을 의미한다. 다음으로 목표기간을 고려해야 한다. 미래의 지출계획에 맞추어서, 적절한 시기에 자금을 회수할 수 있도록 투자의 목표기간을 설정해야 한다. 또한 세금도 중요한 고려사항이며, 모든 투자의 성과는 세후 수익을 기준으로 평가되어야 한다.

05 뮤추얼펀드는 환매가능 여부에 의해 개방형 펀드와 폐쇄형 펀드로 구분된다. 개방형 펀드는 투자자가 원할 때 자유롭게 가입하고 해지할 수 있다. 개방형 펀드는 투자자의 자금회수에 편리하나, 자금유입의 변동성이 심하다는 단점이 있다. 대조적으로 폐쇄형 펀드는 환매불가능하며, 투자자는 자금을 회수하려면 시장에서 펀드지분을 매도해야 한다. 대신 폐쇄형 펀드는 더 높은 자금 안정성을 유지할 수 있다.

07 ① 비용평균화

09 ① 소극적 투자전략

11 ②

10장 성과평가

포트폴리오관리는 투자성과가 목표를 효과적으로 달성했는지 평가하고 피드백하는 작업을 포함한다. 다시 말해 투자성과는 단순히 실현된 수익의 크기 대신 얼마나 효율적으로 목표를 달성했는지에 의해 평가된다. 투자의 핵심은 효용을 극대화하는 기대수익률-위험의 조합을 달성하는 것이다. 따라서 투자성과는 위험을 감안하여 측정된 수익률을 평가해야 한다.

예를 들어 작년에 어떤 주식펀드매니저는 10%의 수익률, 채권펀드매니저는 7%의 수익률을 얻었다고 하자. 누가 더 좋은 성과를 냈는가? 주식매니저의 더 높은 수익률은 반드시 더 좋은 성과를 의미하지는 않는다. 주식의 위험은 채권보다 크기 때문에 더 높은 수익률은 단순히 더 큰 위험의 대가일 수 있다. 또한 주식매니저의 더 높은 수익률이 단순히 운에 의한 것인지 또는 실제로 뛰어난 능력에 기인한 것인지 판단되어야 한다.

이 장은 포트폴리오의 평균수익률의 측정, 위험에 대해 조정한 성과평가 그리고 투자성과의 요인분석을 논의한다.

10.1 보유기간 수익률

투자의 수익(return 또는 payoff)은 포트폴리오의 증식된 가치로 정의될 수 있다. 그러나 단순한 수익 척도는 투자의 효율성을 판단하는 데 한계를 갖고 있다. 왜냐하면 만약 수익금액이 더 크더라도 원금도 더 많았다면 효율성이 반드시 높은 것은 아니기 때문이다. 따라서 투자성과의 척도로 수익의 원금에 대한 비율인 수익률(rate of return)을 사용하는 것이 더 합리적이다. 그리고 포트폴리오가 여러 기간에 걸쳐 운용되는 경우 전체 기간의 평균수익률(average return)이 계산되어야 한다.

투자의 **보유기간 수익률(holding period rate of return: HPR)**은 기초의 투자자금에 대한 투자기간 중 발생한 총수익의 비율이다. 수익은 전형적으로 현금소득 그리고 자산가치의 변화분인 자본이득 · 손실(capital gain/loss)을 포함한다. 따라서 보유기간 수익률은 다음과 같이 계산된다.

$$\mathrm{HPR} = \frac{P_1 - P_0 + C_1}{P_0} = \frac{\text{기말가격} - \text{기초가격} - \text{현금소득}}{\text{기초가격}} \qquad [10\text{–}1]$$

여기서, P_0: 기초의 자산가치

P_1: 기말의 자산가치

C_1: 투자기간 동안 발생한 현금소득

예를 들어 어떤 주식 A의 기초가격은 10,000원, 기말가격은 12,000원이었다고 가정하자. 만약 이 기간 동안 주당배당금 $D_1 = 1{,}000$원이 지급되었으면, 이 주식의 보유기간 수익률은 다음과 같다.

$$\mathrm{HPR} = \frac{P_1 - P_0 + D_1}{P_0} = \frac{12{,}000 - 10{,}000 + 1{,}000}{10{,}000} = 30\%$$

여기에서 주식의 가격변동으로부터 발생한 수익률 $\frac{P_1 - P_0}{P_0}$는 자본이득률, 배당으로부터 발생한 수익률 $\frac{D_1}{P_0}$은 **배당수익률(dividend yield)**로 불린다. 비슷하게 채권의 보유기간 수익률은 자본이득률 그리고 기초가격에 대한 이자수입의 비율인 현행수익률 또는 **경상수익률(current yield)**의 합으로 계산된다.

예제 10-1 보유기간 수익률

어떤 채권 A의 액면가는 10,000원, 이표율은 5%이다. 1년 전 이 채권의 시장가치는 9,500원이었고 잔존만기는 정확히 1년이었다. 이 채권의 지난 해 보유기간 수익률을 계산하시오.

| 풀이 |

보유기간 수익률 $\text{HPR} = \dfrac{P_1 - P_0 + C_1}{P_0} = \dfrac{10{,}000 - 9{,}500 + 500}{9{,}500} = 10.53\%$이다.

10.2 평균수익률의 계산

포트폴리오가 여러 기간에 걸쳐 운용되는 경우, 보유기간 동안의 평균수익률이 측정되어야 한다. 평균수익률 계산의 접근법은 전형적으로 **시간가중 수익률(time-weighted return: TWR)**과 **금액가중 수익률(dollar-weighted return: DWR)**을 포함한다. 시간가중 수익률은 각 연도의 수익률을 구한 뒤 평균수익률을 구하는데 매 기간 투자된 액수의 차이를 고려하지 않기 때문에 보유 중인 주식수의 차이는 무시한다. 금액가중 수익률은 투자가 시작되는 시점으로부터 최후 현금흐름이 발생하는 시점까지를 하나의 기간으로 간주하여 수익률을 구하게 된다. 해당 기간 동안 현금유출의 현재가치와 현금유입의 현재가치를 같게 만드는 수익률을 의미한다.

상이한 방법에 의해 계산된 평균수익률들은 동일한 자료의 경우에도 서로 다르다. 각 접근법은 나름대로 특성을 갖고 있으며, 이들은 다양한 관점에서 투자성과를 분석할 수 있도록 허용한다. 따라서 분석의 목적에 가장 적합한 계산법이 선택되어야 한다.

10.2.1 시간가중 수익률

시간가중 수익률(TWR)은 다시 기하평균 수익률과 산술평균 수익률을 포함한다. 예를 들어 n년 동안 운용된 포트폴리오의 연 단위 보유기간 수익률 자료가 있다고 가정하자.

[그림 10-1]은 이 보유기간 수익률들을 시간선(time-line)에 나타낸다. 이때 투자성과와 무관한 현금흐름은 제외되어야 한다.

그림 10-1 여러 기간의 보유기간 수익률

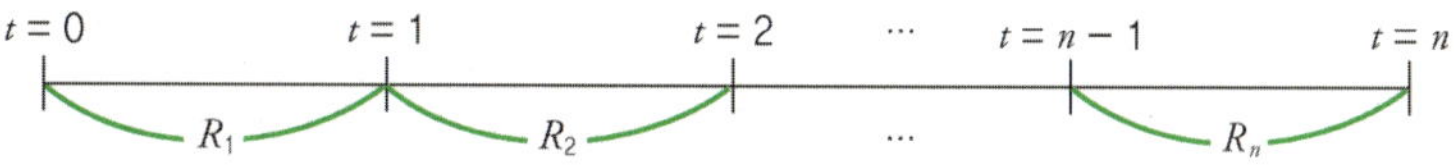

여기에서, R_t는 시점 $t-1$부터 시점 t까지의 보유기간 수익률이다($t=1,\ 2,\ \cdots,\ n$).

첫째, **기하평균 수익률(geometric average return)**은 다음과 같이 단위기간의 수익률들을 기하적으로 연결한 평균수익률이다.

$$R_G = [(1+R_1)(1+R_2)(1+R_3)\cdots(1+R_n)]^{\frac{1}{n}} - 1 \qquad [10\text{–}2]$$

여기서, R_G: 기하평균수익률

둘째, **산술평균 수익률(arithmetic average return)**은 단위기간 수익률들을 단순평균한다.

$$R_A = (R_1 + R_2 + R_3 + \cdots + R_n)/n \qquad [10\text{–}3]$$

여기서, R_A: 산술평균 수익률

전형적으로 기하평균 수익률과 산술평균 수익률은 다음과 같은 특성을 갖는다. 첫째, 기하평균 수익률은 항상 산술평균 수익률보다 작거나 같다. 즉 $R_G \le R_A$이다. 따라서 기하평균 수익률은 산술평균 수익률보다 보수적으로 투자성과를 평가한다. 일반적으로 기하평균 수익률은 예를 들어 펀드 포트폴리오의 과거 실적을 투자자들에게 제시하는 데 더 적합한 척도로 간주된다. 한편 산술평균 수익률은 예를 들어 과거 실적에 기초하여 미래 수익률을 예측하는데 더 적합하다.

둘째, 이 접근법들의 적합성은 포트폴리오 운용행태에도 의존한다. 산술평균 수익률은 예를 들어 매 기말에 잔고를 조정하여 항상 동일한 금액으로부터 새로운 투자기간을 개시하는 방식에 더 적합하다. 즉 투자자는 순수익이 발생한 기간의 말에, 이 금액을 인출함으로써 다음 기간도 같은 금액으로부터 시작한다. 반대로 순손실이 발생한 기간의 말에는 순손실을 보전하는 추가투자를 통해 다음 기간을 같은 금액으로부터 시작한다. 대조적으로 기하평균 수익률은 기말에 투자의 순수익 · 손손실을 인출 · 보전하지 않는 경우 더 적합하다.

또한 시간가중 수익률은 실제 포트폴리오의 성과를 벤치마크에 대해 비교하는 데 편리하다. 매 기간 두 포트폴리오는 상응하는 자료를 갖고 있기 때문이다.

예제 10-2 기하평균과 산술평균 수익률

어떤 주식 A의 2년 동안 자료가 아래 표에 주어져 있다. 이 주식의 시간가중 수익률을 기하평균접근법과 산술평균접근법에 의해 각각 계산하시오.

시점	주가(원)	배당금(원)	순현금흐름(원)
0	10,000	–	−10,000
1	11,000	2,000	2,000
2	10,000	1,500	11,500

| 풀이 |

먼저 연간 보유기간 수익률을 구한다. 1년차의 수익률 $R_1 = \frac{11,000-10,000+2,000}{10,000} = 30\%$이며, 2년차의 수익률 $R_2 = \frac{10,000-11,000+1,500}{11,000} \approx 5\%$이다.

따라서 기하평균 수익률인 $R_G = [(1+0.30)(1+0.05)]^{\frac{1}{2}} - 1 \approx 11.68\%$이고, 산술평균 수익률인 $R_A = (0.3+0.05)/2 = 17\%$이다.

10.2.2 금액가중 수익률

금액가중 수익률(DWR)은 투자기간 중 발생한 수입과 지출을 모두 고려하여 투자의 순현재가치를 0으로 만드는 할인율이다. 즉 투자의 **내부수익률(internal rate of return: IRR)**이다. 금액가중 수익률은 다음과 같이 계산된다.

$$NPV = \sum_{t=1}^{n} \frac{\text{현금유입}}{(1+DWR)^t} - \sum_{t=1}^{n} \frac{\text{현금유출}}{(1+DWR)^t} = 0 \qquad [10\text{–}4]$$

결과적으로 금액가중 수익률은 시간가중 수익률과는 달리 전체 투자기간에 걸쳐 수익률이 일정한 것으로 간주한다. 따라서 이 수치는 투자기간 중 현금흐름에 대해 민감하게 반응한다. 이 때문에 금액가중 수익률로 불린다. 금액가중 수익률은 투자금액을 중심으로 성과를 측정하는 데 유용하다. 성과가 좋을 때 더 많은 돈을 주식에 투자한 경우 더 많은 투자수익을 얻는다는 관점에서 볼 때 시간가중 수익률보다 금액가중 수익률의 개념이 투자금액의 개념에서 더 적합하다고 볼 수 있다.

예제 10-3 금액가중 수익률

[예제 10-2]의 자료를 이용하여 금액가중 수익률을 계산하시오.

| 풀이 |

금액가중 수익률은 현금유입과 현금유출의 순현재가치(NPV)를 영으로 만드는 내부수익률이다.

$NPV = -10,000 + \frac{2,000}{(1+IRR)} + \frac{11,500}{(1+IRR)^2} = 0$으로부터 계산하면, IRR = 17.70%이다.

10.3 전통적 위험조정 성과평가

투자의 어려움은 불확실성에 기인한다. 사전적으로 투자자는 투자성과를 완전히 확신할 수 없기 때문에 고민한다. 사후적으로 투자성과의 평가도 비슷한 어려움을 수반한다. 예를 들어 투자수익률이 높을 때 이는 반드시 포트폴리오매니저의 뛰어난 능력을 의미하지는 않는다. 오히려 불확실성이 큰 투자에서 단순히 운이 좋았기 때문일 수 있다. 비슷하게 투자수익률이 저조할 때, 포트폴리오매니저의 능력이 부족하다는 결론을 내리는 것은 성급하다. 투자의 계획이나 실행과정이 훌륭했음에도 불구하고 단순히 불운 때문일 수 있다.

따라서 투자성과의 평가과정은 단순한 운의 영향을 배제할 수 있어야 한다. 다시 말해 투자성과가 우연의 영향을 받기 전에, 포트폴리오매니저가 올바른 선택을 했는지 판단해야 한다. 결국 단순히 수익률만으로 측정된 성과는 투자의 위험에 대해서 조정되어야 한다. 위험이 크면 높은 수익률을 올릴 가능성이 크기 때문에 수익률이 높다고 해서 반드시 그 포트폴리오의 성과가 낫다고 할 수는 없다.

예를 들어 소정과 민서는 각각 주식에 투자하여 10%의 수익률을 올렸다고 가정하자. 이때 성과평가는 두 사람의 수익률을 위험에 대해 조정할 것을 요구한다. 만약 소정의 포트폴리오는 사전적으로 8%의 표준편차, 민서의 포트폴리오는 15%의 표준편차를 갖고 있었다면, 누가 더 높이 평가되어야 할까? 당연하게 소정이 더 높게 평가되어야 한다. 더 낮은 위험을 부담하면서 동일한 수익을 얻었기 때문이다.

이 절은 제4장에서 논의되었던 자본자산가격결정모형(CAPM)에 기초하여, 네 개의 위험조정 성과 척도(risk-adjusted performance measure)를 제시한다. 이들은 샤프비율, 트레이너비율, 젠센 알파 그리고 정보비율이다.

10.3.1 자본시장선을 이용한 성과평가

자본시장선(capital market line: CML)은 수익률의 표준편차로 측정된 투자위험에 대비해 가장 높은 수익률을 달성하는 자본배분선이다. 다시 말해 이 직선에 포함된 포트폴리오들은 모든 선택가능한 포트폴리오들 중에서 위험에 대해 조정된 성과가 가장 높다.

자본시장선은 시장 포트폴리오(market portfolio)를 포함하므로 다음 수식으로 표현될 수 있다.

$$E(R_p) = R_f + \frac{E(R_M) - R_f}{\sigma_M}\sigma_p \qquad [10\text{–}5]$$

여기서, $E(R_p)$: 임의의 포트폴리오 P의 기대수익률

σ_p: 표준편차

$E(R_M)$과 σ_M: 각각 시장포트폴리오 M의 기대수익률과 표준편차

R_f: 무위험수익률

자본시장선의 함수식은 포트폴리오의 수익률이 무위험수익률을 초과하는 값인 초과수익률(excess return)을 기준으로 다음과 같이 변형된다.

$$\frac{R_p - R_f}{\sigma_p} = \frac{R_M - R_f}{\sigma_M}$$

예를 들어 만약 어떤 포트폴리오 P의 표준편차 대비 초과수익률의 비율인 $\frac{R_p - R_f}{\sigma_p}$가 시장포트폴리오의 $\frac{R_M - R_f}{\sigma_M}$보다 크면, P의 위험조정 투자성과는 우수하다고 결론지을 수 있을 것이다. 반대로 만약 어떤 포트폴리오 P의 $\frac{R_p - R_f}{\sigma_p}$가 시장포트폴리오의 $\frac{R_M - R_f}{\sigma_M}$보다 작으면, P의 위험조정 투자성과는 충분히 효율적이지 않음을 의미한다.

샤프(Sharpe)는 어떤 포트폴리오 P의 위험조정 성과 척도로서, 초과수익률의 표준편차에 대한 비율 $\frac{R_p - R_f}{\sigma_p}$를 최초로 제안하였다.[1] 즉 **샤프비율(Sharpe-ratio: SR)**은 다음과 같이 정의된다.

$$SR = \frac{R_p - R_f}{\sigma_p} \quad [10\text{–}6]$$

샤프비율은 포트폴리오의 표준편차에 대비된 초과수익률의 비율이다. 다시 말해 투자위험 1단위에 대해 그 보상인 초과수익률로 해석될 수 있다. 따라서 위험보상비율(reward-to-variability ratio: RVAR)로도 불린다. 여기에서 체계적 위험 대신 표준편차로 정의된 총위험으로 투자위험을 측정한다. 따라서 예를 들어 추가적 위험분산효과를 기대하기 어려운 대규모 포트폴리오에서 위험조정 투자성과를 평가하는 데 적합하다.

사후적인 평가단계에서 샤프비율을 적용하려면, [식 10-7]의 항목들은 다음과 같이 측정된 평균값들로 대체되어야 한다.

$$\text{사후적 } SR = \frac{\overline{R_p} - \overline{R_f}}{\overline{\sigma_p}} \quad [10\text{–}7]$$

1 Sharpe, W.(1966), "Mutual Fund Performance," *Journal of Business* 39, 119-138.

여기서, $\overline{R_p}$: 포트폴리오의 측정된 평균수익률

$\overline{\sigma_p}$: 표본 표준편차

$\overline{R_f}$: 측정된 무위험수익률

10.3.2 증권시장선을 이용한 성과평가

증권시장선(security market line: SML)은 포트폴리오의 비체계적 위험은 분산투자에 의해 제거될 것으로 간주하여, 투자의 균형수익률은 체계적 위험만을 보상한다는 의미를 갖고 있다.

$$E(R_p) = R_f + [E(R_M) - R_f]\beta_p \qquad [10\text{–}8]$$

여기서, $E(R_p)$: 어떤 포트폴리오 P의 기대수익률

β_p: 체계적 위험

$E(R_M)$: 시장포트폴리오 M의 기대수익률

R_f: 무위험수익률

이 수식은 포트폴리오들의 초과수익률을 기준으로 다음과 같이 변형된다.

$$\frac{E(R_p) - R_f}{\beta_p} = E(R_M) - R_f = \frac{E(R_M) - R_f}{\beta_M}$$

여기에서 시장 포트폴리오의 체계적 위험 β_M는 1임에 유의하자.

증권시장선에 기초한 위험조정 성과평가 척도는 **트레이너비율(Treynor ratio)**, **젠센 알파(Jensen's α)**, **정보비율(information ratio)**을 포함한다. 첫째, 트레이너비율은 포트폴리오 P의 체계적 위험 대비 초과수익률의 비율로 정의된다.[2]

---

2 Treynor, L. J. (1966), "How to Rate Management of Investment Funds," *Harvard Business Review* 43, 63–75.

$$\text{TR} = \frac{E(R_p) - R_f}{\beta_p} \qquad [10\text{–}9]$$

여기서, $\overline{\beta_p}$: 포트폴리오의 측정된 체계적 위험 또는 베타계수

트레이너비율이 높으면, 포트폴리오는 체계적 위험에 비해 높은 수익률을 올렸다고 평가될 수 있다. 트레이너비율은 체계적 위험만을 고려해도 무방한 상황에서 포트폴리오의 위험조정 성과평가에 적합하다. 예를 들어 많은 펀드에 투자하는 모태펀드(fund of funds)매니저는 개별 펀드의 성과를 평가하는 과정에서 체계적 위험만 고려할 수 있다. 개별 펀드들의 비체계적 위험은 모태펀드 차원에서 분산될 것으로 기대되기 때문이다.

사후평가단계에서 [식 10–9]의 트레이너비율의 항목들은 측정된 평균값들로 대체된다.

$$\text{사후적 TR} = \frac{\overline{R_p} - \overline{R_f}}{\beta_p} \qquad [10\text{–}10]$$

둘째, **젠센 알파**(Jensen's α)는 증권시장선에 기초하여, 포트폴리오의 실현된 수익률이 기대수익률을 초과하는 값인 비정상수익률(abnormal return)을 의미한다.[3]

$$\alpha_p = \overline{R_p} - [\overline{R_f} + (\overline{R_M} - \overline{R_f})\beta_p] = (\overline{R_p} - \overline{R_f}) - (\overline{R_M} - \overline{R_f})\beta_p \qquad [10\text{–}11]$$

여기서, $\overline{R_P}$: 포트폴리오의 실현된 평균수익률

만약 젠센 알파가 양수이면 포트폴리오 수익률은 체계적 위험을 보상하는 수준보다 높음을 의미한다. 반대로 만약 젠센 알파가 음수이면 투자성과는 미흡한 것으로 간주된다.

셋째, 정보비율은 **평가비율(appraisal ratio)**로도 불리며 젠센 알파의 비체계적 위험에 대한 비율이다. 즉 포트폴리오의 알파를 비체계적 위험으로 나눈 값이다. 포트폴리오 P

3 Jensen, C. M.(1968), "The Performance of Mutual Funds in the Period 1945~1964," *Journal of Finance* 23, 389–416.
Jensen, C. M.(1969), "Risk, the Pricing of Capital Assets, and the Evaluation of Investment Portfolios," *Journal of Business* 42, 167–247.

의 실현된 초과수익률을 증권시장선에 의해 예측된 초과수익률에 대해(상수항을 포함하여) 회귀분석하는 다음 모형을 고려하자.

$$(\overline{R_p} - \overline{R_f}) = \alpha_p + (\overline{R_M} - \overline{R_f})\beta_p \qquad [10\text{–}12]$$

이 회귀모형이 잔차(residual)는 ϵ_P이다. 잔차의 표준편차 $\sigma(\epsilon_P)$는 비체계적 위험으로 간주되며, 추적오차(tracking error)로도 불린다.

이제 정보비율 또는 평가비율은 다음과 같이 계산된다.

$$\mathrm{IR} = \frac{\alpha_P}{\sigma(\epsilon_P)} \qquad [10\text{–}13]$$

다시 말해 정보비율은 비정상수익률의 비체계적 위험에 대한 비율이다. 이는 투자자가 포트폴리오에 잔존하는 비체계적 위험을 수용하는 대가로 얼마나 추가적 수익률을 얻었는지 나타낸다. 특히 이 척도는 시장의 변동과 무관하게 증권의 가격오류(mis-pricing)를 이용하여 수익을 올리려고 하는 헤지펀드(hedge fund)의 증권선택(security selection) 능력을 평가하는 데 적합하다.

예제 10-4 투자의 위험조정 성과 척도

어떤 펀드의 연평균수익률은 13%, 표준편차는 20%이다. 이 펀드의 베타는 0.5이다. 시장의 연평균수익률은 15%, 표준편차는 25%이고, 무위험수익률은 8%로 가정하자. 이 때 사프비율, 트레이너비율, 젠센알파를 각각 구하시오.

| 풀이 |

사프비율은 $\mathrm{SR} = \dfrac{R_p - R_f}{\sigma_p} = \dfrac{13-8}{20} = 0.25\%$이다.

트레이너비율은 $\mathrm{TR} = \dfrac{E(R_p) - R_f}{\beta_p} = \dfrac{13-8}{0.5} = 10\%$이다.

젠센알파는 $\alpha_p = (\overline{R_p} - \overline{R_f}) - (\overline{R_M} - \overline{R_f})\beta_p = (13-8) - (15-8)0.5 = 1.5\%$이다.

10.4 펀드의 성과평가

포트폴리오매니저의 능력을 평가하기 위해 투자의 타이밍을 선택하는 능력을 분석하거나 다른 비슷한 포트폴리오의 성과와 비교하는 방법도 사용된다.

10.4.1 시장타이밍

시장타이밍(market-timing), 시점 선택 또는 전술적 자산배분은 시장의 전체적 동향을 예측하여 투자시기를 선택하는 것이다. 예를 들어 경기가 상승할 것으로 예상하면, 투자자는 베타계수가 높은 자산을 매수함으로써 가격상승의 혜택을 많이 누리려 할 것이다. 반대로 경기가 하락할 것으로 예상하면, 무위험자산의 비중을 높이는 방어적 전략을 취할 수 있다.

예를 들어 주식과 채권에 자산을 배분하는 포트폴리오를 생각해보자. [표 10-1]은 1991년부터 2020년까지 한국의 종합주가지수(KOSPI)와 양도성예금증서(CD) 시장수익률의 기술적 통계량을 나타낸다.

표 10-1 KOSPI와 CD 수익률의 기술적통계량

KOSPI 수익률		CD 수익률	
평균	9.18%	평균	5.27%
중앙값	8.53%	중앙값	3.49%
표준편차	30.21%	표준편차	5.16%
관측수	30	관측수	30

특히 두 자산의 상관계수는 음의 관계인 -0.275임을 확인하자. 다시 말해 주가가 오르면 채권가격은 하락하고, 주가가 내리면 채권가격은 상승하는 경향이 있다. 이는 [그림 10-2]에 의해서도 드러난다.

이런 상황에서 만약 어떤 포트폴리오매니저가 시장타이밍 능력을 갖고 있다면, 투자성과는 얼마나 달라질 수 있을까? 예를 들어 1991년 초에 1억원의 자금으로 투자를 시

그림 10-2 KOSPI와 CD의 연간 수익률 추이

작한다고 가정하자. 먼저 단순한 매입 · 보유전략의 성과를 살펴보자. 만약 KOSPI를 추종하는 주식 포트폴리오에 이 돈을 투자하고 2020년 말까지 단순 보유하면, 이 투자의 가치는 약 4억 5,700만원일 것이다.[4] 다음으로 지속적으로 CD에 투자하는 전략의 성과를 살펴보자. 다시 말해 투자자는 1991년 초에 CD 91일물에 1억원을 투자하고 매 분기마다 같은 자산에 재투자한다고 가정하자. 2020년 말 이 투자의 가치는 약 1억 7,000만원이 된다. 이제 시장타이밍 능력을 가진 투자자의 경우를 생각해보자. 그는 매 분기 초 KOSPI와 CD 중에서 당해 분기에 더 높을 성과를 낼 자산을 정확히 예측할 수 있다고 가정하자. 이 투자자가 1991년 초에 1억원을 투자하는 경우, 2020년 말의 투자의 가치는 무려 약 22억 4,600만원에 달한다. 따라서 시장타이밍 능력은 금액으로 환산하면 대단한 액수가 된다. 나아가서 투자자가 분기 대신 월별, 주별 또는 일별로 정확하게 시장을 예측할 수 있다면, 투자성과는 앞의 수치보다 훨씬 더 높을 것이다.

그러면 어떻게 투자자의 시장타이밍 능력을 평가할 수 있을까? 머튼(Merton)은 완벽한 시장타이밍 능력을 가진 매니저의 포트폴리오 수익률은 [그림 10-3]의 패턴을 가질 것이라고 말한다.[5] 먼저 완벽한 시장타이밍 능력을 가진 투자자가 만약 주식시장이

4 매입 · 보유전략에 따라 코스피지수의 연간 수익률을 매년 얻는다고 가정함.

5 Merton, R. C.(1981), "On Market Timing and Investment Performance. I. An Equilibrium Theory of Value for Market Forecasts," *Journal of Business* 63, 261–278.

▌그림 10-3 ▌완벽한 시장타이밍의 포트폴리오 수익률

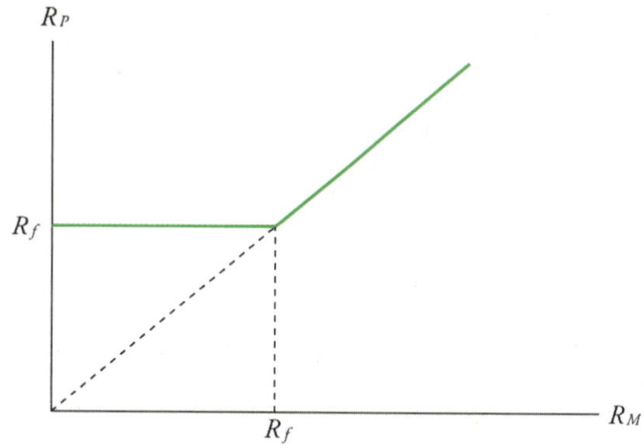

약세이고 시장수익률이 무위험수익률보다 낮을 것으로 예측하면, 그는 모든 자금을 무위험자산에 투자하고 포트폴리오의 수익률은 무위험수익률과 같을 것이다. 반대로 만약 주식시장이 강세이고 시장수익률이 무위험수익률보다 높을 것으로 예측하면, 그는 모든 자금을 주식에 투자하고 포트폴리오의 수익률은 시장수익률과 같을 것이다.

더 현실적으로 시장타이밍을 시도하지 않으면서 동일한 베타를 유지하는 포트폴리오와 성공적으로 시장타이밍을 구사하는 포트폴리오의 특성선(portfolio characteristic line)은 각각 [그림 10-4]와 같은 형태일 것이다. 패널 (A)는 시장동향에 상관없이 동일한 베타를 유지하는, 예를 들어 단순 매입 · 보유전략을 채택한 포트폴리오의 초과수익률과 시장위험프리미엄의 관계를 나타낸다. 여기에서 포트폴리오의 초과수익률은 시장

▌그림 10-4 ▌시장타이밍과 포트폴리오 특성선

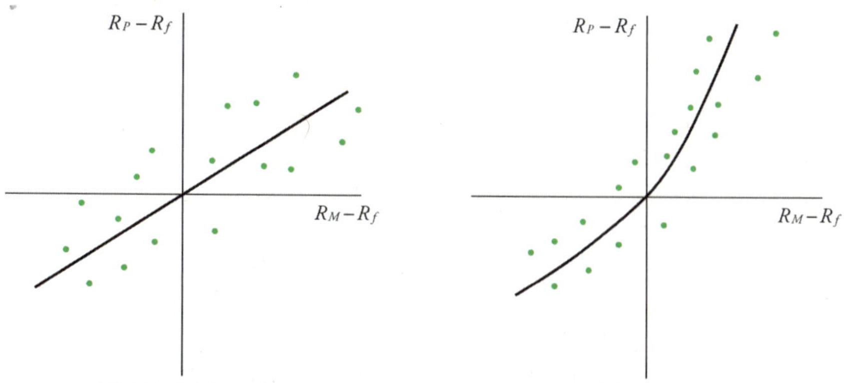

(A) 단순 매입 · 보유　　(B) 시장타이밍

위험프리미엄에 선형적으로 비례한다. 패널 (B)는 시장타이밍 능력을 가진 매니저의 포트폴리오의 초과수익률과 시장위험프리미엄의 관계를 나타낸다. 패널 (B)에서 시장수익률이 높을수록 투자자는 포트폴리오의 베타를 더 높이고 따라서 포트폴리오 특성선의 기울기는 상승한다.

10.4.2 스타일분석

스타일분석(style analysis)은 어떤 포트폴리오의 성과를 다양한 스타일의 벤치마크 포트폴리오와 비교하여 평가한다. 이는 포트폴리오의 자산배분 스타일은 무엇인지 그리고 그 자산배분이 얼마나 포트폴리오의 성과에 영향을 미쳤는지 나타낸다.

스타일분석은 대상 포트폴리오의 수익률을 여러 자산군을 대표하는 지수들의 수익률에 대해 회귀분석한다. 회귀분석의 독립변수는, 예를 들어 대형주, 중형주, 소형주, KOSDAQ 50, 성장주, 가치주의 6개 자산군의 시장지수 수익률이다. 이 회귀식은 상수항을 포함하지 않는다. 또한 각 회귀계수는 양수이고 그 합은 1이라는 제약조건이 부과된다.

예를 들어 스타일분석 결과가 [표 10-2]이면 이 펀드는 대형주에 0.52, 중형주에 0.25, KOSDAQ 50 주식 포트폴리오에 0.23의 비중으로 자산을 배분한 것과 같은 성과를 얻었음을 의미한다. 포트폴리오의 성과요인 가운데 결정계수(93%)는 자산배분효과 그리고 나머지(7%)는 증권선택효과로 간주될 수 있다.

표 10-2 스타일분석

변수	회귀계수
대형주	0.52
중형주	0.25
소형주	0
KOSDAQ 50	0.23
성장주	0
가치주	0
결정계수	0.93

10.4.3 위험조정등급 평가

세계적인 뮤추얼펀드 평가회사인 모닝스타(www.morningstar.com)는 펀드들의 위험조정등급(risk-adjusted rating: RAR)을 시장참가자들에게 제공한다. 모닝스타는 펀드의 투자영역(investment universe), 시가 대 장부가비율, 시가총액, 주가수익비율(price earning ratio) 등을 고려하여, 펀드들을 몇 개의 동류집단(peer group)들로 구분한다. 어떤 펀드의 성과는 동류집단 안의 상대적 성과에 의해 평가되며, 평가결과는 백분위수(percentile)에 따라 위험조정등급이 부여된다. 최종적으로 각 등급은 별의 숫자로 표시된다. [표 10-3]은 예를 들어 별 다섯 개로 표시되는 최고등급은 상위 10%를 포함한다는 것을 보여준다.

표 10-3 모닝스타(Morningstar)의 위험조정등급 평가

백분위수	별표수
0~10	1
10~32.5	2
32.5~67.5	3
67.5~90	4
90~100	5

예제 10-5 펀드의 성과평가

우리나라 시장에서 펀드평가의 사례를 조사해보시오.

풀이

국내 4개 펀드평가회사는 KG제로인(www.zeroin.co.kr), 한국펀드평가(www.kfr.co.kr), 모닝스타코리아(www.morningstar.co.kr), 에프앤가이드(corp.fnguide.com) 등이다. 먼저 KG제로인은 1996년에 설립된 한국 최초의 펀드평가기관이다. 펀드의 수익률과 안정성에 기초하여 5개 등급을 부여한다. 태극마크가 5개이면 가장 높은 1등급이며, 1개이면 가장 낮은 5등급이다. 다음으로 한국펀드평가는 2001년에 설립되었으며, 운용사성과, 펀드성과, 펀드성과의 지속성에 기초하여 펀드를 평가한다. 요소별 가중치는 운용사성과 30%, 펀드성과 50%, 펀드성과의 지속성 20%이다. 펀드의 등급은 요소별 등급 및 전체 등급의 총 4개 등급으로 구성된다. 모닝스타코리아는

2000년에 설립되었으며, 미국의 모닝스타와 동일한 MRAR(Morningstar Risk Adjusted Return)방법으로 펀드를 평가한다. 등급은 ★표로 표시되며, 별표가 다섯 개이면 최고 등급의 펀드이다. 마지막으로 에프앤가이드는 2000년에 설립되어 2006년 펀드평가회사로 등록되었다. 펀드평가 이외에도 금융정보제공, 금융 관련 소프트웨어 개발 등의 사업을 수행하고 있다. 펀드평가 시 1등급부터 5등급까지 등급을 매긴다.

10.5 투자성과의 요인분석

투자성과의 요인분석(factor analysis for investment performance)은 포트폴리오 성과의 요인들을 인식하고 각각의 영향을 분석함으로써 종합적으로 자산배분을 평가한다.

10.5.1 전략적 자산배분

전략적 자산배분(strategic asset allocation)은 투자의 목적, 금액, 기간 등을 고려하여 장기적으로 유지되는 포트폴리오의 구성비중을 의미한다. 이는 장기적 목표나 전망에 의존하며 시장의 중 · 단기적 움직임이나 증권의 일시적 가격오류를 이용하려는 것은 아니다. 전형적으로 전략적 자산배분은 몇 년을 주기로 검토되며, 투자목표, 제약조건 또는 경제변수들이 크게 변할 때 재조정된다.

전략적 자산배분 수익률은 전략적 자산배분에 의해 결정된 투자비중을 정확히 따른 가상적 포트폴리오의 수익률로 정의된다. 이 수익률은 전략적 자산배분의 투자비중을 가중치로 이용하여 각 자산군을 대표하는 지수들의 수익률을 평균한 값이다.

$$\text{전략적 자산배분 수익률} = \sum_{i=1}^{N} s_i b_i \qquad [10\text{–}14]$$

여기서, s_i: 자산군 i의 전략적 투자비중

b_i: 자산군 i의 벤치마크 수익률

예를 들어 소정이는 포트폴리오의 전략적 자산배분을 주식 70%, 채권 30%로 정했다고 가정하자. 만약 투자기간의 종합주가지수(KOSPI) 수익률은 15%, 채권수익률은 8%이면 전략적 자산배분 수익률은 0.7×15%+0.3×8%=12.9%이다.

10.5.2 전술적 자산배분

전술적 자산배분(tactical asset allocation)은 전략적 자산배분이 결정된 후, 중·단기적으로 시장상황에 따라 비교적 작은 폭으로 포트폴리오 구성을 변화시키는 행위이다. 일반적으로 고평가된 자산군과 저평가된 자산군을 판단하여 투자에 반영한다. 전술적 자산배분 수익률은 전술적 자산배분에 따른 가상적 포트폴리오의 수익률을 의미한다.

$$\text{전술적 자산배분 수익률} = \sum_{i=1}^{N} t_i b_i \qquad [10-15]$$

여기서, t_i: 자산군 i의 전술적 투자비중
b_i: 자산군 i의 지수수익률

예를 들어 소정이는 당분간 주식시장이 약세일 것으로 예측하고, 포트폴리오의 주식투자비중을 60%, 채권투자비중을 20% 그리고 현금성자산의 투자비중을 20%로 조정하여 운용하였다고 가정하자. 만약 투자기간의 현금성자산 수익률이 4%이면 전술적 자산배분 수익률은 0.6×15%+0.2×8%=11.4%이다.

10.5.3 성과요인분석 사례

일반적으로 투자자는 전략적 및 전술적 자산배분을 고려하고, 개별 증권의 가격적정성을 판단하여 실제 포트폴리오를 구성한다. 실제 포트폴리오의 수익률은 자산별 실제 투자비중을 가중치로 사용하여 자산들의 수익률을 평균한 값이다.

$$\text{실제 포트폴리오 수익률} = \sum_{i=1}^{N} a_i r_i \qquad [10\text{–}16]$$

여기서, a_i: 자산군 i의 실제 투자비중
r_i: 자산군 i의 실제 수익률

예를 들어 만약 포트폴리오에 실제로 편입된 주식의 수익률은 16%, 회사채의 수익률은 9%, 통화안정증권 수익률은 3.5%이면, 실제 포트폴리오 수익률은 0.6×16%+0.2×9%=12.1%이다.

이 예에 기초하여 [표 10-4]와 같이 요인분석을 수행할 수 있다. 여기에서 만약 전략적 자산배분을 정확하게 따랐다면, 포트폴리오 수익률은 12.9%인 것을 알 수 있다. 또한 전술적 자산배분에 의해 중·단기적으로 투자비중을 조정한 효과는 −1.5%로서, 중·단기적 시장타이밍 시도는 오히려 수익에 부정적 영향을 주었다. 증권선택효과(기타 효과 포함)는 0.7%로 측정되어 수익에 긍정적으로 기여했음을 알 수 있다.

표 10-4 **투자성과 요인분석**

구분		주식	채권	현금성자산	포트폴리오
벤치마크		종합주가지수	회사채지수	현금성자산지수	
투자비중	전략적 자산배분	70%	30%		
	전술적 자산배분	60%	20%	20%	
수익률	벤치마크(b)	15%	8%	4%	
	실제 투자(r)	16%	9%	3.5%	
전략적 자산배분 수익률(s)		0.7×15%=10.5%	0.3×8%=2.4%		12.9%
전술적 자산배뷰 수익률(t)		0.6×15%=9%	0.2×8%=1.6%	0.2×4%=0.8%	11.4%
실제 포트폴리오 수익률(a)		0.6×16%=9.6%	0.2×9%=1.8%	0.2×3.5%=0.7%	12.1%
자산배분효과($t-s$)		−1.5%	−0.8%	0.8%	−1.5%
증권선택효과($a-t$)		0.6%	0.2%	−0.1%	0.7%

예제 10-6 투자의 성과요인분석

다음의 성과요인분석을 완성하고, 이 투자의 자산배분과 증권선택효과를 평가하시오.

구분		주식	채권	현금성자산	포트폴리오
벤치마크		종합주가지수	회사채지수	현금성자산지수	
투자비중	전략적 자산배분	60%	30%	10%	
	전술적 자산배분	60%	20%	20%	
수익률	벤치마크(b)	18%	9%	4%	
	실제 투자(r)	15%	6%	2%	
전략적 자산배분 수익률(s)					
전술적 자산배분 수익률(t)					
실제 포트폴리오 수익률(a)					
자산배분효과($t-s$)					
증권선택효과($a-t$)					

| 풀이 |

완성된 표는 다음과 같다.

구분		주식	채권	현금성자산	포트폴리오
벤치마크		종합주가지수	회사채지수	현금성자산지수	
투자비중	전략적 자산배분	60%	30%	10%	
	전술적 자산배분	60%	20%	20%	
수익률	벤치마크(b)	18%	9%	4%	
	실제 투자(r)	15%	6%	2%	
전략적 자산배분 수익률(s)		10.8%	2.7%	0.4%	13.9%
전술적 자산배분 수익률(t)		10.8%	1.8%	0.8%	13.4%
실제 포트폴리오 수익률(a)		9%	1.2%	0.4%	10.6%
자산배분효과($t-s$)		0%	−0.9%	0.4%	−0.5%
증권선택효과($a-t$)		−1.8%	−0.6%	−0.4%	−2.8%

이 포트폴리오의 실제 수익률은 10.6%이다. 만약 전략적 자산배분을 정확하게 따랐으면 포트폴리오 수익률은 13.9%일 것이다. 전술적 자산배분에 의해 중 · 단기적으로 투자비중을 조정한 효과는 −0.5%로서, 오히려 수익에 부정적 영향을 주었다. 증권선택효과는 −2.8%로 측정되어, 특히 부정적 영향을 미쳤다.

10.6 포트폴리오 수정

포트폴리오 수정(portfolio revision)은 최초에 포트폴리오를 구성한 후, 새로운 상황 전개에 적응하여 포트폴리오 구성을 변경하는 것이다. 예를 들어 기업의 영업이나 재무상태의 변화, 시장상황의 변화에 대응한다. 포트폴리오 수정은 포트폴리오 재조정과 업그레이딩을 포함한다.

포트폴리오 재조정(portfolio rebalancing)은 포트폴리오의 기존 특성을 유지하기 위한 수정이다. 예를 들어 포트폴리오에 포함된 자산들의 상대가격이 변동하면 포트폴리오의 구성비율도 변한다. 이때 자산들의 투자비중을 목표수준으로 환원시키는 거래는 포트폴리오 재조정으로 간주된다. 예를 들어 주식포지션의 베타 또는 채권포지션의 듀레이션을 원래 목표수준으로 되돌리기 위해 포트폴리오가 재조정될 수 있다. 한편 **포트폴리오 업그레이딩(portfolio upgrading)**은 새로운 상황이 전개될 때, 기존 목표에 제약받지 않고 새로운 최적 기대수익-위험의 조합을 달성하려는 수정활동을 뜻한다.

포트폴리오 수정은 자산의 거래를 수반한다. 이 과정에서 정보의 수집 및 분석비용, 거래수수료, 제반 관리비용 등이 발생한다. 따라서 포트폴리오의 수정 여부 및 실행방법의 선택은 면밀한 편익-비용분석을 요구한다.

투자 이야기 **외국인 투자자**

외국인들의 셀코리아(sell Korea) 현상과 관련해 증권가에서 여러 분석이 나오고 있다. 그러나 셀이라고 외국인이 주식을 내다 팔기만 하는 것은 아니다. 증시 전문가들은 외국인이 산업별로 독자적인 매력을 좇아 매수에 나서는 만큼 외국인 수급이 집중되는 업종과 종목에 주목하라고 조언하고 있다.

외국인 투자자들의 국내 주식 매도세는 올해 하반기 들어 눈에 띄게 강해지고 있다. 2021년 8월 31일 한국거래소에 따르면 외국인 투자자들이 7월부터 8월 27일까지 처분한 국내 주식은 11조6천억원에 육박했다. 이에 따라 국내 주식보유 규모도 확연히 줄어들어 보유비중이 37% 초반에서 32% 중반 수준으로 내려앉았다.

외국인 이탈이 본격화하면서 국내 증시도 요동쳤다. 코스피 지수는 단기 조정 국면에 진입한 9월 5일부터 미국 연방준비제도(Fed) 의장의 연설로 금리인상에 대한 불확실성이 사그라들기까지 5% 가까이 밀렸고, 코스닥 지수는 5거래일 사이 8% 넘게 빠지기도 했다. 연말까지 넉 달 이상 남은 점을 고려했을 때 외국인들의 이탈 규모는 상반기보다 클 것으로 예상된다.

전문가들은 외국인 투자자들의 자금이 계속 유출되고 있지만 이런 와중에도 유의미하게 자금이 유입되는 종목에는 관심을 기울여야 한다는 견해다. 외국인들은 '단타' 위주의 거래 패턴이 아니라 중장기적 관점에서 투자에 나선다는 이유에서다. 실제 외국인은 최근 메모리 반도체 업황 악화를 경고한 글로벌 투자은행(IB) 모건스탠리의 보고서 발간 이전에도 삼성전자에 대한 매도 입장을 꾸준히 유지해 왔다. 이와 더불어 외국인의 매수 패턴을 보면 상승추세가 형성된 산업군을 파악하기 수월한 점도 있다.

자체 동력을 확보한 종목들을 가늠하여 유용한 투자 지표로 활용할 가치가 있다는 게 전문가들의 판단이다. H증권의 A전문가는 "산업별로 독자적인 상승 여력을 갖춘 업종에 의미 있는 수급이 이뤄지는 만큼 시장 변동성이 확대되는 국면에서 외국인의 매수 업종과 종목은 유용한 투자처가 될 수 있을 것이다"라고 설명하고 있다.

출처: 비즈니스워치, 2021. 8. 21.

10장 연습문제

01 포트폴리오관리에서 성과평가의 의의를 기술하시오.

02 시간가중수익률과 금액가중수익률을 설명하시오.

03 샤프비율과 트레이너비율을 비교하여 설명하시오.

04 젠센알파를 설명하시오.

05 포트폴리오 성과를 측정하는 데 있어서, 시간가중수익률의 금액가중수익률 대비 장점은 무엇인가?

① 수익률이 변할 때 시간가중수익률이 더 높다.
② 금액가중수익률은 포트폴리오의 전체 자금이 첫날에 유입되는 것으로 가정한다.
③ 금액가중수익률은 추정될 수 있을 뿐이다.
④ 시간가중수익률은 펀드의 자금 유출입에 의해 영향을 받지 않는다.

06 다음 자료로부터 금액가중수익률과 시간가중수익률(기하평균)을 계산하시오.

시점	현금흐름
0	주당 5만원으로 주식 1주 매입
1	주당 6만원으로 주식 1주 매입
1	주당 1천원의 배당을 받음
2	주식 2주에 대해 주당 1천원의 배당을 받은 후 이들을 주당 7만원에 매도

	금액가중수익률	시간가중수익률
①	18%	19%
②	20%	20%
③	24%	26%
④	27%	29%

07 다음 설명 중 틀린 것은 무엇인가? 무위험수익률은 6%로 가정하시오.

구분	포트폴리오	시장포트폴리오
평균수익률	22%	12%
표준편차	45%	18%
베타	1.8	1.0
추적오차	2.0%	

① 이 포트폴리오의 샤프비율은 35%이다.
② 이 포트폴리오의 트레이너비율은 8%이다.
③ 이 포트폴리오의 젠센알파는 5.2%이다.
④ 이 포트폴리오의 정보비율은 16%이다.

08 다음 스타일분석에 관한 설명 중 옳지 않은 것은 무엇인가?

① 스타일분석은 자산군에 걸친 배분구조를 분석한다.
② 결정계수는 증권선택효과로 간주될 수 있고, (1−결정계수)는 자산배분효과를 나타낸다.
③ 스타일분석의 회귀계수들의 합은 1이다.
④ 동일한 스타일은 유사한 자산배분구조를 가진 자산들의 집합을 의미한다.

09 다음 스타일분석 결과를 설명하시오. 여기에서 회귀분석의 종속변수는 포트폴리오 수익률, 독립변수는 대형주, 중형주, 소형주, KOSDAQ 50, 성장주, 가치주의 6개 자산군의 지수수익률이다.

구분	계수	p-값
대형주	0.12	0.01
중형주	0.18	0.005
소형주	0.34	0.07
KOSDAQ 50	0.19	0.004
성장주	0.16	0.001
가치주	0.01	0.003
결정계수	0.536505	

10 다음은 두 포트폴리오매니저 소정과 찬규의 성과요인분석을 위한 자료이다. 두 매니저의 전략적, 전술적 그리고 실제 포트폴리오 수익률을 계산하시오.

[소정]

구분		주식	채권	부동산	포트폴리오
벤치마크		종합주가지수	회사채지수	부동산지수	
두지비중	전략적 자산배분	30%	40%	30%	
	전술적 자산배분	60%	20%	20%	
수익률	벤치마크	12%	6%	9%	
	포트폴리오	16%	8%	10%	

[찬규]

구분		주식	채권	부동산	포트폴리오
벤치마크		종합주가지수	회사채지수	부동산지수	
투자비중	전략적 자산배분	15%	80%	5%	
	전술적 자산배분	45%	45%	10%	
수익률	벤치마크	12%	6%	9%	
	포트폴리오	16%	8%	10%	

❙ 연습문제 풀이 ❙

01 성과평가는 포트폴리오가 어느 정도 효율적으로 투자목표를 달성했는지 평가한다. 포트폴리오의 성과평가는 운용실태를 분석함으로써 매니저의 기술과 역량을 측정한다. 또한 포트폴리오관리의 피드백을 제공하고, 미래성과를 예측하는 데 도움을 준다.

03 두 척도는 자본자산가격결정모형에 기초하여 포트폴리오의 위험조정수익률을 측정한다. 샤프비율은 포트폴리오의 초과수익률을 표준편차로 나눈 값이다. 다시 말해 위험프리미엄을 총위험에 대해 조정한다. 트레이너비율은 초과수익률을 체계적 위험의 척도인 베타로 나눈 값이다. 이는 분산된 포트폴리오의 경우 체계적 위험이 더 적합한 위험 척도임을 고려한 척도이다.

05 ④

07 ④

$$SR = \frac{R_p - R_f}{\sigma_p} = \frac{0.22-0.06}{0.45} = 0.35$$

$$TR = \frac{E(R_p) - R_f}{\beta_p} = \frac{0.22-0.06}{1.8} = 0.08$$

$$\alpha_p = (\overline{R_p} - \overline{R_f}) - (\overline{R_M} - \overline{R_f})\beta_p = (0.22-0.06) - (0.12-0.06)1.8 = 0.052$$

$$IR = \frac{\alpha_P}{\sigma(\epsilon_P)} = \frac{0.052}{0.02} = 2.6$$

09 먼저 결정계수는 약 54%이므로 자산배분효과는 약 54%이고 증권선택효과는 약 46%이다. 그리고 자산배분은 소형주(34%), KOSDAQ 50(19%), 중형주(18%), 성장주(16%) 그리고 가치주(1%)이다. 따라서 이 매니저는 중 · 소형주와 성장주에 더 높은 관심을 갖고 있는 것으로 보인다.

10 [소정]

구분	주식	채권	부동산	포트폴리오
전략적 자산배분(1)	30%	40%	30%	
전술적 자산배분(2)	60%	20%	20%	
벤치마크(3)	12%	6%	9%	
실제 투자(4)	16%	8%	10%	
전략적 자산배분 수익률(5)	3.60%	2.40%	2.70%	8.70%
전술적 자산배분 수익률(6)	7.20%	1.20%	1.80%	10.20%
실제 포트폴리오 수익률(7)	9.60%	1.60%	2.00%	13.20%
자산배분효과(6−5)	3.60%	−1.20%	−0.90%	1.50%
증권선택효과(7−6)	2.40%	0.40%	0.20%	3.00%

[찬규]

구분	주식	채권	부동산	포트폴리오
전략적 자산배분(1)	15%	80%	5%	
전술적 자산배분(2)	45%	45%	10%	
벤치마크(3)	12%	6%	9%	
실제 투자(4)	16%	8%	10%	
전략적 자산배분 수익률(5)	1.80%	4.80%	0.45%	7.05%
전술적 자산배분 수익률(6)	5.40%	2.70%	0.90%	9.00%
실제 포트폴리오 수익률(7)	7.20%	3.60%	1.00%	11.80%
자산배분효과(6−5)	3.60%	−2.10%	0.45%	1.95%
증권선택효과(7−6)	1.80%	0.90%	0.10%	2.80%

따라서 소정은 찬규보다 높은 실제 포트폴리오 수익률을 올렸다. 또한 소정과 찬규는 각각 탁월한 증권선택과 성공적으로 자산배분을 수행했다.

11장 위험관리

위험관리는 위험을 인식(identification) 및 평가(assessment)하고 측정(measurement)하며 관리(management)하는 과정을 포함한다. 위험관리의 목표는 위험을 최소화하는 것이 아니고, 현명하게 위험을 부담하는 것이다. 기관은 전형적으로 어느 정도 수준까지 위험을 감수하여 수익을 높이면서, 나머지 위험은 수용(retention), 전가(transfer), 분산투자(diversification), 헤징(hedging) 등의 방법으로 통제한다.

투자자는 자산운용계획을 수립하는 과정에서 감내할 수 있는 허용위험한도(risk tolerance)를 설정하고, 이 제약 안에서 가장 높은 수익률을 달성할 수 있는 기대수익률-위험의 조합을 선택한다. 투자의 실행단계에서는 포트폴리오의 위험을 허용된 한도 이하로 통제하면서 투자목표를 달성할 수 있도록 해야 한다.

이 장은 간단하고 직관적이면서도 여러 종류의 위험을 통합적으로 관리할 수 있다는 장점에 힘입어 널리 사용되는 위험관리모형인 value at risk(VaR)를 중심으로 포트폴리오 위험관리를 논의한다.

11.1 포트폴리오의 위험

포트폴리오의 위험은 수익의 변동성(volatility) 또는 이에 대한 노출(exposure)로 정의될 수 있다. 이는 시장위험, 신용위험과 거래상대방위험, 운영위험, 유동성위험, 법률위험, 평판위험, 국가위험 등을 포함한다.

시장위험(market risk)은 시장의 변동에 의해 투자자가 손실을 입을 위험을 의미하며, 주로 가격변동에 의해 초래된다. 국제결제은행(Bank for International Settlements: BIS)의 정의에 의하면, 시장위험은 "재무상태표의 부내(on-the-balance sheet) 및 부외(off-the-balance sheet)자산이 주가, 이자율, 환율, 상품가격 등의 불리한 움직임 때문에 입을 수 있는 손실의 위험"이다. 투자의 손실은 주로 자산의 가격하락으로부터 발생하기 때문에 시장위험과 밀접하게 관련되어 있다.

특히 세계화와 규제완화를 포함하는 금융환경의 급격한 변화는 시장위험을 가중시키고 있다. 예를 들어 1997년의 아시아 외환 · 금융위기, 2000년대 초 미국의 기술주 거품붕괴를 뜻하는 닷컴(.com)위기, 2008년의 세계금융위기, 2010~2012년의 유럽 재정위기, 2020년의 COVID-19 팬데믹(pandemic)위기는 급격한 자산가치 하락을 수반했다. 주요 국가의 주가 추세를 나타내는 [그림 11-1]은 이런 위기들의 심각성을 시사한다.

그림 11-1 주요 국가의 위기기간 중 주가 추세(기간: 1996~2020년)

(단위: 포인트, 연도별 종가기준)

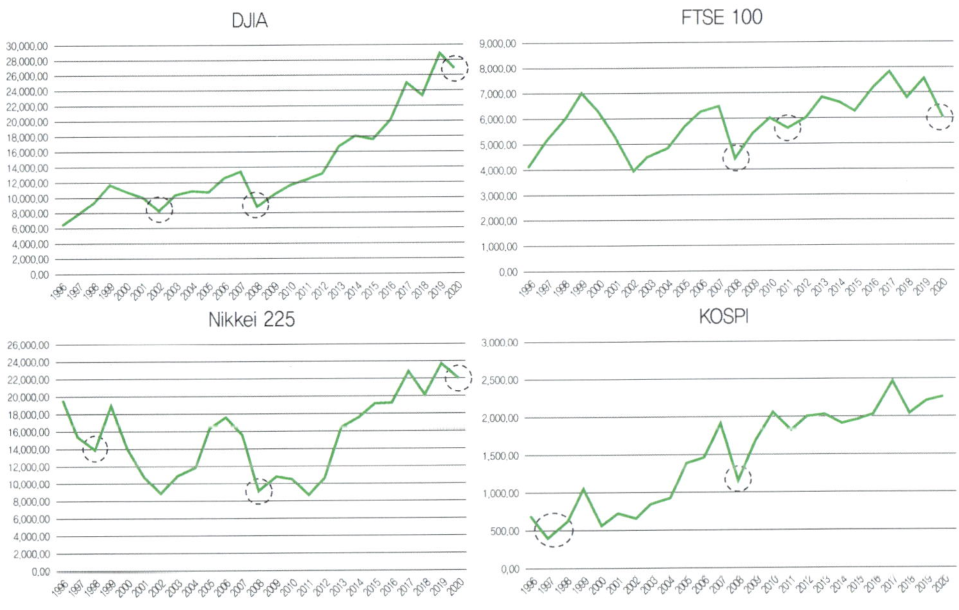

주: 1) DJIA는 미국의 Dow Jones Industrial Average
2) FTSE 100은 영국의 Financial Times Stock Exchange Index 100
3) Nikkei 225는 일본의 대표적 주가지수
4) KOSPI는 한국의 종합주가지수(Korea Stock Price Index)

신용위험(credit risk)은 채무자가 채무를 이행하지 않을 경우 발생할 수 있는 손실의 위험이다. 신용위험은 채무불이행(default)뿐 아니라 채무이행능력의 변화에 기인하는 손실의 위험까지 포함한다. 비슷하게 **거래상대방위험(counterparty risk)**은 거래상대방이 계약상 의무를 이행하지 않을 위험을 뜻하며 예를 들어 파생상품거래에서 손실을 입은 거래상대방이 청산(clearing)에 실패할 위험을 포함한다.

신용위험 또는 거래상대방위험은 결제 전 위험 및 결제위험을 포함한다. **결제 전 위험(presettlement risk)**은 거래의 존속기간 중 거래상대방이 의무를 이행하지 않는 데 기인하는 손실의 위험이다. **결제위험(settlement risk)**은 현금흐름의 교환으로부터 발생하며, 거래상대방이 지급을 시작한 시점부터 그 반대급부를 수취할 때까지 존재한다. 예를 들어 1974년 유럽의 에르스타트(Herstatt)은행은 고객으로부터 지급의뢰를 받아 해당 금액을 수취했으나 이를 미국의 거래상대방에게 지급하기 전에 도산하였기 때문에, 그 거래의 결제는 완결되지 못했다.

유동성위험(liquidity risk)은 투자자가(충분한 가치의 자산을 보유하고 있음에도 불구하고) 단기적으로 채무이행에 필요한 현금을 확보하지 못할 때 입을 수 있는 손실의 위험이다. 예를 들어 기관이 급히 현금을 마련하기 위해 자산을 할인된 가격으로 매도해야 할 때 입게 되는 손실을 포함한다. 특히 거래가 드문 장외시장 증권, 실물자산 등은 상당한 유동성위험에 노출될 수 있다.

운영위험(operational risk)은 기관이나 조직의 내부시스템, 인원 및 외부적 요인으로부터 발생하며, 부적절한 내부시스템, 관리 실패, 사기, 오류 등에 기인한다. 예를 들어 거래의 실행위험(execution risk), 시스템의 무단 침입이나 변경과 같은 기술위험(technology risk), 모형의 부적합성에 기인하는 모형위험(model risk) 등이다. 이는 주로 비재무적 위험(non-financial risk)을 포함한다.

법률위험(legal risk)은 운영위험의 하나로 분류될 수 있으며, 실제로 계약이 집행될 수 없을 때(unenforceability) 발생할 수 있는 손실의 위험이다. 예를 들어 계약의 문서화 작업이 잘못되거나 거래상대방이 계약권한을 갖고 있지 않은 경우에 발생할 수 있다. 영국 런던의 해머스미스 풀럼 자치구(Hammersmith-Fulham Borough: HFB)의 금리 스왑거래는 하나의 실례이다. HFB는 고정금리로 차입한 후 스왑을 통해 변동금리로 전환하였고, 이자율 하락 추세 속에서 상당한 이자비용을 절감했다. 고무된 HFB는 투기적인 금리스왑포지션을 취했으나, 이자율의 상승추세 전환 때문에 큰 손해를 입을 처지에 직면했다. 그러나 영국 법원은 HFB의 금리스왑계약을 무효로 판결하였고, 거래상대방이 손실을 입었다.

평판위험(reputation risk)은 기관이 외부의 부정적인 여론 때문에 시장에서 신뢰를 상실하는 위험이다.

국가위험(country risk)은 국가 간 투자에서 어떤 거래의 상업적, 기술적 또는 경영상 문제가 아닌 국가적 사건에 기인한 지급 또는 운영의 제약 때문에 발생할 수 있는 손실이다. 이는 국가 간 투자에서 거래상대방 및 신용위험을 제외한, 즉 개별 투자자에 의해 통제될 수 없는 나머지 위험으로 정의될 수도 있다.

예제 11-1 위험의 종류

투자의 여러 가지 위험을 설명하시오.

| 풀이 |

포트폴리오의 위험은 수익의 변동성 또는 그 노출로 정의될 수 있다. 이는 시장위험, 신용위험 및 거래상대방위험, 운영위험, 유동성위험, 법률위험, 평판위험, 국가위험 등을 포함한다. 시장위험은 일반적으로 자산가치의 하락위험을 의미한다. 신용위험 및 거래상대방위험은 거래상대방이 계약상 의무를 이행하지 않을 위험이다. 운영위험은 조직의 내부시스템, 인원 또는 외부적 요인으로부터 발생하며, 부적절한 내부시스템, 관리 실패, 사기, 오류를 포함한다. 유동성위험은 단기적으로 채무이행에 필요한 현금을 확보하지 못할 때 입을 수 있는 손실의 위험이다. 법률위험은 실제로 계약이 집행되지 못할 때 발생할 수 있는 손실의 위험이다. 평판위험은 외부의 부정적인 여론 때문에 시장에서 신뢰를 상실하는 위험이다. 국가위험은 국가 간 거래에서 국가적 사건에 기인한 지급 또는 운영의 제약 때문에 발생할 수 있는 손실위험이다.

11.2 위험의 식별과 측정

위험은 미래의 손실가능성이므로 위험관리는 미래에 대한 예측을 요구한다. "역사는 반복된다"는 말과 같이 미래를 예측하려는 노력의 첫 단계는 과거에 대한 이해일 것이나,

어떤 역사도 완전히 동일하게 재현되지 않는다는 점에서 역사적 자료(historical data)에만 의존하는 예측은 적절하지 않다. 역사적 자료에 담겨진 과거의 경험은 주로 통계적 척도를 통해서 그리고 미래의 전개에 관한 통찰력은 주로 시나리오분석(scenario analysis)을 통해서 위험관리에 포함된다.

11.2.1 위험의 인식과 평가

식별 및 측정가능성의 관점에서 위험은 알려진 측정가능위험(known knowns), 알려진 측정불가능위험(known unknowns), 알려지지 않은 측정불가능위험(unknown unknowns)으로 구분될 수 있다.[1]

알려진 측정가능위험은, 예를 들어 주식포지션의 시장위험처럼 적절히 인식되고 측정될 수 있는 위험들을 포함한다. 알려진 측정불가능위험은 그 존재는 인정되나 적절히 측정되지 않고 있는 위험을 의미한다. 예를 들어 위험관리 담당자는 단순히 알려진 **위험요인(risk factor)**의 일부를 무시하거나 위험과 관련된 모수(parameter)인 변동성이나 상관관계를 부정확하게 측정하거나 또는 포지션의 가치와 이를 결정하는 위험요인의 관계를 모형화하는 과정에서 오류를 범할 수 있다. 알려지지 않은 측정불가능위험은 예상가능한 범위를 벗어나는 사건들을 뜻한다. 예를 들어 포트폴리오 헤지전략에 혼란을 초래할 수 있는 갑작스러운 공매도 규제, 거래상대방의 거래상대방들을 알 수 없는 상황 등이다.

11.2.2 위험의 측정

미래의 불확실성으로부터 발생하는 위험은 전형적으로 통계적인 방법으로 측정될 수 있다. 가장 널리 사용되는 위험 척도는 제2장에서 소개되었던 **표준편차(standard deviation)**이다. 표준편차는 변동성(volatility)으로도 불리며, 확률변수의 평균 주변의 산포도(dispersion) 척도이다. 특히 정규분포는 평균과 표준편차에 의해 완전히 결정되므로 표준편차는 자연스럽게 1차적 위험 척도가 된다.

1 Jorion, Philippe(위정범 역), 2014, 재무금융 리스크 관리, 경문사.

하방표준편차(semi-standard deviation)는 손실을 나타내는 관찰값들만 고려하도록 일상적 표준편차를 변형한 척도이다. 이런 관찰값들의 수를 N_L로 표시하면, 이 척도는 다음과 같다.

$$\mathrm{SD}_L(X) = \sqrt{\frac{1}{(N_L)}\sum_{i-1}^{N}[\mathrm{Min}(x_i, 0)]^2} \qquad [11-1]$$

이 척도의 장점은 손실분포의 비대칭성을 고려할 수 있다는 것이나, 다소 번거로운 계산과정을 수반한다.

VaR는 어떤 포지션이 주어진 신뢰수준하에서 투자의 **목표기간(time horizon)** 중에 입을 수 있는 최대손실이다. 이론적으로 포트폴리오 손실의 최대금액은 유한책임제도하에서 포트폴리오의 전체 금액, 무한책임제도하에서는 무한대이다. 그러나 포트폴리오나 기업의 가치가 짧은 기간에 완전히 소멸할 확률은 매우 작다. VaR는 이 작은 가능성을 제외하고 발생가능한 최대손실이다. 여기에서 **신뢰수준(confidence level)**은 실제 손실이 계산된 VaR보다 작을 확률이다. 따라서 실제 손실이 VaR보다 클 확률은 (1−신뢰수준)이 되며 이는 **유의수준(significance level)**으로 불린다.

예를 들어 어떤 은행의 포트폴리오 일간 VaR가 99% 신뢰수준에서 100억원이라고 가정하자. 이는 1일 동안의 손실이 100억원 이하일 확률이 99% 또는 손실이 100억원을 초과할 확률이 1%임을 의미한다. 이 은행이 VaR만큼 자기자본을 확보한다면, 확률 1%의 극단적 손실을 제외하면 손실을 흡수할 수 있는 완충수단을 갖게 된다.

포트폴리오관리에서 유용하게 쓰이는 위험 척도의 하나는 숏폴위험(shortfall risk)이다. 이는 어떤 포지션의 가치나 수익률이 정해진 수준을 하회할 확률을 표시한다. 예를 들어 숏폴위험의 기준수익률은 원금보장수익률(0%), 무위험수익률 등이 될 수 있다.

11.3 VaR모형

VaR(value at risk)는 미국의 투자은행 JP모건(J.P.Morgan)에 의해 포트폴리오위험을 하나의 수치로 요약할 수 있는 수단으로 고안되었다. 이후에 국제결제은행(Bank for International Settlements), 미국 재무회계기준위원회(Financial Accounting Standards Boards), 미국 증권관리위원회(Securities and Exchange Commission) 등 주요 감독기관 및 금융기관들에 의해 받아들여졌다. 결국 VaR는 국제적인 위험관리시스템으로 발전하였다.

VaR모형을 실제로 운영하려면 목표기간(time horizon), 신뢰수준(confidence level) 같은 모수(parameter)를 선택해야 한다. 모수들의 적절한 값은 사전에 일률적으로 규정되기 어려우며, 다양한 요소들을 고려해야 한다.

예제 11-2 Value at Risk(VaR)

Value at risk(VaR)를 설명하시오.

| 풀이 |

VaR는 어떤 포지션이 주어진 신뢰수준하에서 투자의 목표기간 중에 입을 수 있는 최대손실이다. 이론적으로 포트폴리오 손실의 최대금액은 유한책임제도하에서 포트폴리오의 전체 금액, 무한책임제도하에서 무한대이다. 그러나 포트폴리오나 기업의 가치가 짧은 기간에 완전히 소멸할 확률은 매우 작다. VaR는 이 작은 가능성을 제외하고, 발생가능한 최대손실이다. 여기에서 신뢰수준은 실제 손실이 계산된 VaR보다 작을 확률이다. 따라서 실제 손실이 VaR보다 클 확률은 (1−신뢰수준)이며, 이는 유의수준으로 불린다.

11.3.1 상대 VaR와 절대 VaR

VaR는 다음 순서에 의해 계산된다. 우선 포트폴리오 수익률의 확률분포를 설정한다. 다음으로 VaR의 신뢰수준 c를 정하고, 분포의 하위 $(1-c)$ 분위수를 찾는다. 예를 들어 만약 신뢰수준이 99%이면 하위 1% 분위수를 찾는다. VaR는 두 형태 가운데 하나로 제시된다. 상대 VaR(relative VaR)는 분포의 평균으로부터 해당 분위수까지의 거리이고, 절대 VaR(absolute VaR)는 0의 수익률로부터 해당 분위수까지의 거리이다. 일반적으로 VaR는 절대값으로 표시된다. 따라서 상대 VaR와 절대 VaR 사이에 다음 관계가 성립한다.

$$\text{절대 VaR} = \text{상대 VaR} - \mu \qquad [11\text{–}2]$$

예를 들어 포트폴리오 수익률이 정규분포 $N(\mu_p, \sigma_p)$를 따른다고 가정하자. 일단 단순화를 위해 기대수익률 $\mu_p = 0$이라고 가정하자. 이 경우에 상대 VaR와 절대 VaR는 동일하다. 만약 99%의 신뢰수준이 선택되었다면, 표준정규분포의 하위 1% 분위수는 [그림 11–2]와 같이 −2.33이다. 따라서 1% 확률의 극단적 손실을 제외하고, 이 포트폴리오가 경험할 수 있는 최저수익률은 $-2.33\sigma_p$이다. VaR는 절대값으로 표시되므로 $2.33\sigma_p$이다. 금액기준으로 표시된 VaR는 ($-2.33\sigma_p$ × 포트폴리오의 현재가치)이다.

그림 11-2 **표준정규분포의 분위수**

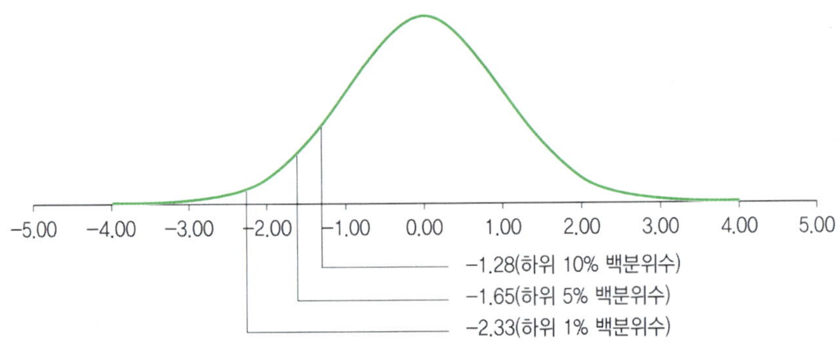

이제 기대수익률 μ_p가 0이 아닌 경우의 VaR를 구해보자. 예를 들어 350,000달러의 현재가치를 갖는 포트폴리오의 일간수익률은 평균 5% 그리고 표준편차 15%인 정규분포를 따른다고 가정하자. 이 포트폴리오의 신뢰수준 99%의 금액기준 상대 VaR는 다음과 같다.

$$\begin{aligned}\text{상대 VaR} &= |\text{포트폴리오 현재가치} \times \sigma_p \times z_c| \qquad [11\text{–}3]\\ &= |\$350{,}000 \times 1.5\% \times 2.33| = \$122{,}325\end{aligned}$$

여기에서 z_c는 신뢰수준 c에 대응하는 표준정규계수이다. 또한 절대 VaR는 다음과 같다.

$$\text{절대 VaR} = |\text{포트폴리오 현재가치} \times (\sigma_p z_c \times \mu_p)| \quad [11\text{–}4]$$
$$= |\$350{,}000 \times (15\% \times (-2.33) + 5\%)| = \$104{,}825$$

VaR값은 목표기간에 의해서도 영향받는다. 어떤 포트폴리오의 목표기간 t_1의 VaR를 VaR_1으로 표시하자. 만약 위험요인이나 수익률의 분포가 시간적으로 독립적이면서 동일한 분포(independent and identical distribution: i.i.d.)를 따른다면, 이 포트폴리오의 목표기간 t_2의 VaR인 VaR_2는 다음과 같다.

$$VaR_2 = \frac{\sqrt{t_2}}{\sqrt{t_1}} \times VaR_1 \quad [11\text{–}5]$$

예제 11-3 상대 VAR와 절대 VaR

상대 VaR와 절대 VaR를 설명하시오.

| 풀이 |

VaR는 어떤 기준점에 대비하여 계산되는지에 따라서 상대 VaR와 절대 VaR로 구분된다. 상대 VaR는 평균을 기준으로 하는 수치, 절대 VaR는 기초의 금액을 기준으로 하는 수치이다. 예를 들어 어떤 포트폴리오의 기초가치는 2억원, 기말의 기대가치는 3억원, 주어진 VaR 유의수준에 상응하는 기말가치는 1억원이라고 가정하자. 상대 VaR는 3−1=2억원이다. 한편 절대 VaR는 2−1=1억원이다.

11.3.2 VaR모형의 신뢰수준

VaR모형의 신뢰수준은 사용목적을 고려하여 정해져야 한다. 예를 들어 은행의 손실완충을 위한 필요 자기자본의 추정처럼, 위험회피 유인이 강할 때에는 높은 신뢰수준이 적당하다. 더 높은 신뢰수준은 더 큰 VaR를 제시하며 결국 더 많은 목표 자기자본을 제시하기 때문이다. 한편 VaR가 주어진 목표기간 동안 실제로 발생하는 손실의 정확한 척도를 제시하기 위한 것이면, 덜 높은 신뢰수준이 선택될 수 있다. 전형적으로 VaR의 신뢰수준은 통계적 관행에 기초하여 99% 또는 95% 등으로 선택된다.

또한 VaR의 유의수준(=1−신뢰수준)은 VaR모형이 적합함에도 불구하고 사후검증에서 기각되는 제1종 오류의 확률을 의미하므로, 신뢰수준이 높을수록 제1종 오류의 확률은 감소하나 VaR모형이 적합하지 않음에도 불구하고 모형을 받아들이는 제2종 오류의 확률은 증가한다는 점도 고려하여 결정되어야 한다.

VaR의 신뢰수준은 뒤에 설명되는 사후검증의 편리성도 고려하여 결정되는 것이 바람직하다. 사후검증은 VaR모형이 실제 손익의 분포를 잘 반영하고 있는지 사후적으로 확인하는 작업이다. 예를 들어 만약 신뢰수준이 95%이면 최소 1회의 예외(실제 손실이 추정된 VaR값을 초과하는 사건) 발생을 기대할 수 있는 표본의 최소 크기는 20개이다. 만약 신뢰수준이 99%이면 적어도 1회의 예외를 기대하려면 100개의 관찰값이 필요하며, VaR모형을 사후검증하기 위한 표본은 적어도 수백 개의 관찰값을 포함해야 할 것이다. 따라서 VaR의 신뢰수준이 높을수록 사후검증에 필요한 표본의 크기가 증가한다.

11.3.3 VaR모형의 목표기간

VaR모형의 목표기간은 포트폴리오의 성격을 반영하여 결정되어야 한다. 실무에서 VaR의 목표기간은 유사한 목적과 성격의 포지션들이라도 관리자의 판단에 따라 매우 다양하게 선택된다.

기본적으로 VaR의 목표기간은 포지션의 성과보고주기보다 길어야 하고 재조정(rebalancing)주기보다 짧아야 한다. 만약 목표기간이 보고주기보다 짧으면 포지션관리의 성과를 제대로 확인할 수 없고, 만약 목표기간이 재조정주기보다 길면 목표기간 종료 전에 포지션이 변동되어 오염된 자료를 얻게 된다.

또한 VaR의 목표기간은 포지션 변경에 소요되는 기간을 반영해야 한다. 예를 들어 어떤 포지션이 높은 유동성을 가진 자산으로 이루어지고 관리자가 빈번하게 포지션을 변경하는 경우에는, VaR의 목표기간은 짧아야 한다. 대조적으로 은행의 대출자산 등은 일반적으로 낮은 유동성을 갖고 있으므로 그 VaR는 더 긴 목표기간을 가져야 할 것이다.

포트폴리오의 성격도 고려되어야 한다. 예를 들어 비교적 단기로 자금을 조달하여 단기로 대출하는 상업은행의 목표기간은 상대적으로 짧아야 할 것이다. 대조적으로 연금기금은 장기적인 부채와 자산구조를 갖고 있으므로 더 긴 목표기간을 선택할 수 있다.

VaR의 목표기간이 짧을수록 VaR모형의 추정이나 사후검증과정에서 더 많은 수의 자료를 확보할 수 있다는 것도 고려되어야 한다.

예를 들어 JP모건(J.P.Morgan)사가 제공하는 시장위험관리시스템인 리스크메트릭스(RiskMetrics)는 95%의 신뢰수준과 1일의 목표기간을 사용한다. 한편 국제결제은행의 바젤위원회(Basel Committee)는 은행의 시장 VaR에 대해 99%의 신뢰수준과 10일의 목표기간, 신용 VaR에 대해서는 99.9%의 신뢰수준과 1년의 목표기간을 제시한다.

11.3.4 위기상황분석

VaR모형의 **위기상황분석(stress testing)**은 VaR에 반영되기 어려운 작은 확률의 극단적 손실상황을 분석함으로써 위험관리시스템의 안정성을 높이는 데 기여한다. VaR는 [그림 11-2]에서 보는 바와 같이 단지 특정한 신뢰수준에 해당하는 손실의 값인 분위수(quantile)이다. 만약 실제 손실이 정규분포 등과 같이 그 자세한 형태가 알려져 있는 분포를 따르지 않는다면, VaR만으로는 극단적 손실이 발생할 경우 포트폴리오가 어떤 상황에 처할지 정확히 알 수 없다. 예를 들어 실제 손실의 분포가 정규분포보다 두터운 꼬리(fat tail)을 갖고 있다면, 신뢰수준을 벗어나는 극단적 손실의 상황은 정규분포가 의미하는 것보다 더 심각할 수 있다.

위기상황분석은 미래에 일어날 수 있는 가상적 상황에 대해 그 발생과 전개과정을 예상하고, 대응계획을 수립하기 위한 분석이다. 이는 단순 민감도분석, 시나리오분석, 역위기상황분석을 포함한다.

단순 민감도분석(simple sensitivity analysis)은 개별적 위험요인이 기관 또는 포트폴리오에 미치는 영향을 분석한다. 미래에 대한 예측은 단순한 직감 대신 학습에 기반한 추측(educated guess)일 때 유용하다. 다만 미래가 예측대로 전개될 가능성은 낮기 때문에, 분석의 실효성을 높이기 위해 하나의 위험요인(risk factor)에 대해서 다양한 대안적(alternative) 상황을 가정하여 분석한다.

시나리오분석(scenario analysis)은 특정한 시나리오하에서 발생할 수 있는 손실의 양상을 분석한다. 예를 들어 1개월 안에 주가가 20% 폭락하거나 시장이자율이 100 베이시스 포인트(basis point=0.01%) 상승하는 것과 같은 시나리오를 설정하고 포트폴리오의 손실을 예측한다.

시나리오의 설정방법은 과거의 금융위기 같은 실제상황을 참고하는 역사적 시나리오(historical scenario), 실제 발생한 적은 없으나 발생가능하다고 예상되는 상황을 반영하는 가상적 시나리오(hypothetical scenario)를 포함한다. 역사적 시나리오는 비교적 용이하게 만들 수 있고 관계자들을 설득하는 데 유리하나 금융시장의 구조적 변화, 새로운 상품 등을 고려하지 못할 가능성이 있다. 가상적 시나리오는 미래지향적(forward-looking) 관점을 반영할 수 있다는 장점을 갖고 있으나, 작성자의 주관적 판단에 의해 영향을 받을 수 있다.

역위기상황분석(reverse stress testing)은 위기상황분석이 다룰 수 있는 범위의 한계를 보완하기 위한 작업이다. 기관의 존속을 위협하는 수준의 손실을 발생시킬 수 있는 시나리오를 발굴하고, 그런 결과가 발생하기 위한 조건과 과정 그리고 위기상황대응방안의 효과 등을 평가한다. 또한 위험요인들의 움직임과 영향, 상호작용을 파악함으로써 위험관리시스템의 개선을 가능하게 해준다.

위기상황분석은 기존에 인식되지 않았던 문제 및 기회를 식별하고, 실행계획을 수립하는 데 유연성을 제공하며, 위험모형의 타당성을 검토할 수 있도록 해준다. 위기상황분석의 시사점은 위기대응계획(contingency plan)의 수립에 반영되어야 한다.

11.3.5 VaR모형의 사후검증

VaR모형의 **사후검증(back-testing)**은 VaR 척도가 실제 손실분포를 잘 반영하고 있는지 사후적으로 확인한다. 사후검증에서 일차적으로 고려되는 요소는 VaR모형을 사용하는 중에 발생한 실제 손실이 추정된 VaR값을 초과하는 예외(exception)의 비율인 실패율(failure ratio)이 사전에 선택된 유의수준과 같은지 검증하는 것이다.

예를 들어 99% 신뢰수준의 일간 VaR 추정치가 100억원이라고 가정하자. 사후검증은 100억원을 초과하는 손실이 실제로 100일 가운데 1일의 비율로 발생했는지 살펴본다.

만약 이 상대적 빈도가 유의수준 또는 (1−신뢰수준)으로부터 괴리되어 있으면 VaR모형은 재검토되어야 한다.

VaR의 사후검증은 실패율과 유의수준의 일치성에 국한되지 않는다. 예를 들어 손실의 분포가 실제로 정규분포인지 또는 기간별 손실분포가 '시간적으로 독립적이고 동일한 분포(i.i.d.)'를 갖는지 등도 검증의 대상이 될 수 있다.

예제 11-4 VaR모형의 위기상황분석과 사후검증

VaR모형의 위기상황분석과 사후검증을 설명하시오.

| 풀이 |

VaR의 위기상황분석은 주요 위험요인의 급격한 변화 시나리오하에서 포지션 가치의 변동을 분석한다. 특히 국가위험이나 법률위험을 포함하는 사건위험을 고려할 수 있다. 그러나 위기상황분석의 시나리오는 주관적이라는 약점이 있다. VaR의 사후검증은 최근의 역사적 자료를 이용하여, 실제 손실이 예측된 손실범위 안에 있는지 확인하는 작업이다. 예를 들어 만약 95% 신뢰수준의 VaR가 1억원이면, 1억원을 초과하는 실제 손실은 100회 가운데 5회의 비율로 발생해야 한다.

11.4 VaR의 추정접근법: 시장위험을 중심으로

VaR모형은 포지션의 변동성을 이용하여 위험을 측정한다. VaR 측정시스템을 구축하려면, 우선 포지션의 가치변화를 초래하는 기초 위험요인인 주가, 이자율, 환율 등의 확률분포를 찾아야 한다. 다음으로 이 기초 위험요인들이 포지션 가치에 영향을 미치는 과정을 묘사하는 함수인 **매핑(mapping)**을 선택해야 한다.

현대 위험관리의 기본 개념은 포트폴리오의 위험을 가장 높은 차원에서 통합하는 것이다. 그런데 포트폴리오 안의 여러 포지션들의 위험노출을 각각 별도로 모형화하여 합계하는 일은 지나치게 복잡하다. 매핑은 포트폴리오의 위험노출을 몇몇 주요 위험요인에 대한 노출의 함수로 표현함으로써, 위험의 측정과정을 현저하게 단순화한다. 예를 들어 제4장에서 다루어진 자본자산가격결정모형(CAPM)은 주식 포트폴리오의 위험을 체계적인 시장요인만 고려하여 측정할 수 있는 매핑을 제공한다.

위험모형을 구축하기 위해서, 먼저 기초 위험요인의 확률분포를 모수적 또는 비모수적 형태로 선택한다. 모수적(parametric) 방법은 널리 사용되는 통계적 분포를 선택하여 VaR를 측정한다. 대표적인 형태는 정규분포를 가정하고 평균과 표준편차를 이용하여 VaR를 측정하는 것이다. 비모수적(non-parametric) 방법은 사전적으로 특정한 통계적 분포를 가정하지 않는다. 역사적 자료 또는 이를 가공한 자료에 기초하여 분포를 선택하고, 주어진 신뢰수준에 상응하는 분위수로 VaR를 측정한다.

다음으로 포지션의 가치를 기초 위험요인들에 대해 매핑한다. 전형적으로 주식 포지션의 수익률은 체계적 위험인 베타를 통해 주가지수수익률의 선형함수로 묘사된다. 채권포지션의 가치변동은 듀레이션을 통해 이자율변동의 선형함수로 묘사된다. 그러나 예를 들어 만약 채권포지션 가치가 듀레이션에 기초한 선형함수에 의해 충분히 정확하게 계산되지 않으면, 볼록성(convexity)을 포함하는 2차함수를 이용하여 매핑할 수 있다.

VaR의 측정방법은 부분평가접근법(local valuation approach)과 완전평가접근법(full valuation approach)을 포함한다. 부분평가법은 위험요인이 알려진 분석적 분포를 갖는다고 가정하는 모수적(parametric) 방법으로, 추정된 모수들을 포함하는 매핑을 적용함으로써 포트폴리오의 VaR를 측정하는 접근법이다. 한편 완전평가법은 비모수적(non-parametric) 방법으로, 위험요인의 분포를 시뮬레이션함으로써 VaR를 측정한다.

11.4.1 VaR의 부분평가접근법

가장 대표적인 부분평가모형인 델타-노말법(delta-normal approach)은 포지션 가치 변화를 기초 위험요인 변화의 선형함수로 묘사하고, 위험요인은 정규분포를 따른다고 가정한다. 델타-노말법하에서 포지션 가치는 기초 위험요인의 선형함수이기 때문에, 포지션 가치의 변동성은 위험요인의 변동성에 비례한다. 따라서 VaR는 포지션 가치의 위험요인에 대한 민감도(델타), 위험요인의 표준편차 그리고 주어진 신뢰수준에 상응하는 표준정규계수의 곱이다.

첫째, 주식포지션의 VaR 계산은 일반적으로 개별 주식들의 표준편차(분산)와 함께 위험분산효과를 반영하는 상관계수(공분산)를 필요로 한다. 그러나 시장모형(market model)

은 주식의 가치를 단일한 시장요인에 대해 매핑한다. 이 경우에 추정되어야 할 모수는 주식포지션 가치의 시장지수에 대한 민감도(델타)인 베타계수 그리고 시장지수의 표준편차로 축소된다.

예를 들어 주식포지션 S의 베타계수를 β_s, 시장지수수익률의 표준편차를 σ_M, 신뢰수준 c에 해당하는 표준정규계수를 z_c라고 하자. 이 포지션의 금액기준 상대 VaR는 다음과 같이 계산된다.

$$\mathrm{VaR}_s = V_s \times \beta_s \times \sigma_M \times z_c \qquad [11\text{–}6]$$

이와 같이 시장모형에 기초한 주식포지션의 VaR는 간단하다는 장점을 갖고 있다. 또한 체계적 위험만 고려하기 때문에 잘 분산된 포트폴리오에 적합하다.

둘째, 채권포지션의 VaR는 이자율변동에 대해 매핑된다. 이때 델타(민감도)는 수정듀레이션(modified duration)이며, 다음과 같이 계산된다.

$$D_M = \frac{\text{듀레이션}}{1+i} = -\frac{\Delta V}{\Delta i} / V \qquad [11\text{–}7]$$

여기서, V: 채권포지션의 현재가치
i: 시장이자율

채권포지션 B의 VaR는 시장이자율은 정규분포를 따른다는 가정하에서 다음과 같다.

$$\mathrm{VaR}_b = V_b \times D_{M_b} \times \sigma_i \times z_c \qquad [11\text{–}8]$$

여기서, σ_i: 시장이자율의 일간 표준편차

예를 들어 어떤 채권포지션의 현재가치는 10,000,000원, 듀레이션은 2년이라고 가정하자. 시장이자율은 현재 6%이고 일간 표준편차는 15%이다. 95% 신뢰수준의 일간 VaR는 다음과 같다.

$$\mathrm{VaR} = 10{,}000{,}000\text{원} \times \frac{2}{1.06} \times 0.15 \times 1.65 \approx 4{,}669{,}811\text{원}$$

셋째, 외환포지션의 VaR 계산에서 기초 위험요인은 환율이다. 환율은 정규분포를 따르고, 이 표준편차는 σ_e라고 가정하자. 외환포지션 E의 VaR는 다음과 같다.

$$\text{VaR}_e = V_e \times \sigma_e \times z_c \qquad [11\text{–}9]$$

예를 들어 한국의 어떤 기업이 1,000,000달러 상당의 외환 포지션을 갖고 있다고 가정하자. 환율의 변화율은 정규분포를 따르며 일간 표준편차는 0.6%이다. 원화의 달러화 대비 환율은 현재 1,100원/달러이다. 이때 신뢰수준 95%의 일간 VaR는 다음과 같다.

$$\text{VaR} = \$1{,}000{,}000 \times 1{,}100 \times 0.006 \times 1.65 = 10{,}890{,}000\text{원}$$

결국 델타–노말접근법은 포지션의 기초 위험요인에 대한 민감도 및 위험요인의 변동성만 필요로 하기 때문에 VaR 계산비용을 절감할 수 있다. 그러나 만약 포지션의 가치가 기초요인의 선형함수에 의해 묘사되기 어려우면 VaR 근사값의 오차는 클 수 있다.

예를 들어 앞의 듀레이션모형은 선형함수를 사용하여 채권포지션의 가치를 이자율에 대해 선형함수로 매핑한다. 그러나 만약 이자율변동이 크면, 이 근사값은 큰 오차를 가질 수 있다. 이때 볼록성(convexity)으로 불리는 계수($\frac{d^2 V}{d_i^{\,2}} \cdot \frac{1}{V}$)를 사용하여 이자율변동의 2차항을 요인으로 추가하면, 채권포지션의 가치는 더 정확하게 계산된다. 위험요인의 2차항에 대한 계수는 빈번하게 감마(gamma)라는 그리스문자로 통칭된다. 위험요인의 1차항과 2차항을 포함하면서, 위험요인이 정규분포한다고 가정하는 모형은 **델타–감마–노말법(delta-gamma-normal approach)**으로 불린다.

$$\frac{\Delta V_b}{V_b} = -D_{M_b} \times \Delta i + \frac{1}{2} \times \text{볼록성}_b \times (\Delta i)^2 \qquad [11\text{–}10]$$

옵션포지션의 가치도 기초자산가격의 선형함수에 의해 정확하게 묘사되기 어렵다. 예를 들어 콜옵션 가치 C는 다음과 같이 비선형함수에 의해 기초 위험요인들에 대해 매핑된다.

$$\Delta C = \frac{dC}{dS}\Delta S + \frac{1}{2}\frac{d^2C}{dS^2}\Delta S^2 + \frac{dC}{d\sigma}\Delta\sigma + \frac{dC}{dr}\Delta r \quad [11-11]$$

여기서, S : 기초자산가치
σ : 기초자산가치의 변동성
r : 무위험이자율

참고로 델타-노말법은 2차항인 $\frac{1}{2}\frac{d^2C}{dS^2}\Delta S^2$을 무시하므로 만약 ΔS^2이 상당히 크면 옵션포지션의 VaR를 과소 또는 과대평가하게 된다.

또한 정규분포의 가정은 금융변수의 분포에 빈번하게 존재하는 '두터운 꼬리(fat tail)'를 무시한다. 따라서 만약 분포의 꼬리가 상당히 두터우면, 정규분포에 기초한 VaR는 진정한 VaR를 과소평가하게 된다.

11.4.2 VaR의 완전평가접근법

완전평가접근법은 주로 포지션이 복잡하여 간단한 매핑을 사용할 수 없거나 정규분포가 적용될 수 없을 때 사용된다. 그러나 이 방법은 많은 계산비용을 소요한다. 완전평가접근법은 역사적 시뮬레이션과 몬테칼로 시뮬레이션접근법을 포함한다.

역사적 시뮬레이션(historical simulation)접근법은 과거 자료를 이용하여 완전평가법을 수행한다. 이는 기초 위험요인의 역사적 자료로부터 추출된 수치를 현재 포지션에 적용함으로써 포지션의 잠재적 가치변동의 분포를 만들어낸다. 이 방법은 실제 자료를 이용하기 때문에 비선형성 및 비정규분포를 고려할 수 있으며 모형위험이 없다. 그러나 역사적 시뮬레이션은 과거에 기초하여 미래지향적 위험을 추정한다는 한계를 갖고 있다. 또한 예를 들어 표본이 너무 작으면 추정오차가 지나치게 클 수 있다.

구조적 몬테칼로 시뮬레이션(structured Monte Carlo simulation: SMC simulation)접근법은 두 단계로 실행된다. 먼저 기초 위험요인의 확률과정이 선택된다. 모수는 역사적 자료로부터 추정될 수 있다. 다음으로 위험요인의 가상적 변화가 시뮬레이션되고, 포지션 가치가 계산된다. 이 잠재적 가치변동의 분포로부터 VaR가 계산된다. 그러나 SMC 시뮬레이션은 많은 계산비용을 소요할 뿐 아니라, 위험요인 확률과정의 가정에 의존한다는 단점을 갖고 있다.

예제 11-5 주식포지션의 VaR

어떤 주식의 10억원 상당의 포지션을 가정하자. 이 주식의 일별 베타는 1.5, 시장지수의 일간 표준편차는 25%로 가정한다. 이 포지션의 95% 신뢰수준의 VaR를 계산하시오.

| 풀이 |

주식포지션의 VaR는 $\text{VaR}_s = V_s \times \beta_s \times \sigma_M \times z_c = 10 \times 1.5 \times 0.25 \times 1.65 = 6.187$억원이다.

예제 11-6 채권포지션의 VaR

어떤 채권의 듀레이션은 9.34년으로 고정되어 있다고 가정하자. 이 채권의 지난 10년 동안의 수익률은 다음과 같다.

연도	1	2	3	4	5	6	7	8	9	10
수익률(%)	3.12	3.63	3.85	4.01	3.32	3.35	3.42	3.92	3.16	3.75

이 채권의 수익률은 정규분포를 따른다고 가정하고, 이 채권의 100억원 상당 포지션의 95% 신뢰수준의 연간 VaR를 계산하시오.

| 풀이 |

주어진 역사적 자료로부터 수익률의 평균과 표준편차는 각각 3.44%와 0.31%이다. 따라서 수정듀레이션은 $D_M = \dfrac{\text{듀레이션}}{1+i} = \dfrac{9.34}{1.034} = 9.03$이다.

채권포지션의 VaR는 $\text{VaR}_b = V_b \times D_{M_b} \times \sigma_i \times z_c = 100 \times 9.03 \times 0.0031 \times 1.65 = 4.62$억원이다.

VaR 혁명

VaR모형을 만들도록 했던 JP모건의 CEO인 데니스 웨더스톤(Dennis Weatherstone)은 "은행 비즈니스는 위험관리 그 자체이다"라고 했다. 그는 위험을 부담해야만 이익을 얻을 수 있으므로 위험관리는 단순히 위험을 낮추는 것이 아니고 부담할 위험, 즉 추구하는 성과를 적절히 선택하는 것임을 설파했던 것이다.

웨더스톤은 VaR의 계산방법을 리스크메트릭스(RiskMetrics)라는 이름으로 공개하였다. VaR모형을 자기 회사의 전유물로 독점하지 않고, 업계 공통의 위험관리수단으로 제공하려 했던 것이다. 결국 VaR는 다른 금융기관들에게도 널리 보급되어 발전을 거듭했다.

11.5 VaR모형의 실무적 고려: 표본기간과 측정주기[2]

실무적으로 VaR의 측정에서는 표본기간(sample period)과 측정주기(measurement window)도 적절히 선택되어야 한다. 이들은 다음 요소들을 고려하여 결정된다. 먼저 VaR모형은 표본기간이 길수록 경기변동 등 위험요인의 장기적 양상을 잘 반영할 수 있으나 최근의 상황을 신속하게 반영하지 못하며, 표본기간이 짧을수록 반대의 양상을 보인다. 자료의 측정주기는 이론적으로는 목표기간과 같아야 하나, 실제로는 관찰값의 수, 측정의 편의성 등을 고려하여 결정된다. 예를 들어 주어진 표본에서 측정주기가 길면 관찰값이 적을 수밖에 없으며 지나치게 작은 표본은 추정의 신뢰성을 저해할 수 있기 때문이다.

여기에서 측정주기의 의미는 다음의 예로 구체적으로 설명될 수 있다. 어떤 기관이 주식포지션의 VaR 목표기간을 1주(5영업일)로 정하고, 표본으로 251 영업일을 포함하는 지난 1년의 자료를 선택했다고 가정하자. 이때 자료의 측정주기는 다음 [그림 11-3]의 세 가지 방법 가운데 선택될 수 있다.

첫째, 목표기간과 동일한 주기로 자료를 측정해야 한다는 이론적 원칙에 충실한 패널(A)의 표준측정법이 고려될 수 있다. 이는 표본의 제6일부터 지난 5일(제1일~제6일) 동안의 수익률을 측정하기 시작하여, 이후 5일 간격으로(즉 제11일, 제16일, …, 제251일에) 각각 지난 5일 구간의 수익률을 측정하는 것을 의미한다. 이 경우에 표본은 50개의 관찰값을 포함한다. 표본의 관찰값을 VaR의 목표기간과 동일한 길이의 구간에 대해 측정하고, 관찰주기도 VaR의 목표기간과 같도록 유지하는 이 방법은 이론을 충실히 따른다는 장점을 갖고 있으나, 다른 방법들에 비해 표본의 관찰값의 수가 작다는 단점도 갖

2 빈기범 · 위정범, 2017, "VaR의 실용적 활용: 사후검증의 표본기간과 측정주기 선택 중심으로," 재무관리연구 제34권 제3호, pp.161–191.

고 있다.

둘째, 패널 (B)와 같이 표본의 관찰값을 VaR의 목표기간과 동일한 길이의 구간에 대해 측정하나 관찰주기는 1일로 하는 중복구간측정법이 사용될 수 있다. 이 방법은 제6일에 지난 5일 구간의 수익률을 측정하기 시작하여, 이후 일별로(즉 제7일, 제8일, …, 제251일) 각각 5일 구간의 수익률을 측정하며, 246개의 관찰값을 제공한다. 이는 표준측정법보다 많은 관찰값을 제공하기 때문에 사용가능한 표본기간이 짧을 때 유용할 수 있으나, 인접한 수익률 자료들이 중복된 구간에 대해 측정되기 때문에 자료의 자기상관(auto-correlation) 문제를 수반한다.

셋째, 패널 (C)와 같이 표본의 관찰값을 통상적인 기본 시간단위인 1일 동안의 수익률로 1일 간격으로 측정한 후, 목표기간의 수치로 변환하는 기간확장측정법이 있다. 이 방법은 일간수익률을 제2일부터 일별로(즉 제2일, 제3일, …, 제251일에) 측정하며 250개의 관찰값을 제공한다. 만약 시계열 자료가 안정성(stationarity) 가정을 충족하면, 목표기간 5일의 VaR는 추정된 일간 VaR의 $\sqrt{5}$ 배로 측정될 수 있다. 이 방법은 자기상관이 없는 비교적 많은 관찰값들을 사용한다는 장점을 갖고 있으나, 일간수익률들이 모두 독립적이고 동일한 분포를 따라야 한다는 제약을 갖고 있다.

▌그림 11-3 ▌VaR모형의 측정주기 예시(주간 VaR)

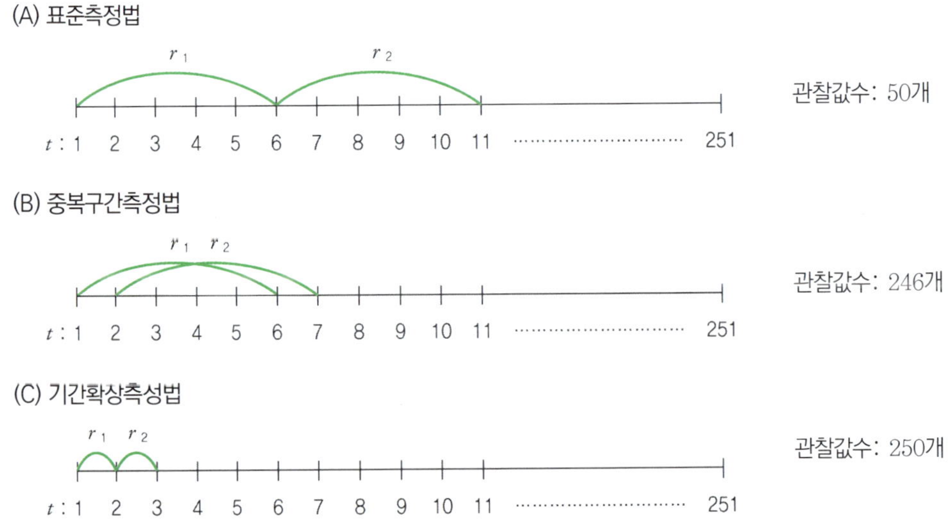

출처: 빈기범 · 위정범(2017).

11.6 VaR모형의 활용과 한계

VaR모형은 어떤 포지션의 '일정 신뢰수준하에서 최대손실 금액'을 제시한다. VaR는 다음과 같은 방법으로 활용될 수 있다. 먼저 VaR는 투자자 또는 경영진에게 거래와 투자의 위험을 간단하고 직관적인 형태로 보고한다. VaR는 다양한 시장에 걸쳐 공통적으로 적용되는 위험 척도를 제공한다. 이는 위험을 고려한 효율적 자원배분을 가능하게 만든다. VaR는 포지션별, 거래담당자별, 부서별 그리고 전체 기관의 위험한도를 설정하는데 이용될 수 있다. 또한 VaR는 성과를 위험에 대해 조정하기 위해 사용될 수 있다. 예를 들어 Bankers Trust의 RAROC(risk-adjusted return on capital)는 이익의 VaR에 대한 비율이다. 마지막으로 금융기관 자본규제의 도구로 사용된다.

VaR는 한계도 갖고 있다. VaR는 주어진 신뢰수준의 최대손실 금액이기 때문에 실제 손실은 VaR보다 클 수 있다. 통상적 VaR 척도는 이런 극단적인 손실에 관한 정보를 제공하지 않는다. 위기상황분석은 주요 위험요인의 급격한 변화 시나리오하에서 포지션 가치의 변동을 분석한다. 다만 위기상황분석의 시나리오는 주관적이라는 약점이 있다. 또한 VaR는 선택된 추정접근법이나 자료에 의존하므로 정기적 사후검증을 통해 모형의 적합성을 확보해야 한다.

11.7 신용위험

신용위험 또는 거래상대방위험은 채무자의 채무이행능력이나 의지와 관련된 불확실성 때문에 채권자가 노출되는 위험이다. 즉 채권자는 신용위험에 노출되어 있으나, 채무자의 신용위험 노출은 없다.

11.7.1 신용위험의 측정

역사적으로 신용위험의 척도는 채권의 액면금액(notional amount)으로부터 채권의 부도위험(default risk)을 반영하는 위험가중치에 대해 조정한 위험가중금액(risk-weighted amount)으로 발전했고, 최근에는 신용위험에 영향을 주는 요소들인 부도위험, 부도 시 손실률(loss given default), 신용노출(credit exposure)을 모두 고려하는 통합적 접근법이 사용되고 있다. 부도위험은 부도 확률(default probability)로 측정되며 신용등급에 반영되어 있다. 신용노출은 거래상대방에 대한 청구권의 시장가치로 측정된다. 부도 시 손실률은 부도 시 채권자가 입게 될 손실의 신용노출에 대한 비율로서 회수율(recovery rate)의 반대 개념이다.

신용위험은 시장위험에 비해 복합적 원인을 갖고 있어서 결제 전 위험과 결제위험을 포함하고, 자산의 가치 하락을 수반하는 시장위험으로부터 발생하거나 시장위험과 병행하여 발생할 수 있다. 채무자는 결코 명목금액을 초과하여 상환하지 않으며 최악의 경우 전혀 상환하지 않을 수도 있으므로, 신용자산의 손익분포는 명목금액을 오른쪽 상한선으로 가지면서 왼쪽으로 긴 꼬리를 가진 비대칭적 분포를 따른다. 기대신용손실(expected credit loss)은 신용자산들의 포트폴리오의 예상되는 평균손실을 의미하며, 통상적으로 신용손실충당금(loan loss provisions)에 의해 완충된다. 비기대신용손실(unexpected credit loss)은 기대신용손실을 초과하는 신용손실의 특정 신뢰수준에서의 VaR로 측정

▌그림 11-4 ▌신용손실의 분포

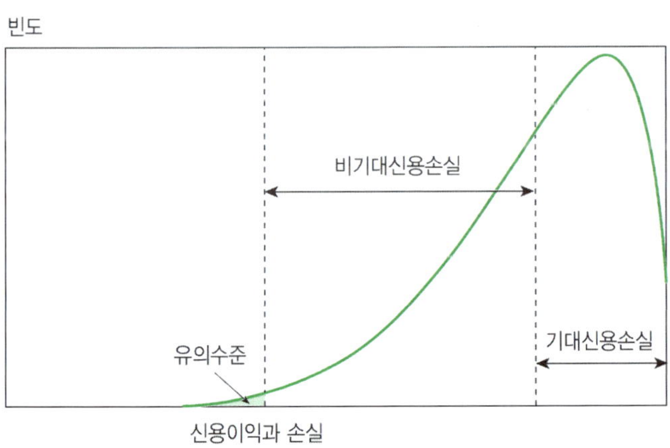

될 수 있으며, 자기자본에 의해 완충되어야 할 부분이다.

또한 신용자산은 비교적 단기간에 포지션 조정이 가능한 시장성 자산과는 달리 장기적으로 보유되고 낮은 유동성을 가지므로 신용위험의 목표기간은 더 장기이다. 기관의 통합 위험관리 차원에서 시장위험은 일차적으로 사업이나 거래별로 통합하는 것이 편리하나 신용위험은 거래상대방 단위로 통합하는 것이 적당하다. 신용사건(credit event)은 거의 언제나 상당한 법률업무를 수반한다. [표 11-1]은 시장위험과 신용위험의 특징을 비교한다.

표 11-1 시장위험과 신용위험의 비교

항목	시장위험	신용위험
위험의 원천	시장위험	결제 전 위험, 결제위험, 시장위험
손실의 분포	주로 대칭적, 두터운 꼬리 가능	왼쪽으로 치우친 왜도(skewness)
목표기간	단기(일)	장기(년)
통합	사업/거래 단위	거래상대방 단위
법적 고려사항	해당 없음	매우 중요

출처: Jorion, 위정범 역(2014).

11.7.2 신용사건의 처리절차와 회수율

일반적으로 기업의 신용사건을 처리하기 위해 사용되는 방법은 재건형 절차와 청산형 절차로 구분된다.[3] 재건형 절차는 채권단 자율협약, 기업개선작업(workout), 법정에서의 회생절차 등을 포함하고, 청산형 절차로는 파산선고에 의한 청산이 있다.

채권단 자율협약은 채권은행들과 기업이 자율적으로 협약을 맺어, 은행들은 채권회수를 유예하고 추가적으로 자금을 지원하고 기업은 자구노력을 수행하여 회생을 추진하는 절차이다.

「기업구조조정촉진법」에 의한 기업개선작업은 회생가능성은 있으나 일시적인 유동성 부족에 처한 기업의 도산을 막고, 채권금융기관 중심으로 구조조정하여 회생시키려는

3 조담 · 위정범, 2018, 현대재무관리, 전정7판, 무역경영사.

절차이다. 기업개선작업은 회사의 대주주 및 경영자와 채권단의 협상에 의하여 진행되며, 기존의 재무적 청구권을 새로운 청구권으로 교환하는 작업을 포함한다. 일반적으로 기존의 주식의 전부 또는 일부가 소각되고, 후순위부채의 일부는 자기자본으로 전환(debt equity swap)되며, 선순위부채(senior debt)는 후순위부채로 전환된다.

「채무자 회생 및 파산에 관한 법률」에 의한 회생절차는 재정적 궁핍으로 파탄에 직면하였으나 경제적으로 갱생의 가치가 있는 기업에 대하여 법원이 채권자와 주주 등 이해관계자들의 이해를 조정하고 사업을 정리 · 재건하기 위한 제도이다.

청산형 절차인 파산에 의한 청산(liquidation by bankruptcy)은 채권자들이 채무변제에 충당할 수 있는 채무자의 자산을 우선순위에 따라 공정하게 분배받을 수 있게 하는데 목적을 둔다. 청산수입은 가장 높은 순위의 청구권자에게 우선 지급된다. 한편 회생절차하에서는 이런 절대적 순위 원칙은 부분적으로 지켜지며, 이는 적시의 파산처리와 미래 소송을 방지하기 위해 허용된다. 그러나 순위별 회수율 차이는 현저하다.

채권의 회수율은 많은 요인들에 의해 영향받는다. 먼저 우선순위가 높은 청구권은 더 높은 회수율을 갖고 있다. 더 일반적으로 완충수단(debt cushion), 즉 더 낮은 순위의 청구권비중이 클수록 회수율이 높다. 회수율은 경제의 확장기에 높고 침체기에 낮은 경향을 갖는다. 또한 채무자의 유형자산이 많거나, 기존의 신용등급이 높거나, 이자보상비율이 높을수록 높은 회수율을 보인다. 법적 환경도 회수율의 주요 요인으로 국가 간 회수율 차이는 상당히 크다.

11.7.3 신용위험의 관리

신용위험은 주로 부도위험과 신용노출을 조절하는 방법으로 관리된다. 부도위험을 조절하는 방법으로, 포트폴리오를 구성하는 단계에서 채무자의 신용등급을 고려할 수 있다. 또한 채무자, 지역, 산업 등을 대상으로 노출의 **포지션 한도**(position limit)를 설정함으로써 분산투자를 추진할 수 있다.

투자의 실행단계에서는 옵션을 이용하여 부도위험을 조절할 수 있다. 신용트리거(credit trigger)는 거래상대방들 가운데 하나의 신용등급이 미리 정해진 수준 이하로 하락하면, 상대방이 계약을 현금결제할 수 있도록 해준다. 예를 들어 거래상대방의 신용등급이 A 미만으로 하락했을 때 계약이 종료될 수 있다면, 부도 확률은 신용등급 A 이상의 거래상대방이 도산할 확률 이하로 유지될 수 있다. 타임 풋(time put) 또는 상호 종료 옵션(mutual termination option)은 한 거래상대방이 특정 시점에 일방적으로 거래를 종료할 수 있도록 허용한다.

신용노출을 조절할 수도 있다. **시가평가**(marking to market)는 전형적으로 증거금(margin)계좌를 사용하여 정기적(일, 월, 분기)으로 계약가치의 변동을 결제하는 것을 뜻한다. 예를 들어 매일의 계약가치 변동이 거래상대방들의 증거금계좌 이체를 통해 결제되는 일별 시가평가하에서, 신용노출은 하루의 계약가치 변동을 넘지 않는다.

노출을 조절하는 가장 강력한 수단은 **상계협약**(netting agreement)이다. 지급 상계(payment netting)는 같은 통화로 표시된 몇 개 청구권의 일별 상계를 포함한다. 예를 들어 금리스왑에서는 고정금리와 변동금리의 차액만 지급된다. 갱신 상계(novation netting)는 거래상대방들 사이의 몇 개 계약을 취소하고 새로운 대체계약을 맺는 것이다. 일괄청산 상계(close-out netting)는 파산 등 신용사건이 발생하는 경우 모든 거래를 취소하고 이 거래들은 시장가치를 기준으로 상계된다.

11.8 유동성위험

포트폴리오의 유동성위험은 자산유동성위험과 자금조달유동성위험을 포함한다. **자산유동성위험**(asset liquidity risk)은 빠른 시일 안에 시장가격에 심각한 영향을 주지 않으면서 포지션을 쉽게 청산 또는 상쇄할 수 없는 위험이다. **자금조달유동성위험**(funding liquidity risk)은 만기에 이른 채무를 이행할 능력이 부족할 때 발생한다.

유동성위험의 관리는 운영위험으로부터 시작한다. 먼저 일상적인 일련의 지급을 관리하고 모든 현금유출입을 예측한다. 이 정보는 다양한 만기의 자금 유출입을 나타내는 자금수지계획표(funding matrix)를 만들기 위해 사용된다. [표 11-2]는 자금수지계획표의 사례를 보여준다.

표 11-2 | 자금수지계획표 (단위: 백만원)

구분	1월	2월	3월	4월	…
현금수입(a)	555	774	2,350	1,505	
현금지출(b)	−331	−998	−1,930	−1,025	
자금갭(c = a + b)	224	−224	420	480	
누적 자금갭	224	0	420	900	

11.8.1 유동성위험의 측정

일반적으로 유동성위험은 몇 개의 척도들에 의해 측정된다. 먼저 **자금갭(funding gap)**은 [표 11-2]의 자금수지계획표와 같이 단위기간별 현금유입과 현금유출의 차액이다. 이는 차입 또는 자산매각 등을 통해 추가자금을 조달하는 갭충당(gap closure)에 의해 해소되어야 한다. 누적 자금갭이 음수가 될 때까지의 기간으로 정의되는 **생존기간(survival period)**은 2개월이다. 기관의 유동비율(current ratio)도 널리 사용되는 유동성 척도이다.

$$유동비율 = \frac{유동자산}{유동부채} \quad [11-12]$$

유동자산은 단기채무, 즉 유동부채를 지급하는 데 용이하게 동원될 수 있는 경제적 자원으로 간주된다.

Cashflow at risk(CaR)는 VaR와 비슷하게, 자금수지계획의 예상 순지출과 실제 순지출의 차액이 분포에서 목표기간 동안의 정해진 신뢰수준에서 측정된 분위수를 의미한다. 정규분포를 가정하면 CaR는 다음과 같이 계산된다. 여기에서 z_c는 목표 신뢰수준(c)에 상응하는 표준정규계수, σ는 실제 순지출이 계획 순지출을 초과하는 금액의 표준편차이다.

$$\mathrm{CaR} = z_c \times \sigma \quad [11-13]$$

실무에서 실제 순지출은 빈번하게 계획 순지출 이내에서 이루어지도록 통제되므로 위 식에서 표준편차 대신 하방표준편차의 사용을 고려할 수 있다.

11.8.2 유동성위험의 관리

유동성위험은 다양한 수단에 의해 통제될 수 있다. 자산유동성위험은 어떤 시장이나 상품에 대한 한도를 설정하고 위험을 분산함으로써 조절될 수 있다. 자금조달유동성위험관리는 더 안정적인 자금조달 원천에 의존하거나 자금의 원천, 지역적 위치 그리고 부채만기의 분산을 포함한다.

위기상황자금조달계획(contingency funding plan)은 유동성위기 시나리오 중의 일부가 현실화할 경우 실행될 행동계획을 포함한다. 위기상황자금조달계획은 실행의 계기가 되는 사건, 권한과 책임의 명확화 그리고 대체 자금조달 원천에 관한 계획을 정의해야 한다.

11.9 운영위험

11.9.1 운영위험의 분류

운영위험은 재무적 손실의 중요한 원인이다. 실제로 재무적 곤경의 대부분은 시장 및 신용위험의 결합에 일종의 운영위험인 통제 실패가 수반된 데 기인한다고 볼 수 있다. [표 11-3]은 운영위험 분류의 예를 보여준다.

표 11-3 | 운영위험의 분류

(A) 내부적 위험

인원	절차	시스템
임직원의 공모/사기	회계오류	자료 품질
임직원의 오류	능력위험	프로그램 오류
임직원의 비행	계약위험	보안 위반
임직원의 책임	불완전판매/부적합성	전략적 위험(플랫폼/공급자)
고용 법규	상품의 복잡성	시스템 용량
보건 및 안전	프로젝트위험	시스템 정합성
업계 행태	보고오류	시스템 전달
지식/기술 부족	결제/지급오류	시스템 실패
핵심인원 상실	거래오류	시스템 부적합성
	평가오류	

(B) 외부적 위험

외부	물리적
법규	화재
자금세탁	자연재해
아웃소싱	물리적 안전
정치적	테러
규제	절도
공급자위험	
조세	

출처: British Bankers' Association 조사, Jorion, 위정범 역(2014)에서 재인용.

11.9.2 운영위험의 측정과 관리

운영위험을 측정하고 관리하기 위해 사용되는 수단은 위험관리의 목적과 기관의 특성 등을 고려하여 선택되어야 한다. 먼저 감사감시(audit oversight)는 감사부서에 의한 업무 과정에 대한 감시로 이루어진다. 운영위험관리의 3선 방어구조(three lines of defense)는 해당 업무부서, 위험관리부서, 감사부서의 운영위험관리체계를 말한다.

비판적 자기평가(critical self-assessment: CSA)를 통해 개별 사업부문은 운영위험의 성격과 정도를 인식할 수 있다. 이런 주관적 평가는 손실의 기대 빈도 및 정도 그리고 위험이 통제되는 방법에 관한 기술을 포함한다. 이런 종류의 과정에 사용되는 도구는 확인목록(checklist), 설문 그리고 워크숍을 포함한다.

핵심위험지표(key risk indicators: KRI)접근법은 시간이 경과하면서 위험이 변하는지를 나타내는 단순한 척도들로 이루어져 있다. 이 조기경보신호들은 감사 평점, 직원 교체율, 거래량 등을 포함할 수 있다. 이런 지표들이 상승하면 운영위험 사건의 발생가능성이 높다고 가정한다. 이 객관적 척도들은 위험관리 담당자로 하여금, 예를 들어 회귀분석기법을 사용하여 손실을 예측할 수 있도록 해준다.

계리적 모형(actuarial model)은 운영위험에 기인하는 손실의 분포를 도출하며, 그 구조는 앞의 [그림 11-4]의 신용위험과 비슷하다. **기대손실(expected loss: EL)**은 발생 예상되는 운영손실의 크기를 나타낸다. 이런 손실은 대부분 발생빈도가 높고 손실수준은 낮은 사건에서 비롯되며, 일반적으로 경상적 비용에 의해 흡수된다. **비기대손실(unexpected loss: UL)**은 선택된 신뢰수준하에서 최대손실과 예상손실 사이의 차이를 나타낸다. 이런 손실은 전형적으로 낮은 빈도와 높은 손실수준을 갖고 있으며, 일반적으로 자기자본에 의해 충당되거나 외부의 보험회사로 이전된다. **위기손실**은 비기대손실을 초과하는 부분으로 일반적으로 빈도는 매우 낮으나 기관에 큰 영향을 줄 수 있다. 이런 손실은 보험회사로 이전되는 것이 바람직하다.

투자 이야기 데니스 웨더스톤

"은행 비즈니스란 리스크관리 자체이다"라고 갈파한 사람은 1990년부터 1994년까지 미국의 대형 명문 금융기관 JP모건의 CEO를 지낸 데니스 웨더스톤(Dennis Weatherstone)이다. 웨더스톤은 런던의 노동자 계급 출신이다. 제2차 세계대전 후 불과 16세에 개런티트러스트은행(Guarantee Trust Company)이라는 미국계 은행 런던지점에서 하급 사무직으로서 일하기 시작해서 외환딜러가 되었다. 당시는 고정환율의 시대여서 외환딜러가 시장거래의 꽃은 아니었다. 그가 일하던 개런티트러스트는 이후 모건은행에 인수되었는데, 이것이 JP모건의 전신이다. 그는 피인수기업의 하급 직부터 시작하여 최고경영자가 된 것이다.

그는 CEO가 되면서, 스태프에게 "매일 오후 4시 15분까지 당일의 위험상황을 수치화하여 보고할 것"을 요구하였다. 당시 리스크의 계량화방법이 확고하게 정해지지 않았던 시기여서, 그의 요구는 분명히 억지스러운 난제였다. 하지만 은행 비즈니스의 본질이 리스크관리에 있다고 하면, 그 리스크상황을 가능한 한 실시간으로 더 구체적으로 파악하는 것은 어떤 의미에서는 당연하다고 할 수 있다. 그리고 이 억지 난제를 실현하기 위해서 만들어진 것이 value at risk, 통칭 VaR(바)라고 불리는 리스크 측정방법이었다. 금융공학을 통해 현대 파이낸스이론의 정수라고도 할 수 있는 리스크이론체계를 고안해낸 것이다.

VaR는 완벽한 지표이기 때문에 채택되었다기보다 어디까지나 통일적인 기준으로 리스크량을 계산하기 위한 현실적인 해결로 선택된 것이었다. VaR의 등장이 금융의 역사 속에서 획기적인 것이었음은 의심할 여지가 없다. 그때까지 리스크의 정의는 사람마다 제각각이고 감각적으로밖에 잡히지 않아 한 숫자로 나타낼 수 없는 것이었다. 그것이 명확한 하나의 숫자로서 나타낼 수 있게 된 것이다.

이 VaR의 계산방법은 리스크메트릭스(RiskMetrics)라는 이름으로 바로 공개되었다. 웨더스톤은 이를 자사에서 독점하는 것이 아니라 업계 공통의 리스크관리 도구로서 제공하려고 하였다. 그의 생각대로 VaR는 다른 금융기관에도 보급되어 갔다. 그 후 다양한 VaR의 계산방법이 개발되고 있으며 실제로 여러 가지 기법이 등장하는데, 그 출발점이 JP모건의 리스크메트릭스였다.

11장 연습문제

01 전통적 금융자산인 주식과 채권의 시장위험을 측정하는 데 사용되는 위험요인 및 자산가치의 민감도는 무엇으로 측정되는가?

02 VaR 측정의 델타-노말접근법과 완전평가접근법을 설명하시오.

03 VaR의 신뢰수준과 목표기간은 어떻게 선택되어야 하는지 설명하시오.

04 거래상대방이 채무를 이행할 수 없거나 고의적으로 채무를 이행하지 않을 때 입을 수 있는 손실의 위험은 무엇인가?

① 시장위험 ② 신용위험
③ 유동성위험 ④ 법률위험

05 다음 중 결제리스크에 관한 설명이 아닌 것은 무엇인가?

① 거래가 취소불가능한 단계에 접어들면 존재한다.
② 결제리스크가 가장 큰 영역은 파생상품이다.
③ 결제 전 리스크에 비해 규모와 지속기간이 작다.
④ 널리 알려진 결제리스크 사례는 1974년 Herstatt은행의 실패이다.

06 기관의 내부시스템이나 직원의 실수, 범죄, 외부로부터의 침입 등에 의해 발생할 수 있는 손실의 위험을 의미하는 것은 무엇인가?

① 시장위험 ② 운영위험
③ 유동성위험 ④ 신용위험

07 투자자가 각종 의무이행에 필요한 현금을 확보하지 못할 때 발생할 수 있는 손실의 위험을 의미하는 것은?

① 시장위험 ② 운영위험
③ 유동성위험 ④ 신용위험

08 VaR에 관한 설명 중 옳지 않은 것은 무엇인가?

① 유의수준이 작을수록 VaR는 작다.
② 자산의 규모가 클수록 VaR는 크다.
③ 표준편차가 작을수록 VaR는 작다.
④ 다른 조건이 일정할 때, 일간 VaR보다 주간 VaR가 크다.

09 다음 보기 중 '포트폴리오의 95% 신뢰수준의 주간 VaR는 5억원'이라는 보고를 가장 적절하게 해석한 것은 무엇인가?

① 정상적인 상황에서 1주(통상적으로 5영업일) 동안의 손실이 5억원보다 작을 확률이 5%이다.
② 정상적인 상황에서 1주(통상적으로 5영업일) 동안의 손실이 5억원보다 클 확률이 5%이다.
③ 극단적인 상황에서 1주(통상적으로 5영업일) 동안의 손실이 5억원보다 작을 확률이 5%이다.
④ 극단적인 상황에서 1주(통상적으로 5영업일) 동안의 손실이 5억원보다 클 확률이 5%이다.

10 만기 3년 100억원 상당의 채권포지션의 95% 신뢰구간의 1개월 VaR는 얼마인가? 이 포트폴리오의 수정듀레이션은 2년, 3년 만기 회사채수익률의 일간 변동성은 0.1%이다. (단, 1개월의 거래일수는 25일)

① 0.33억원 ② 1.65억원
③ 0.65억원 ④ 3.31억원

11 1997년의 동아시아 외환위기 또는 2008년 글로벌 금융위기 같은 상황에서 발생할 수 있는 극단적 손실을 예측하려는 분석방법은 무엇인가?

① 델타-노말접근법 ② 사후검증
③ 위기분석 ④ 역사적 시뮬레이션

12 신뢰수준 95%의 사후검증에서 연간 250일의 거래일 동안 얼마나 많은 예외가 발생할 것으로 예상되는가? (소수점 반올림)

① 10 ② 13
③ 25 ④ 50

13 어떤 포트폴리오의 현재가치는 100억원으로 평가되고, 수익률의 표준편차는 20%이다. 다음 네 개의 VaR를 크기 순서에 의해 나열하시오.

① 다른 조건은 일정할 때, 95% 신뢰수준의 일간 VaR
② 다른 조건은 일정할 때, 99% 신뢰수준의 일간 VaR
③ 다른 조건은 일정할 때, 95% 신뢰수준의 10일 VaR
④ 다른 조건은 일정할 때, 99% 신뢰수준의 10일 VaR

14 어떤 채권포지션의 현재가치는 200억원으로 평가되며, 2.63년의 듀레이션을 갖고 있다. 시장이자율은 7%, 월간 표준편차는 0.3%로 측정된다. 이 채권포지션의 99% 신뢰수준의 월간 VaR를 계산하시오.

15 아래 자료와 [식 11-6]을 이용하여 이 주식 포트폴리오의 95% VaR를 계산하시오.

구분	주식 A	주식 B
투자금액	20억원	30억원
분산	3%	6%
주식과 시장지수의 상관계수	0.06	0.41
시장지수의 표준편차	8%	

16 다음 VaR의 측정방법 중 완전평가접근법이 아닌 것은 무엇인가?

① 델타-노말법　② 역사적 시뮬레이션법
③ 위기분석　④ 몬테칼로 시뮬레이션법

17 다음 VaR에 관한 설명 중 옳지 않은 것은 무엇인가?

① VaR는 최악의 손실을 알려주지 않는다.
② VaR는 분포의 꼬리에 속하는 극단적 상황에서 입을 수 있는 손실을 묘사하지 않는다.
③ 은행 같은 금융기관의 자본적정성을 위한 목적으로 VAR가 사용되는 경우, 일반적으로 높은 신뢰수준을 선택하는 것이 바람직하다.
④ VAR의 목표기간이 길수록 더 안전한 포트폴리오관리가 가능하다.

18 다음 중 회수율이 가장 높을 것으로 기대되는 부채는?

① 일반채권　② 조세채권
③ 선순위채권　④ 담보채권

19 통화들의 환율이 양(+)의 상관관계를 갖고 있을 때 환위험을 낮출 수 있는 전략은?

① 모든 통화에 대해 순매도포지션을 취한다.
② 모든 통화에 대해 순매수포지션을 취한다.
③ 한 통화는 순매도, 다른 통화는 순매수포지션을 취한다.
④ 각 통화에 대해 독립적으로 최대의 순노출을 취한다.

20 다음 중 국가신용리스크에 관한 설명으로 옳지 않은 것은 ?

① 경제적 리스크에 추가하여 정치적 리스크 등을 고려해야 한다.
② 자국통화표시 부채와 외국통화표시 부채의 신용등급이 다를 수 있다.
③ 기업의 신용등급은 자국의 국가신용등급을 상회하지 않는다.
④ 많은 국가에 대해 자료를 수집할 수 있으므로 가용자료의 수가 많다.

❙ 연습문제 풀이 ❙

01 전형적으로 주식의 시장위험요인은 시장지수, 자산가치의 민감도는 베타에 의해 측정된다. 또한 채권의 시장위험요인은 이자율, 자산가치의 민감도는 듀레이션에 의해 측정된다.

03 신뢰수준은 VaR 척도의 목적을 고려해야 한다. 예를 들어 은행의 손실완충을 위한 자기자본결정처럼, 위험회피 유인이 강할 때 높은 신뢰수준이 적당하다. 더 높은 신뢰수준은 더 큰 VaR를 제시하며, 결국 더 많은 목표 자기자본을 제시한다. 반대로 VaR가 주어진 목표기간 동안 실제 손실의 정확한 척도를 제시하기 위한 것이면, 덜 높은 신뢰수준이 선택될 수 있다. 전형적으로 VaR의 신뢰수준은 통계적 관행에 의해 99% 또는 95%로 선택된다. 다음으로 VaR의 목표기간은 포트폴리오의 성격을 반영해야 한다. 예를 들어 비교적 단기로 자금을 취급하는 상업은행의 목표기간은 더 짧아야 한다. 대조적으로 연금기금은 장기적인 부채와 자산구조를 갖고 있으므로 더 긴 목표기간을 선택해야 한다.

05 ②

07 ③

09 ②

11 ③

13 수식 VaR = |포트폴리오 현재가치 $\times \sigma_p \times z_c$|를 이용한다.
① VaR는 100억원×0.2×1.65=33억원
② VaR는 33억원×0.2×2.33/1.65=46.6억원
③ VaR는 33억원× $\sqrt{10}$ =104.28억원
④ VaR는 46.6억원× $\sqrt{10}$ =147.26억원
따라서 ④>③>②>① 순이다.

15 먼저 주식의 베타는 $\beta_i = \frac{\rho_{iM}\sigma_i}{\sigma_M}$ 이므로 주식 A와 주식 B의 베타는 각각 0.13, 1.26이다. 따라서 포트폴리오 베타는 $\beta_p = \sum_{i=1}^{n} w_i\beta_i$ =0.4×0.13+0.6×1.26=0.81이며, 포트폴리오의 95% VaR는 $VaR_s = V_s \times \beta_s \times \sigma_M \times z_c$ =50억원×0.81×0.08×1.65=5.35억원이다.

17 ④

19 ③

5부
투자기회의 확대

- 12장 파생상품
- 13장 국제투자
- 14장 대체투자

제5부는 효율적 포트폴리오관리를 위해 앞에서 다룬 주식과 채권에 추가하여 **파생상품**(derviatives), **국제투자**(international investments), **대체투자**(alternative investments) 등 확대된 투자기회들을 소개한다. 포트폴리오관리에서 수익률의 제고와 위험의 통제는 핵심적 과제이다. 수익률에 대한 과도한 집중은 위험을 확대시켜 결국 막대한 손실을 초래할 수 있고, 포트폴리오의 기존 자산과 낮은 상관관계를 갖고 있는 자산을 새로 편입하면 위험분산효과를 높일 수 있다. 파생상품, 국제투자, 대체투자는 투자의 수익률을 높이거나 위험분산을 강화하는 효과적 수단으로 사용될 수 있다. 제12장은 대표적인 파생상품과 사례를 살펴보고, 제13장은 국제투자의 효익과 문제점을 알아보며, 제14장은 최근 관심이 높아지고 있는 대체투자의 개념과 종류를 살펴본다.

12장 파생상품

파생상품(derviatives)은 그 가치가 다른 자산, 즉 기초자산(underlying asset)의 가격에 따라 결정되는 상품을 의미한다. 파생상품은 일간신문에 빈번히 등장할 정도로 우리에게 익숙한 금융상품이 되었고, 많은 주식투자자들이 주가지수와 관련된 파생상품에 직접 투자하고 있다. 가끔 파생상품투자로 막대한 돈을 벌어들인 투자자에 대한 뉴스를 접할 수 있지만 주위에서 파생상품투자로 거액의 손실을 입었다는 사례도 어렵지 않게 접한다.

그러나 일반인은 물론 실제 투자를 하고 있는 투자자들도 파생상품의 본질을 제대로 이해하는 것은 쉽지 않다고 생각하는 것 같다. 이 장에서는 파생상품의 개념과 종류를 알아보고 파생상품이 자본시장 참가자들에게 어떠한 편익을 가져다주는지 살펴보자.

12.1 파생상품의 개요

12.1.1 파생상품의 의의

파생상품은 그 용어가 지칭하는 것처럼 어떤 기초자산에서 파생된 상품으로, 그 가치는 기초자산의 가격에 따라 결정된다. 파생상품은 기초자산의 미래가치를 사고파는 거래를 총칭한다. 파생상품은 원래 기초자산의 가격변동위험을 회피할 목적으로 거래되기 시작하였으나, 금융시장과 금융기술의 발전으로 고수익 · 고위험을 추구하는 투자자들이 선호하는 투자대상으로 발전하였다.

파생상품은 **선물계약(futures contract)**과 **선도계약(forward contract)**, **옵션(option)**, **스왑(swap)** 등으로 구분될 수 있다. 이외에도 다양한 파생상품이 거래되고 있지만 대부분은 앞에 언급된 세 가지 파생상품의 변형이거나 이들의 결합으로 만들어진다. 또한 주식이나 채권이 일정한 권리를 내포하고 있는 경우에도 파생상품으로 간주될 수 있다. 예를 들어 전환사채(convertible bonds), 교환사채(exchangeable bonds), 신주인수권부사채(bond with warrants) 등이다. 경영자에게 지급되는 스톡옵션(stock option)도 파생상품의 하나로 볼 수 있다. 선물계약과 선도계약은 경제적으로는 동일하나, 선물계약은 거래소상품이고 선도계약은 장외상품이라는 제도적 차이를 갖는다.

사실 파생상품의 역사는 매우 길다. 예를 들어 미래의 정해진 날짜에 일정한 수량의 어떤 상품을 미리 정한 가격에 사거나 팔기로 하는 선물계약은 유럽에서는 중세시대부터 존재한 것으로 알려져 있고, 일본에서도 에도시대에 미곡을 기초로 하는 파생상품이 거래되었다고 한다. 우리나라의 파생상품거래는 근래에 본격적으로 시작하였으나, 최근 국내외적으로 금융시장에서 차지하는 비중이 비약적으로 늘었다.

파생상품이 오래 전부터 세계 여러 곳에서 거래되어 왔고 최근 들어 그 시장이 급성장한 이유는 무엇일까? 이는 파생상품이 기본적으로 위험과 관련되어 있기 때문이다. 시장참가자는 선물계약을 통해 기초자산과 관련된 위험을 제거하거나 또는 수익을 위해 위험을 부담할 수 있다.

시장참가자는 미래시점의 기초자산가격이 어떻든 상관없이 정해진 가격에 기초자산을 사거나 팔 수 있기 때문에 가격변화의 불확실성을 제거할 수 있다. 예를 들어 만약 어떤 농부가 가을에 추수할 예정인 곡물을 지금 정한 가격으로 추수시점에 매도하기로 계약을 맺었다면, 그는 풍년으로 곡물가격이 하락할 위험을 제거한 것이다. 그 대신 농부는 가을에 곡물가격이 크게 상승하는 경우 얻을 수 있는 이익을 포기한 것이다. 반대로 지금 정한 가격으로 농부로부터 추수시점에 곡물을 매수하기로 한 곡물상인은 흉년으로 곡물의 매입가격이 상승할 위험을 제거하게 된다. 대신 곡물상인은 매입가격이 하락하는 경우에는 시가보다 비싼 가격으로 매입해야 하는 위험을 부담한다. 농부와 곡물상인이 미리 정하는 미래의 거래가격을 **선물가격(futures price)**이라고 한다.

선물계약뿐 아니라 모든 파생상품은 가격변동위험을 기반으로 하여 거래된다. 시장참가자 중에는 가격변동위험을 제거하려는 투자자, 가격변동위험을 이용하여 이익을 얻으려는 투기거래자 그리고 선물가격이 시장의 균형가격으로부터 벗어나는 경우 그 기회를 이용하여 이익을 얻으려는 차익거래자들이 있다. 따라서 어떤 자산의 가격변동위험이 없거나 미미하다면, 그 자산을 기초자산으로 하는 파생상품에 대한 거래수요는 존재하지 않을 것이다. 이 같이 위험은 파생상품거래의 핵심적 요소이며 전제조건이다.

12.1.2 파생상품의 등장과 확산 배경

통상적으로 파생상품시장에서 기초자산은 상품(commodity)과 금융자산(financial assets)으로 구분된다. 상품은 농산물, 축산물, 임산물, 원자재, 에너지 등을 포함하고, 금융자산은 통화, 주식, 채권 등 구체적인 금융자산뿐 아니라 금리, 주가지수, 인플레이션 등과 같이 실체 없는 지수들도 포함한다. 상품을 기초자산으로 하는 **파생상품(commodity derivatives)**은 역사적으로 오래전부터 거래되어 왔으나, 금융자산을 기초로 하는 **파생금융상품(financial derivatives)**은 1970년대쯤에 도입되기 시작하였다. 파생금융상품의 거래가 상대적으로 최근에 시작한 것은 금융시장의 위험과 관련 있다.

제2차 세계대전 이후 세계는 미국 달러의 가치를 금의 가치에 연계시키고 각국의 화폐가치를 미국 달러화에 연계시키는 금본위제도와 고정환율제도를 채택하였다.[1] 즉 통화의 가치는 실물자산에 연계되었으며 환율은 고정되었다. 통화의 가치가 실물자산에 연계됨에 따라 인플레이션은 낮은 수준에 머물렀고 금리의 변동성은 크지 않았다. 또한 환율이 고정되어 있었기 때문에 국제무역 및 투자에서 환리스크는 크지 않았다. 따라서 수요와 공급에 따라 가격이 변동하는 상품자산과는 달리, 주가를 제외한 대부분의 금융자산가격은 안정적이거나 고정된 상태를 유지하였으며 시장참가자들은 가격변동위험에 노출되지 않았다. 이는 파생금융상품의 필요성이 크지 않았음을 의미한다.

이런 상황이 크게 변하기 시작한 것은 1971년부터이다. 미국은 베트남전쟁으로 막대한 국제수지 적자를 겪었고 달러가치는 하락했다. 1971년 8월 미국 정부는 금본위제도를 포기하는 금태환정지를 선언하였으며 주요국들은 변동환율제도를 채택하였다. 시장

1 1944년 제2차 세계대전 종전 직전에 이러한 사항이 포함된 협정이 연합국을 중심으로 맺어졌으며 이를 브레튼우즈(Bretton Woods)협정이라고 한다. 브레튼우즈체제는 1971년 8월 당시 미국 대통령이었던 닉슨의 금태환정지선언으로 붕괴되었다.

참가자들은 환율변동위험에 노출되었고, 환위험 통제를 위한 수단을 모색하였다. 이는 통화 관련 파생상품이 등장하는 계기가 되었다.

또한 1973년과 1979년 두 차례에 걸쳐 발생한 석유파동(oil shock)은 세계경제에 막대한 영향을 미쳤다. 1973년 제1차 석유파동 이후 원유가격은 배럴당 2.9달러에서 11.6달러로 불과 2~3개월 동안 4배가량 폭등하였고, 이란혁명으로 인해 발생한 1979년의 석유파동 때에는 원유가격이 배럴당 13달러에서 30달러 수준까지 치솟았다. 이는 세계적인 인플레이션을 유발하였고, 예를 들어 미국의 10년 만기 국채수익률이 15% 수준을 상회하도록 만든 요인으로 작용하였다.

1970년대에 발생한 일련의 사건들, 즉 급격한 환율과 금리변동, 그에 따른 전반적인 금융시장의 불확실성 증가와 같이 이전에는 경험하지 못했던 새로운 위험들은 시장참가자들에 큰 영향을 미쳤다. 환율의 변동성 확대는 다국적기업은 물론 수출입업무를 수행하는 일반기업의 수익변동성을 확대시켰고, 금리변동성의 심화는 은행과 보험회사는 물론 시장에서 자금을 차입하거나 운용하는 기업들에 막대한 영향을 미쳤다. 시장참가자들은 이런 위험을 회피하거나 제거할 수 있는 수단을 찾게 되었고, 이에 따라 선물환과 같은 통화 관련 파생상품을 비롯한 다양한 파생상품이 등장하기 시작하였다.

1970년대 이후 파생상품시장의 비약적 성장의 배경에는 앞에 설명된 위험의 확대 및 확산과 더불어 금융이론과 기술의 발전이 있었다. 파생상품의 역사는 매우 오래되었으나, 예를 들어 시장참가자들은 1970년대 이전까지 대표적인 파생상품 가운데 하나인 옵션의 가격이 어떻게 결정되는지 알지 못하였다. 1973년 블랙과 숄즈(Black and Scholes) 그리고 머튼(Merton)에 의해 옵션가격결정모형이 개발되면서 이를 바탕으로 새로운 파생상품을 개발할 수 있는 여건이 마련되었다. 옵션가격결정모형이 개발된 이후 많은 파생상품연구가 이루어졌고, 금리와 환율은 물론 주식, 주가지수, 인플레이션, 채권 등 다양한 금융시장의 변수를 기초자산으로 하는 파생상품이 개발되었다.

이런 경향은 1980년대에 더욱 강화되었다. 시장에서는 선물이나 옵션 같은 기본적인 파생상품을 조합하거나 변형하여 시장참가자의 니즈(needs)를 충족시키는 복합적인 파생상품들이 만들어지기 시작하였으며, 이는 **금융공학(financial engineering)**이라고 일컬어졌다. 1990년대 및 2000년대에도 금융시장의 불확실성이 지속됨에 따라 새로운 파생상품의 개발은 계속되었다.

12.1.3 파생상품의 기능과 역할

파생상품의 핵심적 기능은 위험회피수단을 제공하는 것이다. 파생상품의 출현 배경도 농산물 미래가격의 불확실성 제거에 있었다. 선물, 옵션, 스왑 등 파생상품들은 그 특성이 서로 다르지만 이들의 본질적 기능은 위험 또는 불확실성의 통제라고 할 수 있다.

시장에서는 통상적으로 위험회피를 **헤지(hedge)**라고 부르며, 위험헤지를 목적으로 하는 거래자를 **헤지거래자(hedger)**라고 한다. 앞에서 언급된 중세시대의 농부는 대표적인 헤지거래자이다. 농부는 수확기에 곡물가격이 급락할 수 있는 위험에 노출되어 있다. 만일 농부가 수확하게 될 곡물을 지금 정해진 가격에 곡물상인에게 팔기로 하는 선물계약을 맺는다면 농부는 가격하락위험에서 벗어날 수 있다. 그러나 금융시장에 공짜점심은 없다는 격언과 같이 수익을 올리거나 위험을 제거하기 위해서는 비용을 지급하여야 한다. 농부의 경우 수확기에 곡물의 가격이 상승하는 경우 얻게 될 추가적인 이익을 포기하는 대신 가격하락으로 인한 손실위험을 제거한 것이다.

그렇다면 곡물상은 왜 이러한 거래를 하는 것일까? 사실 중간상인은 수확기에 곡물을 농부로부터 사들여 시장에 팔아 수익을 올릴 수 있으며 현재로는 아무 위험에도 노출되어 있지 않다. 중간상인이 농부로부터 수확기에 미리 정해진 가격으로 곡물을 매입하기로 하는 계약을 맺는다면 중간상인은 지금까지 없었던 새로운 위험에 노출된다. 즉 중간상은 수확기에 풍년이 들어 곡물가격이 계약한 매수가격보다 하락한다면 손실을 입을 위험에 노출되는 것이다. 그러나 중간상은 가격하락의 위험을 부담하지만 그 보상으로 곡물가격이 상승하는 경우에는 이익을 얻을 수 있는 기회를 갖게 된다.

앞의 설명을 정리하면, 농부는 이미 노출되어 있는 위험을 제거하기 위해 선물계약을 이용하였고 중간상인은 새로운 수익기회를 얻기 위해 농부의 위험을 대신 떠안았다고 할 수 있다. 이 같이 시장에서 수익기회를 얻기 위해 적극적으로 위험을 부담하는 거래를 **투기거래(speculation)**라고 부르고 이런 거래를 하는 거래자를 **투기거래자(speculator)**라고 한다. 여기서 중간상인과 농부는 선물계약시점에는 아무런 비용을 지출할 필요가 없으므로 선물계약은 저비용으로 위험을 관리할 수 있는 매우 효율적인 수단이 된다. 즉 선물계약과 같은 파생상품은 헤지를 위한 수단인 동시에 투기적 거래를 위한 매우 효과적인 수단이다.

한편 파생상품시장에는 일시적인 시장의 비효율성을 이용하여 위험을 부담하지 않고 수익을 얻으려는 투자자들도 참가한다. 이들은 현물시장과 파생상품시장 사이의 일시적인 불균형으로 현물가격이나 파생상품가격이 적정수준으로부터 벗어나면 현물을 매수하고 파생상품을 매도하거나 또는 반대방향의 거래를 통해 위험을 부담하지 않거나 적게 부담하면서 수익을 추구하는 전략을 수행한다. 이러한 거래행태를 **차익거래(arbitrage)**라고 하며 이런 거래를 수행하는 시장참가자를 **차익거래자(arbitrageur)**라고 한다. 궁극적으로 이들의 활동은 현물가격과 파생상품가격이 적정하게 유지되도록 함으로써 시장의 효율성이 달성되도록 한다.

파생상품은 위험을 회피하려는 거래자에게는 적절한 수단을 제공하고, 고위험-고수익을 추구하는 투자자에게는 효과적인 위험부담수단을 제공한다. 또한 파생상품은 시장의 효율성을 제고한다. 간혹 파생상품이 금융시장의 위험을 확대하는 부작용을 낳을 수 있으나, 대체로 금융시장의 효율적 작동을 위해 필수적인 요소라고 할 수 있다.

12.2 파생상품의 종류 및 분류

파생상품은 경제적 특성에 따라 선물, 옵션, 스왑 및 기타 상품으로 구분된다. 한편 파생상품 기초자산의 특성에 따라 실물상품을 기초자산으로 하는 상품파생상품(commodity derivatives)과 금융자산을 기초자산으로 하는 금융파생상품(financial derivatives)으로 구분된다. 파생상품시장은 기초자산에 따라 별도의 거래소에서 구분되어 거래되기도 한다. 파생상품은 거래되는 시장을 기준으로 장내파생상품(또는 거래소파생상품)과 장외파생상품으로 구분되기도 한다.

12.2.1 기초자산에 따른 파생상품의 구분

상품파생상품의 기초자산은 옥수수, 쌀, 소맥과 같은 농산물, 생돈, 생우, 냉동삼겹살과 같은 축산물, 목재와 합판과 같은 임산물, 구리 및 알루미늄 등의 비철금속 그리고 금,

은, 백금과 같은 귀금속 등이다. 한편 두 차례의 석유파동 이후 원유, 천연가스, 난방유와 같은 에너지를 기초자산으로 하는 파생상품시장의 규모도 크게 성장했다. 금융파생상품의 기초자산으로는 주요국의 통화, 금리, 채권, CD(양도성예금증서), LIBOR 및 단기국채와 같은 단기금융상품, 주요 주가지수와 주식 등을 들 수 있다.

한편 정보통신기술과 금융기술의 발전으로 새로운 변수를 기초자산으로 하는 파생상품들이 등장하고 있으며 대표적인 것으로 날씨파생상품, 신용파생상품, 인플레이션 관련 파생상품 등이 있다. 날씨파생상품은 기온의 변화를 기초자산으로 하고 있으며 신용파생상품은 기업이나 국가의 신용도가 기초자산이다.

12.2.2 계약형태에 따른 구분

파생상품은 계약형태에 따라 크게 선물 및 선도, 옵션, 스왑으로 구분된다. 이들 파생상품의 주요 기능이 위험의 헤지에 있으며 투기적 거래에 효과적으로 사용될 수 있다는 점은 동일하나, 계약의 형태에 차이가 있고 이에 따라 각 상품의 수익구조도 차별화된다.

선도거래는 가격, 수량 및 인도일 등의 조건을 포함한 계약을 지금 체결하지만 기초자산의 인도 및 대금의 지급 등 계약의 이행이 바로 이루어지지 않고 미래 특정 시점에 일어나는 상품을 말한다. 선물거래는 거래소에서 표준화된 조건에 의해 거래되는 선도상품을 말한다. 선도거래와 선물거래는 우리나라의 「자본시장법」이 규정하는 '기초자산이나 기초자산의 가격, 이자율, 지표, 단위 또는 이를 기초로 하는 지수 등에 의하여 산출된 금전 등을 장래의 특정 시점에 인도할 것을 약정하는 계약'에 해당한다.

선도거래는 선도금리계약(forward rate agreement: FRA)이나 선물환(currency forward) 거래와 같이 당사자 간 사적인 계약에 의해 자유롭게 거래되고, 주로 장외거래 형태로 이루어지며, 일반적으로 계약 만기일에 매매대상물과 대금이 인수 · 도됨으로써 거래가 종료된다. 계약의 이행 여부는 거래당사자 간의 신용에 의해 결정된다. 이에 비해 선물거래는 거래소 내에서 표준화된 상품을 대상으로 공개경쟁 입찰방식에 의해 이루어지며, 청산소(clearing house)라는 공적 기구에 의해 계약의 이행이 보증되는 것이 선도거래와 다른 점이다. 선물거래에서는 계약의 만기일에 결제가 이루어지기보다는 주로 반대매매를 통해 계약을 청산(off-set)한다.

옵션은 '미래의 결제일에 옵션매입자의 권리행사 여부에 따라 인수 · 도가 일어나거나 일어나지 않을 수 있는 선도상품'으로 정의될 수 있다. 즉 옵션은 특정 증권 또는 상품을 만기일에 일정가격에 매수 또는 매도할 수 있는 권리를 말한다. 기초자산을 매수할 수 있는 권리를 **콜옵션(call option)**, 매도할 수 있는 권리를 **풋옵션(put option)**이라고 한다. 「자본시장법」의 '당사자 어느 한쪽의 의사표시에 의하여 기초자산이나 기초자산의 가격, 이자율, 지표, 단위 또는 이를 기초로 하는 지수 등에 의하여 산출된 금전 등을 수수하는 거래를 성립시킬 수 있는 권리를 부여하는 것을 약정하는 계약'은 바로 옵션계약을 의미한다. 옵션의 일반적 거래조건은 기초자산, 행사가격, 옵션가격 및 만기일에 관한 내용이다.

스왑은 '일련의 선도거래를 하나의 집합으로 만들어 거래하는 상품'이라고 한다. 풀어서 설명하면 두 개의 상품 또는 자산에서 파생되는 장래의 현금흐름(cash flow) 또는 가격지수 등을 계약상대방과 일정기간마다 교환(swap)하기로 약정하는 파생상품거래의 한 방식으로 교환을 1회만 하는 형태는 선도거래와 성격이 같다. 스왑계약에서 교환의 대상은 서로 다른 통화표시자금이나 이자, 시장가격이나 지수, 투자수익 등 다양하다. 결제를 할 때에는 상대방과 주고받는 금액을 총액결제하는 것보다 차액결제하는 방식이 더 일반화되고 있다. 「자본시장법」 제2조 제1항 제3호에서 규정하는 '장래의 일정기간 동안 미리 정한 가격으로 기초자산이나 기초자산의 가격, 이자율, 지표, 단위 또는 이를 기초로 하는 지수 등에 의하여 산출된 금전 등을 교환할 것을 약정하는 계약'은 스왑계약을 의미하는 것으로 해석된다.

12.2.3 거래시장에 따른 파생상품의 구분

금융시장을 구분하는 기준에는 여러 가지가 있으나, 시장의 형태에 따라 거래소시장(장내시장)과 장외시장으로 구분될 수 있다. 거래소는 19세기 초부터 증권거래인이 거래 편의를 도모하기 위해 한 장소에서 모여 거래하기 시작하면서 성립되었다. 미국 뉴욕의 뉴욕증권거래소(New York Stock Exchange: NYSE), 시카고의 시카고상품거래소(Chicago Board of Trade: CBOT) 등 주요 거래소들이 이 무렵에 설립되었다. 증권을 거래소에서 거래하기 위해서는 여러 가지 거래조건을 표준화시킬 필요가 있었다. 주식의 경우 거래단위, 호가, 결제방법 등이 표준화되어 있으며 파생상품의 경우에도 거래단위, 호가, 결제방법과 인도물건, 기초자산의 인도일 등 여러 가지 거래방식이 표준화되어 있다. 또한 파생상품에 대해서는 거래참가자의 계약불이행을 막기 위해 그들의 손익을 매일 정산하는 **일일정산(daily settlement)**을 실시하고 있다.

장외시장은 넓게는 거래소 이외의 모든 시장을 의미한다. 장외시장에는 미국의 나스닥(NASDAQ)과 같은 조직화되어 있는 장외시장을 비롯하여 금융기관 간 또는 금융기관과 일반기업 및 기타 고객의 거래가 이루어지는 시장 모두가 포함된다.

조직화되어 있는 장외시장을 제외한 일반적인 장외시장에서는 거래소시장과는 달리 거래조건이 표준화되어 있지 않으며 거래당사자 간 협의에 의해 결정된다. 장외시장의 거래는 거래당사자의 수요에 맞추어 거래조건이 결정될 수 있어 거래소보다 유연하다. 다만 장외시장의 거래자는 상대방이 계약을 이행하지 않는 경우 계약불이행으로 인한 손실, 즉 **거래상대방위험(counterparty risk)**을 모두 부담하여야 한다. 이러한 문제점을 해결하기 위해 장외시장에서 파생상품거래를 하는 경우 담보를 요구하거나 신용도가 높은 거래상대방만을 선택하여 거래하기도 한다.

장외시장에서는 모든 종류의 파생상품이 거래될 수 있으며 거래소시장에서는 표준화가 가능한 대부분의 파생상품이 거래될 수 있다. 어떤 상품의 경우에는 유사한 성격을 가짐에도 불구하고 거래소상품과 장외시장상품의 명칭이 구분되어 있으며, 이것이 바로 선물(futures)와 선도(forward) 거래이다. 선물과 선도는 특정 기초자산을 미래 정해진 날짜에 지금 정해진 가격으로 기초자산을 매매한다는 측면에서 동일하지만 선물은 거래소상품이고 선도는 장외상품이라는 데에서 차이가 있다. 선물은 거래소에서 거래되기 위해 호가, 결제방법, 인도일, 증거금납부 등의 거래조건이 모두 표준화되어 있는 반면 선도거래는 장외에서 거래당사자가 거래조건을 자유로이 정할 수 있다. 예를 들어 우리나라에 파생상품이 소개되는 과정에서 명칭에 혼선이 있기는 했으나, 통화선물은 통화(currency)에 대한 선물계약이고 선물환은 선도계약이다. 선물환거래에서 은행은 선물환율을 매일 고시하고 은행이 판단하는 적격 거래자와 거래한다.

한편 기초사산의 현금흐름을 일정시점마다 정해진 기간 동안 교환하기로 하는 스왑도 대표적인 장외파생상품이다. 그러나 최근 스왑에 대해서도 거래조건을 표준화시켜 거래소에 상장하는 경우도 있는 것으로 알려져 있다.

옵션의 경우에는 거래소와 장외에서 모두 거래되나 장외상품의 경우 표준적인 상품보다는 변형된 형태의 옵션이 더욱 빈번히 거래되고 있다.

파생상품시장은 기본적으로 금융기관과 기업이 참여하여 한 번의 계약으로 거액의 자산을 거래하는 도매시장이다. 이러한 파생상품시장의 특성에 따라 주식과는 달리 시장에 참가할 수 있는 투자자 및 그 수는 제한적이다. 세계적으로 전체 파생상품시장에서 장외파생상품이 차지하는 비중이 90%를 넘는 것으로 조사되고 있다.

표 12-1 장내파생금융상품과 장외파생금융상품의 비교

구분	장내(거래소)파생금융상품	장외파생금융상품
상품종류	선물, 옵션	선도, 스왑, 옵션
이용자	개인, 기업 및 금융기관 등을 포함한 불특정 다수	상대적으로 규모가 크고 신용이 우수한 기업이나 금융기관
신용위험	일일정산제도 등 신용위험을 제거하는 장치가 마련	거래상대방의 신용위험
상품구조	표준화	거래조건 협약 등에 따라 다양한 구조의 상품 구성이 가능

12.3 선도 및 선물

12.3.1 선도계약 및 선물계약의 개념

선도계약(forward contracts)은 계약의 양당사자가 장래의 특정한 일자에 일정물량의 기초자산을 일정가격에 사거나 팔기로 하는 금융계약으로 정의된다. 선도거래는 거래소 등에 의해 계약조건이 표준화되어 있는 선물거래와는 달리 가격, 장래 인도 및 결제조건 등을 매매당사자 간에 직접 결정할 수 있다. 선도계약은 장외파생상품으로 매매당사자 간에 직접 거래되므로 장래 계약불이행위험이 다른 거래유형에 비하여 매우 높다. 계약불이행위험 외에도 중도에 포지션을 청산하는 것도 상대방이 응하지 않으면 쉽게 하지 못하는 단점이 있다. 따라서 대부분의 선도계약의 경우 만기 전에 발생하는 가격변동은 장부상에 나타날 뿐이며 실제로 손익이 실현되는 것은 반대매매를 통해 포지션을 청산하거나 만기에 포지션이 종료되는 시점이다.

위험회피를 위한 헤지기능은 선도계약을 통해서 얻을 수 있는 가장 주된 효과이다. 선도거래의 대상이 되는 기초자산은 현물상품에서 금, 금융상품, 경제지표 등에 이르기까지 다양하며, 전 세계적으로 선도거래를 위한 광범위한 시장이 존재한다. 계약규모, 물품등급, 신용조건, 인도기일 및 인도장소와 같은 계약조건은 당사자들 사이의 협상에 의하여 결정된다. 따라서 선도계약은 선물계약에 비교하여 훨씬 탄력적이다. 하지만 선도계약은 거래규모가 크고, 거래상대방의 신용위험을 보증할 청산소가 없기 때문에 상대적으로 신용위험이 높다. 선도계약을 통하여 매매가격을 고정하여 향후 시장가격변동의 위험을 피할 수 있다.

선물계약(futures contract)이란 장래의 일정시점을 인수 · 도일로 하여 품질, 규격, 수량 등이 표준화되어 있는 어떤 상품 또는 금융자산을 현재의 계약체결시점에 정한 가격에 사고팔기로 약속한 계약이며, 선물계약과 선도계약의 기본형태는 동일하다. 다만 선물계약은 정형적인 거래조건에 따라 표준화된 상품을 거래소를 통하여 매매하는 계약이기 때문에 거래상대방위험, 즉 거래상대방의 채무불이행위험이 실질적으로 제거되는 차이점이 있다.

채무불이행위험을 제거하기 위한 선물계약의 장치에는 다음과 같은 것들이 있다. 첫째, 청산소제도이다. 선물거래의 참여자가 안심하고 매매하기 위해서 모든 거래의 계약이행을 보증할 제3자로서 역할을 한다. 매수자와 매도자 사이에 청산소가 개입하여 거래상대방이 되어준다. 둘째, 증거금제도이다. 증거금이란 계약불이행의 위험을 방지하기 위해 거래소가 매매당사자로 하여금 계약과 동시에 납부하도록 하는 일정비율의 보증금을 말한다. 셋째, 일일정산제도이다. 청산소는 당일 장이 끝난 후 종가를 기준으로 매일 정산가격을 발표하고 이 가격을 기준으로 모든 거래참가자들의 미청산계약(open interest)에 대한 잠정이익과 손실을 정산한다. 청산소는 일일정산기능을 통하여 계약당사자들로 하여금 매일 일정수준의 증거금을 유지하도록 하여 계약불이행위험을 사전에 방지한다. 만약 거래 당일 증거금수준을 초과하는 손실이 발생한 경우에도 대금은 거래소에서 지급되기 때문에 안심할 수 있다. 증거금수준 이상의 손실에 대해서는 거래소가 구상채권을 갖는 형태가 된다.

12.3.2 선물계약의 손익구조

선물거래에는 일반적인 증권거래에서와 마찬가지로 매도자와 매수자가 존재한다. 매도자는 선물계약을 매도하는 시장참가자로 만기일이 되면 기초자산을 미리 정해진 가격 즉 선물가격에 매수자에게 인도하게 되며, 매수자는 선물가격에 해당하는 대금을 지급하고 기초자산을 인수한다. 만일 만기일에 기초자산의 시장가격이 선물가격보다 높게 형성된다면 선물계약의 매수자는 그만큼의 이익이 발생하며, 낮게 형성된다면 손실이 발생한다. 매도자의 경우에는 반대가 된다. 여기에서 매수자의 포지션을 **매수포지션** 또는 **롱포지션(long position)**이라고 하며 매도자의 포지션을 **매도포지션** 또는 **숏포지션(short position)**이라고 한다.

선물계약의 만기일에 매수포지션과 매도포지션의 수익구조는 다음 그림과 같다. [그림 12-1]에서 실선은 매수포지션의 수익이며 점선은 매도포지션의 수익을 나타낸다. 매수포지션의 수익 또는 손실은 매도포지션의 손실 또는 수익과 동일한 크기를 갖는다.

그림 12-1 선물계약의 수익구조

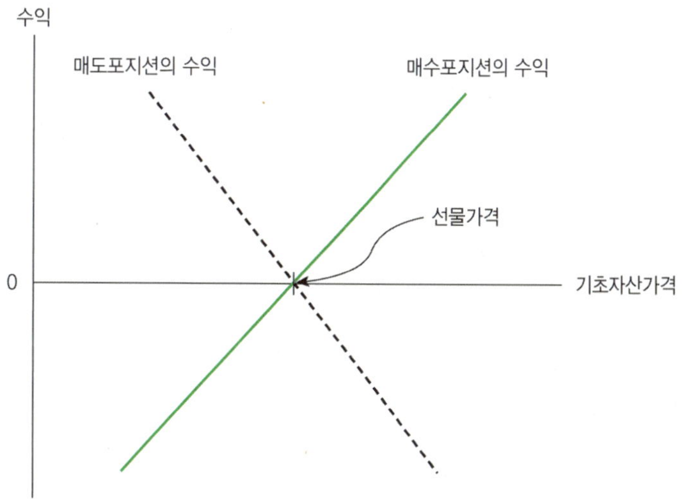

12.4 옵션

12.4.1 옵션의 개념

「자본시장법」에 의하면 옵션(options)은 장래의 정해진 일자나 그 이전에, 미리 정해진 가격으로 기초자산을 매수하거나 매도할 수 있는 권리로 정의되거나 또는 투자성이 있는 것으로서, 당사자 어느 한쪽의 의사표시에 의하여 기초자산의 가격, 이자율, 지표, 단위 또는 이를 기초로 하는 지수 등에 의하여 산출된 금전 등을 수수하는 거래를 성립시킬 수 있는 권리의 부여를 약정하는 계약으로 정의되기도 한다.

기초자산을 미리 정해진 가격에 매수할 수 있는 권리가 콜(call)옵션이며, 기초자산을 미리 정해진 가격에 매도할 수 있는 권리는 풋(put)옵션이다. 투자자는 이러한 콜옵션 또는 풋옵션을 매수하거나 매도할 수 있다. 즉 콜옵션매수, 콜옵션매도, 풋옵션매수, 풋옵션매도의 네 가지 형태가 존재하는 것이다. 한편 옵션의 매수자가 권리를 행사할 수 있는 가격, 즉 앞에서 언급된 '미리 정해진 가격'을 행사가격(exercise price 또는 strike price)이라고 한다.

옵션매수인은 일반적으로 옵션보유자(option holder) 그리고 옵션매도인은 옵션발행자(option writer)라고 불린다. 따라서 선물에서와 같이 옵션보유자의 포지션은 매수포지션이며 옵션발행자의 포지션은 매도포지션이다. 물론 옵션의 경우에서 콜옵션과 풋옵션 각각에 대해 매수포지션과 매도포지션이 모두 존재한다. 선물에서와 마찬가지로 옵션에서도 매수포지션과 매도포지션의 손익은 반대가 된다. 한편 아메리칸옵션(또는 미국식 옵션, American option)은 만기일 이전에는 어떤 시점에서든 권리를 행사할 수 있는 옵션이며, 반면 유러피안옵션(또는 유럽식 옵션, European option)은 만기일에만 한정하여 권리를 행사할 수 있는 옵션을 말한다. 콜옵션과 풋옵션 모두 각각 아메리칸 및 유러피안 형태로 시장에서 거래될 수 있다.

옵션의 기초자산으로는 상품, 외환, 주식, 채권 심지어 다른 파생상품도 가능하다. 그리고 옵션은 기초자산만을 통해서는 얻을 수 없는 '다양한 투자기회'를 제공한다. 기초자산의 경우 투자전략은 가격상승을 예상한 매입전략이나 가격하락을 예상하는 경우의 공매도전략에 한정된다. 하지만 옵션을 이용하면 옵션 상호 간의 결합이나 옵션과 기초자산과의 결합을 통해서 시장의 전반적인 상황에 따라 손실을 한정시키면서 수익을 높일 수 있는 포지션의 구성이 가능하다. 또한 옵션은 KIKO(knock-in knock-out)와 같은 구조화된 외환파생상품거래를 구성하는 요소가 된다.[2]

옵션보유자는 옵션상의 권리를 취득하기 위해서는 옵션발행자에게 옵션의 가격에 해당하는 **옵션프리미엄(premium)**을 지급하여야 한다. 옵션프리미엄은 기초자산의 가격에 비해 낮은 수준에서 결정되므로 동일한 비용으로 훨씬 큰 포지션을 취할 수 있다. 즉 옵션을 이용하면 적은 자금을 이용하여 많은 자금을 운용하는 레버리지효과(leverage effect)를 얻을 수 있다.

12.4.2 옵션의 손익구조

해외에 물품을 수출하고 대금을 6개월 후에 달러로 받기로 한 기업에 대해 생각해보자. 이 기업은 6개월 후 환율변동에 따라 손실을 입을 위험에 처해 있다. 이 기업은 이러한 위험을 달러에 대한 풋옵션을 매수함으로써 제거할 수 있다. 예를 들어 이 기업이 6개월 후에 1달러를 1,000원에 매도할 수 있는 풋옵션을 매수하였다고 가정해보자. 만기일에 환율이 1,000원 이상이 된 경우 기업은 시장에서의 달러가격이 높으므로 달러를 그대로 보유하거나 또는 1,000원 이상의 가격으로 시장에서 매각할 수 있으므로 풋옵션을 행사하지 않는다. 그러나 만기일에 환율이 1,000원 미만인 경우에는 기업은 풋옵션을 매입한 실익을 볼 수 있다. 이 기업은 풋옵션을 행사해서 보유 달러를 시장가격보다 높은 달러당 1,000원에 매도할 수 있으므로 환율하락으로 인한 손실을 헤지할 수 있다.

풋옵션의 손익구조는 만기일의 환율이 1,000원보다 낮아질수록 환율의 하락에 비례하여 점점 더 많은 이익을 내는 것이다. 즉 만기의 환율이 행사환율보다 100원 낮아지면 100원을 풋옵션발행자로부터 보상받는 것이다. 따라서 [그림 12-2]에서 만기환율이 행사환율 1,000원보다 낮은 구간에서 풋옵션 손익구조 그래프의 기울기는 −1이다. 그러

2 KIKO는 환위험을 헤지하기 위한 상품이다. 약정환율과 변동의 상한(knock-in) 및 하한(knock-out)을 정해놓고, 환율이 일정한 구간 안에 머무르면 약정환율을 적용받으며, 상한 이상으로 오르면 약정액의 1~2배를 시장환율로 매입하여 은행에 약정환율로 매도하고, 하한 이하로 내려가면 계약을 무효로 한다.

▌그림 12-2 ▌옵션프리미엄과 풋옵션의 손익구조

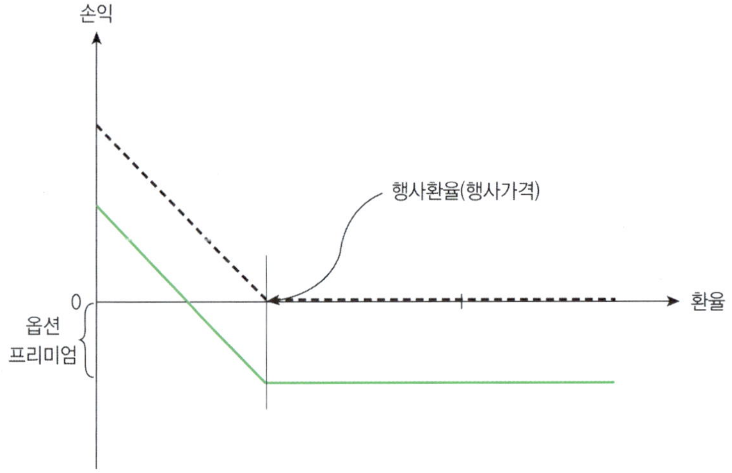

나 만기의 환율이 행사환율 1,000원보다 높은 경우에는 기업이 풋옵션을 행사하지 않게 되어 기울기는 0이 된다.

이러한 풋옵션은 장래 일정한 가격으로 달러를 팔 수 있는 권리이므로 풋옵션을 발행자로부터 구입하기 위해서는 일정한 수수료인 프리미엄(premium)을 지급해야 한다. 옵션프리미엄은 옵션을 매수하기 위해 지불하는 것이므로 실제로 옵션이 행사되지 않는 경우에도 반환받을 수 없다. 예를 들어 만기 6개월, 행사환율 1,000원인 풋옵션이 달러당 50원이라고 하면 100만달러에 대해서 이러한 풋옵션을 매수하려면 5,000만원을 내야 한다. 그리고 이러한 옵션프리미엄은 환율이 행사환율 이상으로 상승하여 옵션을 행사하지 않게 되면 그만큼 기업의 손실이 된다. 이를 [그림 12-2]의 옵션프리미엄에서 살펴보면 풋옵션의 프리미엄만큼 풋옵션의 손익그래프가 아래쪽으로 내려가게 된다.

한편 일반적인 콜옵션의 손익구조는 [그림 12-3] 같다. 콜옵션을 보유한 투자자는 기초자산의 가격이 행사가격 아래에 있다면 옵션을 행사하는 경우 손실이 발생하기 때문에 콜옵션을 행사하지 않을 것이며 기초자산의 가격이 행사가격을 넘어서야 옵션을 행사할 것이다.

▌그림 12-3 ▌콜옵션의 손익구조

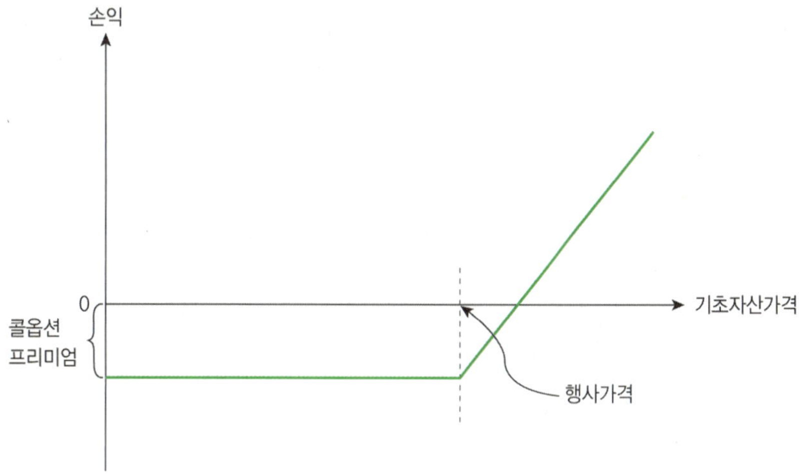

투자 이야기 근대적 파생상품시장의 출현[3]

선도계약은 기원전 2000년쯤 메소포타미아의 점토판에 쐐기문자로 기록된 것이 발견된다. 근대적 파생상품시장은 16세기 네덜란드 암스테르담에서 동인도회사와 서인도회사 주식을 기초자산으로 하는 인쇄된 표준계약과 규칙을 갖춘 시장이 생기면서 출현하였다.

선도거래는 기초자산을 고정된 가격에 인도하기로 약정하는 계약이다. 계약자는 자신의 청구권을 표준화된 선도계약을 이용하여 다른 투자자에게 양도할 수 있고, 이런 증권화과정에서 차익거래 기회를 제공하는 선물시장이 형성될 수 있다. 차익거래에 의해 가격 차이가 좁혀짐으로써 상인들은 거래가격 전액을 결제하는 대신 매수와 매도가격의 차이만을 결제할 수 있다. 한편 옵션거래자는 소액의 프리미엄만을 지불하고 위험을 이전(shift)할 수 있기 때문에, 옵션은 가격변동에 대한 일종의 보험기능을 갖고 있다.

파생상품시장이 존재하고 원활히 작동하기 위해서는 몇 가지 전제조건이 요구된다. 먼저 기초자산이 충분한 금액만큼 거래되고 가격이 변동해야 한다. 가격변동성은 투기기회를 창출하여 투자자들을 유인하고, 유동성과 거래량은 파생상품거래자들이 단기간에 적은 비용으로 거래전략을 수행할 수 있도록 해준다. 계약은 표준화되고, 거래를 수행하고 분규를 다룰 수 있도록 명확한 절차에 의해 뒷받침되어야 한다. 청산기관은 시장참가자들의 청구권을 상쇄시켜 작은 금액으로 결제가 이루어지도록 하고 거래상대방위험을 낮춰준다.

3 Goetzmann, William N. and K. Geert Rouwenhorst(Editors), 2005, *The Origins of Value: The Financial Innovations That Created Modern Capital Markets*, Oxford University Press.

12.5 스왑

스왑(swaps)은 스왑당사자가 일정수량의 기초자산을 서로 교환하기로 약정하는 계약으로 정의되거나, 고정금리 또는 변동금리에 기초하여 발생하는 일련의 현금흐름을 계약상대방에게 서로 지급하는 것을 내용으로 하는 계약으로 정의되기도 한다. 「자본시장법」에서는 스왑을 '장래의 일정기간 동안 미리 정한 가격으로 기초자산이나 기초자산의 가격, 이자율, 지표, 단위, 또는 이를 기초로 하는 지수 등에 의하여 산출된 금전 등을 교환할 것을 약정하는 계약'으로 정의한다.

스왑계약의 당사자는 고정금액으로 지급할 것을 약정하거나, 각 지급기일을 기준으로 특정한 상품가격 또는 기준금리에 명목원금을 곱하여 산출한 금액을 지급하기로 약정한다. 통화스왑을 제외하고는 계약상의 금액들은 정산을 거친 후에 잔액을 지급하는 것이 보통이다. 하지만 통화스왑의 경우에도 통화 차이에 대한 지급을 통하여 실제 교환은 이루어지지 않는 경우가 많다. 스왑은 금융위험의 관리에 있어서 선물계약이나 옵션계약처럼 표준물이 효과적으로 사용되기에 적당하지 않으며, 따라서 스왑은 선도계약과 같이 맞춤형 장외거래가 대부분이다. 스왑계약의 당사자들은 이해관계에 따라서 자유롭게 스왑계약의 내용을 설계할 수 있다.

이처럼 스왑계약은 사적 합의에 의해서 자유롭게 계약내용을 설계할 수 있다는 장점을 갖는 대신, 계약상대방을 구하기 어렵고, 계약기간 동안 유동성의 확보가 어려우며, 계약이행이 불확실하다는 단점이 있다. 하지만 대규모 금융기관이 거래상대방이 되는 경우가 증가하면서 스왑계약의 유동성이 제고되었고, 국제스왑 및 파생상품협회(International Swaps and Derivatives Association: ISDA)가 제공하는 표준계약서의 이용이 확대되면서 스왑거래의 규모는 대폭 증가하여 전체 파생상품거래의 70% 수준을 차지하고 있다.

스왑에는 다양한 종류가 있다. 스왑 가운데 가장 대표적인 **금리스왑(interest rate swap)**은 금리상품의 가격변동으로 인한 손실을 보전하기 위해 금융기관 간에 고정금리와 변동금리를 일정기간 동안 상호 교환하기로 약정하는 거래를 말하는데 가장 기본이 되는 형태의 스왑을 **기본형 스왑(plain-vanilla swap)**이라고 한다. 고정금리와 변동금리를 교환하는 경우가 대부분이지만, 교환되는 금리가 모두 변동금리인 경우도 있다. 금리스왑은 금리변동의 위험을 줄이기 위해 주로 활용되며, **명목원금(notional principal amount)**은 직접 교환되지 않고 이자지급만 교환된다. 명목원금은 단지 현금흐름을 산정하는 기초가 될 뿐이다. 이러한 금리스왑거래가 성사되는 것은 거래당사자 간에 향후 금리변화 방향과 폭에 대한 전망이 다르기 때문이다.

통화스왑(currency swap)은 거래당사자가 약정된 환율에 따라 해당 통화를 일정시점에서 상호 교환하기로 하는 외환거래이다. 금리스왑과는 달리 이자뿐 아니라 명목원금까지 교환될 수 있다. 그러나 반드시 원금의 교환이 있어야 하는 것은 아니며, 원금과 이자를 동일한 상대방과 교환하여야 하는 것도 아니다. 통화스왑은 단기적인 환위험의 헤지보다는 주로 중장기적인 헤지수단으로 이용되며, 차입비용의 절감과 자금관리의 효율성을 개선하고 새로운 시장에 대한 접근수단으로 이용되는 등 다양한 기능을 한다.

상품스왑(commodity swap)은 계약당사자의 일방이 상대방에게 특정 물량의 상품에 대해서 고정가격을 정기적으로 지불하고, 상대방은 고정가격 대신에 당시의 상품에 대한 시장가격(즉 변동가격)을 지급하기로 약정하는 계약이다. 상품스왑은 변동금리가 상품가격으로 변경된 것을 제외하고, 기본적으로 금리스왑의 변형이라고 할 수 있다. 상품스왑은 원유 등 특정 상품을 많이 사용하는 기업이나 정부가 헤지목적으로 이용하는 경우가 많으며, 비교적 최근에 생겨났다.

주식스왑(equity swap)은 계약에서 교환되는 현금흐름 중 최소한 어느 한쪽이 특정 주식의 가격에 의하여 결정되는 것을 말한다. 즉 주식스왑에서 당사자 일방은 명목원금에 대해서 고정금리 혹은 변동금리를 지급하고, 상대방은 특정 주식가격의 변동에 의해서 나타나는 수익률을 지급하는 것이다. 주식스왑의 특징은 변동금리가 특정 주식가격에 연동되어 있다는 것이다. 하지만 실제로 많은 경우에는 변동금리의 지급은 특정 주식의 가격이 아니라 주가지수의 변동에 연계되어 있다.

스왑계약은 선물계약이나 옵션계약과 함께 대표적인 금융위험관리기법 중의 하나로서 자리를 잡고 있으며, 선물이나 옵션이 제공하지 못하는 고유한 위험관리기능을 제공한다. 실제로 스왑계약은 미래의 환율 움직임과 계약당사자들의 신용도, 자금시장상황 등을 고려하여 체결된다. 예를 들어 현재 환율이 1달러당 1,000원인데 한국 기업이 100만달러를 연이자율 10%로 2년간 미국에 있는 은행으로부터 빌렸다고 가정한다면, 기업은 매년 10만달러(즉 2년간 환율변동이 없다는 가정하에 원화로 1억원)를 이자로 지급해야 한다. 그런데 문제는 원/달러 환율이 항상 변화하므로 이자를 지급할 당시의 환율이 1달러당 1,500원으로 상승하였다면 지급해야 할 이자가 원화로 1억 5,000만원이 된다.

이렇게 환율변동이 심할 경우 현금흐름의 예측이 어려워지고 기업은 향후 영업활동의 불확실성으로 인한 많은 위험에 노출된다. 이를 해결하기 위해서 [그림 12-4]에서와 같이 한국 기업은 한국에 있는 은행으로부터 10억원을 연이자율 10%로 2년간 차용하고 매년 이자를 1억원(즉 2년간 환율변동이 없다는 가정하에 달러화로 10만달러)씩 원화로 지급해야 하는 미국 기업과 부채를 교환함으로써 위험을 제거할 수 있다. 즉 스왑계약을 체결함으로써 한국 기업은 미국 기업에게 이자로 1억원을 지급하고 미국 기업은 한국 기업에게 이자로 10만달러를 지급하며, 한국 기업은 미국 기업으로부터 받은 10만달러를 미국에 있는 채권은행에 지급하고 미국 기업은 한국 기업으로부터 받은 1억원을 한국에 있는 채권은행에 지급함으로써 두 기업 모두 환율변동의 위험으로부터 벗어날 수 있는 것이다.

그림 12-4 통화스왑을 이용한 환위험 헤지

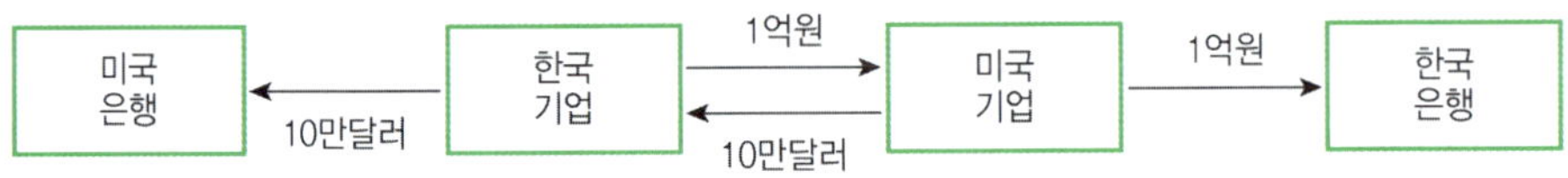

만약 환율이 1달러당 500원으로 하락한다면 한국 기업의 입장에서 이자지급액이 5,000만원으로 줄어들 수 있으므로 스왑계약의 체결로 인하여 1억원의 이자를 지급하는 것이 손해로 생각될 수 있다. 그러나 스왑을 이용한 헤지의 목적이 투자를 통한 이익의 추구가 아니라 미래의 환율변동을 현재시점에서 고정하여 안정적인 현금흐름을 확보하는 데 있음을 고려하면, 이런 결과를 손실로 간주하지 않는 것이 타당하다.

12.6 파생상품으로 인한 대규모 손실 및 실패사례

파생상품은 금융시장의 효율성을 제고하고 투자자들에게 위험관리 및 새로운 투자수단을 제공한다는 순기능을 수행한다. 그러나 파생상품의 특성상 파생상품은 위험부담을 보다 손쉽게 하여 시장 전체의 위험수준을 높이는 역기능도 한다. 이 절에서는 파생상품으로 인한 손실 및 실패사례를 살펴보기로 한다. 예를 들어 우리에게 잘 알려진 베어링(Baring)은행의 파산은 잘못된 파생상품투자에 기인하였으며, 2008년의 금융위기 확산에도 파생상품이 주요 요인 가운데 하나인 것으로 지적되고 있다.

12.6.1 파생상품 손실 및 실패사례

독일의 대규모기업인 메탈게젤샤프트(Metallgesellschaft AG)의 미국 자회사 MGRM은 1993년 12월 파생상품거래로 15억달러에 달하는 손실을 입었다. 이 사건으로 메탈게젤샤프트 본사도 큰 타격을 받았다. MGRM은 1993년 당시의 원유가격보다 3~5달러 높은 수준의 가격으로 10년 동안 1억 8천만 배럴의 석유제품을 공급하는 계약을 체결하였다. 이에 따라 MGRM은 석유가격이 상승하는 경우 공급가보다 높은 가격에 석유를 확보해야 하는 위험에 노출되었으며 이러한 위험을 제거하고자 MGRM은 원유를 매수하는 선물계약을 체결하였다. 그러나 1993년에 OPEC의 회원국 가운데 일부 국가가 일일 석유생산할당량을 초과하여 원유를 생산하면서 1993년 말에 원유가격이 큰 폭으로 하락하여 단기적으로 MGRM은 큰 손실을 입게 되었다.

미국의 잡화생산업체인 P&G(Proctor & Gamble)는 1993년 11월에 금리가 하락할 것이라고 예상하고, 고정이자 채무를 변동이자 채무로 전환하기 위해 투자은행인 뱅커스 트러스트(Bankers Trust)와 금리스왑계약을 체결하였다. 그러나 예상과는 달리 미국의 중앙은행인 연방준비시스템 이사회의 지속적인 금리인상으로 P&G는 큰 손실에 직면하게 되었다. 이는 파생상품에 대한 이해가 부족한 일반기업이 잘못된 이해와 예측을 바탕으로 대규모 파생상품계약을 맺었다가 손실을 초래한 사례들이다.

일부 직원의 사기성 거래로 인해 대규모의 피해를 입은 사례도 있다. 1995년 영국의 유수한 은행인 베어링이 파생상품거래의 실패로 1파운드에 매각되는 사건이 발생하였다. 싱가포르 베어링 선물회사에서 니케이 225(Nikkei 225) 선물의 가격 차이를 이용한 차익거래를 해오던 닉 리슨(Nick Leeson)은 거래상의 오류나 실수로 인한 손실을 본사에 보고하지 않고 이를 은폐해왔다. 닉 리슨은 그동안 손실을 만회하기 위해 니케이 225 관련 옵션상품에 대규모 포지션을 취했으나 예상과는 달리 주가가 하락하면서 13억달러이 손실을 초래하였고 이로 인해 베어링은 파산에 이르게 되었다.

한편 2008년 1월, 프랑스 자산규모 2위의 은행인 소시에떼 제네랄(Société Générale: SG)은 직원의 49억유로(72억달러)규모의 주식 선물투자 조작거래로 막대한 손실을 입게 되었다. 이 은행의 직원이던 제롬 케르비엘(Jerome Kerviel)은 동료의 계정과 암호를 도용해서 가상의 거래상대방과 헤지포지션을 취한 것처럼 조작하여 유럽주가지수 선물에 대한 거액의 투자를 은폐하였는데 이것이 손실규모를 크게 확대하는 요인이 되었다.

파생상품으로 인한 피해사례는 우리나라에도 존재한다. 대표적인 것이 외환 관련 파생상품인 KIKO의 실패사례이다. KIKO는 통화파생상품의 하나로 복수의 옵션이 합성된 복합상품이다. 외환위기 이후에 환율이 지속적으로 하향하며 안정화되는 추세를 보이자 금융감독당국은 수출 중소기업의 피해를 줄이기 위해 은행들로 하여금 해당 기업들의 환위험을 헤지하는 상품을 판매하도록 하였다. 그러나 2008년 금융위기 이후 환율이 급등하자 KIKO는 큰 손실을 초래하였고 일부 기업은 이로 인해 파산하게 되었다. 이는 은행의 불완전판매와 외환 관련 파생상품을 통해 수익을 올리려던 기업의 과도한 욕구에 의해 비롯되었다.

12.6.2 글로벌 금융위기와 파생상품

1990년 이후 치솟기만 하던 미국의 부동산가격이 2000년대 중반 이후 하락세를 보이기 시작하자 미국의 주택담보대출, 즉 모기지(mortgage)의 부실이 심화되기 시작하였다. 이러한 미국 부동산시장의 침체로 시작된 문제는 1929년 미국 대공황 이후 최악의 세계적인 금융위기로 확대되었다. 이렇듯 미국의 부동산가격 하락이 급속히 세계적인 위기로 확산된 배경 가운데 하나로 파생상품이 지목되고 있다. 2000년대 들어 저금리 기조가 지속되는 가운데 부동산시장의 활황이 계속되고 있었다. 이에 따라 일반 주택담보대출의 대상이 되지 못하는 차입자를 위한 비우량주택담보대출인 **서브프라임 모기지(subprime mortgage)**가 급속히 증가하였는데 2006년 말부터 시작된 주택가격의 하락은 서브프라임 모기지의 부실화를 초래하였다. 그렇다면 미국의 일부 주택담보대출의 부실이 왜 세계적인 금융위기로 확대된 것일까?

미국의 주택담보대출을 살펴보면 금융회사들은 통상 다수의 개별 주택담보대출을 모아 이를 담보로 하여 채권을 발행하는 **증권화(securitization)**라는 과정을 거쳐 새로운 주택저당담보대출의 재원을 마련하는 과정을 반복한다. 이러한 증권화를 거쳐 발행되는 채권을 **주택저당대출유동화증권(mortgage-backed securities: MBS)**이라고 하는데 비우량대출인 서브프라임 모기지는 신용도가 낮기 때문에 이러한 과정을 거쳐 증권화하는 것이 곤란하다. 이에 따라 서브프라임 모기지는 신용보강이라고 하는 신용도를 높이는 과정을 거쳐 **부채담보부증권(collateralized debt obligation: CDO)**이라고 하는 일종의 파생상품으로 증권화된다. 한편 당시 미국에서는 이러한 다수의 부채담보부증권을 모아 이를 담보로 다시 부채담보증권을 발행하는 증권화도 실행되었다. 이에 따라 서브프라임 모기지를 기초자산으로 하는 파생상품의 규모는 크게 확대되었다. 당시 저금리가 지속되면서 투자대상을 찾는 데 어려움을 겪던 세계의 많은 금융기관과 투자자들은 상대적으로 수익률이 높았던 CDO에 대한 투자를 확대하였다.

그러나 2006년 말 주택가격이 하락하면서 서브프라임 모기지도 부실화되었고 CDO 발행에서 신용보증을 제공하였던 금융회사들이 파산하는 사태가 발생하였다. 이에 따라 많은 금융회사가 보유하고 있던 CDO 역시 부실화되면서 이들 금융기관이 부실화하는 사태가 발생하였다. 이들 금융기관의 부실화는 곧바로 금융시장에서의 자금흐름이 마비되는 시장경색으로 이어졌고 시장경색은 실물경제에도 악영향을 미쳐 미국의 자동차회사를 비롯한 많은 기업이 파산위기로 몰리게 되었다. 또한 세계 각국의 금융기관이 미국의 서브프라임 모기지 관련 파생상품에 투자하고 있어 세계 각국의 경제도 큰 영향을 받았던 것이다. 금융위기가 발생하는 과정에서 파생상품은 서로 관련이 없는 것처럼 보이는 주택가격과 자동차회사의 연결고리 역할을 하였으며 그 여파를 세계 각국에 전달했던 것이다.

이같이 파생상품시장이 별도의 구분된 시장이 아니라 다른 금융시장은 물론 실물경제와 연계되어 있으며 파생상품시장 역시 다른 금융시장과 같이 국제적으로 연결되어 있다는 것을 인식한 각국 정부는 2008년 이후 파생상품시장을 규제하기 위한 국제적인 공조 체제를 마련하고 있다.

투자 이야기 꿈의 펀드 LTCM

LTCM(Long Term Capital Management)은 명문 투자은행 살로몬 브라더스(Salomon Brothers)에서 선설석인 트레이너로 이름을 날린 존 메리웨더(John Meriwether)에 의해 1994년에 실립된 헤지펀드이다. 노벨 경제학상 수상자이며 금융계에서 권위 있는 경제학자인 마이런 숄즈(Myron Scholes)와 로버트 머튼(Robert Merton)이라는 두 명의 멤버도 합류했다. 월스트리트와 학계의 최고수들이 결집한 그야말로 '꿈의 펀드'였다.

LCTM의 투자전략은 비슷한 종류의 증권을 결합하여 그중 고평가되어 있는 것을 매도하고 저평가되어 있는 것을 매수한다는 전략이다. LTCM의 초기 실적은 실로 놀라운 것이었다. 순식간에 전 세계의 투자자들로부터 자금이 흘러들어 거대한 헤지펀드로 성장했다. 그뿐만이 아니라 그 성공은 업계의 주목을 받아서 대형 투자은행을 비롯해 LTCM의 투자기법을 모방하는 금융기관이 속출하고 많은 복사(copy) 펀드가 태어나는 사태가 일어났다. 그런데 1998년 첨단 투자기법 및 리스크관리기술을 갖춘 꿈의 펀드가 갑자기 파산위기를 맞이하였다.

LTCM의 파탄은 '이론에 의지한 천재들이 함정에 빠진' 이야기로 알려져 있다. 이론이나 VaR에 의한 리스크관리에 너무 의지해서 '과거에 전례가 없는 사건'이 일어날 가능성을 경시하였다고 할 수 있다. 그러나 거기에는 다른 문제가 숨겨져 있다. LTCM은 전 세계의 투자자들에게서 자금을 끌어들였다. 또한 LTCM의 투자기법을 흉내 낸 복사 펀드에도 자금이 모였다. 그렇게 되면 '10달러 지폐 찾기'의 경쟁은 더 치열해지고, 돈은 늘어나는데 이익을 얻을 기회는 점점 줄어든다. 시장의 효율성이 높아지는 것이다.

그에 대한 대응책의 첫 번째는 레버리지(leverage)를 높이는 것이다. 이익이 줄어드는 만큼 차입을 늘리거나 파생상품을 활용해서 보다 대량의 거래를 하는 것이다. 두 번째 대응책은 차익거래(arbitrage)라고 하기 어려운 리스크가 큰 거래에 손을 대는 것이다. 1998년 여름에 러시아 채무위기가 발생하면서 시장에는 긴장감 때문에 '양질로의 도피(fly to quality)'로 불리는 움직임이 커졌다. 리스크가 높은 상품에서 리스크가 작은 상품으로 자금이 이동하게 된 것이다. 구체적으로는 주식이나 사채를 팔아 안전채권, 특히 거래가 쉬운 국채에 투자자의 자금이 집중된다. 그 결과, 비교적 비싼 것을 더 매수하게 되고 저렴한 것은 더 매도하게 된다. 이런 움직임 속에서 LTCM 같은 펀드는 이론모델에 따라 거래를 확대하였다.

그런데 8월에 러시아가 정말로 디폴트해 버리자, 또 다른 양질로의 도피가 일어나면서 시장 왜곡이 해소되기는 커녕 더 큰 왜곡이 발생하게 되었다. LTCM의 손실이 급격하게 부풀어 파탄에 이르게 된 것이다.

12장 연습문제

01 세계적으로 파생상품거래가 확대된 배경은 무엇인가?

02 선도계약과 선물계약의 차이점은 무엇인가?

03 어떤 투자자가 원유 선물시장에서 1개월 후 원유 1백만 배럴을 배럴당 100달러에 매수하는 선물계약을 맺었다. 만일 1개월 후 원유가격이 배럴당 90달러가 된다면 이 투자자의 손익은 얼마가 되는가? 만일 1개월 후 원유가격이 110달러로 상승한다면 손익은 어떻게 되는가?

04 주가지수를 기초자산으로 하는 주가지수선물계약은 주식투자에서의 위험관리에 어떻게 사용될 수 있는지 설명하시오.

05 주가가 하락할 것으로 예상되는 경우 콜옵션에 투자하여야 하는가 또는 풋옵션에 투자하여야 하는가?

06 어떤 기업의 주식을 기초자산으로 하는 콜옵션을 10만원에 매수하였다. 콜옵션의 행사가격은 140만원이다. 만일 현재 주가가 135만원이라면 이 투자자는 콜옵션을 행사하여야 하는가? 이때 손익은 얼마인가? 만약 주가가 145만원으로 상승한다면 이 투자자는 옵션을 행사하여야 하는가? 이때 손익은 얼마인가?

07 다음 선도계약과 선물계약에 관한 설명 가운데 틀린 내용은 무엇인가?

① 선물계약은 선도계약에 비해 거래상대방위험이 작다.
② 선도계약과 선물계약의 손익은 제로섬(zero-sum)이다.
③ 선도계약은 장외거래, 선물계약은 장내거래이다.
④ 만기 시 현물가격에 따른 선도계약과 선물계약의 손익구조는 다르다.

08 다음 중 선물계약과 선도계약에 관한 설명으로 옳은 것은?

① 선물계약은 당사자 사이의 직접적인 계약이므로 계약당사자의 신용을 고려해야 하지만, 선도계약은 계약의 이행이 청산소에 의해 보증되므로 계약불이행위험이 없다.
② 선도계약은 투기의 비중이 높으므로 대개 강력한 규제가 수반되지만, 선물계약은 시장의 자율규제에 따르며 헤지거래가 많다.
③ 선물계약은 만기일에 가서 상품인도 및 대금지급이 이루어지지만, 선도계약은 실제로 인수 · 도가 이루어지는 경우가 극히 드물다.
④ 선물계약은 선도계약보다 시장의 유동성이 높고 가격조작의 가능성이 작다.

09 어떤 주식에 대해서 3개월의 만기와 10,000원의 행사가격을 가진 유럽식 콜옵션과 풋옵션이 각각 거래되고 있다. 현재 주가는 11,000원이며, 콜옵션가격은 200원 그리고 풋옵션가격은 50원이다. 투자자가 콜옵션 1계약을 매수하고 풋옵션 1계약을 매도하는 포지션을 취한다고 가정하시오. 만기에 주가가 12,000원이면 투자자의 이익/손실은 얼마인가?

10 옵션과 선물계약의 유사점과 차이점을 설명하시오.

11 다음은 옵션에 대한 설명이다. 잘못된 설명을 고르시오.

① 콜옵션매수자는 권리와 의무를 동시에 가지고 있다.
② 아메리칸 옵션은 만기일 이전에 행사할 수 있는 옵션을 말한다.
③ 주식을 매입하고 풋옵션을 매입하게 되면, 헤지포지션을 구축할 수 있다.
④ 옵션발행자의 수익은 제한되고, 손실은 무제한이다.

12 이론적으로 콜옵션매도자가 입게 될 손실의 최대치는 어느 정도인가?

① 콜옵션가격 ② 행사가격
③ 무한한 금액 ④ 기초자산의 현재가격

13 2007년 글로벌 금융위기를 겪으며 말레이시아 등 일부 국가는 환율의 변동을 허용하지 않는 고정환율제도를 채택하였다. 고정환율제도하에서 외환에 대한 파생상품거래가 이루어질 수 있는지 설명하시오.

14 파생상품은 위험을 헤지하는 데 유용하게 사용될 수 있을 뿐 아니라 높은 위험을 부담하여 고수익을 추구하기 위해서도 효과적으로 사용될 수 있다. 선물계약을 이용하여 위험부담을 확대하는 방안을 설명하시오.

15 파생상품시장에 대한 설명으로 틀린 것은?

① 파생상품은 기초자산 또는 지수로부터 파생된 경제적 가치를 갖는 교환이나 약정이라고 정의할 수 있다.
② 파생상품은 선도계약, 선물계약, 옵션, 스왑 등으로 분류된다.
③ 우리나라에는 주가지수선물거래제도, 주가지수옵션거래제도 등이 있다.
④ 옵션은 미래의 특정 시점에 미리 정한 가격 및 수량으로 사거나 팔 것을 약정한 계약을 말한다.

16 글로벌 금융위기 이후 세계적으로 파생상품시장에 대한 규제가 강화된 바 있다. 일반적으로 규제가 강화되면 파생상품시장은 위축될 것으로 예상되는가? 또는 그럼에도 불구하고 성장세를 지속할 것으로 전망되는가? 그 이유는 무엇인가?

17 파생상품에 관한 맞는 설명은?

① 모든 파생상품거래는 일일정산에 의해 지원된다.
② 선물의 매수자는 만기에 기초자산의 인도 또는 현금의 지급 가운데 선택할 수 있다.
③ 파생상품포지션은 주로 실물의 인도(delivery)에 의해 청산된다.
④ 주가지수를 기초자산으로 하는 파생상품의 만기결제는 현금지급으로 이루어진다.

18 옵션에 관한 맞는 설명은?

① 옵션의 매수자는 증거금을 유지할 의무가 없다.
② 다른 조건들이 동일하면, 미국식 옵션의 가치는 유럽식 옵션보다 높다.
③ 한국의 주가지수를 기초자산으로 하는 옵션은 주로 미국식 옵션이다.
④ 기초자산가격이 급격하게 변동할 때, 미국식 옵션의 가치는 유럽식 옵션의 가치로 수렴한다.

19 어떤 3년 만기 금리스왑에서, 고정금리지급자는 원금 100억원에 대해 연 3%, 변동금리지급자는 Libor(London interbank offered rate)+1%를 지급한다. 현재 Libor가 연 2.3%라면, 고정금리지급자가 수취하는 월간 (순)금액은?

① 250만원 ② 300만원
③ −250만원 ④ −300만원

20 투자자가 어떤 주식을 주당 30,000원에 매수하고, 그 주식에 대한 행사가격 33,000원의 유럽식 콜옵션을 주당 2,000원에 매도했다. 다른 수입이나 비용은 발생하지 않는다고 가정하면, 투자자가 이 포지션을 옵션의 만기까지 유지할 경우 얻을 수 있는 최대(순)이익은?

① 2,000원 ② 3,000원
③ 5,000원 ④ 5,000원 초과

▌연습문제 풀이▐

01 1971년 미국 달러의 금태환 정지 이후 주요국들이 변동환율제도를 채택했기 때문에, 시장참가자들은 환위험에 노출되기 시작했다. 이후 석유파동에 따른 인플레이션과 금리변동성 확대, 전반적인 금융시장의 불확실성 증대 등은 시장참가자들의 위험관리 수요를 증가시켰다. 또한 금융이론 및 기술의 발전은 파생상품시장의 확대를 촉진했다.

03 투자자는 배럴당 100달러에 매수하였기 때문에, 만약 미래 현물가격이 90달러이면 배럴당 10달러 또는 총액 1,000만 달러의 손실을 입는다. 반대로 만약 미래 현물가격이 110달러이면 배럴당 10달러 또는 총액 1,000만 달러의 이익을 얻는다.

05 주가하락을 예상하는 경우, 풋옵션을 매수하거나 콜옵션을 매도한 포지션을 이용하여 이익을 추구할 수 있다.

07 ④ 선도거래와 선물계약의 손익구조는 대칭적 구조로 같다.

09 1,850원

11 ① 콜옵션매수자는 권리만을 가진다.

13 선물과 옵션은 모두 미래의 특정 시점에 미리 정해진 가격에 의해 기초자산을 거래할 수 있도록 만드는 파생상품이다. 그러나 두 계약은 몇몇 차이점을 갖고 있다. 즉 (1) 선물계약의 이행의무는 두 거래상대방에게 모두 부과된다. 즉 매수자와 매도자는 계약을 이행해야 할 의무를 갖고 있다. 대조적으로 옵션거래에서 옵션매수자는 계약 실행 여부에 관한 선택권을 갖는다. 따라서 옵션은 매수자가 유리할 때만 행사된다. (2) 선물의 매수포지션은 기초자산가격 상승이 예상될 때 적당하며, 이는 콜옵션의 매수 또는 풋옵션의 매도포지션과 유사하다. 반대로 선물의 매도포지션은 기초자산가격 하락이 예상될 때 적당하며, 이는 풋옵션의 매수 또는 콜옵션의 매도포지션과 유사하다. (3) 선물계약의 손익은 만기 시 기초자산 현물가격의 선형함수이다. 한편 옵션의 손익구조는 기초자산 현물가격의 비선형함수이다.

15 ④

17 ④

19 ①

13장 국제투자

국제투자(international investments)는 넓은 의미에서 거주국가 이외의 다른 국가의 자산에 대한 모든 형태의 투자를 일컫는다. 여기에는 해외증권투자뿐 아니라 공장과 생산설비 등 시설투자를 의미하는 **해외직접투자(foreign direct investments)**도 포함된다. 그러나 흔히 재무적 의미에서 국제투자라고 할 때는 주식, 채권, 파생상품 및 단기금융상품 등 외국의 증권에 대한 투자를 의미한다. 이 장에서 국제투자는 후자를 의미한다.

우리나라에서는 1990년대 주식시장을 개방한 이래 많은 외국인투자자들이 국내주식에 투자하고 있으며, 2000년대 들어 국내채권에 대한 투자도 크게 늘었다. 흔히 외국인투자자들이 국내주식에 투자하는 것은 국내주식이 저평가되어 있어 초과이익의 기회가 있기 때문이라고 말한다. 그렇다면 국내의 투자자들이 해외주식에 투자하는 이유는 무엇일까? 국내투자자들은 중국과 베트남 등 신흥시장뿐 아니라 미국과 유럽 등 선진국시장에 대한 투자도 활발히 하고 있다.

국제투자의 이유는 여러 가지가 있지만 가장 중요한 것은 분산투자라고 할 수 있다. 연금기금과 같은 장기투자자의 목표 가운데 하나는 분산투자를 통한 위험의 축소라고 할 수 있는데 자국의 주식이나 채권과 상관관계가 낮은 외국의 유가증권을 포트폴리오에 포함시킴으로써 위험을 분산할 수 있다. 그러나 국제투자는 환율변동으로 인한 환위험에 노출되며, 이에 대한 관리가 필요하다. 이 장에서는 국제투자와 환율에 관한 이론을 공부하고, 실제로 국제투자가 어떻게 이루어지는지 알아본다.

13.1 국제투자의 이유

13.1.1 분산투자효과 확대

현대 포트폴리오이론의 핵심은 분산투자를 통한 위험의 감소이다. 포트폴리오에 다양한 자산들을 포함시킬수록 포트폴리오의 위험을 감소시키는 효과를 얻을 수 있다. 전통적으로 포트폴리오를 구성하는 요소는 주식과 채권 등 시장성 있는 증권이었으나, 점차로 선물, 옵션 등의 파생상품과 해외증권 그리고 부동산과 천연자원 등 전통적 자산과 낮은 상관관계를 가진 자산들로 확대되고 있다. [그림 13-1]은 포트폴리오에 국내주식만 포함하는 경우의 위험과 해외주식도 포함하는 경우의 위험을 비교한다.

그림 13-1 국제투자의 위험분산효과

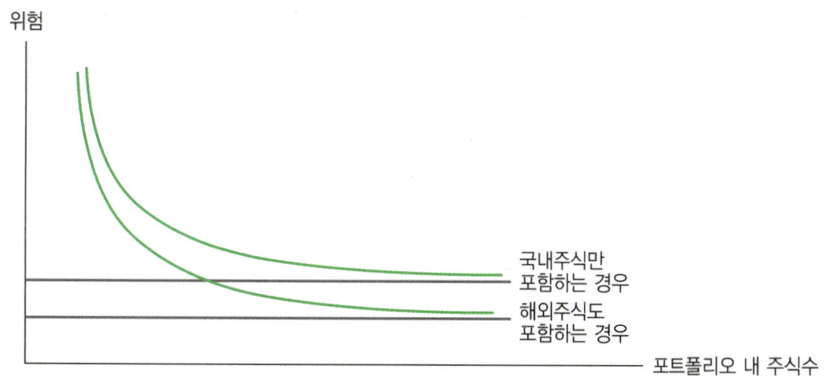

예를 들어 미국의 경우에는 시기에 따라 다르지만 자국주식만을 이용하여 포트폴리오를 구성하는 경우 변동성은 대략 15~20% 수준까지 감소하나, 해외주식을 포트폴리오에 포함시켜 분산투자하는 경우 변동성은 약 12% 수준까지 낮아지는 것으로 알려져 있다. 이런 위험분산효과는 궁극적으로 효율적 프런티어의 확장으로 나타난다. 즉 국제투자는 동일한 위험수준에서 기대수익률을 높이거나 또는 동일한 기대수익률을 유지하면서 위험을 낮추는 효과를 가져온다. [그림 13-2]는 국내주식만의 효율적 프런티어가 A이면, 국제투자를 통해 효율적 프런티어를 B로 확장할 수 있음을 보여준다.

▌그림 13-2 ▌효율적 프런티어의 확장

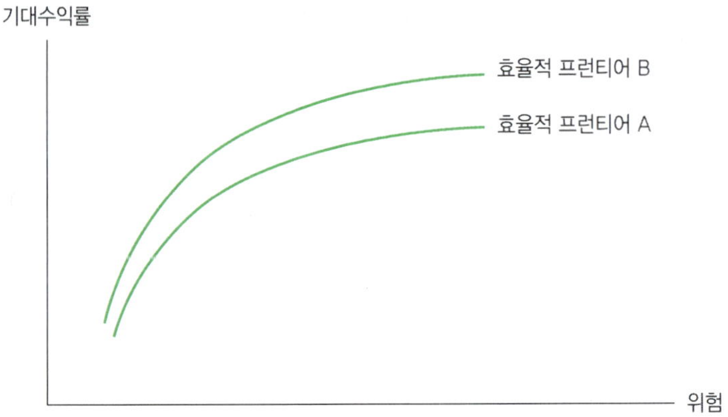

13.1.2 국제투자를 통한 수익률의 제고

국제투자의 목적 가운데 하나는 수익률 제고이다. 이는 주로 해외의 저평가된 주식을 매수한 후 가치가 상승하면 매도하여 차익을 실현하는 투자를 의미한다. 수익성을 추구하는 국제투자는 단기투자자들의 행태와도 관련이 있다. 단기투자자들은 해외시장에서 가격상승이 예상되는 증권을 찾아 차익실현을 추구하며, 헤지펀드(hedge fund) 등의 투기적 성격의 투자도 이에 포함된다. 이러한 목적의 투자는 위험분산을 추구하는 장기적 포트폴리오투자와 구분되는데, 단기투자는 위험이라는 요소를 크게 고려하지 않고 경우에 따라서는 과감히 위험을 부담하기도 한다.

그러나 만약 세계금융시장이 효율적이라면 이런 투자방식을 통해 지속적으로 초과수익을 올리는 것은 불가능하다. 효율적 시장가설에 따르면 주식 등 금융자산의 가격은 모든 정보를 적절히 반영하여 형성되므로 저평가된 주식을 찾는 것은 매우 어려운 일이다. 특히 단기적 가격상승을 예측하는 것은 불가능하다. 다만 해외에서 비효율적인 시장을 찾을 수 있다면 이러한 목적의 투자는 타당성을 가질 수 있다. 1990년대 이후 우리나라 주식시장에서도 외국인투자가 허용되었고, 이들이 투자하는 종목의 상승률이 더 높았던 경우도 있었다. 외국인투자자가 투자하는 종목의 가격상승률이 더 높았던 것은 여러 가지 이유가 있었겠지만 그동안 국내시장에서 기업정보가 제대로 주가에 반영되지 못해 저평가되었던 기업의 가치가 보다 뛰어난 기업분석능력을 가진 외국인투자자에 의해 제대로 평가되었기 때문이라는 설명도 설득력이 있다. 이는 국내시장이 효율적으로 기업가치를 평가하지 못하고 있었으며 외국인투자자들이 이러한 기회를 이용하였음을 의미한다.

13.2 세계의 주식시장

13.2.1 주요 국가의 시가총액과 국제분산투자

포트폴리오이론에 의하면 모든 투자자의 최적결정은 적정한 비율의 시장 포트폴리오와 무위험자산을 보유하는 것이다. 시장 포트폴리오는 모든 주식을 시장에서 차지하는 시가총액비율에 맞추어 보유하는 것과 동일하다. 따라서 이론적으로 최적의 국제분산투자를 위해서는 세계 각국의 주식을 그 나라의 시장이 세계시장에서 차지하는 비율대로 보유하여야 한다. 그러나 현실적으로 국제투자는 물론 국내투자에서도 이론적으로 완벽히 분산된 포트폴리오를 구성하는 데는 많은 제약이 따른다. 따라서 대부분의 투자자들은 시장을 구성하는 종목 가운데 시가총액이 큰 일부 종목을 이용하여 시장을 추적하는 포트폴리오를 구성한다.

효율적인 국제투자 포트폴리오의 구축을 위해 세계시장의 시가총액과 각국이 세계시장에서 차지하는 비중에 대한 조사가 필요하다. [표 13-1]에는 상장된 자국기업의 시가총액기준 세계 상위 20개국의 주식시장규모와 세계시장에서 차지하는 비중이 나타나 있다. 가장 큰 미국 주식시장의 규모는 2018년에 약 30.4조달러로 세계시장의 44.3%를 차지하고 있다. 우리나라 주식시장 규모는 10위로 시가총액은 약 1.4조달러이며 세계시장 비중은 2.1%이다. 상위 10개국의 비중 합계는 82.8%로서 세계시장의 대부분을 차지하고 있다. 이는 상위 10개국 또는 20개국 정도의 시장만으로 거의 완전한 분산투자를 할 수 있음을 의미한다.

표 13-1 자국기업 시가총액기준 상위 10개국의 주식시장규모

(단위: 10억달러)

순위	국가	2017년	2018년	세계시장비중(2018년)
1	미국	32,120.7	30,436.3	44.3%
2	중국	8,711.3	6,324.9	9.2%
3	일본	6,222.8	5,296.8	7.7%
4	홍콩	4,350.5	3,819.2	5.6%
5	프랑스	2,749.3	2,366.0	3.4%
6	인디아	2,331.6	2,083.5	3.0%
7	캐나다	2,367.1	1,937.9	2.8%
8	독일	2,262.2	1,755.2	2.6%
9	스위스	1,686.5	1,441.2	2.1%
10	한국	1,771.8	1,413.7	2.1%

출처: Market capitalization of listed domestic companies, World Bank.

13.2.2 국제투자를 위한 시장 구분

[표 13-1]은 미국, 일본 및 유럽 등 선진국과 중국, 인디아 등 신흥국을 포함하고 있다. **신흥시장(emerging markets)**은 산업화과정에 있는 국가들의 시장을 총체적으로 지칭하는 용어이다. 신흥시장은 새롭게 부상하는 금융시장을 일컫는 용어로 보통은 개발도상국 가운데 성장률이 높고 빠른 속도로 산업화가 진행되고 있는 국가의 시장을 의미한다. 1980년대 높은 성장세를 보였던 일부 제3세계 국가의 시장을 신흥시장이라고 부르기 시작한 이래 신흥시장은 국제투자자들의 관심을 모았다.

일반적으로 알려진 바와 같이 **선진경제(developed economy)**와 **신흥경제(emerging economy)** 사이에는 산업구조 및 조직, 경제제도, 거시경제 변수 및 경제정책 등 여러 측면에서 차이가 있으며, 증권시장 차원에서도 상장기업의 산업 구성, 기업규모, 시장제도 및 시장효율성 등에서도 차이가 있다. 특히 신흥시장은 빠른 속도로 성장할 가능성은 있으나, 그로 인해 투기적 성향의 투자가 집중될 수 있고 이는 시장 불안정성을 야기하는 요인이 되기도 한다. 이러한 측면에서 국제시장에서 선진시장은 안정적 경제를 기반으로 저위험-저수익의 투자대상으로 간주되고 있고, 신흥시장은 고위험-고수익의 투자대상이라고 할 수 있다. 신흥시장에 대한 투자는 신설기업이나 벤처기업에 대한 투자와 비슷하게 어느 정도 시간이 경과해야 결과가 나타나고 그 결과가 예상과 일치하지 않는 경우도 빈번하다. 이런 이유 때문에 신흥시장에 대한 투자를 벤처기업이나 신성장산업에 대한 투자와 비교하는 경우도 있다.

세계시장은 지역별로 구분될 수도 있다. 일반적으로 캐나다와 미국을 포함하는 북미시장, 유럽시장, 일본시장, 일본을 제외한 아시아시장 및 기타 시장 등으로 구분된다. 이와 같이 시장을 구분하는 것은 투자자들의 포트폴리오 구성을 보다 용이하게 하려는 것이다.

또한 국제적인 포트폴리오 투자의 편의를 위해 여러 기관에서 다양한 지수를 산출하여 투자지표로 사용할 수 있도록 하고 있다. 대표적으로 MSCI(Morgan Stanley Capital International)사와 FTSE International(Financial Times Stock Exchange)사의 주식시장지수가 있다. MSCI는 [표 13-2]와 같이 미국, 중국, 오스트레일리아 등 각국의

표 13-2 MSCI의 지역별 지수와 국가

지수	지역	국가
선진시장	미주	캐나다, 미국
	유럽 및 중동	오스트리아, 벨기에, 핀란드, 아일랜드, 스위스, 스웨덴, 덴마크, 네덜란드, 노르웨이, 독일, 이탈리아, 영국, 프랑스, 스페인, 포르투갈, 이스라엘
	태평양	오스트레일리아, 홍콩, 일본, 뉴질랜드, 싱가포르
신흥시장	미주	브라질, 칠레, 콜롬비아, 멕시코, 페루
	유럽, 중동 및 아프리카	체코, 그리스, 헝가리, 폴란드, 러시아, 터키, 이집트, 남아프리카공화국
	아시아	중국, 인디아, 인도네시아, 한국, 말레이시아, 필리핀, 대만, 태국
프런티어 시장	미주	아르헨티나, 자메이카, 트리니다드토바고
	유럽 및 독립국가연합	불가리아, 헤르체코비나, 보스니아, 크로아티아, 에스토니아, 리투아니아, 카자흐스탄, 세르비아, 슬로베니아, 루마니아, 우크라이나
	아프리카	가나, 케냐, 모로코, 튀니지, 짐바브웨, 보츠와나, 나이지리아, 모리셔스
	중동	바레인, 요르단, 쿠웨이트, 카타르, 오만, 레바논, 사우디아라비아, UAE
	아시아	방글라데시, 파키스탄, 스리랑카, 베트남

출처: MSCI 웹페이지.

주식시장지수뿐 아니라 세계시장 전체, 선진시장(developed markets), 신흥시장(emerging markets), 프런티어시장(frontier markets) 등 지역별 지수도 제공하고 있다.

한편 영국의 FTSE International도 유사한 서비스를 제공하고 있으며, 세계 주식시장을 선진시장(developed markets), 선진신흥시장(advanced emerging markets), 2차 신흥시장(secondary emerging markets), 프런티어시장(frontier markets) 등으로 구분한다. [표 13-3]에는 FTSE가 글로벌 주가지수 산출을 위해 각국을 어떻게 분류하고 있는가가 나타나 있다.

표 13-3 FTSE 글로벌 주가지수(Global Equity Index Series) 국가 분류

구분	포함 국가
선진시장	오스트레일리아, 오스트리아, 벨기에, 핀란드, 아일랜드, 이탈리아, 네덜란드, 뉴질랜드, 캐나다, 프랑스, 독일, 영국, 미국, 스페인, 포르투갈, 노르웨이, 스웨덴, 덴마크, 스위스, 이스라엘, 그리스, 홍콩, 일본, 싱가포르, 한국 등 총 25개국
선진신흥시장	브라질, 체코, 헝가리, 말레이시아, 멕시코, 폴란드, 남아프리카공화국, 타이완, 태국, 터기 등 10개국
2차 신흥시장	칠레, 중국, 콜롬비아, 이집트, 인디아, 인도네시아, 모로코, 파키스탄, 필리핀, 러시아, UAE 등 11개국
프런티어시장	아르헨티나, 바레인, 방글라데시, 보츠와나, 불가리아, 코트디부와르, 크로아티아, 키프로스, 에스토니아, 가나, 요르단, 케냐, 리투아니아, 마케도니아, 몰타, 모리셔스, 나이지리아, 오만, 카타르, 루마니아, 세르비아, 슬로바키아, 슬로베니아, 스리랑카, 튀니지, 베트남 등 26개국

출처: FTSE 웹페이지.

MSCI 또는 FTSE의 국가들에 대한 분류와 세계시장에서의 비중결정은 세계의 주요 투자자들의 포트폴리오 구성의 기준이기 때문에 중요하다. 특히 MSCI지수나 FTSE지수를 추적하는 인덱스펀드(index fund)에서 어떤 나라의 비중이 달라지면 그만큼 국제 투자자들의 해당 국가에 대한 투자규모가 변한다. 이는 지수를 구성하는 주식의 비중과 동일한 비율로 펀드를 구성하기 때문이다.

앞의 두 표에서 보는 바와 같이 우리나라는 FTSE지수에서는 선진시장으로 분류되어 있으나 MSCI지수에서는 아직 신흥시장에 포함되어 있다. 우리나라는 2008년 9월에 처음으로 FTSE지수에서 선진시장으로 편입되었으며 MSCI지수에서도 선진시장 편입에 대한 논의가 지속되고 있으나 외환제도 및 외국인투자제도 문제로 아직 신흥시장에 속해 있다. 그러나 한국시장은 FTSE와 S&P지수에서 이미 선진시장으로 분류되어 있어 머지 않아 MSCI지수에서도 선진시장으로 분류될 것으로 전망된다.

한국시장의 MSCI 선진시장 편입은 글로벌 투자자들의 신흥시장 투자자금 유출과 선진시장 투자자금 유입을 가져올 것으로 예상되며, 유출보다 유입이 많을 것으로 예상된다. 또한 선진시장의 변동성이 신흥시장보다 낮다는 점을 고려할 때 국내시장의 선진시장 편입은 투자자금의 급격한 유출입을 완화하는 효과가 있을 것으로 기대된다.

13.2.3 국제분산투자와 자국편의현상

국제적으로 잘 분산된 포트폴리오는 그렇지 않은 포트폴리오보다 위험을 낮추면서 목표수익을 달성할 수 있게 해준다. 따라서 단기적인 시장상황 변화에 의존하지 않는 장기투자자는 이론적으로 각국 시장의 시가총액비중을 반영한 국제적으로 분산된 포트폴리오를 구축할 필요가 있다. 그러나 이러한 이론적 근거에도 불구하고 일반투자자는 물론 대부분의 전문투자자들은 자국시장에 대해 편중투자된 포트폴리오를 갖고 있다. 이렇게 투자자들이 여러 가지 심리적인 이유로 자산배분에서 자국시장에 대해 지나치게 높은 비중을 할당하는 반면 외국주식에 대해서는 과소투자하거나 무시하는 현상을 **자국편의**(home bias 또는 home country bias)라고 한다.

자본의 국경 간 이동이 더 자유로워지고 세계 자본시장의 글로벌화가 진전되고 있는 상황에서도 자국편의는 세계 투자자들 사이에서 광범위하게 나타난다. 예를 들어 국민연금의 경우 [표 13-4]와 같이 2020년 목표기준으로 전체 자산 약 748조원 가운데 17%에 해당하는 128조원 가량을 국내주식에 투자하고 있으나 해외주식에는 22%인 167조원을 투자하고 있다. 국내주식시장이 세계시장에서 차지하는 비중이 2% 수준이라는 점을 고려할 때 국민연금의 국내시장비중은 포트폴리오이론이 제시하는 수준에 비해 과도하게 높다고 할 수 있다.

자국편의는 투자자들이 자국시장에 대해서는 낙관적인 기대를 유지하고, 외국시장에 대해서는 비관적이거나 무관심하기 때문에 나타난다. 이런 투자자들은 외국시장에서의 투자수익률이 높을 것으로 예상되더라도 국내시장을 더 안정적인 것으로 평가한다. 한

표 13-4 국민연금의 자산배분

(단위: 십억원, %)

구분		2018년		2019년		2020년	
		금액	비중	금액	비중	금액	비중
주식	국내주식	108,914	17.07	132,261	17.97	176,696	21.21
	해외주식	112,961	17.70	166,528	22.62	192,752	23.14
	주식 전체	221,875	34.76	298,789	40.59	369,448	44.34
채권	국내채권	310,993	48.73	320,751	43.58	326,099	39.14
	해외채권	26,587	4.17	30,462	4.14	44,883	5.39
	채권 전체	337,580	52.89	351,213	47.71	370,982	44.53
대체투자		76,620	12.01	84,295	11.45	90,660	10.88
단기자금		2,143	0.34	1,782	0.24	2,049	0.25
금융부문 전체		638,217		736,079		833,138	

출처: 국민연금.

편 외국증권을 분석할 때에는 정보의 비대칭성과 각종 제약으로 인해 국내증권보다 많은 어려움을 겪을 수 있고 소요되는 비용 역시 더 크다.

특히 개인 등 일반투자자들은 국제적 투자기회에 대한 정보나 지식이 부족하고, 자세한 정보를 얻고자 할 때 소요되는 비용이 크기 때문에 투자대상을 국내증권으로 한정시키는 경향이 있다. 그러나 기관투자자 등 전문투자자들은 상대적으로 많은 투자정보나 기회를 갖고 있으며, 위험에 대한 합리적 분석이 가능하다. 그럼에도 불구하고 기관투자자들 역시 이론이 제시하는 수준에 비해 지나치게 국내시장에 많은 금액을 투자하는 경향이 있다. 이런 비효율적인 자산배분은 분산투자효과를 저하시킬 뿐 아니라 상대적으로 규모가 작은 신흥시장에서는 자본조달을 어렵게 만들 수 있다.

13.3 국제투자의 위험

국제투자는 포트폴리오의 위험을 분산시키고 동일한 위험수준에서 기대수익률을 높일 기회를 제공한다. 그러나 이러한 기회를 이용하기 위해서는 역시 위험부담이라는 비용을 지불하여야 한다. 국제투자에서 주요한 위험으로는 **환위험**(exchange rate risk)과 **국가위험**(country risk) 등을 들 수 있다.

13.3.1 환위험

환위험 또는 외환위험은 환율의 변동에 따라 손실을 입을 가능성을 지칭한다. 해외증권에 투자하는 경우 수익의 원천은 두 측면에서 살펴볼 수 있다. 첫째는 해당 증권의 가격상승에 따른 것이다. 둘째는 환율의 변동이다. 해외자산에 투자하는 투자자의 수익은 최종적으로 자국통화로 계산된다. 예를 들어 미국주식에 투자하고 있는 한국의 투자자는 미국주식을 매각하고 달러로 받은 대금을 국내로 반입한 후 원화로 환전하여 최종적으로 수익을 확정한다. 이 투자자의 최종 수익은 미국주가의 움직임뿐만 아니라 원/달러 환율의 변화에도 영향을 받는다. 만일 원화가치가 상승하면, 즉 원/달러 환율이 하락하면 이 투자자는 환차손에 직면한다. 반대로 원화가치의 하락으로 원/달러 환율이 상승하면 이 투자자는 환차익을 얻을 수 있다.

예제 13-1 환위험

한국의 한 기관투자자가 1년 동안 100억원을 미국주식에 투자하기로 하였다. 투자시점의 환율은 1달러당 1,000원으로 이 투자자는 100억원을 1,000만달러로 환전하여 미국주식에 투자하였다. 1년 후 미국의 주가는 10% 상승하여 이 투자자가 보유하고 있는 미국주식의 가치는 1,100만달러가 되었으며 이 투자자는 미국투자를 청산하고 투자원금과 수익을 모두 국내로 반입하기로 결정하였다. 1년 후 원화가치의 상승으로 원/달러 환율은 900원/달러로 하락하였다. 이 투자자의 최종 손익은 어떻게 되는가?

| 풀이 |

이 투자자는 미국에서 주식투자로 최초 투자금액 1,000만달러의 10%가 되는 100만달러의 수익을 올렸다. 그런데 이 투자자가 1,100만달러를 국내로 들여와 원화로 환전하는 경우 환산액은 1,100만달러×900원/달러 = 99억원이 된다. 이 투자자는 비록 미국에서는 주식투자로 10%의 수익률을 올렸으나 환율상승으로 인해 환차손을 입게 되어 전체적으로는 1억원, 즉 1%의 손실을 기록하였다.

[예제 13-1]에서 보는 바와 같이 투자자들은 해외에서 성공적인 자산운용성과를 기록했으나 환율의 변동으로 인해 최종적으로는 예기치 못한 손실을 입을 수도 있다. 물론 환율이 상승하는 경우에는 추가적인 이득을 얻을 수도 있다. 예를 들어 [예제 13-1]에서 환율이 1,100원/달러로 상승한다면 최종 회수금액은 1,100만달러×1,100원/달러=121억원이 되고, 원화표시수익률은 21%로 미국의 주식투자수익률 10%를 크게 초과한다.

이제 환위험을 반영한 투자성과를 수식으로 표현해보자. 국내투자자가 미국의 주식에 투자한다고 가정하자. 이 투자자는 미국의 주식을 $P_{US,0}$(시점 0에서의 미국주가)에 매수하여 1기 후에 $P_{US,1}$(시점 1의 미국주가)에 매각한다. 달러로 표시된 수익률은 다음과 같다.

$$R_{US} = \frac{P_{US,1} - P_{US,0}}{P_{US,0}} \quad [13\text{-}1]$$

그런데 국내투자자가 이런 투자를 하기 위해서는 우선 $P_{US,0}$에 해당하는 만큼의 달러를 확보하여야 한다. 시점 0의 원/달러 환율을 s_0라고 한다면 미국주식을 매수하는 데 필요한 금액을 원화로 표시하면 다음과 같다.

$$s_0 \times P_{US,0} \quad [13\text{-}2]$$

투자자는 1기간 후에 해외투자를 청산하고 그 대금을 국내로 반입하여 자국통화로 환전하여야 한다. 1기 후 미국주가는 $P_{US,1}$이고 원/달러 환율을 s_1이라고 하면, 미국주식을 매각한 후 원화로 환전한 금액은 다음과 같다.

$$s_1 \times P_{US,1} \quad [13\text{-}3]$$

국내투자자는 미국주식에 $s_0 \times P_{US,0}$원을 투자하여 1기 후에 $s_1 \times P_{US,1}$원을 회수하게 된다. 따라서 국내투자자의 원화기준수익률은 다음과 같다.

$$R_{KR} = \frac{s_1 P_{US,1} - s_0 P_{S,0}}{s_o P_{US,0}} \quad [13\text{-}4]$$

달러기준수익률 R_{US}의 위험요인은 1기 후 주가인 $P_{\mathrm{US},1}$뿐이지만, 원화기준수익률 R_{KR}의 위험은 1기 후 미국주가 $P_{\mathrm{US},1}$ 및 1기 후 환율 s_1의 두 위험요인에 기인한다는 것을 알 수 있다.

이제 국제투자에 수반되는 환위험을 어떻게 관리할 것인지 생각해볼 필요가 있다. 환율은 한 나라의 통화와 외국통화의 교환비율로 주식 및 채권 등과 비슷하게 외환시장에서 해당 통화에 대한 수요와 공급에 의해 결정된다. 더욱이 각국은 환율을 중요한 정책변수로 간주하고 정부 또는 중앙은행이 여러 가지 수단을 통해 환율에 영향을 미치려고 시도할 수 있다. 환율이 순수한 시장원리에 따라 결정되지 않는 것은 빈번히 외환시장의 효율성을 저해하고 환위험을 확대하는 원인이 되기도 한다. 기본적으로는 외환시장에서도 주식시장과 마찬가지로 시장의 효율성이 존재하며, 따라서 체계적으로 환율을 정확히 예측하는 것은 현실적으로 매우 어려운 일이다.

해외증권에 투자하는 투자자는 증권의 가격변동과 환율의 변동이라는 두 가지 위험에 노출된다. 이 가운데 증권가격의 변동은 포트폴리오 구성을 위해 투자자가 기본적으로 부담하는 위험이다. 환위험에 대한 태도는 투자자에 따라 다를 수 있다. 어떤 투자자는 추가적인 수익을 위해 기꺼이 환위험을 부담하려 할 수도 있고, 다른 투자자는 새로운 위험부담을 꺼려 환위험에 대한 노출을 최소화하려고 할 수 있다. 즉 투자자들은 투자목적에 따라 환위험을 헤지할 수 있고 그렇게 하지 않을 수도 있으며, 부분적으로 헤지할 수도 있다.

국내에도 개인투자자들이 손쉽게 해외증권에 투자할 수 있도록 다양한 해외투자상품이 펀드형태로 출시되어 있다. 이 가운데 많은 펀드들은 개인투자자들이 환위험에 대해 익숙하지 않다는 점을 고려하여, 환위험을 헤지한 형태로 제공되고 있다. 한편 전문성을 기진 연금기금 같은 기관투자자들은 빈번히 환위험을 부담하면서 국제투자를 실행한다.

13.3.2 환위험의 관리

무역, 해외증권투자 및 해외직접투자 등 국제거래의 참가자는 늘 환위험에 노출되어 있으며 환위험의 관리는 매우 중요한 이슈이다. 우리나라에서도 기업들이 환위험관리를 소홀히 하거나 잘못된 헤지를 하여 큰 손실을 입거나 파산에 이르는 사례가 있었다. 증권투자에서도 예기치 않은 환율변동으로 인한 위험을 방지하기 위해 노출되어 있는 환위험에 대한 정확한 이해를 바탕으로 관리정책을 마련하여 대응할 필요가 있다.

국제투자에 수반되는 환위험은 투자자에 따라 달리 관리될 수 있다. 외환시장에 대한 전문성, 투자목적 등은 환위험의 제거 또는 부담 여부를 결정하는 중요한 요인이다. 국제투자에서 발생하는 환위험을 헤지하기 위해서는 **선물환(currency forward)** 및 **통화선물(currency futures)**, **통화옵션(currency option)**, **통화스왑(currency swap)** 등 다양한 외환 관련 파생상품이 이용될 수 있다. 환위험을 낮추면 국제투자에서 오는 불확실성을 줄일 수 있다. 따라서 외환시장에 대한 전문성이 부족하거나 또는 증권의 변동성과 관련된 위험만을 부담하고자 할 때는 환헤지가 바람직할 수 있다.

환위험은 국제투자의 위험범위를 확대시키는 요인이지만 포트폴리오의 위험을 추가적으로 분산시키는 수단이 될 수도 있다. 자산운용에서 국제투자는 새로운 투자대상 및 수익기회의 확보뿐 아니라 위험의 분산이라는 차원에서 이루어지고 있다. 특히 국민연금을 비롯한 국내외의 대규모 연기금과 같은 장기투자자들에게는 위험분산이 특히 중요한 목표의 하나이다. 따라서 만일 환율의 변동이 다른 위험요인과 낮은 상관관계를 갖기 때문에 전체 포트폴리오의 위험을 분산시키는 역할을 한다면, 장기투자자들은 환위험을 헤지하지 않는 편이 나을 수 있다. 예를 들어 국내의 한 연구는 국내주가지수와 달러의 상관계수를 −0.34로 추정했다.[1] 따라서 만일 국제투자의 목적이 위험의 분산이라면 환위험을 헤지하지 않는 편이 더 유리할 수 있다.

13.3.3 국가위험

해외시장에 투자하는 경우 투자자는 자산 자체이 위험뿐 아니라 투자의 종결시점에서 실현될 미래현금흐름을 수취하고 자국통화로 환전할 때 발생할 수 있는 위험도 고려해야 한다. 그런데 투자수익을 회수할 때 발생하는 위험은 환위험뿐 아니라 해당 국가 고유의 위험도 포함한다. 예를 들어 해당 국가의 조세제도변화, 규제변화, 통화의 급격한 평가절하 또는 외환통제, 내전, 정치적 소요 및 폭동 등으로 투자회수자금을 온전히 환전

1 이윤석, 2008, "금리 · 주가 · 환율간 상관관계 변동과 시사점," 주간금융브리프, 제17권 제30호, 한국금융연구원.

하는 것이 어려울 수 있다. 이런 위험을 **국가위험(country risk)**, **국가고유위험(country specific risk)** 또는 **정치적 위험(political risk)**이라고 하며, 환율의 통상적인 변동에 따른 환위험으로부터 구별된다. 국가위험은 환위험과 마찬가지로 해외증권투자뿐 아니라 해외직접투자나 무역거래에서도 발생할 수 있다.

이런 정치적 위험으로 인한 손실을 줄이기 위해서는 해당 국가의 국가위험을 분석해야 한다. 국가위험은 경제적 측면뿐 아니라 정치적, 사회적 및 그 외의 모든 측면을 고려해야 하므로 그 평가는 쉽지 않다. 투자자들이 국가위험을 직접 평가하는 것은 어려운 과제이며, 따라서 국가위험을 분석하는 전문적인 평가기관이나 분석기관의 서비스를 이용하기도 한다. 국가위험 등급평가 및 분석서비스를 제공하는 대표적인 기관으로는 무디스(Moody's), S&P's(Standard and Poor's), PRS(Political Risk Service), 유라시아그룹(Eurasia group), EIU(Economist Intelligence Unit) 등이 있다.

국가위험은 1980년대 남미국가들에 대한 구제금융과 1990년대 말 동아시아 외환위기를 겪으며 더 중요시되었으며, 시장에서도 국가위험을 헤지하기 위한 파생상품이 거래되기 시작하였다. 국가위험은 국가의 신용도가 악화되어 발생하는 위험으로 넓은 의미에서 신용위험의 하나로 간주될 수 있으며, 국가위험을 헤지하기 위한 신용파생상품도 거래되고 있다.

대표적인 신용파생상품으로는 **신용부도스왑(credit default swap: CDS)**, **신용연계채권(credit-linked notes: CLN)**, **총수익스왑(total return swap: TRS)**, **합성 CDO(collateralized debt obligation)** 등이 있다. 이 상품들은 대개 약정된 현금흐름이 지급되지 않는 경우 제3자가 이를 대신 지급하는 형태로 이루어져 있다. 예를 들어 신용부도스왑은 일정기간 동안 스왑매수자가 매도자에게 수수료를 지급하고 그 대가로 채무불이행이 발생하여 약정된 현금흐름이 지급되지 않는 경우 스왑매도자가 매수자에게 대신 지급하는 계약이다. 채무자의 채무불이행가능성이 높아지는 등 신용위험이 커지면 스프레드 또는 프리미엄이라고 불리는 신용부도스왑의 수수료가 상승하며, 시장에서 결정되는 이 수수료의 크기는 채무자의 신용도를 측정하는 척도로 사용되기도 한다.

이 가운데 국가의 부도위험을 반영하는 국채에 대한 CDS프리미엄은 국가위험의 척도로 이용된다. 예를 들어 우리나라의 CDS프리미엄은 글로벌 금융위기가 진행 중이던 2008년 초에는 150bp(basis point, 1bp는 1/100%) 수준이었으나 리먼 브라더스

(Lehman Brothers)가 파산한 직후에는 한때 328.3bp까지 급상승하였다가 이후 하락 안정세를 보여 2012년에는 69bp 수준으로 하락하였다. 이는 우리나라의 국가위험이 급격히 확대되었다가 다시 안정화되었다는 것을 의미한다. 2021년 12월 2일 기준 한국국채의 CDS프리미엄은 21bp이다.

13.4 환위험의 헤지와 이자율평형이론

환위험은 다양한 외환 관련 파생상품을 이용하여 헤지될 수 있다. 외환 관련 파생상품 가운데 가장 오래되고 널리 쓰이는 상품 가운데 하나가 **선물환(currency forward)**계약이다. 선물환계약에서 적용되는 미리 정해진 환율을 **선물환율(forward rates)**이라고 한다. **이자율평형(interest rate parity: IRP)이론**은 현물환율, 선물환율 및 이자율의 관계를 설명하는 이론으로, 만약 환위험이 제거된다면 동일한 신용등급의 국내채권에 투자하거나 외국채권에 투자하거나 수익률은 무차별해야 한다는 의미를 담고 있다.

예를 들어 1년 동안 미국국채에 투자하려 하는 한국의 투자자가 있다고 가정하자. 이 투자자는 미국국채에 투자하기 위해 원화를 달러로 환전하여야 한다. 현재 환율은 달러당 1,000원이며 한국의 금리는 연 5% 그리고 미국의 금리는 2%이다. 만일 투자액이 10억원이면 이 투자자는 1백만달러의 미국국채를 매수할 수 있다. 1년 후 이 투자자는 투자를 종료하고 투자원리금을 국내로 반입할 예정이다. 투자원리금은 100만달러×(1+0.02)=102만달러가 된다.

만일 환율의 변동이 없다면, 즉 환율이 1,000원/달러로 고정되어 있다면 이 투자자는 어떠한 선택을 해야 하는가? 이 투자자가 미국에 투자하는 경우 1년 후 원리금은 102만달러이며 이를 원화로 환전하면 10.2억원이 된다. 이는 한국에 투자했을 때 받을 수 있는 10.5억원보다 작은 금액이다. 따라서 국가위험을 무시한다면 한국국채에 투자하는 것이 유리하다. 따라서 국제금융시장이 균형을 이루기 위해서는 환율이 변하든가 또는 금리가 변화해야 한다.

예제 13-2 환위험의 헤지

환율이 시장상황에 따라 변하는 변동환율제하에서는 1년 후 환율이 어떻게 될지 알 수 없으므로 이 투자자의 원화기준수익률은 불확실하다. 만일 이 투자자가 환위험을 제거하고 싶다면 선물환시장을 이용할 수 있다. 이 투자자가 1년 후 현재 정해진 환율로 102만달러를 매각하는 선물환계약을 맺는다면 현재시점에서 이 투자의 불확실성은 제거된다. 이때의 선물환율은 얼마가 되어야 하는가?

| 풀이 |

선물환율이 달러당 1,050원인 경우를 가정해보자. 이 투자자는 미국국채투자에서 발생하는 102만달러를 달러당 1,050원에 매각하는 선물환계약을 맺음으로써 환위험을 헤지할 수 있다. 선물환율이 1,050원/달러라면 1년 후 102만달러는 10.71억원이 된다. 국내이자율이 5%이므로 미국채권투자로 국내채권투자보다 2,100만원을 추가로 얻을 수 있는 것이다. 따라서 모든 투자자들은 미국채권에 투자하고 선물환계약을 통해 환위험을 제거하려 할 것이다.

따라서 선물환율은 미국채권에 투자하거나 국내채권에 투자하거나 그 수익이 동일해지는 수준에서 결정될 것이다. 만일 선물환율을 f_1이라고 한다면 1년 후 미국국채투자의 원리금의 원화 환산액은 100만달러$\times(1+0.02)\times f_1$이 되어야 한다. 국내외 금융시장 사이에 차익거래가능성이 없으려면 이 금액은 국내 국채투자의 원리금인 10억원$\times(1+0.05)$와 동일하여야 한다. 따라서 다음이 성립한다.

$$100\text{만달러}\times(1+0.02)\times f_1 = 10\text{억원}\times(1+0.05)$$

따라서 선물환율 f_1은 1,029.41원이 되어야 한다. 만일 선물환율이 이보다 높게 결정된다면 투자자들은 한국에서 자금을 차입하여 미국에 투자하는 무위험 차익거래를 실행할 것이다. 반대로 선물환율이 이보다 낮게 결정된다면 미국에서 자금을 차입하여 한국에 투자하는 차익거래가 가능하다.

이 설명을 일반화하면 다음과 같다. 미국의 금리를 r_{US}, 한국의 금리를 r_{KR}이라 하고 현재시점의 현물환율을 s_0, 선물환율을 f_1이라고 하면 다음의 이자율평형(IRP)관계가 성립하여야 한다.

$$\frac{f_1}{s_0} = \frac{1+r_{KR}}{1+r_{US}} \qquad [13\text{–}5]$$

앞의 설명에서 보는 바와 같이 선물환계약을 이용하면 환위험은 헤지될 수 있다. 외국주식의 경우 선물환계약을 통해 환헤지를 하더라도 여전히 외국주가의 변동에 따른 위험은 남게 되며 따라서 분산투자의 효과도 그만큼 존재한다. 그러나 외국채권에 투자하는 경우 환위험을 모두 헤지한다면 이는 사실상 국내채권에 투자하는 것과 마찬가지가 되며 위험분산의 효과는 없다고 할 수 있다. 미국 캘리포니아 퇴직공무원연금(CalPERS)과 캐나다 연금투자위원회(CPPOIB) 등 세계 주요 연금들은 낮은 수준의 환헤지비율을 유지하거나 또는 헤지를 하지 않고 있는데 이는 바로 분산투자효과를 누리려는 목적 때문이다. 우리나라의 국민연금도 환헤지비율을 점차 축소하여 주식과 대체투자에 대해서는 환헤지를 지양하고 있다.

13.5 국제투자의 실제

국제투자는 다양한 경로를 통해 이루어질 수 있다. 가장 단순한 국제투자의 방법은 외국 자본시장에서 직접 증권을 매입하는 방법이다. 그러나 현실적으로 개인투자자가 해외시장에 접근하는 것은 불편하다. 언어와 관습의 차이 등에 기인한 어려움이 발생할 소지가 있을 뿐 아니라 소규모 투자의 경우에는 중개, 보관 및 환전 등과 관련된 수수료 등 비용이 과도하게 클 수 있다. 따라서 직접투자는 주로 연기금과 같이 전문성을 갖춘 기관투자자들이 사용할 수 있는 방법이다.

개인투자자나 소규모 투자자가 외국주식에 보다 손쉽게 투자할 수 있는 방법 가운데 하나는 **주식예탁증서(depository receipt: DR)**를 이용하는 것이다. DR은 외국의 증권시장에 상장되어 있는 주식이나 채권 등에 대한 투자를 쉽게 하기 위해 고안된 투자수단이다. 예탁기관이라고 불리는 기관이 해외시장의 주식을 보관하고 이를 기초로 예탁증서를 발행하여 시장에 유통시킨다. 이 주식은 상장 또는 비상장상태로 거래될 수 있다. DR의 발행 이유는 국제적 주식거래를 간편화하기 위해서이며, 기업들은 DR 발행을 통해 해외에서의 자금조달과 인지도 제고 등의 효과를 얻을 수 있다. DR 가운데 미국 주식시장을 대상으로 발행된 DR을 ADR(American depository receipts), 전 세계를 대상으로 발행되는 DR을 GDR(global depository receipts)이라고 한다.[2] 우리나라 시장에 상장된 외국기업의 DR은 KDR(Korean depository receipts)이라고 한다.

2 삼성전자, 포스코, KB금융지주, 우리금융지주 등 국내기업들도 미국시장에 DR을 상장하고 있다.

DR은 여러 가지 편리함 때문에 개인투자자뿐 아니라 기관투자자들의 투자대상이 되고 있다. 이 외에도 뮤추얼펀드나 상장지수펀드 등을 이용하여 외국주식에 투자하거나 외국 증권시장지수를 기초자산으로 하는 파생상품에 투자하는 방법도 있다.

투자 이야기 소로스와 파운드화

미국의 조지 소로스(George Soros)는 헤지펀드의 제왕, 20세기의 마이더스, 현대의 연금술사, 월스트리트의 검은 황제로 불린다. 국제금융계에서 막강한 영향력을 행사하는 전 세계 헤지펀드 중 절반 이상을 소로스의 퀀텀그룹(Quantum Group of Funds)이 개발했다.

그에게 잉글랜드은행을 굴복시킨 사내라는 화려한 닉네임이 붙게 된 사례가 있다. 1992년 영국 파운드화를 대량으로 매도하여 파운드화를 평가절하시키면서 약 200억달러의 이익을 거둔 것이다. 당시에 영국은 경상수지 적자 확대와 경기침체를 겪었고, 독일은 통일 이후의 호황을 구가하였다. 만약 환율이 자유롭게 변동할 수 있었다면 마르크화는 평가절상, 파운드화는 평가절하되었을 것이다.

영국은 유럽환율메커니즘(European Exchange Rate Mechanism: ERM)에 가입하고 있었다. ERM은 회원국들 사이의 환율을 안정화시키려는 시스템이었으며, 영국은 역내에서 가장 강한 통화인 독일 마르크화에 대한 환율을 일정한 범위 안에서 유지하려 하였다.

소로스는 이런 상황이 오래 지속될 수 없다고 판단하고, 다른 펀드들과 연합하여 파운드화를 매도하였다. 소로스 펀드가 차입한 금액은 100억파운드, 잉글랜드은행의 매입액은 150억파운드에 달했다고 한다. 잉글랜드은행은 파운드화 매입과 정책금리 인상으로 맞섰으나 결국 실패하고 1992년 9월 16일 ERM으로부터의 탈퇴를 표명하였다. 영국은 치욕적이라고 할 수 있는 경험을 하였으나, 이후 영국경제는 펀더멘털에 맞지 않은 높은 파운드화에서 벗어나서 5년 동안의 장기적 경기회복을 맞았다.

13장 연습문제

01 국제투자로 얻을 수 있는 효익은 무엇이며 국제투자의 비용은 무엇인가?

02 어떤 금융전문가가 "환율변동은 국제투자를 위축시키는 요인이다"라고 주장한다. 이를 비판하시오.

03 한국의 주식시장이 세계에서 차지하는 비중은 약 2% 수준인 것으로 조사되고 있다. 만일 국내투자자가 포트폴리오이론에 따라 최적 포트폴리오를 구성하고자 하는 경우 이 투자자의 포트폴리오에서 한국주식이 차지하는 비중은 얼마가 되어야 하는가? 실제 투자자들의 국내주식투자 비중은 이와 유사한가? 그렇지 않다면 그 이유는 무엇인가 설명하시오.

04 환위험을 통제할 수 있는 수단에 대해 설명하시오.

※ [5~10] **국내의 한 기업이 필요한 운영자금을 국내은행으로부터 차입하는 대신 일본의 은행으로부터 차입하려 한다. 이 기업은 1년 동안 1억엔의 자금을 차입하여 국내에서 운영자금으로 사용한 후 상환할 예정이다. 현재 환율은 100엔당 1,000원이다. 일본의 금리는 연 3%이며 한국의 금리는 연 6%이다. 다음 질문에 답하시오.**

05 이 기업은 1년 후 일본의 은행에 엔화기준으로 얼마를 상환하여야 하는가?

06 상환해야 하는 금액이 원화기준으로는 얼마인지 현재시점에서 알 수 있는가?

07 이러한 거래에서 이 기업은 어떠한 위험에 노출되는가?

08 1년 후 환율이 얼마 이상이 되면 국내차입이 유리한가?

09 이 기업이 환위험을 제거하기 위해 사용할 수 있는 수단에는 무엇이 있는가?

10 선물환율은 얼마가 되어야 하는가? 선물환계약을 이용하여 환위험을 헤지하는 경우 이 기업이 부담하는 이자비용은 원화기준으로 얼마가 되는가? 이때의 비용을 국내차입의 경우와 비교하시오.

11 ADR을 발행하고 있는 국내기업을 조사해보시오. 또한 KDR을 발행하고 있는 외국기업을 조사해보시오.

❙ 연습문제 풀이 ❙

01 국제투자의 효익은 효율적 프런티어의 확장을 통한 위험분산효과의 확대 및 수익률 제고이다. 한편 비용은 환위험 및 국가위험에 노출, 거래비용의 증가를 포함한다.

03 포트폴리오이론에 따르면 국내주식은 투자자의 위험자산(주식) 포트폴리오의 약 2%를 차지해야 한다. 그러나 예를 들면 국민연금의 경우 2020년 목표기준으로 전체 주식투자의 약 17%를 국내주식에 편중적으로 배분하고 있다. 주요 원인은 자국편의현상이다.

05 1억엔 × (1.03) = 1.03억엔을 상환하여야 한다.

07 이 기업은 엔화로 차입하여 원화로 환전 후 사용하고, 1년 후에 엔화로 상환해야 한다. 따라서 환위험(환율상승)에 노출된다.

09 차입자는 상환의 환율을 고정하기 위해 엔화 선물환을 매입할 수 있다. 또는 엔화에 대한 콜옵션매수, 풋옵션매도 등 다양한 헤지수단을 이용할 수 있다.

11 생략

14장 대체투자

포트폴리오이론에 의하면 기존에 보유하고 있던 자산과 낮은 상관관계를 가진 자산에 투자하면 분산투자효과에 의해 동일한 위험수준에서 더 높은 기대수익을 얻거나 동일한 기대수익을 유지하면서 위험을 낮출 수 있다. 특히 연금기금(pension fund)과 같은 대규모 기관투자자(institutional investors)들은 1970년대 이후 포트폴리오의 위험을 줄이고 기대수익률을 높이기 위한 노력을 계속해왔다. 투자자들이 전통적으로 인식해온 투자대상은 주식, 채권 그리고 파생금융상품과 같은 유가증권이었으나, 부동산, 에너지나 천연자원 같은 실물상품, 귀금속, 예술품 등이 기존의 전통적 자산과 낮은 상관계수를 갖고 있다는 것을 발견하고 이들을 포트폴리오에 편입시키기 시작하였다.

1990년대부터 시작된 저금리 기조하에서 기존의 자산과 낮은 상관관계를 가지면서 비교적 높은 수익률을 제공할 수 있는 투자대상을 찾으려는 노력은 더욱 가속화되었다. 새로운 투자대상은 전통적인 자산을 대체 또는 대안적 성격을 갖는다는 의미에서 **대체자산(alternative assets)** 또는 **대체투자(alternative investments)**로 불리게 되었다. 이 장은 대체투자의 개념을 정립하고, 대체자산의 특징을 살펴보며, 주요 대체투자수단들을 정리한다.

14.1 대체투자의 개념과 확산

14.1.1 대체투자의 개념

포트폴리오를 구성하는 자산들은 자산군(asset class)으로 구분되는 주식, 채권, 현금성자산 등으로 나뉠 수 있고, 각 자산군은 다시 여러 하위자산군(sub-asset class)들을 포함한다. 예를 들어 주식은 성장주, 가치주, 대형주, 소형주 등으로 구분되고, 채권은 국채, 회사채, 고수익채권(high-yield bond) 등으로 나뉜다. 자산군을 구분하는 기준은 같은 자산군에 속한 자산들 사이의 동질성, 다른 자산군 사이의 상이한 수익률-위험 구조 및 낮은 상관관계 등이다. 즉 자산운용의 편의를 위해 수익률-위험 및 상관계수의 관점에서 유사한 성격의 자산들을 동일한 자산군 안에 묶고, 전체 자산들을 몇 개의 자산군으로 구분한다.

대체자산(alternative assets)은 사모펀드, 부동산, 사회기반시설, 헤지펀드, 에너지나 원자재 같은 상품자산을 포함하며, 전통적 자산과 낮은 상관관계를 갖고 있다. 자산군의 설정에서 상관관계가 중시되는 것은 자산들의 상관관계가 낮을수록 분산투자효과는 높기 때문이다. 대체자산은 비교적 낮은 변동성과 높은 수익률을 제공할 수도 있다.

일반적으로 대체투자는 부동산, 사회기반시설, 천연자원 등 자산의 속성에 의해 주식이나 채권 같은 전통적 자산으로부터 구별된다. 그러나 헤지펀드는 주로 주식, 채권, 파생상품 등에 투자하나 그 투자기구(investment vehicle)는 상장되지 않은 사모펀드이므로 자산의 속성 외에 투자기구도 분류의 한 요소가 될 수 있다. 또한 사모주식펀드는 상장되지 않은 사모주식에 투자하므로 자산이 공개시장거래 여부도 일부 대체투자를 특징짓는 요소라고 할 수 있다. 그러나 에너지, 천연자원 등은 거래소에서 공개적으로 매매되므로 대체자산은 반드시 비상장 또는 비유동적이지는 않다.

여기에서는 간략히 대체투자를 소개하고, 뒷부분에서 더 상세히 자산별로 설명하기로 한다. **사모펀드(private fund)**는 비상장증권에 투자하는 사모주식펀드(private equity fund)와 사모부채펀드(private debt fund) 등을 포함하며, 투자기구도 사모(private placement)방식으로 결성된다. **부동산투자(real estate investment)**는 토지나 건물을 매입하여 운영하거나 부동산저당대출에 투자하며, 상장 또는 비상장된 투자기구를 이용한다. **사회기반시설(infrastructure)**은 국가나 기관이 효과적으로 작동하기 위해 이용되는 교통, 전력 등의 시스템과 서비스에 투자하며, 투자기구는 상장 또는 비상장된 형태를 갖는다. **헤지펀드(hedge fund)**는 주식, 채권, 통화(currency), 전환채권 등 여러 자산에 대해 다양한 전략으로 투자하는 사모펀드이다. 에너지와 원자재를 포함하는 **상품(commodity)** 자산은 유형자산으로서 공개된 거래소에서 활발히 거래되며, 보관 및 운송에 상당한 비용이 소요된다는 특징을 갖고 있다. 이 밖에 삼림(forestry), 귀금속(jewelry), 예술품(arts)과 골동품(antiques), 악기, 와인(wine), 동전이나 우표 등 수집품(collectibles)도 대체자산으로 분류된다. 또한 일부 대체자산에 대해서는 선물 및 선물지수거래도 가능하다.

14.1.2 대체투자의 확산

대체투자의 목적은 복합적이다. 대체투자는 투자전략에 따라 시장수익률을 추종하는 '베타추구형', 수익성을 추구하는 '절대수익추구형' 그리고 인플레이션 헤지 등을 위한 '분산투자형' 등으로 분류될 수 있다. 이와 같이 대체투자는 투자수익률 제고와 위험분산을 통해 투자기회집합의 확대를 목적으로 이용된다.

특히 1990년대 후반 동아시아 금융위기와 2000년대 초 닷컴 버블 붕괴 이후 지속된 저금리 기조 속에서, 전통적 자산의 수익률 하락추세는 대체투자에 대한 관심을 높이는 계기가 되었다. 2007년의 글로벌 금융위기는 위험분산의 중요성을 다시 강조하는 계기가 되었고, 기존의 주식 중심으로 구성되어 있던 기관투자자들의 포트폴리오를 다각화하는 수단이 되고 있다.

대체투자는 일반적으로 투자규모가 크고, 유동성이 낮으며, 자산이나 시장에 관한 전문적 지식을 요구한다. 이에 따라 대체투자는 주로 연금기금, 보험회사 같은 대형 기관투자자들에 의해 수행되고 있다. 글로벌 금융위기 이후에는 원자재 가격상승 및 금리인하·양적완화에 따른 인플레이션 우려 때문에, 개인투자자들도 대체투자에 더 많은 관심을 기울이게 되었다.

[표 14-1]은 세계 대체투자시장의 규모와 전망을 보여준다. 대체투자규모는 2004년

에 2.5조달러였으며, 이는 전체 운용자산 37.3조달러 가운데 7%에 해당했다. 대체투자규모는 2012년에는 6.4조달러로서 전체 운용자산규모 63.9조달러의 10% 수준이었고, 2016년에는 10.1조달러로 전체 운용자산 84.9조달러 가운데 12%의 비중을 차지했다. 대체투자규모는 연평균 8.5%의 높은 성장세를 지속하며 2025년에는 21.1조달러로서 전체 운용자산 145.4조달러 가운데 15% 수준에 달할 것으로 전망된다.

표 14-1 세계 대체투자규모 및 전망

(단위: 조달러)

연도	대체투자	총 운영자산	대체투자 비중
2004	2.5	37.3	7%
2007	5.3	59.4	9%
2012	6.4	63.9	10%
2016	10.1	84.9	12%
2025(E)	21.1	145.4	15%

출처: Pricewaterhouse Coopers.

국내에서도 대체투자에 대한 관심은 지속적으로 증가하고 있다. 예를 들어 국민연금은 [그림 14-1]과 같이 2015년 전체 금융투자금액 약 511조 7,000억원 가운데 10.7%인 54조 6,600억원을 대체자산에 투자했으나, 2020년에는 전체 약 748조 4,000억원 가운데 12.2%인 91조 2,700억원을 투자할 계획을 갖고 있다.

개인투자자들을 위한 대체투자상품도 활발하게 개발되고 있다. 이들은 개인투자자의 소규모 투자를 가능하게 하면서 투자금 회수가 용이하도록 뮤추얼펀드 또는 비슷한 상장된 투자기구를 채택하고 있다. 예를 들어 부동산 및 부동산저당대출에 투자하는 부동산펀드, 사회기반시설에 투자하는 인프라펀드, 금에 투자하는 금펀드, 선박에 투자하는 선박펀드, 대체자산에 투자하는 재간접펀드(fund of funds) 등이다.

그림 14-1 국민연금의 운용자산 구성

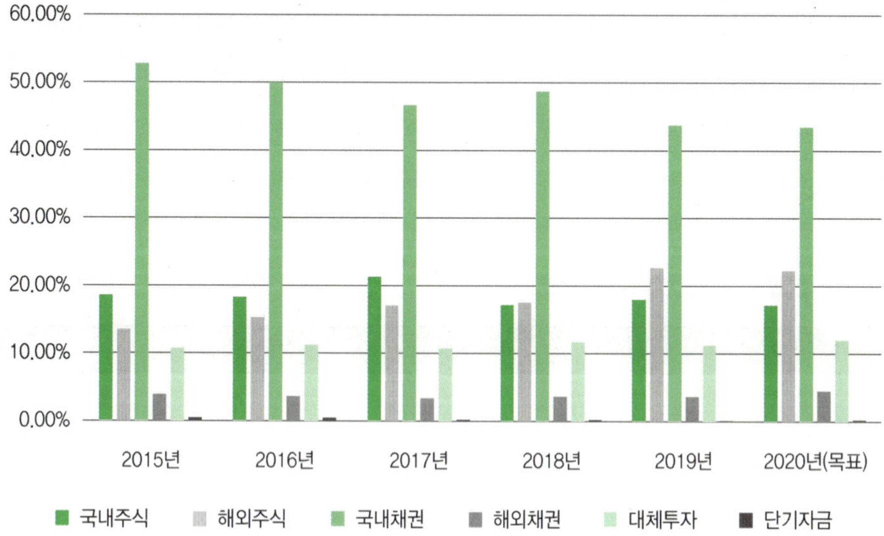

출처: 국민연금.

14.2 대체투자의 특징

앞에서 살펴본 바와 같이 대체자산은 주식이나 채권 같은 전통적 자산으로부터 차별화된 특징을 갖고 있다. 자산군으로서의 대체자산은 상당히 이질적인 자산들을 포함하고 있다. 개별 대체자산들은 자산의 물리적 속성, 현금흐름의 구조, 만기, 유동성, 투자기구 등에서 상이하다. 여기에서는 대체자산 가운데 사모주식펀드, 부동산, 사회기반시설(인프라스트럭처), 헤지펀드, 상품 및 상품선물 등을 살펴본다.

많은 대체자산이 가격의 불투명성과 비유동성 문제를 갖고 있다. 사모주식, 부동산 및 사회기반시설 같은 대체자산은 동질적인 상품이 많지 않고, 매도자와 매수자 등 소수의 거래자들이 참가하는 사적 시장(private market)에서 거래된다. 헤지펀드의 경우에는 투자대상증권은 공개시장에서 거래되더라도 투자기구는 상장되어 있지 않다. 투자기구의 목표기간이 길고 환매제약이 존재하는 등의 이유도 대체자산의 유동성을 제약한다.

공개시장에서 거래되지 않는 대체자산에 대해서는 신뢰할만한 시장가격이 존재하지 않는다. 실제 거래에 의해 관찰되는 시장가격 또는 추정된 공정가격(fair price)은 간헐적으로 존재하기 때문에 측정된 변동성은 낮은 편이다. 한편 원유, 금, 곡물 등 표준화에 편리한 일부 상품은 잘 발달된 시장을 갖고 있어서 매우 높은 유동성과 상대적으로 투명하게 결정되는 가격형성과정을 갖고 있고 변동성도 높은 편이다.

또한 대체투자의 투자대상은 전통적 자산에 비해 고위험-고수익을 기대할 수 있는 경우가 있다. 예를 들어 벤처캐피탈(venture capital)은 불확실성이 매우 크고 투자금 회수에 오랜 기간이 소요되나, 성공하는 경우의 수익성은 매우 높다. 적지 않은 대체투자에서 초기에는 비용만 투입되고 투자수익은 어느 정도 시간이 지난 후에 발생하기 때문에 그 현금흐름은 소위 J자형 곡선(J-curve)으로 표현되기도 한다.

그림 14-2 대체투자의 J-curve

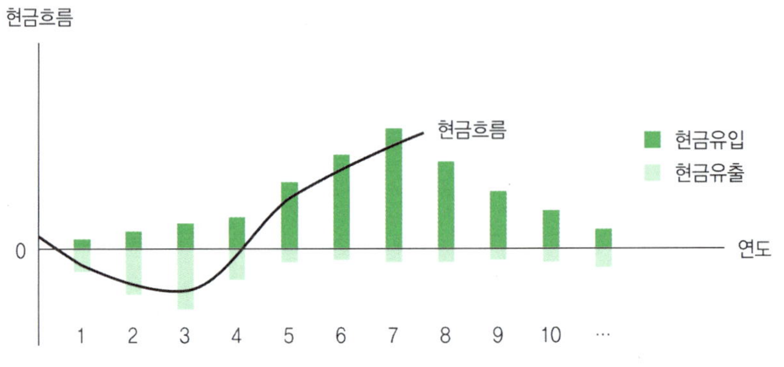

대체투자의 수익은 낮은 유동성과 긴 회수기간을 보상하는 비유동성프리미엄(illiquidity premium)을 기대할 수 있으며 따라서 매력적인 장기투자대상이 된다. 부동산과 천연자원 등의 실물자산은 인플레이션위험을 헤지하는 데 있어서도 전통자산에 비해 유리한 것으로 알려져 있다.

그러나 대체투자는 적당한 벤치마크(benchmark)를 갖고 있지 않은 경우가 빈번하며, 레비리지나 파생상품을 사용하는 경우에는 높은 위험과 복잡한 투자구조를 갖고 있다. 따라서 벤치마크수익률을 목표로 삼는 대신 시장상황에 의해 영향받지 않는 절대수익률(absolute return)을 목표로 삼는 경향이 있다. 대체자산의 이런 특성들은 투자매니저의 전문성에 대한 의존도를 높인다.

14.2.1 대체투자의 위험

일반적으로 금융투자의 위험은 **시장위험(market risk)**, **신용위험(credit risk)**, **운영위험(operational risk)**, **유동성위험(liquidity risk)** 등을 포함한다. 대체투자도 이런 위험들을 수반하나, 개별 자산의 위험프로파일(risk profile)은 상이한 투자대상과 거래방식, 복잡한 상품구조 등에 기인하여 다양하다.

대체투자에서 고려되어야 할 주요 위험은 다음과 같다. 첫째 유동성위험이다. 유동성위험은 자산을 단기간에 적절한 가격으로 현금화하기 어려울 가능성에서 비롯된다. 대체자산의 경우는 자산 자체의 유동성 부족, 일정기간의 환매제약 등 투자기구의 계약조건, 시장의 부재에 따른 가격 미형성 등 유동성을 제약하는 요소를 포함하고 있다.

거래상대방이 계약상 의무를 이행하지 않을 가능성인 거래상대방위험도 중요하다. 선물계약이나 옵션 같은 파생상품거래를 포함하는 금융거래는 대부분 계약시점과 거래의 완료시점 사이에 상당한 시차가 존재한다. 만약 한 거래상대방이 여러 가지 이유로 계약이행을 하지 않으면 상대방은 손실을 입을 수 있다. 일반적으로 거래소에 상장된 주식이나 파생상품의 경우에는 거래소(또는 청산기관)가 거래당사자가 되어 계약의 이행을 담보하기 때문에 거래상대방위험은 거의 없다고 할 수 있다. 그러나 많은 대체자산은 거래상대방위험을 체계적으로 관리할 수 있는 거래소가 아닌 장외의 사적 시장에서 거래된다. 다만 장외시장에서도 거래상대방위험을 관리하기 위한 담보 요구 등 다양한 수단이 사용되고 있다.

대체자산의 **레버리지위험(leverage risk)**도 중요하다. 예를 들어 헤지펀드는 빈번히 높은 레버리지를 이용하여 고수익을 추구한다. 그러나 높은 레버리지는 포트폴리오의 변동성 확대를 수반한다. 실제로 1998년 동아시아 외환위기 이후 펀드 또는 투자의 실패사례 중에는 과도한 레버리지 때문에 위험이 높은 경우가 빈번했다.

대체투자의 운영위험도 전통적 자산보다 높다. 전통적 자산은 주로 엄격한 규제를 따르는 거래소나 조직화된 장외시장에서 거래되고, 따라서 가격 형성이나 거래내용이 투명하게 공개된다. 그러나 대체자산은 주로 규제되지 않은 사적 시장에서 비공개적으로 거래된다. 특히 사모펀드나 헤지펀드 등의 투자성과는 자산을 운용하는 펀드매니저의 능력에 크게 의존하지만 뮤추얼펀드와는 달리 공시의무가 부과되지 않으며 매니저들도

자산운용방식이나 내역의 공개를 기피하는 경향이 있다. 이러한 대체투자의 투명성 부족(lack of transparency)은 사기(fraud), 통제 실패, 과도한 위험부담 등 운영위험을 높이는 요인이다.

14.2.2 대체투자와 자산군 분류

세계 최대의 연금기금의 하나인 미국 캘리포니아주의 공무원연금(California Public Employees' Retirement System: CalPERS)은 2018년 기준으로 [표 14-2]와 같이 자산군을 분류한다. 기존의 분류 및 [그림 14-1]의 국민연금 자산군 분류와 비교하면, 대체자산들을 폭넓게 수용하고, 대체자산 안에서도 다양성을 인정하며, 기회포착형 전략을 설정함으로써 새로운 자산 또는 전략에 대한 개방성을 유지하고 있다. 이는 대체투자가 보편화된 자산군이 되었음을 시사한다.

표 14-2 CalPERS의 자산군 분류(2017~2018년)

자산군	전략적 자산배분	최근 연간 수익률
세계주식(Global Equity)	50%	11.5%
이자수익성자산(Income)	28%	0.4%
인플레이션 방어자산(Inflation)	–	9.3%
사회기반시설 및 삼림(Infrastructure & Forestland)	–	
유동성자산(Liquidity)	1%	1.7%
기회포착형 전략(Opportunistic Strategies)	–	
사모주식펀드(Private Equity)	8%	16.1%
부동산(Real Estate)	13%	8.0%

출처: CalPERS.

14.2.3 대체투자의 벤치마크

대체자산은 자산운용을 위한 벤치마크(benchmark) 또는 시장지표가 존재하지 않는 경우가 빈번하다는 것도 유의하여야 할 점이다. 일반적으로 연금기금과 같은 장기투자자들은 자산군별 벤치마크를 기준으로 전략적 자산배분과 투자성과의 평가를 수행한다.

전통적 자산의 경우에는 벤치마크가 용이하게 설정될 수 있다. 주식 및 채권에 대해서 다양한 시장지수가 산출되어 공개되고 있으므로 자산 또는 펀드의 성격에 따라 적합한 지수를 벤치마크로 선택할 수 있다.

대체자산의 경우 투자자들이 공통적으로 사용할 수 있는 지수를 산출하는 것은 매우 어려운 과제이다. 대체자산은 매우 다양하고 투자자들은 각자의 투자목적에 따라 그 구성을 다르게 선택할 수 있기 때문이다. 적절한 벤치마크가 존재하지 않으면 자산별 투자 비중의 결정, 자산가치의 평가, 투자성과의 평가 등이 어려울 수 있다.

다만 대체투자가 세계적으로 확산됨에 따라 국내외에서 대체자산의 벤치마크가 개발되고 있다. 대체자산은 실제로는 서로 이질적인 다양한 자산들을 포함하고 있기 때문에 대체자산의 벤치마크도 자산의 종류별로 설정되곤 한다. 예를 들어 우리나라의 최대 기관투자자인 국민연금은 [표 14-3]과 같이 국내주식, 국내채권, 해외주식, 해외채권과 함께 대체투자를 별도의 자산군으로 구분하고, 대체자산을 국내사모펀드, 해외사모펀드, 국내부동산, 해외부동산 및 국내사회간접자본(social overhead capital: SOC) 등으로 세분하여 각각 벤치마크를 설정하고 있다.

표 14-3 국민연금의 자산군별 벤치마크(2011년)

자산군	벤치마크
국내주식	KOSPI(총수익지수)
국내채권	국민연금 자체 채권지수
해외주식	MSCI(Morgan Stanley Capital International) 세계지수(한국 제외)
해외채권	Barclays Capital 세계총수익지수(한국 제외, 원화환율변동 헤지)
대체투자	세부 자산군별 대용치(proxy)

출처: 국민연금.

14.3 사모주식펀드

사모주식(private equity)은 소수의 투자자들 사이에서 사적으로 거래되는 비공개기업의 주식을 말한다. 불특정 다수의 투자자를 대상으로 하는 공모주식(public equity)에 비해 투자자보호 등을 위한 규제가 상대적으로 느슨하다. **사모주식펀드(private equity fund: PEF)**는 사모주식에 투자하는 것을 목적으로 하는 펀드를 일컫는다. 이런 펀드는 일반적으로 높은 수준의 최소 투자금액을 설정하고 소수의 투자자를 대상으로 모집하는 사모펀드형태를 갖고 있어서 뮤추얼펀드와는 구별된다. 한편 일반투자자는 사모주식펀드에 투자하는 재간접펀드(fund of funds)를 통해 투자할 수 있다.

사모주식은 상장주식이나 채권 등과 낮은 상관관계를 갖고 있어서 위험분산효과가 크고 상대적으로 높은 수익률을 얻을 수 있기 때문에 사모주식펀드에 대한 관심이 증가하고 있다. 다만 사모주식도 대부분의 대체자산과 마찬가지로 공개시장에서 거래되지 않아서 유동성이 낮다는 단점을 갖고 있다. 글로벌시장의 사모주식 투자규모는 연금기금 등의 적극적인 참가에 힘입어 빠르게 성장했다. 세계적으로 2019년에 1,316개의 사모주식펀드가 자금모집을 완료(closing)했고 이들의 조달자금은 5,950억달러이며, 이는 2018년의 6,280억달러보다 약간 낮은 수단이다.[1]

사모주식의 투자전략은 투자대상기업 또는 산업의 생애주기단계 등 특성에 따라 기업인수, 개발자본, 성장자본, 벤처캐피털, 메자닌 등으로 구분된다. **기업인수(buyout)**는 투자자가 회사의 지배적 지분을 보유함으로써 적극적으로 경영에 참여하는 전략을 뜻한다. 투자자는 이미 성공했거나 추가적 가치를 만들어낼 수 있는 기업의 경영권을 장악하고 기업가치를 높인 후 다시 매각함으로써 **사업을 종료(exit)**하는 것을 목표로 삼는다. **차입형 기업인수(leveraged buyout: LBO)**는 인수대상기업의 자산과 현금흐름을 담보로 차입한 자금을 이용하여 기업의 경영권을 획득하는 것으로, 대부분의 기업인수는 차입형 기업인수라고 할 수 있다.

개발자본(development capital)도 바이아웃처럼 성숙한 기업들을 대상으로 추가적 가치창출을 목표로 하나, 회사를 통제하는 대신 소수지분을 보유하고 목표 투자기간 내에

1 Preqin press release, 2020.1.10.

원하는 수준의 수익 달성을 추구한다. 바이아웃활동이 법적으로 불가능한 국가에서 활용되기도 한다. 투자자는 경영자의 불리한 결정에 대한 거부권 등 소극적 통제(negative control) 및 적당한 시기에 지분을 매각할 수 있는 권리를 확보하려 한다.

성장자본(growth capital)은 높은 성장률을 보이는 시장에서 활동하는 기업을 대상으로 투자한다. **벤처캐피털(venture capital)**은 초기단계 또는 스타트업(startup)기업에 투자하는 자본이다. 투자대상기업이 상장될 때까지 투자금의 회수가 어렵기 때문에 상당한 기간이 지난 후 현금흐름을 회수할 수 있다. **메자닌(mezaanine)**은 중간 순위 청구권 또는 위험을 의미하며, 주식과 채권의 중간적 성격을 갖는 전환사채 등을 통해 기업인수를 위한 후순위자금을 제공한다.

14.4 부동산투자

부동산(real estate)은 전통적으로 장기투자자들의 주요한 투자대상 가운데 하나이다. 부동산은 주식이나 채권과의 상관관계가 낮아 포트폴리오의 위험분산효과를 높일 수 있고, 수익률이 인플레이션과 같은 방향으로 움직이는 경향이 있어 인플레이션 헤지효과도 있는 것으로 간주된다. 부동산의 수익성은 일반적으로 채권과 주식 사이의 중간수준의 수익률을 보이는 것으로 알려져 있다. 부동산투자는 포트폴리오의 지역별 분산을 위해서도 효과적으로 이용될 수도 있다.

투자자는 직접 토지나 건물을 매입하거나, 상장 또는 비상장기구를 통해 간접투자하거나 또는 합성(synthetic)지수 등을 사용하여 부동산에 투자할 수 있다. 직접투자는 투자자가 개별 자산의 소유권을 직접 인수하는 형태로서 투자대상을 분명히 정의할 수 있다는 장점이 있으나 투자결정에 긴 시간이 소요되고, 비유동적이며, 소규모 자금으로는 분산투자에 어려움을 겪을 수 있다는 단점도 존재한다.

간접투자방식의 하나인 공모형 **부동산투자신탁(real estate investment trusts: REITs)**은 유동성이 있어서 투자금 회수에 편리하나, 수익증권가격이 기본적 가치로부터 괴리될 수 있고 주식시장의 베타와 비슷한 시장위험에 노출될 수 있다.

비상장기구를 이용한 간접투자는 **사모부동산펀드**를 포함하며 대규모 자금을 장기에 걸쳐 투자할 수 있는 기관투자자에게 적합한 방법이다. 코어플러스(core plus)전략은 랜드마크(landmark) 빌딩 같은 뛰어난 입지의 최고 등급 및 유사한 건물에 투자하며 차입금은 거의 사용하지 않는다. 부가가치(value added)전략은 최고 등급보다 다소 낮은 등급의 건물에 투자하여 건축물의 개선, 용도 전환 등을 통해 개발이익을 추구한다. 부동산투지 중에서 중간 정도의 위험과 수익으로 특징지어질 수 있다. 기회포착형(opportunistic)전략은 가장 높은 수준의 수익을 추구하면서 상응하는 위험을 부담한다. 상당한 정도로 차입금에 의존한 자금조달구조를 갖는 경향이 있다. 부실자산(distressed)전략은 부실채권 및 그 담보 부동산에 투자하며 고수익을 추구하는 전략이다. 부채(debt)전략은 부동산저당대출(mortgage)을 기초자산으로 하는 자산유동화증권(asset-backed securities: ABS)에 투자한다.

합성(synthetic) 부동산투자는 여러 가지 부동산지수에 기초하는 파생상품 및 구조화상품에 투자하는 전략이다. 금융기관의 입장에서 부동산저당대출을 헤지하는 데 편리할 수 있다. 이 전략은 빈번히 거래상대방위험에 노출된다.

14.5 사회기반시설(인프라 스트럭처)

사회기반시설(infrastructure) 또는 인프라는 국가나 기관이 효과적으로 작동하기 위해 사용되는 교통, 전력 등의 시스템과 서비스를 뜻한다. 인프라는 [표 14-4]와 같이 경제적 인프라와 사회적 인프라로 구분된다.[2]

인프라투자의 전략은 공사단계 인프라와 운영단계 인프라로 구분된다. **공사단계(green field)** 인프라투자는 프로젝트의 계획과 시설의 건설에 투자하는 것이다. 상대적으로 빠른 투자금 회수가 장점이나 건설 관련 위험에 노출된다. **운영단계(brown field)** 인프라투자는 건설 후 시설의 운영에 투자하는 것으로 통상적으로 수십년의 장기투자가 가능하다. 투자금의 회수전망은 미래의 현금흐름에 의존하며, 이용자 부족 위험에 노출될

2 Fraser-Sampson, G., 김석중 · 조용민 역, 2018, 대체투자 자산의 이해, 에프앤가이드.

표 14-4 ▌ 사회기반시설(인프라)의 구분

경제적 인프라		사회적 인프라	
교통	도로와 다리, 철로와 역사, 공항과 항만	공공시설	경찰서, 교도소, 병영
통신	TV 또는 무선전화 송신, 케이블, 위성시스템 등	교육시설	학교, 도서관
Utility	전기, 가스, 상하수도	보건시설	병 · 의원, 보호시설

수 있다. 인프라에 대한 투자수단은 상장인프라펀드 같은 상장투자기구, 사모인프라펀드 또는 프로젝트 파이낸스(project finance) 같은 비상장기구를 포함한다.

14.6 헤지펀드

헤지펀드(hedge fund)는 소수의 거액 투자자들로부터 자금을 모아 운용하는 사모펀드 등의 형태로 운영되며, 목적에 따라 모집방법, 투자자산, 구조, 전략 등을 다양하게 취할 수 있다. 헤지펀드가 자금모집을 소수의 거액투자자로 한정하는 것은 규제와 깊이 관련되어 있다. 미국의 경우 투자자가 100인 이상이 되면 투자자보호 등을 위해 모집방법, 투자방식, 투자대상 및 정보공시 등에서 엄격한 규제의 대상이 된다. 헤지펀드는 이러한 규제를 회피하기 위하여 투자자를 99인 이하로 한정하며, 보통 최소 투자단위를 1백만 달러 이상으로 제한하고 있다. 이에 따라 헤지펀드는 낮은 투명성을 갖고 있다.

사모방식의 헤지펀드는 공모방식의 뮤추얼펀드와 비교될 수 있다. **뮤추얼펀드(mutual fund)**는 유가증권투자를 목적으로 설립된 법인회사로 수익증권을 공개발행하여 투자자를 모집하고, 일반적으로 주식이나 채권 등에 운용된 자산의 수익을 배당금의 형태로 분배한다. 뮤추얼펀드는 불특정 다수의 일반 소액 투자자로부터 자금을 조달하기 때문에 자산운용이나 공시 등에서 엄격한 규제를 받는다.

헤지펀드는 주식, 채권, 외환 등 전통적 자산뿐 아니라 부동산, 원자재, 에너지 등 대체자산에도 투자한다. 상대적으로 낮은 변동성, 전통적 자산과의 낮은 상관관계를 장점으로 내세우며 주식과 채권 사이의 중간적 수익률을 목표로 제시하는 경우가 빈번하다. 헤지펀드는 투기적 목적의 파생상품거래와 공매도 등을 사용할 수 있기 때문에 복잡한 구조의 투자전략을 실행할 수 있다. 차입에 대한 규제를 받지 않아서 레버리지가 높은 편이다. 헤지펀드는 빈번히 조세회피지역에 설치되며 고위험-고수익을 추구하는 전략을 구사할 수 있다.

투자자들은 헤지펀드의 고유한 특징을 이용하여 수익률 제고와 위험관리 사이에서 균형을 추구할 수 있다. 헤지펀드를 전통적인 자산 포트폴리오에 추가하는 경우, 전체 포트폴리오의 위험 대비 수익률을 향상시킬 수 있다.

1990년대 이후 헤지펀드의 운용자산규모는 큰 폭으로 증가하여 왔다. 우리나라에서는 2012년에 헤지펀드가 도입되어, 연금기금과 금융회사 등 기관투자자뿐 아니라 개인투자자의 경우 5억원 이상이면 투자가 허용되고 있다.

헤지펀드를 운용하는 투자매니저는 하나의 자산이나 전략에 제약되지 않고 투자목표에 따라 다양한 투자전략을 이용하는 방식을 취하며, 헤지펀드의 운용 및 성과에 대한 수수료는 매우 높은 편이다. **시장중립(equity market neutral)**전략은 최초로 등장한 헤지펀드전략으로서 주식시장의 움직임과 무관하게 안정적인 수익률을 추구하는 절대수익추구형 전략이다. 전형적으로 비슷한 특성을 갖고 있으면서 상대적으로 저평가된 주식을 매수하고 고평가된 주식을 매도하는 롱/숏(long/short)포지션을 취함으로써 시장위험을 헤지하는 동시에 차익을 얻는 것을 목표로 삼는다. 일반적인 **롱/숏(long/short)**전략은 증권의 매수포지션에 풋옵션 등 매도포지션을 추가하는 더 정교한 전략을 포함한다.

상대가치(relative value)전략 중에서 **전환사채 차익거래(convertible arbitrage)**전략은 전환사채와 기초주식 사이의 상대적 가격오류를 이용하기 위해 전환사채를 매입(매도)하고 동시에 주식 등을 매도(매입)하는 포지션을 취한다. **통계적 차익거래(statistical arbitrage)**전략은 밀접한 관련을 갖는 증권들의 상대적 가격이 적정수준을 벗어나는 경우 그 기회를 이용하려는 전략이다. 주로 초단기적 거래로 접근하며, 가격 및 추세분석을 위해 정교한 계량 프로그램을 이용한다. **인수합병 차익거래(M&A arbitrage)**전략은 잠재적 인수합병기업을 선별하여 인수기업에 대해 매도(short), 인수대상기업에 대해 매수(long)포지션을 취한다. **채권 차익거래(fixed income arbitrage)**전략은 채권 종목 사이의 상대적 가격오류를 이용한다.

이 밖에도 **글로벌 매크로(global macro)**전략은 다양한 경제요인을 바탕으로 환율, 경제지표의 변동을 포함한 시장의 움직임을 예측하고, 다양한 전략(multi-strategies)을 구사한다. **부실증권(distressed)**전략은 구조조정이나 신용등급 하락 등 부정적 영향을 받은 기업의 증권을 매매하는 전략이다. 때로 주주행동주의(shareholder activism)와 결합하여 투자대상기업에게 특정한 형태의 구조조정을 요구하는 경우도 있다. 마지막으로 **재간접펀드(fund of funds)**는 다양한 헤지펀드에 자금을 배분하는 펀드매니저를 고용하는 형태이다.

14.7 상품 및 상품선물

상품(commodity) 또는 상품자산은 원유, 천연가스 등의 에너지, 알루미늄, 철, 구리 등의 원자재 그리고 금, 은, 백금 등의 귀금속류를 포함하는 실물상품을 지칭한다. 이들은 대체로 조직화된 시장을 갖고 있다. 상품자산에 대한 투자는 이런 자산들을 직접 매수하거나, 선물 등 합성지수에 투자하거나 또는 관련 기업에 투자하는 방식으로 이루어질 수 있다.

상품자산은 금융자산과는 달리 현물로 보유하는 경우 보관과 관련된 가치 저하의 위험과 보관비용이 발생할 수 있다. 따라서 포트폴리오 투자자의 경우에는 **상품선물(managed futures)**에 투자하는 것이 편리할 수 있다. 상품선물은 상품자산에 대한 선물 및 선도거래로서 이에 대한 투자수익률은 금리 및 환율과 밀접히 관련되어 있다.

상품자산의 특징 가운데 하나는 미래 현금흐름을 제공하지 않기 때문에 현재가치법 등 기존의 방식에 의한 가치평가가 불가능하다는 점이다. 실제로 상품자산의 가격은 주로 과점상태의 국제시장에서 수요와 공급에 의해 결정된다.

상품자산의 장점의 하나는 인플레이션과 양(+)의 상관관계를 보이기 때문에 인플레이션 헤지를 위해 이용될 수 있다는 것이다. 그러나 상품자산은 주식시장지수와의 상관관계가 상대적으로 높기 때문에 분산투자효과는 제한적일 수 있다.

투자 이야기 헤지펀드(hedge fund)의 탄생

최초의 헤지펀드는 호주 태생의 알프레드 윈슬로 존스(Alfred Winslow Jones)에 의해 설립되었다. 하버드대학 출신으로 컬럼비아대학에서 박사를 받은 그는 헤지펀드를 고안하기 전에 제2차 세계대전에서 스파이, 사회학자, 잡지의 작가였다. 1949년 그는 뉴욕증권거래소 부근의 허름한 사무실에서 10만달러를 투자하기 시작했다. 그의 펀드는 기존의 투자신탁 등과는 세 가지 측면에서 크게 달랐다. 즉 주식의 매입뿐 아니라 공매도를 조합하고, 성공보수형의 운용수수료를 도입했으며, 펀드매니저(general partner: GP)의 자금을 펀드에 투입하여 일반투자자(limited partners: LP)와의 이해상충을 완화했다. 주식의 매입과 공매도를 결합함으로써 시장위험을 헤지한다는 아이디어가 헤지펀드의 어원이 되었다고 하며, 뛰어난 증권선택능력으로 과소평가된 주식을 매수하고 과대평가된 주식을 매도함으로써 안정적인 차익을 얻으려고 했다. 그의 펀드는 훌륭한 성적을 남겼고, 헤지펀드산업은 숫자와 규모에서 꾸준히 성장했다.

헤지펀드는 투자자들로 하여금 투자자금을 일정기간 회수하지 않도록 하는 락업(lockup)에 동의하도록 요청하며, 그 이유는 환매의 우려 없이 수익성 높은 비유동자산에도 투자하려 하기 때문이다. 또한 헤지펀드는 운용에 있어서 규제기관의 규제를 거의 받지 않기 때문에 뮤추얼펀드가 구사하기 어려운 투자전략, 파생증권, 공매도, 레버리지 사용 등 다양한 투자를 통해 높은 수익률을 추구할 수 있다.

14장 연습문제

01 대체투자가 확산된 배경에 대해 설명하고 앞으로 대체자산시장의 성장가능성에 대해 논의하시오.

02 대체자산과 전통적 자산의 관계에 대해 설명하고 대체자산의 분산투자효과에 대해 논의하시오.

03 주식은 전통적 자산군의 하나로 분류되고 있음에도 불구하고 사모주식이 대체자산으로 분류되는 이유는 무엇인가?

04 다음 대체투자에 관한 설명 가운데 옳지 않은 내용을 고르시오.

① 대체투자는 1990년대 이후 저금리현상을 배경으로 확대되었다.
② 사모주식펀드는 거액의 투자자들을 대상으로 하므로 불특정 다수가 참여하는 공모펀드보다 상대적으로 강한 투자자보호장치를 갖고 있다.
③ 대체투자는 부동산, 사모펀드, 벤처캐피탈, 헤지펀드, 에너지 및 천연자원 등 상품자산을 포함한다.
④ 대체투자는 인플레이션 헤지수단으로 이용될 수 있다.

05 대체투자에서 발생하는 어려움에는 어떠한 것들이 있는가?

06 대체투자의 위험을 전통적 자산과 비교하여 설명하시오.

07 부동산과 관련된 투자수단에 대해 설명하시오.

08 인플레이션 헤지를 위한 투자수단에 대해 설명하시오.

09 부동산투자의 유동성을 제고할 수 있는 방안을 설명하시오.

10 다음 대체투자에 관한 설명 가운데 옳지 않은 내용을 고르시오.

① 일반적으로 상품자산의 시장가격은 관찰되지 않는다.
② 개인투자자를 위한 대체투자상품은 투자금 회수가 용이하도록 구조화되는 경향이 있다.
③ 대체자산은 전통적 자산과 낮은 상관관계를 갖고 있다.
④ 대체자산은 전통적 자산보다 인플레이션 헤지에서 유리한 경향이 있다.

11 헤지펀드의 유형에 속하지 않는 내용은?

① 시장중립　　② 부실증권
③ 글로벌 매크로　　④ 상장지수펀드(ETF)

12 대체투자의 목적이나 의의에 속하지 않는 것은?

① 전통적 자산으로 이루어진 포트폴리오의 확장 · 개선
② 사적 시장의 확대
③ 전통적 자산과의 낮은 상관관계
④ 비유동성 리스크프리미엄의 향유

13 사모주식펀드(PEF)에 관한 설명으로 옳지 않은 것은?

① 일반투자자의 접근은 제한됨　　② LBO는 주로 비상장기업을 대상으로 함
③ 기업의 경영권 취득　　④ 유동성이 낮음

14 대체투자의 차입금 사용(leverage)에 관한 설명으로 옳은 것은?

① 대체투자에서 차입금 사용은 실질적으로 금지되어 있다.
② 부동산투자에서 투자금 총액의 절반을 초과하는 차입금 조달은 드물다.
③ 투자금을 충당하거나 자기자본의 이익률을 높이기 위해 광범위하게 사용된다.
④ 매니저가 금융환경변화에 신속하게 대응할 수 있도록 차입금은 일반적으로 단기자금으로 조달된다.

15 대체투자의 시장에 관한 설명으로 옳은 것은?

① 어떤 자산이 대체투자로 분류되기 위한 조건의 하나는 시장의 비유동성이다.
② 어떤 자산이 대체투자로 분류되기 위한 조건의 하나는 주식보다 낮은 변동성이다.
③ 대체자산은 경매방식으로 거래될 수 없다.
④ PEF 투자자는 자신이 소유한 증권을 유통시장(secondary market)에서 처분할 수 있다.

연습문제 풀이

01 대체투자는 전통적 자산군인 주식, 채권 및 현금성 자산이 아닌 부동산, 사모펀드, 벤처캐피탈, 헤지펀드, 에너지 및 천연자원 등 자산에 대한 투자이다. 향후 대체투자는 투자자산의 다양화와 맞물려 더욱 발전할 가능성이 높다.

03 사모주식이 대체자산으로 구분되는 이유는 기존의 전통적 금융상품들의 수익-위험관계로부터 구별되는 성격을 갖고 있기 때문이다. 예를 들어 벤처캐피탈은 고위험-고수익을 추구한다는 점에서 소형주 투자와 비슷하나, 벤처기업 등에 창업초기부터 투자하고 더 긴 목표기간을 갖고 있으며 IPO를 통해 투자수익을 회수하려 한다는 점 등에서 구별된다.

05 많은 대체자산은 유동성이 부족하여 단기적 투자대상으로 적합하지 않고, 전통적 자산과는 상이한 위험구조를 갖고 있어 위험관리에 어려움을 초래할 수 있다. 더욱이 자산운용을 위한 벤치마크나 시장지표가 존재하지 않는 경우도 빈번하다.

07 부동산은 주식이나 채권과 낮은 상관관계를 갖기 때문에, 포트폴리오의 위험분산효과를 높일 수 있다. 또한 일반적으로 수익이 인플레이션율과 같은 방향으로 움직이는 경향을 갖고 있기 때문에, 인플레이션 헤지를 위해 이용될 수 있다. 부동산투자는 개별 자산에 대한 직접투자와 함께, 펀드 또는 사모 및 공모형 상업부동산에 투자하는 방법을 포함한다. 부동산투자를 전문으로 하는 뮤추얼펀드인 리츠(REITs)는 대표적인 간접투자수단이다.

09 부동산은 일반적으로 고가이고 표준화되어 있지 않기 때문에, 낮은 유동성을 갖는 경향이 있다. 부동산투자신탁상품인 리츠(REITs)는 부동산이나 관련된 대출에 투자하고, 그 수익을 분배한다. 투자자들은 비교적 소액으로 부동산에 투자하는 효과를 얻을 수 있고, 리츠지분은 일반적으로 증권시장에 상장되어 있기 때문에 쉽게 거래된다.

11 ④

13 ②

15 ④

찾아보기

[ㄱ]

가치투자(value investing) ······ 188, 189
가치함수(value function) ······ 158
간접금융(indirect financing) ······ 3
간접금융시장 ······ 4, 6
감사감시(audit oversight) ······ 341
감채기금조항(sinking fund provision) ······ 207
개발자본(development capital) ······ 409
개방형 펀드(open-end fund) ······ 278
거래규칙(trading rule) ······ 143
거래상대방위험(counterparty risk) ······ 316, 359
결제위험(settlement risk) ······ 316
결제 전 위험(presettlement risk) ······ 316
결합가설(joint hypothesis) ······ 145
겸업주의 ······ 15
경기종합지수 ······ 171
경상수익률(current yield) ······ 288
경제분석(economic analysis) ······ 167, 169
계리적 모형(actuarial model) ······ 342
고수익채권(high-yield bond) ······ 220
고정가중치 자산배분(fixed-weights asset allocation) ······ 273
고정금리채권(fixed rate bond) ······ 206
공분산(covariance) ······ 42
공사단계(green field) ······ 411
과거 자료분석(back testing) ······ 140
과소반응(underreaction) ······ 151, 161
과잉반응(overreaction) ······ 151
과잉확신(overconfidence) ······ 162
교환사채(exchangeable bond) ······ 209
구조적 몬테칼로 시뮬레이션(structured Monte Carlo simulation: SMC simulation) ······ 330
국가고유위험(country specific risk) ······ 392
국가위험(country risk) ······ 317, 388, 392
국공채 ······ 204
국제투자(international investments) ······ 350, 379
국채(government bond) ······ 204
규모효과(size effect) ······ 148
근사 YTM ······ 216
글로벌 매크로(global macro) ······ 414
금리스왑(interest rate swap) ······ 367
금액가중 수익률(dollar-weighted return: DWR) ······ 289
금융공학(financial engineering) ······ 354
기대손실(expected loss: EL) ······ 342
기대수익률(expected rate of return) ······ 33, 35
기대이론(expectation theory) ······ 228
기대효용(expected utility) ······ 75
기본적 분석(fundamental analysis) 137, 167, 177
기본형 스왑(plain-vanilla swap) ······ 367
기술적 분석(technical analysis) ······ 136, 167, 193
기업인수(buyout) ······ 409
기하평균 수익률(geometric average return) · 290
깜짝 순이익(earnings surprise) ······ 146

[ㄴ]

내부수익률(internal rate of return: IRR) 215, 291
내부정보(inside information) ······ 137
내재 선도이자율(implied forward rate) ······ 227
누적 비정상수익률(cumulative abnormal return: CAR) ······ 151

[ㄷ]

다요인모형(multifactor model) ··· 119
다우이론(Dow theory) ··· 194
단기금융상품 ··· 9
단기금융시장 ··· 9, 10
단순 민감도분석(simple sensitivity analysis) · 324
담보부채권(secured debt) ··· 206
대여 포트폴리오(lending portfolio) ··· 57
대체스왑(substitution swap) ··· 258
대체자산(alternative assets) ··· 400, 401
대체투자(alternative investments) ··· 350, 400
대표성 오류(representativeness bias) ··· 160
델타-노말법(delta-normal approach) ··· 327
도박사의 오류(gambler's fallacy) ··· 140
도박자금효과(house-money effect) ··· 162
듀퐁항등식(DuPont Identity) ··· 185

[ㄹ]

레버리지위험(leverage risk) ··· 406
롱/숏(long/short) ··· 413
롱포지션(long position) ··· 362

[ㅁ]

만기수익률(yield to maturity: YTM) ··· 214, 221
매도포지션 ··· 362
매수포지션 ··· 362
매입 · 보유(buy-and-hold) ··· 272
매입보유전략(buy-and-hold strategy) ··· 251
매핑(mapping) ··· 326
메자닌(mezaanine) ··· 410
면역(immunization) ··· 254
면역화기법(immunization technique) ··· 251
명목원금(notional principal amount) ··· 368
모기지채권(mortage-backed securities: MBS) ··· 207
모멘텀(momentum) ··· 144
모수적(parametric) ··· 327
목표기간(time horizon) ··· 319
무위험수익률(risk-free rate) ··· 55
무위험자산(risk-free asset) ··· 55
무이표채(zero-coupon bond) ··· 205
무작위 행보(random walk) ··· 138
무차별곡선(indifference curve) ··· 78
물가연동국채(inflation-linked government bond) ··· 206
뮤추얼펀드(mutual fund) ··· 22, 277, 412
미래의 수익률을 예측 ··· 144

[ㅂ]

반사효과(reflection effect) ··· 160
배당수익률(dividend yield) ··· 146, 288
배당할인모형(dividend discount model) ··· 178
value at risk(VaR) ··· 314, 320
Value Line 수수께끼(VL enigma) ··· 154
법률위험(legal risk) ··· 316
베이시스 포인트(basis point) ··· 217
벤처캐피털(venture capital) ··· 410
벤치마크(benchmark) ··· 278
변동가중치 자산배분(flexible-weights asset allocation) ··· 273
변동금리채권(floating rate note: FRN) ··· 206
변동비율법(variable ratio plan) ··· 276
보유기간 수익률(holding period rate of return: HPR) ··· 288
보험 자산배분(insured asset allocation: IAA) 276
복리채(compounding bond) ··· 206
봉도표(bar chart) ··· 195
부(wealth) ··· 73
부동산(real estate) ··· 410
부동산투자(real estate investment) ··· 401
부동산투자신탁(real estate investment trusts: REITs) ··· 410
부동산투자회사(real estate investment trusts: REITs, 리츠) ··· 281

부분평가접근법(local valuation approach) ·· 327
부실증권(distressed) ······ 414
부채담보부증권(collateralized debt obligation: CDO) ······ 372
분리정리(separation theorem) ······ 84
분산투자(diversification) ······ 42
블랙-숄즈 모델 ······ 28
비교평가모형(comparable companies valuation method) ······ 182
비기대손실(unexpected loss: UL) ······ 342
비모수적(non-parametric) ······ 327
비용평균화법(dollar-cost averaging) ······ 274
비체계적 위험(unsystematic risk) ······ 92
비판적 자기평가(critical self-assessment: CSA) ······ 341
비효율적(inefficient) ······ 136

[ㅅ]

사건연구(event study) ······ 145, 150
사다리 채권투자(bond ladder) ······ 252
사모부동산펀드 ······ 411
사모주식(private equity) ······ 409
사모주식펀드(private equity fund: PEF) ······ 409
사모펀드(private fund) ······ 401
사업을 종료(exit) ······ 409
사회기반시설(infrastructure) ······ 402, 411
사후검증(back-testing) ······ 325
산술평균 수익률(arithmetic average return) · 290
산업분석(industry analysis) ······ 167, 172
3요인 모형(three-factor model) ······ 119
상계협약 ······ 338
상대 VaR(relative VaR) ······ 321
상업은행(commercial bank) ······ 16
상장지수펀드(exchange-traded fund: ETF) ······ 279
상품(commodity) ······ 402, 414
상품선물(managed futures) ······ 414
상품스왑(commodity swap) ······ 368
상환요구채권(putable bond) ······ 209
생명보험업 ······ 17
생존기간(survival period) ······ 339
샤프비율(Sharpe-ratio: SR) ······ 294
서브프라임 모기지(subprime mortgage) ······ 372
선도거래 ······ 357
선도계약(forward contract) ······ 352, 360
선도금리계약(forward rate agreement: FRA) ······ 357
선도이자율(forward interest rate) ······ 225
선물가격(futures price) ······ 352
선물계약(futures contract) ······ 352, 361
선물환(currency forward) ······ 357, 391, 393
선물환율(forward rates) ······ 393
선진경제(developed economy) ······ 383
선진시장(developed markets) ······ 385
선호영역이론(preferred habitat theory) ······ 231
성과평가(performance evaluation) ······ 268
성장자본(growth capital) ······ 410
성장투자(growth stock investing) ······ 189
세금(tax) ······ 271
소극적 투자전략(passive investment strategy) 271
소극적으로 관리되는 펀드(passively managed fund) ······ 278
손실회피(loss aversion) ······ 160
손익계산서 ······ 183
손해보험업 ······ 17
숏포지션(short position) ······ 362
수명주기(life cycle) ······ 173
수의상환채권(callable bond) ······ 208
수익률 ······ 34
수익률곡선(yield curve) ······ 221
수익률곡선타기(riding the yield curve) ······ 260
순가격(clean price) ······ 218
순수수익률 선택스왑(pure yield pickup swap) ······ 259

스왑(swap) ········ 352, 358, 367
스타일분석(style analysis) ········ 301
시가평가 ········ 338
시간가중 수익률(time-weighted return: TWR) ········ 289
시나리오분석(scenario analysis) ········ 325
시장간 스프레드스왑(intermarket spread swap) ········ 258
시장분할이론(market segmentation theory) · 228
시장위험(market risk) ········ 92, 315, 406
시장이자율(market interest rate) ········ 203
시장중립(equity market neutral) ········ 413
시장집중도비율(concentration ratio: CR) ···· 175
시장타이밍(market-timing) ········ 298
시점 선택(market timing) ········ 274
신뢰수준(confidence level) ········ 319
신용부도스왑(credit default swap: CDS) ····· 392
신용 스프레드(credit spread) ········ 228
신용연계채권(credit-linked notes: CLN) ···· 392
신용위험(credit risk) ········ 220, 316, 406
신주인수권부사채(bond with warrant: BW) · 209
신흥경제(emerging economy) ········ 383
신흥시장(emerging markets) ········ 383, 385
심리적 회계(mental accounting) ········ 161
심리지수 ········ 171

[ㅇ]

아메리칸옵션(American option) ········ 363
액면채(par bond) ········ 211
역사적 시뮬레이션(historical simulation) ···· 330
역위기상황분석(reverse stress testing) ········ 325
역전현상(reversal) ········ 144
연분석(run test) ········ 143
연속 상관(serial correlation) ········ 143
옵션(option) ········ 352, 358, 363
옵션내재채권(bonds with embedded options) ········ 208
옵션발행자(option writer) ········ 363
옵션보유자(option holder) ········ 363
옵션프리미엄(premium) ········ 364
완전 자본시장(perfect capital market) ········ 96
완전평가접근법(full valuation approach) ···· 327
외환시장(foreign exchange market: FX market) ········ 11
요인(factor) ········ 115
운영단계(brown field) ········ 411
운영위험(operational risk) ········ 316, 406
월간효과(monthly effect) ········ 147
위기상황분석(stress testing) ········ 324
위기상황자금조달계획(contingency funding plan) ········ 340
위기손실 ········ 342
위험(risk) ········ 37
위험선호형(risk loving) ········ 69
위험수용도(risk tolerance) ········ 79
위험요인(risk factor) ········ 318
위험자산(risky asset) ········ 55
위험조정 성과평가(risk-adjusted performance evaluation) ········ 268
위험중립형(risk neutral) ········ 69
위험회피도(risk aversion) ········ 79
위험회피형(risk averse) ········ 69
유동성(liquidity) ········ 270
유동성 선호이론(liquidity preference theory) ········ 228
유동성위험(liquidity risk) ········ 316, 406
유러피안옵션(유럽식 옵션, European option) ········ 363
유의수준(significance level) ········ 319
이동평균선 ········ 195
이례현상(anomaly) ········ 145
이익평가모형(earnings valuation model) ····· 178
이자율 예상스왑(rate anticipation swap) ····· 258
이자율위험(interest rate risk) ········ 219

이자율의 기간구조(term structure of interest rate) ··· 221
이자율평형(interest rate parity: IRP)이론 ··· 393
이표채(coupon bond) ··· 205
인수합병 차익거래(M&A arbitrage) ··· 413
인슈어테크(InsurTech) ··· 26
일물일가의 법칙(law of one price) ··· 115
1월 이례현상(January anomaly) ··· 147
일일정산(daily settlement) ··· 359
일정금액법(constant dollar plan) ··· 275
일정비율법(constant ratio plan) ··· 275

[ㅈ]

자국편의(home bias, home country bias) ··· 386
자금갭(funding gap) ··· 339
자금시장(money market) ··· 9, 10
자금조달유동성위험 ··· 338
자기상관검증(autocorrelation test) ··· 143
자본배분(capital allocation) ··· 55
자본배분선(capital allocation line: CAL) ··· 83
자본시장(capital market) ··· 9, 11
자본시장법 ··· 23
자본시장선(capital market line: CML) ··· 58
자본자산가격결정모형(capital asset pricing model: CAPM) ··· 96
자산군(asset class) ··· 268
자산배분(asset allocation) ··· 268, 273
자산유동성위험 ··· 338
자산유동화증권(asset-backed securities: ABS) ··· 207
재간접펀드(fund of funds) ··· 414
재무레버리지비율(financial leverage ratio) · 187
재무비율분석 ··· 184
재무상태표 ··· 183
재무제표분석 ··· 183
재투자위험(reinvestment risk) ··· 215, 219
적극적 투자전략(active investment strategy) 272
적극적으로 관리되는 펀드(actively managed fund) ··· 278
전략적 자산배분(strategic asset allocation: SAA) ··· 273
전망이론(prospect theory) ··· 158
전술적 자산배분(tactical asset allocation: TAA) ··· 274
전업수익 ··· 15
전환사채(convertible bond: CB) ··· 209
전환사채 차익거래(convertible arbitrage) ··· 413
절대 VaR(absolute VaR) ··· 321
접점 포트폴리오(tangency portfolio) ··· 58
정보비율(information ratio) ··· 295
정치적 위험(political risk) ··· 392
정크본드(junk bond) ··· 220
제3보험업 ··· 17
젠센 알파(Jensen's α) ··· 295, 296
주가이익비율(price-earnings ratio, PE비율) 147
주말효과(weekend effect) ··· 147
주식스왑(equity swap) ··· 368
주식예탁증서(depository receipt: DR) ··· 395
주택저당대출유동화증권(mortgage-backed securities: MBS) ··· 372
증권분석(security analysis) ··· 132, 167
증권시장(securities market) ··· 9
증권시장선(security market line: SML) ··· 101
증권특성선(characteristic line) ··· 105
증권화(securitization) ··· 372
지방채(municipal bond) ··· 204
지배원리(dominance principle) ··· 70
지수펀드투자(index fund investment) ··· 272
직접금융(direct financing) ··· 3
직접금융시장 ··· 4, 7

[ㅊ]

차익거래(arbitrage) ··· 115, 356
차익거래가격결정이론(arbitrage pricing

theory: APT) ······ 113
차익거래자(arbitrageur) ······ 356
차입 포트폴리오(borrowing portfolio) ······ 57
차입형 기업인수(leveraged buyout: LBO) ··· 409
차트분석(charting) ······ 139
채권(bond) ······ 132
채권등가수익률 ······ 218
채권스왑(bond swap) ······ 257
채권스트립(Treasury strips, strip-T's) ······ 205
채권의 볼록성(convexity) ······ 247
채권인덱스(indexing)전략 ······ 252
채권 차익거래(fixed income arbitrage) ······ 413
채무불이행 스프레드(default spread) ··· 146, 228
채무불이행위험 ······ 361
체계적 위험(systematic risk) ······ 92
총가격(dirty price) ······ 218
총수익스왑(total return swap: TRS) ······ 392
추세를 가진 무작위 행보(random walk with drift) ······ 139
추적오차(tracking error) ······ 253
친숙성 오류(familiarity bias) ······ 160

[ㅋ]

캘린더효과(calendar effect) ······ 147
콜옵션(call option) ······ 358, 363

[ㅌ]

텔레매틱스(Telematics) ······ 27
통계적 차익거래(statistical arbitrage) ······ 413
통합 분산투자(pooled diversification) ······ 278
통화선물(currency futures) ······ 391
통화스왑(currency swap) ······ 368, 391
통화옵션(currency option) ······ 391
투기거래(speculation) ······ 355
투기거래자(speculator) ······ 355
투기등급(speculative grade) ······ 220
투자기회집합(investment opportunity set) ···· 54
투자등급(investment grade) ······ 220
투자성향효과(disposition effect) ······ 160
투자은행(investment bank: IB) ······ 16, 18
투자의 목표기간(investment horizon) ······ 271
투자자 집단행동(investor herding) ······ 162
트레이너비율(Treynor ratio) ······ 295
특유위험(specific risk) ······ 92

[ㅍ]

파마-프렌치(Fama-French) ······ 119
파생금융상품(financial derivatives) ······ 353
파생금융상품시장(financial derivatives market) ······ 9, 12
파생상품(derviatives) ······ 350, 351, 353
평가비율(appraisal ratio) ······ 296
평판위험(reputation risk) ······ 317
폐쇄형 펀드(closed-end fund) ······ 279
포뮬러 플랜(formula plan) ······ 274
포지션 한도 ······ 337
포트폴리오(portfolio) ······ 32
포트폴리오 결합선(portfolio combination line) ······ 51
포트폴리오관리(portfolio management) ······ 268
포트폴리오 보험(portfolio insurance) ······ 276
포트폴리오 수정(portfolio revision) ······ 307
포트폴리오 업그레이딩(portfolio upgrading) 307
포트폴리오 재조정(portfolio rebalancing) ··· 307
표준편차(standard deviation) ······ 318
풋옵션(put option) ······ 358, 363
프런티어시장(frontier markets) ······ 385
PEG비율 ······ 148
핀테크(FinTech) ······ 25
필터기법(filter rule) ······ 144

[ㅎ]

하방표준편차(semi-standard deviation) ······ 319
한계효용 체감(diminishing marginal utility) · 75

할인채(discount bond) ······ 211
할증채(premium bond) ······ 211
합성 CDO(collateralized debt obligation) ······ 392
해외직접투자(foreign direct investments) ······ 379
핵심위험지표(key risk indicators: KRI) ······ 342
행사가격(exercise price) ······ 363
행태재무(behavioral finance) ······ 132, 133, 158
행태적 위험요인(behavioral risk factor) ······ 120
허핀달-허쉬만지수(Herfindahl Hirschmann Index: HHI) ······ 176
헤지(hedge) ······ 355
헤지거래자(hedger) ······ 355
헤지펀드(hedge fund) ······ 402, 412
현물이자율(spot rate) ······ 222
현행수익률(current yield) ······ 217
확정소득증권(fixed income security) ······ 132
환위험(exchange rate risk) ······ 388
회사채(사채, corporate bond) ······ 204
효용(utility) ······ 73
효율적 시장(efficient market) ······ 133
효율적 시장가설(efficient market hypothesis: EMH) ······ 134
효율적 자본시장(efficient capital market) ······ 132
효율적 프런티어(efficient frontier) ······ 55

| 저자소개 |

변진호 박사는 현재 이화여자대학교 경영대학의 재무전공 교수이다. 자본시장연구원의 연구위원을 역임했다. 그는 연세대학교에서 경영학 학사 및 석사학위를 받고, 미국 University of Wisconsin-Madison에서 재무금융 석사(M.S.), 뉴욕주립대(SUNY at Buffalo)에서 Ph.D. 학위를 취득했다.

변진호 교수의 주요 연구분야는 투자론, 기업재무 및 형태재무학이며 Journal of Finance, Asia-Pacific Journal of Financial Studies를 비롯한 국내외 학회지에 수십 편의 논문을 게재하였다. 저역서로는 『20대를 위한 스마트 금융가이드』, 『기업의 재무관리』, 『기본 재무관리』 등이 있다.

변진호 교수는 한국증권학회, 한국재무학회, 한국재무관리학회, 한국파생상품학회, 한국산업경영학회 등의 임원과 재무관리연구, 한국증권학회지의 편집위원장, 한국재무학회 제35대 회장 등으로 활동하였다. 또한 한국거래소 코스닥시장 기업심사위원, 국민연금기금 투자정책 전문위원, 한국개발연구원 경제모니터 전문가위원 및 건설근로자공제회, 농림수산업자 신용보증기금, 축산발전기금 등의 자금운용 심의위원 및 리스크관리위원 등으로 활동하였다.

위정범 박사는 현재 경희대학교 경영대학의 재무금융학 교수이다. 한국경제연구원의 금융조세연구실장을 역임했다. 그는 서울대학교 경제학과를 졸업하고, 미국 University of Iowa에서 M.A., University of Oregon에서 Ph.D. 학위를 취득했다.

위정범 교수는 재무금융분야의 수십 편의 논문과 서적을 출간했다. 여기에는 한국의 외환 · 금융위기 이후 『제1차 금융 구조조정의 평가와 향후 과제』, 사회 초년생에게 평생 금융지식을 알려주는 『20대를 위한 스마트 금융가이드』, 『현대재무관리』 등의 저서, 리스크관리 편람 및 교재인 『재무금융 리스크 관리』 및 『핵심 투자론』의 역서, 그리고 "Bank Subordinated Notes and Debentures under Deposit Insurance System", "Cost of Financial Distress on Financing Strategy of Callable Bonds", "Pyramidal Structures and Competitive Strategies of Business Groups" 및 "Does National Culture Influence the Firm's Choice of Debt Maturity?" 등의 논문이 포함된다.

위정범 교수는 한국경영학회, 한국금융학회, 한국재무학회, 한국재무관리학회, 한국증권학회, 한국파생상품학회 등의 임원과 편집위원을 역임했다. 또한 국유재산관리기금, 방사성폐기물관리기금, 중소벤처기업진흥공단, 한국공항공사 등에서 자산운용/위험관리/성과평가를 포함한 투자관련 자문활동을 해왔다.

투자론(제2판)

2014년 8월 25일 1판 1쇄 발행
2022년 2월 25일 2판 1쇄 발행

저　　자 | 변진호 · 위정범
발 행 인 | 이수영
발 행 처 | 도서출판 청람
서울시 마포구 독막로 288(대흥동, 세양상가 109호)
전　　화 | 02)3272-2601~2
팩　　스 | 02)3272-2603
이 메 일 | crbooks@daum.net
홈페이지 | www.crbooks.co.kr
등　　록 | 2000년 8월 26일 제6-0509호

ISBN 978-89-5972-860-2 93320　　[정가 28,000원]